酒水商业管理

PROFITABLE BEVERAGE MANAGEMENT

（美） 约翰·德赖斯代尔（John A. Drysdale） / 著

周媛媛　李佳　董一杰　杨婷婷 / 译

广东旅游出版社
GUANGDONG TRAVEL & TOURISM PRESS
悦读书·悦旅行·悦享人生

中国·广州

广东省版权局著作权合同登记号：图字 19-2019-137 号

丛书编委会

主　任：卢　一　钱　进

副主任：王晓蓉　白　洁　陈云川

委　员：（按姓氏笔画排序）

王有成　田芙蓉　白秀成　刘　博

刘　雷　李　力　李　丽　李践尧

李　智　杨　辒　张　添　袁新宇

郭小舟　黄　昕　梁爱华　曾国军

谢礼姗　Bill Fisher

总　编：李　力　袁新宇

丛书总序

　　我国高等教育酒店管理专业建设与发展中的问题很多，其中核心专业课程体系设计是重点，核心课程的教学内容及相应的教材选择是重中之重。尽管国内常有一些酒店管理专业系列教材出版，但基于我国酒店管理专业教学与教材建设的实际情况，仍有亟待解决的一些问题。

　　令人欣慰的是，虽然目前国内有学者对应用型大学这一称呼也有微辞，但以四川旅游学院希尔顿酒店管理学院为代表的国内一批应用型大学酒店管理专业在教学改革及教材建设方面的一些探索是积极而有益的。《四川旅游学院希尔顿酒店管理学院核心课程教材》是由四川旅游学院与英国培生教育出版集团、广东旅游出版社合作策划、编译出版的一套酒店管理本科专业教材。结合这套教材的策划与组织，就酒店管理专业大学学位教育核心课程体系设计与核心专业课程的教学内容及这套教材的特点，有几个问题，我想说在前面。

（一）

　　从酒店管理专业教育产生的历史来看，该专业领域的大学教育起源于酒店从业人员的岗位培训，也来自酒店部门管理人员职业培训的需要。今天，无论是现代酒店服务业和酒店管理专业教育都发生了巨大变化，高校酒店管理专业核心课程体系的设计要反映这一现实。

　　自 20 世纪初开始，随着酒店业的发展，在酒店规模不断扩大及酒店部门管理职业化的过程中，欧洲和英美等国家的酒店管理教育，先是集中于工作岗位服务人员的岗位培训，之后，有了以管理岗位培训为基础的职业教育；在英国，这形成了以基于工作的学习方式（work-based learning）为主要教学内容与过程的国家标准与大学学院（College）相结合的高等职业教育国家证书制度（National Diploma）。20 世纪 50 年代左右，在英美一些大学相继开设酒店管理专业之后，职业教育与专业教育相结合，以酒店部门管理（department management）为主要教学内容的专业教学成为大学学位教育（Degree）的基础，其主要特征是管理学在酒店（hotel）管理部门领域的应用。

　　我国最早的以浙江大学（原杭州大学）吕建中教授为主编译的从美国引进的酒店管理核心课程教材，就是以酒店部门管理为主要教学内容的专业系列课程教材，它对我国早期的旅游管理专业建设及酒店管理核心课程的教学产生了积极而深远的影响。但是，今天看来，随着酒店管理理论与实践的发展，大学的学位教育继续沿用这一体系，面临许多问题：

首先，近20年来，酒店产业发生了深刻的变化。大学酒店管理教育由原来的以酒店（hotel）部门管理为主的教学内容，转向以住宿（包括酒店）、饮食、消遣娱乐与活动产业等更广泛的、综合性个人消费服务产业的教学与研究。自20世纪90年代末期开始，国际上几乎所有大学专业系或学院的名称均陆续以"Hospitality"代替"Hotel"，反映了这一行业及学位教育深刻变化的现实。酒店管理专业的核心课程体系设计及课程内容，再仅以酒店部门管理内容为主，是无法适应行业发展的实际情况和人才培养的需要的。

其次，应用型大学的酒店管理专业教育要与职业教育相结合，但它毕竟是学位教育。因此，以酒店前厅、餐饮和客房等部门管理为主体的课程体系，难以形成自身的，以特殊的研究现象为基础的科学的学科概念与理论框架。当然，这也不是说酒店管理专业的某一门课程就能够全部承担这一任务，但酒店管理专业的核心课程体系，既来自实践，也必须反映学科建设的规律，必须适应大学学位教育的要求，这是应有之义。

应该说明的是，应用型大学酒店管理专业的发展要鼓励跨学科、跨专业的合作，要走校企合作、产教融合、国际合作与发展之路。因此，大学酒店管理专业教育，一方面必须结合国际著名酒店集团企业成功的管理实践与人才培养经验，另一方面在酒店管理人才培养的过程中，如果仅仅用酒店企业的标准或学生的酒店管理实习来代替学位教育的过程也是不合适的，一定会影响大学酒店管理专业学科建设的水平，也难以适应整个社会对专业人才培养的要求。

显然，酒店管理专业课程体系设计，要将专业学科的基础、人才培养的目标与大学自身不同的教育资源及内外部支持条件有机结合。酒店管理核心课程体系的主要内容要在反映酒店产业发展实际的基础上，以学位教育标准为主，兼顾国际行业及企业的标准，形成独特的学科及专业的知识要求与课程体系。

（二）

毋庸讳言，目前我国酒店管理专业的建设与发展并不平衡。在高等教育中，研究型大学酒店管理专业的建设与教学，无论老师和学生，其实都处于尴尬的境地。这与该专业的学科定位和学科建设水平有关，也与我国长期以来旅游学科发展的历史及现实有关。与此相比，随着我国高等教育发展战略的变化与高等教育的改革，我国应用型大学酒店管理专业教育日益呈现出积极的发展势态。本套教材的体系，就是以我国应用型大学的酒店管理专业核心课程体系设计的要求为基础的。

从本质上说，应用型本科大学酒店管理专业学科建设的基础是工商管理。也就是说酒店管理专业的学位教育的基础课程要以管理学科为基础，专业基础课程要能反映现代酒店产业发展理论与实践的最新成果，而核心专业课程的教学内容必须反映现代酒店运营与管理所需要的知识结构及相应的专业素质及能力培养要求。与此相适应，应用型大学酒店管理专业课程体系设计及教学内容，要能涵盖现代酒店企业生产、技术、服务、企业运作与管理等涉及酒店商业管理的主要过程。这要求其学位教育的标准要与国家职业教育的标准以及国际著名酒店管理企业的标准相结合，这是人才培养的规模、层次与需求决定的。而研究型大学中，该专业教学与研究领域的方向主要是基于学科建设与研究的需要，例如，接待服务的教学与研究，除了商业管理问题之外，还会更多地关注接待服务交换过程中的个人与社会发展的其他相关问题，其研究方法除了经济学及商业研究的方法之外，还会更多地应用社会学、人类学及跨文化研究的方法，为此，任重而道远。

　　欲实现上述要求，目前国内许多高校仍有许多困难或不足：一是学科专业发展的定位不清楚，一些"转型"大学事实上无论转为学位教育或转为职业教育都面临发展的瓶颈；二是专业教学的基础薄弱，一些高校较少或者根本不具备相应的专业课程教学的资源与能力，无法实施像烹饪艺术、专业餐饮服务技术、酒店运营管理实务、顾客服务管理等核心课程的教学；三是师资不足，不具备专业建设与发展的基础。例如一些高校只有少数，甚至是没有相应管理学学位及酒店管理专业教学经验的教师在讲授酒店管理核心专业课程。这也是我国高校人才培养质量不高，不能获得酒店业内或国际著名教育机构认可的主要原因。从专业发展的角度，随着国内酒店管理国际化水平的不断提高，应用型大学与国际酒店行业及企业的深入合作至关重要，合作的基础应该由企业的用人需要逐步转化成核心课程体系特别是核心实践课程体系的共同设计、人才培养过程的全方位合作以及制度化的专业建设与教学的合作交流等，这也是四川旅游学院与希尔顿集团独特的整建制、一体化合作建设四川旅游学院希尔顿酒店管理学院所达成的共识与目标。

　　在应用型大学酒店管理专业课程体系设计过程中，教学与实践的关系，学位教育与职业教育的关系一直是无法回避的问题。大学学位教育的过程显然是以理论教学为主的过程，但认为实践教学仅仅是方法也有失偏颇。因为知识来自理论，也来自实践。就某些专业教育来说，如学生在医学或工学等实践中的学习过程，仍然是非常重要的。应该引起重视的是，酒店管理专业的高等教育实践教学不应当仅仅归为学生实习，为此，要借鉴国际著名酒店管理企业的国际化人才培养经验，结合职业教育的国际或国家标准，通过设置核心实践课程体系及教学来培养学生专业能力及素质问题。目前，在我国尚无可持续的与学位教育相结合的职业教育等级标准的情况下，课程体系设计可以考虑借鉴国际的与学位教育相结合的职业教育等级标准的要求，这也是本套教材编译选择的标准及特色。同时，本套教材涉及的实践课程教学，需要有与其相适应的开放与实际运营的实践教学环境，并采用基于工作的学习方式的教学方法实施教学过程。为此，具体教学内容的组织，理论教学与实践教学的比例，教学的实践环境及设施设备条件的"真实性"，都具有重要意义。

　　另外，目前我国现行的高等教育旅游管理类专业的课程设置指导或规范要求也是应用型大学酒店管理课程体系设计不得不考虑的重要因素。与欧美等国家酒店管理专业几乎一枝独秀不同，我国酒店管理专业的学科与专业建设一直是旅游管理专业的附属部分，甚至没有相对独立的专业基础课程。需要注意的是，一个专业的建设既与这个专业的学科发展要求及人才需求取向有关，也意味着一个专业过多地承载相关的学科内容是有困难的。例如，"会展经济与管理""旅游管理与服务教育""烹饪营养与教育"等，前者涉及两个学科，后两者实际上涉及了三个不同的学科领域，这为专业教学与学生培养带来许多问题和困惑。我们承认就一个专业来说，特别是旅游与酒店管理类专业有学科交叉问题，但通过并行的或附属的专业设置来解决交叉学科的专业设置问题，可能不利于专业教学与学科的发展。特别是在"大旅游"的宏大学科背景下，我国高校酒店管理专业有被边缘化的危险，尽管学术界一直为此争论不休。基于此，本套丛书试图结合目前我国旅游与酒店管理专业设置的实际情况和四川旅游学院酒店管理专业建设改革内容，将酒店管理专业的专业基础课程集中于住宿与餐饮业管理相关的核心领域，以其抛砖引玉。

作为四川旅游学院希尔顿酒店管理学院核心专业课程教材，本套丛书是在英国培生教育与出版集团近年来出版的众多酒店管理经典教材中选择的，其选择编译的核心要求是以现代酒店业生产、服务与运营管理过程需要的知识结构为基础，将学位教育标准与国际职业教育标准相结合；将酒店管理独特的专业能力与职业素质要求相结合，并也能使该体系成为大学学位教育所要求的综合与创新型人才培养的一部分。同时，该套教材也反映了四川旅游学院希尔顿酒店管理学院人才培养模式及课程体系的主要特色，即基于培养国际酒店商业管理领导人才的目标，以学生未来个人职业发展为中心的结构型人才培养方案为基础，以形成人才培养目标与教学目标相结合的酒店管理核心课程体系及相应的核心课程的教学内容，这也是该套教材值得在国内推广及使用的价值所在。

（三）

为适应应用型大学教学的需要，本套教材集中了国际酒店管理教育的最新成果，也能反映以商业管理学科为基础的应用型大学酒店管理专业课程体系设计的要求及教学内容的特色，例如，本套教材多数是英国大学教育与国家高等职业教育证书（HND）的推荐教材；同时，这一体系也是目前四川旅游学院希尔顿酒店管理学院人才培养方案关于专业基础课程、核心专业实践课程、核心专业运营与管理课程体系设计要求及主要教学内容的集中体现。

本套丛书在体系构建与内容的关系上包括以下一些特点。

第一部分：本套丛书选择了《国际接待服务业概论》《住宿运营管理》《餐饮服务组织》三本教材作为专业基础课程教材。《国际接待服务业概论》是美国著名学者 John R. Walker 的著作，他在这一领域著述颇丰，这本选用的教材是该书的第七版。它以接待服务（Hospitality）这一特殊的研究现象及管理科学的理论为基础，通过大量的第一手资料，以实证研究的方法，在宏观上，集中阐述了接待服务业所包含的酒店与住宿、餐饮服务、休闲娱乐以及会展与活动等产业发展与管理的广泛内容。该教材能帮助学生以全新的视野来重新看待接待服务业这个世界上最大的产业，并可以通晓这一产业未来发展所需要的知识结构，以及学生个人未来在该产业的职业发展路径和应承担的领导角色。特别说明的是，该书可以作为国家教指委指定的"旅游接待业"的专业教材使用。

从整个产业发展的角度，国际酒店商业管理所涉及的教学与研究的主要领域是住宿业与餐饮业管理。"酒店管理概论"这一课程在中国酒店管理专业教育中沿用多年。该课程的最大问题在于，它是以住宿业的典型代表——"酒店"、旅游饭店或旅馆的企业运营管理过程为主要教学研究领域的。首先，它的教学内容已经不能反映住宿业发展的多样化，特别是接待服务业行业的发展现状与实践；其次，它的教学内容也不适宜作为酒店管理专业的基础课程，且不利于酒店管理学科专业的发展。为此，我们选用了《住宿运营管理》作为酒店管理专业住宿业管理的专业基础教材，将系统介绍住宿管理企业、住宿业务管理系统和住宿综合管理的基础知识。

作为本套丛书的特别之处，丛书选择了《餐饮服务组织》作为酒店管理专业的专业基础课程教材之一。它从宏观的角度，运用系统管理的方法，将整个餐饮服务业作为一个系统，分析如何最佳地将人力、材料、设备及运营等相关要素的投入转化为餐食、顾客满意度、员工效率与质量的输出，其内容涵盖了餐饮服务组织（商业餐饮与社会公共餐饮）运营管理系统包括的餐饮采购、生产、流通、服务、安全及卫生等运营管理的基础知识，同时，它还集中阐述了对餐饮服务组织系统控制及对管理者有重大作用的管理原则、领导能力、交流沟通及资源配置等管理与技术的相关问题。

第二部分：酒店管理专业"核心专业实践课程"的设计是四川旅游学院希尔顿酒店管理学院课程体系设计的主要特色之一。目前该核心实践课程体系的主要教学内容包括"烹饪艺术""专业餐饮服务技术""酒水商业管理"和"房务管理基础"等四门课程。其教学过程是通过基于工作过程的学习方式，要求学院能够提供真实的生产与运营环境进行教学。考虑到国内在酒水知识和酒店房务管理方面有成熟的教材，本套教材选用的《烹饪艺术》《专业餐饮服务技术》，前者系统阐述了作为管理者应具备的烹饪艺术与管理的知识，其中，专业烹饪与专业烘培两个领域是酒店管理专业学生学习的主要内容；《专业餐饮服务技术》则是从专业服务的角度，以专业服务者素质与能力要求为基础，使学生系统掌握专业餐饮服务的服务礼仪、服务技术与服务沟通的工作和实践的知识与技术。

特别需要指出的是，本套涉及核心专业实践课程的教材，都不是从传统的酒店部门管理角度出发，而是以餐饮与住宿活动管理对学生专业能力及素质的要求出发的。为此，特别强调了对学生在酒店业生产与服务职业能力提升训练的内容。在四川旅游学院希尔顿酒店管理学院，上述核心实践课程的教材是与希尔顿集团职业培训项目的国际标准配合使用的，其课程设置、教学目标、课程进度计划、教学方式及教学内容均充分结合了四川旅游学院与希尔顿集团的全方位合作要求的人才培养及国际酒店管理实践的特色。

第三部分：根据四川旅游学院希尔顿酒店管理学院强调运营（operations management）管理教学内容的设计要求，本套丛书重点选用了《住宿运营管理》《餐馆管理》和《酒水商业管理》三本教材。《住宿运营管理》始于住宿管理的一般要求，从分析顾客、员工与产品供应的关系入手，论述如何提高员工的工作能力与表现，不断提高酒店生产能力；通过成本与收益管理的分析，论述如何增加住宿企业收入及效益，以及如何通过解决顾客服务与质量管理中的主要问题,最终实现运营管理的目标。与此相对应,《酒水商业管理》教材涉及了学生未来在相对独立的酒水服务设施管理专业领域,诸如酒吧与俱乐部、休闲与娱乐活动运营管理活动中应掌握的理论和知识。应该说明,酒水商业管理作为相对独立的专业活动领域,也是现代接待服务业管理中日益重要的组成部分。

显然,酒店管理核心专业运营的管理课程设置及教学内容,也应更多地从学生未来专业发展和职业选择的角度出发。例如,本套丛书选择的《餐馆管理》教材,可以使学生通晓一个餐馆从规划开业、员工招聘培训与管理、菜单设计、餐饮生产准备、食品质量、餐饮服务、成本控制到设施设备管理活动的整个运营过程。其内容基于餐馆企业整体运作的规律,使学生掌握作为一个餐馆所有者或职业管理者应具备的专业背景与素质要求及相应的理论与实践的知识结构。

第四部分:在酒店运营管理课程的基础上,四川旅游学院希尔顿酒店管理学院核心专业管理课程,主要是基于管理科学在接待服务专业职能管理领域的应用。本套涉及酒店核心专业职能管理的教材选择了大家熟知的《酒店业人力资源战略管理》《酒店业组织行为》《酒店与旅游业市场营销》《顾客服务管理》等。这些核心专业管理理论课程一直是国内大学酒店管理专业课程中最重要的组成部分。其中,《酒店业组织行为》与《顾客服务管理》课程是首次作为核心运营管理课程开设。而我们所选择的这两本教材的特色在于:它们都突破了传统的人力资源管理与酒店服务管理方面课程的教学内容,并赋予这一专业领域新的概念与理论构架,它可以期待学生未来职业生涯中,从新的专业目标和专业方向领域的视角,形成分析与解决接待服务业理论与实际问题的专业能力。

最后,我们知道,借这套教材,说清楚我国应用型大学酒店管理专业课程体系设计的要求和教学内容及其相互关系是困难的。且这套编译教材也是"借花献佛",但其重要的价值,也许是它结合了四川旅游学院希尔顿酒店管理学院教学改革的实践与思考。而我们更多的是希望国内大学酒店管理专业的师生能共享国际酒店管理教育一些成熟的经验与成果;我们期待抛砖引玉,跟各位同行一起,能为我国大学酒店管理专业的建设与发展贡献一份力量。

应该说明,这样一套教材的策划、编译及出版,是一个庞大的系统工作。四川旅游学院领导的大力支持,老师们教学改革的决心与努力,编译者的辛苦付出,都可想而知。

感谢广东旅游出版社的精诚合作与持续努力。

这套丛书无论在书目选编还是在内容的编译上,一定有许多缺点或瑕疵,我们真诚地希望国内的同行和读者不吝赐教,批评指正。

李力

于成都

2018 年 6 月

译者序

《酒水商业管理》是约翰·德赖斯代尔教授为酒店管理专业编写的一本深受读者喜爱和具有极高声誉的酒水管理的专业教材。四川旅游学院希尔顿酒店管理学院选用该经典教材是为了适应酒店管理本科专业"酒水基础"和"酒水商业管理"两门课程的教学需要，前者是学院的核心专业实践课程；后者为学院的核心专业运营管理课程。

正如作者在原著的序言中所说，该书的内容非常完整，也很简洁。

书中首先回顾了整个酒水商业的历史和这一产业的发展概况，在为学生提供了包括葡萄酒、蒸馏酒、啤酒和其他饮料的广泛知识的基础上，重点而又系统地阐述了为实现一个酒水服务设施（酒店、餐馆、酒吧及其他闲暇娱乐活动企业）获得利润的目标，酒水服务与运营管理完整的知识体系。

全书的主要内容涉及：酒水基础知识、酒水服务与行为、酒吧设备采购、酒吧布局与设计、组织管理、酒水的调制、酒水销售与成本，酒水管理控制、酒水营销与酒水商业的创业等。

通过本教材的学习，也如约翰·德赖斯代尔教授自己说的那样："学生们毕业后，无论是从事餐饮管理工，还是管理一家酒店、餐厅或者娱乐场所等，只要涉及酒吧管理，我们就会希望这本书能帮助他们的职业生涯最终走向成功。"

还需要说明的是，除了本书的完整与叙述的简洁之外，该书的最大的特色首先是规范性。例如该书作者在介绍酒类时，会非常细致地区别产地的不同环境，因为他认为这有助于理解酒的成分和口味；他在讲述员工雇佣和管理时，再三强调其行为和管理活动的"合法性"；他还用大量的篇幅讨论了酒水商业管理的"商业道德"问题。其次是实践性。本书非常注意内容的实用性，比如用专门的篇幅介绍如何持续地维护设施设备，这是酒水长期运营中非常重要的环节，因为它关系到营业成本和工作效率，而这些恰恰在其他类似著作中很少提到。

本书编译工作主要由四川旅游学院希尔顿酒店管理学院老师们完成。董一杰完成了第1、2、3、4、5章，李佳完成了第6、7、8、9章，周媛媛完成了第10、11、12、13章；顺德职业技术学院刘艺敏修改了部分章节的内容；杨婷婷完成了第 1 章和第 6、7 章的修改，并编译了各章的摘要和习题部分。华南理工大学李力教授审定修改了全书，并根据使用的要求调整删减了部分内容。

　　显然，这本书不仅仅是优秀的教材，适合酒店管理本科院校的学生使用，同时也是一本酒水管理方面的工作指南，讲授这门课程的老师一定会建议他们的学生在毕业时，把它装进自己的行李箱。

译者

2020 年 9 月

目　　　录

第 1 章　酒水商业的历史和范围 ··· （1）

　　1.1　酒水商业的历史 ·· （3）

　　1.2　酒水服务设施的类型 ·· （6）

　　1.3　酒水商业管理的研究领域 ·· （12）

第 2 章　酒水服务与行为 ··· （17）

　　2.1　酒精对行为的影响 ·· （19）

　　2.2　员工培训 ··· （24）

　　2.3　酒水服务与法律 ·· （27）

第 3 章　葡萄酒 ··· （35）

　　3.1　葡萄的种植与采收 ·· （37）

　　3.2　葡萄酒的酿造过程 ·· （40）

　　3.3　葡萄酒的分类 ·· （44）

　　3.4　葡萄酒产区 ·· （45）

　　3.5　葡萄酒品鉴 ·· （60）

第 4 章　蒸馏酒 ··· （63）

　　4.1　蒸馏酒的酒精含量 ·· （65）

　　4.2　蒸馏酒标签 ·· （66）

　　4.3　蒸馏过程 ··· （66）

　　4.4　蒸馏酒的类型 ·· （68）

第 5 章　啤酒 ··· （89）

　　5.1　啤酒的一般知识 ·· （91）

　　5.2　啤酒的原料 ·· （93）

　　5.3　啤酒的酿造过程 ·· （95）

　　5.4　艾尔啤酒和拉格啤酒 ·· （97）

第6章 酒吧设备采购 ································· （105）

6.1 酒吧设备购置要求 ···························· （108）

6.2 酒吧设备的类型 ····························· （110）

6.3 如何购买设备 ······························ （122）

6.4 酒吧设备的清洁和维护 ························· （126）

第7章 酒吧规划与布局 ····························· （133）

7.1 酒吧规划 ······························· （135）

7.2 酒吧布局 ······························· （142）

7.3 酒吧布局设计 ······························ （145）

7.4 酒吧装饰 ······························· （153）

第8章 组织行为与员工 ····························· （157）

8.1 组织的结构 ······························ （159）

8.2 工作描述与规范 ···························· （161）

8.3 员工招聘 ······························· （170）

8.4 员工督导 ······························· （178）

8.5 员工工作管理 ······························ （182）

第9章 酒水调制 ······························· （193）

9.1 玻璃杯 ························· （195）

9.2 分量控制 ······························· （198）

9.3 工具 ·································· （199）

9.4 调酒 ·································· （201）

9.5 鸡尾酒配方 ······························ （203）

9.6 啤酒服务 ······························· （211）

9.7 葡萄酒服务 ······························ （212）

9.8 饮料服务 ······························· （214）

第10章 酒水销售成本与定价 ························· （219）

10.1 成本的分类 ······························ （221）

10.2 损益表 ································ （223）

10.3 酒水成本的控制 ··························· （231）

10.4 酒水销售定价 ···························· （239）

第11章　管理控制 ·· (245)

　11.1　酒水采购 ··· (247)

　11.2　酒水储藏与发放 ··· (252)

　11.3　库存盘点 ··· (255)

　11.4　销售成本控制 ··· (257)

　11.5　生产制作与销售控制 ·· (258)

　11.6　收入控制 ··· (259)

第12章　市场营销管理 ·· (265)

　12.1　市场需求细分 ··· (268)

　12.2　经营环境分析（SWOT分析）··· (269)

　12.3　市场营销策略 ··· (270)

　12.4　营销计划 ··· (276)

第13章　酒水商业的创业 ·· (285)

　13.1　位置选择 ··· (287)

　13.2　商业计划书的主要内容 ·· (288)

　13.3　个人财务状况与投资 ·· (296)

　13.4　财务计划 ··· (303)

附表：英美制到公制单位换算表（部分） ································ (316)

第1章 酒水商业的历史和范围

学习目标/Learning Objectives

1. 简要回顾酒水服务设施发展的历史。
2. 简要阐述酒精饮料的范畴。
3. 对比不同类型的酒水服务设施，简述其异同。
4. 分析宴会酒水服务的不同收费方法。
5. 探讨酒水商业管理的研究领域。

关键词汇

酒水服务设施（Beverage Outlet）

街区酒吧（Neighborhood Bar）

挂账账单（Tab）

主题酒吧（Theme Bar）

特色风味酒吧（Ethnic Bar）

体育酒吧（Sport Bar）

精酿酒吧（Brew Pub）

专业酒吧（One-Product Bar）

信用酒吧（Credit Bar）

娱乐酒吧（Entertainment Venue）

入场费（Cover Charge）

大堂吧（Outlet Bar）

宴会酒水服务（Banquet Service）

全服务酒吧（Full Bar）

现付酒吧（Cash Bar）

招待会酒水服务（Hosted Bar）

客房酒水服务（In-suite Service）

餐桌酒水服务（Table Service）

本章概述

　　酒水商业管理的世界是一个规模十分庞大的领域。该行业被认为涵盖了从街区酒吧到大型娱乐综合体；从小型健身中心到运动场与竞技场；从酒店会议酒水服务到千人宴会的方方面面。然而，尽管酒水涵盖的种类大不相同，但是酒水商业的管理方式却出乎意料的相似。在本章中，我们将一起学习酒水商业的发展历史，我们同样也会了解不同类型的酒水服务设施的特征，并讨论其中的相同点和不同点。在本章末，我们以酒水商业管理这一研究领域的简要概述作为结束。

1.1　酒水商业的历史

　　在学习酒水商业历史时，我们经常会追根溯源。但是，通常情况下，当我们提及酒精饮料，几乎没人知道它从何时开始，很多人都说它是个意外的产物，可能产生于掉在地上后发酵的水果；或许也像某些人说的那样，是食物装在罐子里，被遗忘在屋外，雨后又被太阳加热而形成的。这是我们从已知的一些原料推测的粗啤酒的制造历史的描述。我们找到的啤酒早于葡萄酒作为"酒"出现的证据，来自公元前 4000 年的埃及。

　　在公元 12 世纪，因为蒸馏器的发明，酒精饮料发生了极大的改变。在这之前，啤酒和葡萄酒是唯一的选择。随着蒸馏器的使用，人们生产出了蒸馏酒。最开始，蒸馏酒被广泛应用于医疗，后来才渐渐被当作一种饮料，并在 17 世纪的时候才完全被大众所接受。回顾酒精饮料发展的历史，一个事实是，它与宗教的联系是如此的紧密，酒与今天的文化也息息相关。在远古的中国，酒在许多宗教仪式中扮演了重要角色，人们用由大米花露和水果酿造的发酵饮料来献祭众神。古代中国人认为这是神明恩赐的礼物，后来的古希腊和古罗马人也同样如此认为，在北美洲，印加人也将玉米酿造出的发酵饮料用于他们的宗教仪式。在美国，甚至清教徒也认为酒是上帝赐予的礼物。另一个事实是大部分宗教都建议适度饮酒，在许多情况下甚至是禁止饮酒的，因为过度饮酒往往让人无法容忍。

　　17 世纪，第一批经营酒精饮料之一的旅馆"Cole's Ordinary"由英国人 James Cole 于 17 世纪 30 年代在普利茅斯开业运营，它被称为普利茅斯最好的旅馆。随着英国殖民地的扩张，酒水商业在世界各地得到了蓬勃发展。那时拥有酒水服务的酒馆主人像极了今天的酒店老板，是一个有影响力的角色，在所在的社区发挥着很大的作用。事实上，那时英国大多数普通百姓都有政府补贴，而酒馆被视为公共服务机构。有意思的是，如果一个社区没有酒馆，这个社区就不被认为是"文明"的，将不能得到政府的补贴。

　　随着补贴政策而来的是监管。就酒水经营而言，那些日子里大部分关于饮酒的规定并没有针对旅馆的酒水服务或小酒馆，而是指出在公共场合酗酒是绝对不能容忍的。从 17 世纪到

18世纪，英国及一些英国殖民地的国家，后来包括美国的各个州，都通过了限制个人饮酒的法律。例如，1679年针对酒馆的一项法律在纽约市通过，要求所有的酒吧和酒馆在周日"礼拜日"关门。就一个国家而言，这一法律意味着认为公众在礼拜日应致力于做礼拜而不是狂欢。

在18世纪，英国在今属美国的殖民地佐治亚州通过一项法律，禁止经营酒馆，并在1735年完全关闭所有的小酒馆。但是，当美国由殖民地成为一个独立的国家后，马上颁布了新的宪法，新成立的美国联邦政府第一个行动就是偿还革命战争的巨大债务——解决的办法是对酒精饮料和蒸馏酒征联邦税。但这个新国家的公民并不认为这是一个好主意，因为他们刚刚宣布从税收沉重的大英帝国独立，于是，私酒买卖开始盛行。不过几年，这条法律就被废除了。

酒精饮料的制作在当时不是由企业主导的，而是在家庭作坊进行的。例如威士忌在当时大多是由许多私人的小型酒厂生产，并躲过了纳税。这是一个基于现实的考虑而不是刻意挑衅，因为如果他们交了税，就不能养活自己的家庭。因此，那时甚至发生过前来收税的联邦特派员被酿酒的人射杀的事件。1794年，仇恨在宾夕法尼亚州的匹兹堡达到了顶点，民众甚至在街头暴动，强烈抗议威士忌税法。华盛顿总统曾调用民兵和派遣数千人的军队进入城市，阻止了骚乱并捕获了领头人。尽管匹兹堡市后来又恢复平静，但是私酒行业并没有就此停止，特别是在南部地区仍保持着快速的发展。时至今日，南部地区仍然有着众多小规模的酿酒行业。

后来，当小酒馆可以像供应食物一样供应蒸馏酒和浓啤酒时，其中一种最受欢迎的酒——杜松子酒出现了。在大英帝国的殖民时期，只要英国的船队航行到哪里，水手就会把他们的"英式"杜松子酒带到哪里。在美洲的殖民地，鼎鼎大名的美国人保罗·利威尔以及乔治·华盛顿都很喜欢这种杜松子酒，就连贵格会教徒也因在葬礼后喝杜松子酒而闻名。华盛顿不仅喜欢杜松子酒，他还喜欢威士忌。1797年，有一个叫詹姆斯安德森的苏格兰人，当时他正在为华盛顿工作，他告诉华盛顿可以用玉米和黑麦蒸馏制作威士忌。于是。在1799年，当时最大的蒸馏工坊建成了，它能生产11000加仑威士忌。据说华盛顿还帮这个苏格兰人交了酒税。

19世纪，随着时间的推移，普通的家庭旅舍逐渐发展为带有许多客房、餐厅和酒吧的旅馆。与这种增长并行的是独立的餐厅和酒馆的增加。但是，在19世纪中叶，美国的一些州没有吸取佐治亚州在1735年颁布的禁令的教训，也颁布了禁酒令，但其中一些法律被法院宣布违宪，酒馆继续保持着营业。另外，尽管美国一些州的禁酒措施取得了一定的成功，并禁止了在本辖区内生产酒精饮料，但并不能阻止酒精饮料被不断地从其他没有禁酒的州运进来，一些酒精饮料还可以通过邮局邮寄卖给各个小酒馆。

随着19世纪的结束，啤酒越来越受人们的喜爱。啤酒最初是随着德国移民进入了美国，并很快受到了人们的青睐。事实上到1980年，啤酒超过了其他酒精饮料成为酒吧里最畅销的饮品。越来越多的啤酒厂建立起来，竞争也异常激烈。在酒吧里，因为瓶装的蒸馏酒占用的空间很小，所以酒吧可以供应各种品牌和种类的蒸馏酒。然而，啤酒则是另外一种情形，桶装的啤酒需要占用很大的空间，而且还需要冷藏。因此，酒吧对啤酒品牌的选择受到了一定的限制。在这种情况下，啤酒厂为了占据市场份额，都会想尽办法进行推销。

对于啤酒厂商来说，其中一个方法就是与酒吧投资人合作。如果一个人没有足够的资金又想投资酒吧的话，那么啤酒厂将会帮助他购买酒吧设备，做宣传以及提供初期经营酒吧所需的酒水。而酒吧投资人则愿意把更多的钱花在购买啤酒上，以从投资中得到回报。当酒吧老板开始售卖蒸馏酒时，酒吧出售的啤酒只能来自投资它的这家啤酒厂所生产的啤酒。随着啤酒厂不断地对酒吧进行投资，酒吧数量不断增加，再加上与免费食物搭配销售的蒸馏酒和啤酒规模不断扩大，行业竞争异常剧烈，随之而来的是更多的社会问题。

19 世纪 80 年代，基督教女性禁酒联盟和反酒吧联盟之类的组织开始出现。这些组织和教会一起开始提倡不论是在酒类零售店还是酒吧，应停止售卖和使用所有的酒精饮料，全国性禁酒的想法开始流行起来。

20 世纪，禁酒运动的势头逐渐增强，1917 年，美国有人提议修改宪法。随着幕后派系的博弈，没过多久这项修改宪法的决议就得到了一些州的批准。1919 年 1 月，美国最后一个州也批准了这项决议。1920 年 1 月 29 日，它成为宪法第十八修正案。虽然，这项修正案禁止了致醉饮料的生产、运输和售卖，但是，它是不能强制执行的。因为酒精饮料是很难下定义的。但是，当时一位来自明尼苏达州的叫作沃尔斯特的议员对酒精饮料作出了详细的定义，因此，国会通过了禁酒法案，并能够有明确的依据来执行这项法案。但因为威尔逊总统否决了法案，也得到了国会的支持，这项法案最后并没有生效。

在禁酒令时期，其实禁酒令也只是摆设，喝酒的人依然可以喝，并没有什么能阻止他们。因此，各种非法的活动也开始出现。许多酒吧转入地下，成为非法经营的场所。为了不让执法部门发现，消费者们不仅要知道地下酒吧的位置，还要有熟人带着才能够进去。这十分有效，它们很快就成为私人俱乐部。新式地下酒吧和以前的酒馆之间另一个主要的区别在于，新式地下酒吧还接受女性消费者。在这一点上，以前的酒吧似乎是男性的堡垒，并不允许女性进入。地下酒吧不仅是非法的，也销售法令禁止的酒精饮料。那么地下酒吧是如何取得酒精饮料来销售给客人的呢？这来自美国的创造力和企业家精神，禁酒令生效后不久，这儿就产生了很多制造酒精饮料的方法。

酒水的生产过程有多种形式。因为避税，酿私酒行业的发展逐渐兴盛起来。例如，一些小酒厂搬到了山上或是边远地区，他们搭建了蒸馏器，由谷物制得酒精，然后进行稀释和调味，通常这个过程是在像浴缸一样的容器里大批量地完成的。因此，这种酒就称为"bathtub gin"。啤酒厂开始生产淡啤酒，为了生产淡啤酒，啤酒厂在酿酒的时候，会把酒精浓度降低，直到达到 1.5% 的要求。然而，他们中的许多人故意跳过这一步。尽管那时美国在实施禁酒令，但其他国家并不是，地下酒吧销售的大部分商品来自国外。随着酒精饮料生产问题的解决，销售就成为了下一个障碍。

酒水销售最初由那些有组织有纪律的犯罪集团垄断。因为犯罪集团有财力和人力，有相应的组织形式卖酒，而且他们并不害怕联邦和地区政府。因为商品是非法的，因此他们也不必纳税，从而获得了更多的收入。当时，从加拿大到墨西哥的整个边境都有酒类的非法销售活动。从欧洲到远东地区，货船从那些没有禁酒令的国家把酒运到离美国限制区三英里外的国际海域。在这里有船把货物非法地运到岸上。

此外，那些山区里的酿酒人也会把酒卖给地下酒吧，他们常常与政府发生冲突，更糟糕的是黑手党如果遇上他们，常常伴随着的是激烈的战斗和流血。再加上利益集团的内部斗争，地盘争夺是司空见惯的事情。在高利润的驱使下，这些小冲突也变得血腥，为了把政府排除在他们的商业之外，黑手党甚至渗透到了全国大部分的市政厅。

虽然大部分的酒馆和酒吧转入地下，但一些酒吧停止销售酒精饮料，业务就集中到了餐饮方面。通过提供优质的食物和服务，他们才得以从禁酒令中存活下来。第十八修正案中存在一个漏洞，就是医用酒精是可以生产的，于是一些客人大摇大摆地去医生那里寻找"治病的药方"，致使药房生意火爆。

很快联邦政府发现无法贯彻禁酒令的实施，这样的情况变得越来越明显，有的地方政府甚至被有组织的犯罪集团渗透。第十八修正案通过后反而出现了更多的酒吧，昭示了政府对酒类的管控完全以失败告终。1933 年 12 月 5 日，宪法第二十一修正案通过了，它废除了宪法第十八修正案，禁酒令解除了。

随着美国禁酒令的结束，社区不愿意回到之前酒吧泛滥的混乱状态，酒馆和酒吧的管理成为州政府面对的最主要的问题之一。州政府开始管理酒类的分销，许多州成为所谓的控制州，控制州指的是政府自己分销酒精饮料或控制经销商数量，通常在特定地区给予经销商垄断权。在这种垄断收益中，经销商售卖何种酒以及售卖的价格都受到严格的控制。当地政府管理酒馆和酒吧的数量，常常是在特定的选举地区。除此之外，也有一些州，进行了最低限度管制，然而，还有部分州并不允许售卖酒精饮料。

政府同时也限制着酒吧营业时间。州和直辖市极力避免回到禁酒令之前的状态，当时酒水业是这个国家最难管理的行业之一。尽管受到政府管控，但该行业仍然持续蓬勃发展。在过去，几乎所有的酒馆和酒吧都是个体经营，今天，情况已经发生了变化，虽然仍有一部分的个体经营户，但连锁店已经接管了很大一部分业务。今天营业的酒吧种类繁多，很难对它们进行分类。我们将尝试这样做，但请记住，许多的酒吧都可以同时归纳于多种酒吧类型里面。

1.2 酒水服务设施的类型

对本书来说，我们可以简单将酒水服务设施定义为一个喝酒的地方，换句话说，酒水服务设施（beverage outlet）是将啤酒、葡萄酒、蒸馏酒或其他酒精饮料直接卖给消费者并使其在场合法消费的场所。而它并非是零售酒精饮料的商店。在实践中，有许多关于这种"场所"的称呼，其中最常见的是 bars、pubs、nightclubs 等等。根据供应酒精饮料的经营场所来定义酒水服务设施是很宽泛的概念，所以接下来我们对酒水服务设施做进一步的定义及分类。

1.2.1　酒吧

街区酒吧

街区酒吧（neighborhood bar）可以说是如今最受客人欢迎的一类酒吧。在世界几乎所有城市中的每一个商业区都能看到它们的身影。西方国家的每个社区和小镇也都有一家街区酒吧，当地人在这里和朋友小聚，或者讨论政治、体育或时事新闻。街区酒吧已经成为一个社交中心，有些人几乎每天都来，所以客人们彼此也都互相认识。这些酒吧大部分是私人经营，为一个或两个人所有。但连锁酒店集团和企业已经开始进军这种酒吧类型，尤其在市区的中心区域。街区酒吧可能会销售一些食物，也可能不会。

对于街区酒吧来说，遵守为熟客记账的传统做法并不是什么新鲜事。记账是指客人可以通过酒吧的挂账账单（tab）定期地支付酒水服务费用，而不需要每消费一次就结账一次。付账通常是在客人发薪水的那天，这在一些实施周薪或每周获得居民补助的欧洲国家很流行。有些国家，这种做法正在被使用信用卡和借记卡所取代。记账也指游客可以在他们在离开当地时清账，而不用每次付费。在中国，一般通过移动支付付账，上述付费方式已经不是很普遍。

主题酒吧

主题酒吧（theme bar）是指那些专注于某个特定主题的酒吧。它既可以是与历史相关的主题酒吧，像美国的威廉斯堡，弗吉尼亚等地历史街区的一些酒吧；也可以是与交通工具相关的主题酒吧，比如以火车或飞机为主题；还可以是与街头、城镇、城市或者周边的一些地区有关。无论主题是什么，通常这些主题特征都会体现在菜单的装饰，酒水及食物的供应上，甚至还有与特色鸡尾酒主题有关的酒吧，别具特色。

特色风味酒吧

特色风味酒吧（ethnic bar）是主题酒吧中的一种，例如，随着不同的种族移民到美国，而他们大多定居在城镇或者城市社区，这儿会有比他们早移民的亲戚或者朋友，一些拥有自己民族特色的酒馆和酒吧会随之开到他们日常居住的城镇和城市社区的某些地方。这些酒吧常常供应移民在原住国所熟悉的一些饮料和食品。随着这些移民融入当地的生活，社区变得越来越像由同一种族的人所组成，这些小酒馆可能渐渐消失。但是，伴随着墨西哥、美国中部以及环太平洋国家新的移民潮出现，又会逐渐兴起。在中国少数民族地区，酒吧文化充分融汇了当地少数民族的特色，出现了大量傣族酒吧、藏族酒吧等特色酒吧。特色风味酒吧的一个独特性是能吸引到大量的人群，在美国，每个城市都至少有一个以上的爱尔兰酒吧，其他的酒吧还包括法国酒吧、波兰酒吧、墨西哥酒吧、德国酒吧、亚洲酒吧、非洲酒吧等等。尽管这些活动都是以种族为主题，但它并不只针对某一种族而是更广的群体。

体育酒吧

一些酒吧里的彩屏或座位的平板电脑上，显示着几个不同的游戏，三角旗悬挂在墙上，鸡尾酒服务员和酒保穿着制服或五颜六色的当地球队的队服……当你走进这样的场景中时，你进入的是一间体育酒吧（sport bar）。体育酒吧今天比其他类型的酒吧更为流行，它们通常是由一些运动俱乐部或连锁企业经营，但是个体经营也不少。这些酒吧通常也供应食物，主要是油炸的开胃菜和三明治、沙拉等，它们的客人群体是年轻人或热衷于观看比赛的球迷。

精酿酒吧

精酿酒吧（brew pub）在饮料服务行业中占有独特的市场。它们的啤酒大多都是现场制作、现场销售，也会也供应食物和大多数知名品牌的啤酒，可谓琳琅满目，但一些啤酒吧以自制的手工啤酒为特色。酒吧常常供应几种类型的啤酒作为核心商品并因应不同季节进行更换。当人们进入精酿酒吧的时候，会发现大啤酒桶和一些调酒设备被摆在十分显眼的位置，格外吸引眼球。

专业酒吧

专业酒吧（one-product bar）是一种经营单一品种的酒吧，一般只经营一种类型的饮料。从马提尼酒吧到啤酒吧，单一品种的酒吧种类非常多样。葡萄酒酒吧特别受大家喜爱，一些葡萄酒酒吧会供应不同葡萄品种、品牌和年份的葡萄酒。因为单一商品酒吧的市场受到一定的限制，因此它们必须供应更优质的酒，常见的或者稀有的品牌都有。这种酒吧常常位于人口众多的大城市。

信用酒吧

信用酒吧（credit bar）一般不需要商家与客人之间每次都进行现金交易，而是通过一次性结算账单的方式付费。在消费或服务结束的一段时间后，客人消费的总账单将会被送到客人手中，让其进行统一付款。信用酒吧通常在乡村或者城市的私人俱乐部比较流行。巡游服务的游轮也常常将客人在船上的消费记录放入其账单中，最后统一进行结算。接受这种消费模式的街区酒吧和其他酒吧不能算入信用酒吧这一类别，因为它们同时接受其他人单次的现金支付，而信用酒吧是完全不会发生现金支付的。

娱乐酒吧

娱乐酒吧（entertainment venue）也同样销售酒水，但这并不是它的主营业务，销售酒水只能算得上是第二重要的生意。换句话说，客人到这里的主要目的是娱乐而不是饮酒。这种类型的酒吧范畴比较广泛，包括从演奏爵士三重奏的小型私人俱乐部到酒馆和体育酒吧。

娱乐酒吧往往会有额外的费用发生。在一些小型娱乐场所，比如在俱乐部会有服务费产生。在许多娱乐酒吧，例如迪斯科舞娱乐酒吧，入场费（cover charge）是客人进入酒吧消费的同时必须支付的费用，它可以使酒吧减少了一定的营业成本。在竞技场和体育馆里，观看赛事的门票可以让观众进入场馆以及参加赛后的酒吧欢庆。虽然娱乐酒吧的主要目的是娱乐，但毫无疑问的是，售卖酒精饮料的盈利占据了酒吧相当大部分的收入。

1.2.2 酒店酒水服务

酒店，尤其是指大型的酒店，通常设有很多不同种类的附属酒吧。除了这些酒吧之外，在酒店特色餐厅、大型宴会或招待会的餐饮服务中，酒店的酒水服务是必需的，也常常有它们自己一套酒水服务的操作流程。

酒店大堂吧

酒店通常都设有大堂吧（outlet bar），这种附属酒吧一般设在酒店前厅。在大堂吧，客人能在这里舒适安静地坐着享用各类酒精饮料或其他酒水服务。大堂吧通常装饰精美，铺有地毯，有宽大而舒适的座椅、沙发和低矮的鸡尾酒吧台，让人感觉像在一个私人俱乐部一样。会议客人尤其喜欢在大堂吧一起探讨相关会议事宜；商务客人也同样喜欢在这里谈论制定一些公司策略及相关业务。酒店大堂吧之所以这么受欢迎，在于它让客人认为在这里有助于人们互相之间的交谈会面，而不是来到了一个娱乐场所。

另外，一些酒店设有专门附属酒吧为客人提供娱乐。这些酒吧包括主题酒吧、民族特色酒吧或体育酒吧。大型城市的中心酒店常常设有不同类型的酒吧，并经常会有现场表演。这些酒吧通常位于酒店一楼，有专门的通道连接专门设置的大门，以方便过路客人前来消费。因此，酒吧的收入既来源于住店客人也来自其他公众。

宴会酒水服务

宴会酒水服务收入是酒店经营收入的重要组成部分，因为酒水服务在宴会收入中占很大比例。应该指出的是，我们这里探讨的宴会酒水服务（banquet service）会给酒店带来很大收益的情况，同样也适用于餐饮公司和其他提供宴会服务的餐厅。还有，在国外，酒店餐饮部门供应的早餐和午餐尽管几乎不供应酒精饮料，但偶尔也会供应一些香槟、血腥玛丽鸡尾酒和含羞草鸡尾酒，有时候，午餐也会配有葡萄酒；而酒店供应的晚宴上会提供一些不同种类的酒。

在晚宴开始前的接待时间，酒店根据客人的要求常常会提供酒水服务，这种形式称为"全服务酒吧"（full Bar），国外的酒店一般只供应啤酒和葡萄酒或者只供应葡萄酒，在中国的酒店，则烈酒比较常见。在晚宴服务过程中，全服务酒吧除了供应啤酒和葡萄酒，还供应长饮和短饮的鸡尾酒，或者简单混合饮料以及碳酸饮料。采用全服务酒吧是因为这种临时搭建的酒吧十分简便、紧凑，但是它的空间和安放的设备都相当有限。不止晚宴前的接待时段，大多数晚宴后仍会继续保持开放，但如果在晚宴中存在演讲的环节，此期间全服务酒吧通常会处于关闭状态。

宴会酒水服务的另一种形式是现付酒吧（cash bar）服务，即客人在宴会或晚宴的进行中，需要自行支付所消费的账单，而不是由主人统一支付。酒店提供现付酒吧服务，酒吧服务员常常会收到小费，因此酒吧里面会放置小费箱。现付酒吧付费一般有两种方式，一种是直接付款，另一种是用酒水券支付。

（一）现场支付

在这种模式里，客人要在他们点完饮品时马上支付账单。它们点完酒水，酒吧服务员开始准备客人的所有订单并把饮品送到客人处。这个模式的缺点就是减慢了服务的速度。特别是在宴会酒水服务的接待时间里，因为短时间内聚集了很多客人，很难确定与客人的支付来往是否正确，以及是否正确地准备了客人点的所有酒水。由于这个缺点，用券支付的方式出现了。

（二）酒水券

这种方法将收银和准备酒水的过程独立开来。收银员将券卖给客人，客人凭券兑换酒水。酒水的类别一般有五种：软饮、啤酒、葡萄酒、混合饮料和高价混合饮料。啤酒和葡萄酒常常作为一类进行出售，所以也可以分为四类。券的颜色对应着酒水的类别。例如，一位客人想喝夏布利酒，他会从收银员那儿购买红色的券，然后就可以到吧台那儿换取夏布利酒。这种方法不仅加快了服务的效率，也使得酒吧能够掌控整个现场的节奏。如果客人购买的券没有用完，可以在购买点进行退现。但实际上，酒吧的收益很多来自购买了券却没有进行消费又不愿意退现的客人。

招待会酒水服务

招待会酒水服务（hosted bar）通常指的是婚礼、宴会等场合通过设置的"开放酒吧"提供的酒水服务。在这种模式里，由主人而不是客人支付酒水费用，这在婚礼接待中十分流行，但费用十分昂贵，所以现付酒吧在婚礼中也很常见。招待会酒水服务也常用于企业或公司举办销售会议时用来招待客人。

这类酒水服务的场面一般会比较混乱。所以在宴会结束时，计算酒水服务费用一共有3种方法，分别是消耗的酒水、每小时客人的数量以及酒水库存数量。

（一）计量收费

在这种计费方式里，供应的每一杯葡萄酒、每一瓶啤酒或者每一种饮料都按售价列入了消费清单。在酒会结束时，小费也会计入总账单里一起递交给主人。我们能清楚地看到，把每杯饮料计入消费清单的过程是十分耗时间的，所以这种方法有时会减缓服务的速度。也正是由于这个原因，这种计费方法主要应用于一些小型招待会议场合。

（二）定额收费

这种方法被经营了一段时间的企业所使用，因为它依赖于历史数据的准确性。酒店可以从历史数据推测出一位客人一小时所消耗的酒水的量，用这个数据乘以出席活动的人数，再乘以活动持续的小时数。例如，如果记录显示每位客人平均每小时消耗 5 美元的酒水，一共有 500 人参加活动，活动将持续 3 小时，那么酒店方将收取 7500 美元。

$$5\ 美元 \times 500\ 人 \times 3\ 小时 = 7500\ 美元$$

这种方法考虑到，因为饮料是免费的，一些客人会消耗很多的饮料，一些客人消耗饮料不多也不少，也有些人不喝饮料，不同的人群将会消费不同程度的酒水。虽然，乍一看似乎对酒店来说是一个冒险的决定，但也正如前面所提到的，它很大程度上依赖于酒店保留的大量的精确的历史记录。

（三）库存消耗量收费

这也是最流行的收费方式之一。它考虑了招待会活动中实际消费的酒水量以及每小时的人工和杂项开销。其具体过程是：在活动开始之前所有的物品被清点数目，包括所有的啤酒、葡萄酒、蒸馏酒、软饮和混合饮料。在活动的最后，酒水数量被再次清点。最初的酒水数量减去所剩的酒水数量，然后再乘以每种商品的零售价格，最后计算出总的酒水消费额；每小时的服务费乘以时间得到总的服务费用；总的酒水消费额加上总的服务费用就等于总的账单费用。

客房酒水服务

全服务的酒店一般在客房设置微型酒吧提供客房酒水服务（in-suite service），并收取酒水费用，这种方式过去是酒店的套房使用，现在已经发展的几乎所有的全服务酒店客房，多用于小规模的酒水服务。在客房服务里，一般供应各种葡萄酒、啤酒、蒸馏酒和混合饮料，还有各式各样的小吃，如椒盐饼、薯片、各种坚果等。但不会有服务员进行服务，而常由主人负责照应宾客或者宾客自助。主人要为送往套房或已备在客房里的每样商品付费。

1.2.3　餐馆酒水服务

许多餐馆或酒店的餐厅都会销售酒精饮料，有的只有葡萄酒或啤酒，有的两者都供应，还有的甚至有一个完整的酒吧。要定义它们的类别，就必须弄清楚其主要目的是销售食物还是酒水，换句话说，那是一个销售食物的酒吧还是一个服务酒水的饭馆，无论答案怎样，现在确实有很多餐馆两样服务都有。实际上可以分为几类。例如，一个酒吧既卖食物和酒水，也有一个可以处理现付酒吧或用于招待酒水服务的设施。

餐馆或餐厅的酒水服务通常称为餐桌酒水服务（table service）当客人选好座位入座后，餐桌酒水服务就开始了。根据具体情况，在一场晚宴上，有可能提供酒水服务，也可能不会。西方的餐桌服务，当提供酒水服务时，通常有鸡尾酒服务员进行服务；而在其他情况里，也可能由提供食物的服务员进行酒水服务。除了鸡尾酒，常常也有葡萄酒供应，每一位客人的葡萄酒将由专门的葡萄酒管家或者宴会服务员进行倾倒。在宴请活动中，常常会有多种葡萄酒供应，葡萄酒的种类根据菜式而有所不同。通常在餐桌上的某一人士会支付酒钱。如果是主人宴请宾客的话，毫无疑问是由主人支付。

大型酒店常设有两个及以上的餐厅，至少一个餐厅的消费价格会比较高，通常可能是些针对高消费群体的主题餐厅、特色风味餐厅或者高级餐厅；其他餐厅则供应价格适中的一日三餐。几乎所有的这些餐厅都会提供酒水服务。

1.3　酒水商业管理的研究领域

正如我们所了解的，酒水业的业务范围非常广泛，也非常复杂。当一个人去酒吧，看到人们玩得很开心，他会想"或许我也能开一间酒吧，只要选一个地方，买几瓶酒，在墙上挂上'快乐时光'的招贴，这就是酒吧了"。那就大错特错了，实际情形远比这复杂得多。当你通过本书进行学习时，你会了解到业务的错综复杂，你将会掌握到经营或管理酒水服务设施的知识和技能，下面我们将以简短的描述来探讨酒水商业管理的学习研究领域。

1.3.1　酒品的管理

在酒水商业管理中，我们将首先从市场需求的角度，学习如何鉴别和销售各类酒水，这显然是一个酒水服务设施盈利的关键，同时也是每一位酒水服务设施管理者的基本任务。

葡萄酒

我们知道，了解自己售卖的东西对于一个管理者来说尤为重要。因此，我们要学习葡萄酒、蒸馏酒和啤酒的相关知识。先从葡萄酒开始，管理者应该能够判断葡萄酒的要素包括其色泽、味道以及清澈程度。它涉及从在葡萄园里挑选葡萄，到收割、萃取、陈酿、装瓶，再到最后的品尝的每一环节。有时，来自不同的酿酒商或不同收获时间的葡萄酒会混合在一起，但在其他情况下，一些高品质的葡萄酒在自己的特点上保持着独一无二的优势。葡萄酒加工的每一步都十分重要，因为任何细微的变化都会改变葡萄酒的最终品质。不同种类的葡萄会用来生产不同类型的葡萄酒，关键的生产过程都会受到监测，我们会了解葡萄酒产地的自然条件及生产环境，同时监测其生产工序，我们也总结了如何生产口感很好的葡萄酒的方法。然而，这个章节是有难度的，因为这儿有一些国外的术语。探索不同寻常的葡萄酒世界是令人兴奋的事情，希望读者能从中找到乐趣并得到更多知识。

蒸馏酒

所有的酒精饮料都是发酵产物，但蒸馏酒（例如伏特加、朗姆、龙舌兰和杜松子酒等）则要多一个步骤——蒸馏。蒸馏会提高饮料中的酒精浓度，也就意味着使酒更浓。所以为了抵消这一点，人们在饮用时往往会加入一些苏打水或者果汁，也有一些人会直接小口啜饮。虽然蒸馏酒的蒸馏手法有很多，但原料的不同是造成其差异的主要因素；陈酿的年份和方法也是因素之一。了解蒸馏酒的种类、原料、蒸馏的方法以及什么使得蒸馏酒具有不同的特质，也是作为未来的管理者需要掌握的。

啤酒

准确说来啤酒分两类：拉格啤酒（桶底酵母发酵）和艾尔啤酒（上层酵母发酵）。它们之间有很大的区别，也有不少相同点，这使得人们难以区分。尽管如此，了解它们关键的种类和特质也是十分有必要的。虽然，它们的原料（酵母、大麦、酒花、水以及谷物）大多相同，但是不同的添加剂、酿造工艺、原料质量以及产地环境却为它们增添独具特色的风味。

1.3.2　酒吧设备

酒水服务设施最花钱的一个环节是采购设备。无论是一件还是一套，全新的还是二手的，酒吧服务设施的设备采购是最耗费金钱的长期投资。知道购买什么设备以及怎样购买都是极其重要的。下面是购买设备的正确和错误的方式：如果你只购买一件设备，并遵循接下来提到的方法，你将能节约到足够的钱来购买其他设备；如果你要购买一整套酒吧的设备，也能凑到足够的钱。买不需要的东西就是在浪费金钱，在购买之前，你一定要先做好计划，包括设备的大小和数量，同时要保证设备经久耐用，还要知道如何保养。投资设备需要大量的金钱，尽可能延长设备的正常运转年限是十分重要的。

设备买来后怎么放和放在哪也十分重要，你见过一个酒保在调酒的过程中为了找寻不同种类的酒水而走来走去吗？在调酒的时候浪费时间就是在浪费金钱。此外，设备摆放的位置、操作区域的空间、桌子的占地面积都是十分重要的。一些大型设备一旦确定了位置就不能再进行调整，所以，错误的摆放位置将会一直影响酒吧的运作。

1.3.3　运营管理

组织行为与员工

酒水商业管理是与人打交道的活动，运营一个酒吧，招募员工是基础。因为，在供应酒水的同时，如何提供优质的服务对酒吧的经营起着决定性作用。作为一名酒吧经营者的你怎样对待你的客人，客人就会做出相应的反馈，服务员、酒保对待客人也同样如此。酒水运营管理的方式有许多，本书将选择目前比较流行的几种进行讲解。另一方面，如何解决员工之间的冲突也会影响到你是否能成为一名好的经营者，管理方式的调整也是你工作内容里重要的组成部分。有效的组织是企业管理者成功运营管理的关键因素之一，要做到每个员工的工作都有清晰的岗位描述，责任落实到个人，还要帮助消除员工之间的误会，要让他们每一个人都知道自己个人的发展方向是什么。员工的评估应该与其工作内容挂钩，以此来衡量员工的工作表现。

酒水调制

酒水服务设施管理中很重要的一点就是应该有能力可以连续不断地供应高品质的酒水。做到这点的关键是采用标准化的酒水配方。它确保了酒吧与客人之间的密切度，也确保了成本的把控，利润也得以实现。在倾倒葡萄酒、啤酒或者混合蒸馏酒时，选择合适的玻璃杯是十分重要的。选择了正确的玻璃杯，不仅会使酒保工作更加容易，还能确保酒水分量的控制。在酒水调制过程中，正确使用工具也是一个酒吧平稳运行的基础。

成本与销售

盈利是经营酒吧的目标，制定合理的价格是至关重要的。标价太高，就是在赶客，标价太低就赚不到钱。了解如何实现盈利，很关键的一点就是要看懂损益表以及弄明白收入与成本之间的关系。菜单上的每一项商品都要明码标价，这样你才能知道成本多少，自己赚了多少。有很多公式可以帮助我们设定正确的酒水价格。当价格确定以后，通过衡量饮料定价和客人对价格的敏感度进行适当调整。通过理解价格与销量、成本的关系，并对它们进行控制来实现酒吧的盈利，你就能成功地经营一家酒吧了。

管理控制过程

采购酒水需要耗费大量的资金。当存货没有卖完，储藏室还未清空，你就不能去进行下一次的酒水采购。你越早实现采购、收货、贮存、分配以及销售这个循环圈，就越早得到投资回报。同时，不得不说的一点，就是酒水很容易被盗，所以，一定要加强在贮存和售卖过程中的安保工作，这对实现盈利来说十分重要。

市场营销

市场营销取决于你对消费人群的定位以及对他们需求的把控。这就需要依赖于你对酒吧的分析，你的优势与劣势，机遇与威胁，并根据这些分析来制定酒吧的营销计划。营销计划是其中一个重要的组成部分，它决定着你投资的回报。毕竟市场营销需要耗费一定的金钱，你要确保你的钱花对了地方。同时，不管何种营销计划，都必须要得到自己的员工的认可。

酒水商业与创业

把这一内容放在本书末尾再合适不过了，这部分也同时作为对前面学习的一些观点的回顾。回顾遵循了一个人开始创业必须经历的过程，其开始于统计学领域的一项讨论，因为它和酒吧位置以及潜在客人联系起来。怎样把其融入创业计划需要我们进行详细的讨论；还包括你必须应对的监督企业的法律和机构，这不只存在于企业的筹备期，开始营业后也同样存在。如果你曾经想要开自己的酒吧，那么这章很适合你。即使你没有想过，了解这些知识也是极好的。

本章小结

通过学习，我们了解到酒也是世界文化历史的一部分，同时，本章也简要提及酒水商业发展历史。当小酒馆不断发生急剧改变的时候，有一件事没有变，那就是酒吧是一个人们庆祝喜事、探讨当天新闻甚至只是简简单单放松的地方。

经营一家酒水服务设施，不管是街边小店还是俱乐部或者大型酒店，都需要掌握特定的知识以及耗费大量的精力去管理。虽然工作很累，但也是有回报的。没有什么比得上以看着客人们享受美酒佳肴来结束一天的生活更有意义的工作了。

欢迎来到酒水商业管理的世界。

习题

判断题

1. 在本书中，酒水服务设施可以定义为将葡萄酒、蒸馏酒、啤酒或其他酒精饮料直接卖给消费者并使其合法消费的场所。

2. 入场费是指进入酒水服务场所，消费酒水前直接向个人收取的费用。

3. 现付酒吧服务与招待会酒水服务是同样的一种酒水服务。

4. 客房酒水服务指的是在酒店客房里配置的酒水服务设施，或在豪华酒店套房里进行的，由专门的管家进行的酒水服务。

5. 开酒吧是一件很简单的事情。

讨论题

1. 讨论现付酒吧服务和招待会酒水服务的不同点，并讨论它们是如何收费的。

2. 讨论餐桌酒水服务中不同的酒水服务的收费方式。

 实践应用

采访你所在地的一家大型酒店的酒水管理经理。了解酒店内有多少种酒水服务类型，他是怎样管理的，酒店如何向招待会酒水服务的客人收取费用，为什么使用这种方法？最后写一篇小论文详细描述你的调查结果。

第 2 章　酒水服务与行为

学习目标/Learning Objectives

1. 了解酒精对个人身体和行为的影响。
2. 分析客人饮用酒精医疗后，内体形成的血液酒精浓度以及其对人体的影响。
3. 学习通过观察客人的外在表现来判断其是否饮酒过量，并掌握如何处理这种情况。
4. 掌握如何处理客人醉酒时，与其他客人发生矛盾或者坚持开车回家的情况。
5. 思考在提升酒水销售额与理性饮酒的道德伦理之间如何平衡。
6. 比较醉酒的民事和刑事责任及其对酒水商业的影响。
7. 掌握如何执行员工酒水服务培训的计划。

关键词汇

美制酒度（Proof）　　　　　醉酒（Intoxication）

血液酒精浓度（BAC）　　　　道德问题（Ethical Issues）

顾忌（Inhibition）　　　　　民事责任（Civil Liability）

判断力（Judgment）　　　　　刑法（Criminal Law）

反应时间（Reaction Time）　　行政责任（Administrative Liability）

协调性（Coordination）

本章概述

本章将会重点阐述酒精对人的大脑和身体的影响；酒吧服务对客人和社区的社会责任以及经营酒吧的合法性的相关知识。

这一章的内容对于酒水服务设施的业主和管理者极为重要。首先，我们需要了解酒精如何影响人的大脑和身体，重要的是让你的员工们明白这个概念，让他们能够判断在酒精影响下的客人的状态，在客人快要醉酒并失去控制之前采取行动，因为在酒水经营中，如何处理客人已经醉酒的情况很重要。

当酒吧管理者过度执着于提高酒水销量时，一个进退两难的情况就会发生，即酒水服务与社会责任之间的冲突。此外，员工也会遇到这种矛盾：一方面，随着酒水消耗量的增加，客人的醉酒状态不断加深，这也可能意味着收入会越来越多；另一方面，虽然酒吧的目的是营利，但也要对社会怀有责任心。管理者必须要平衡两者之间的关系。

本章的最后一部分介绍了酒水行业的法律法规，管理者对这些法律法规的理解是很有必要的，否则可能会导致罚款、被起诉甚至吊销营业执照。

2.1　酒精对行为的影响

在讨论酒精如何影响行为之前，我们需要知道它是如何进入人体的，以及进入人体后身体会发生什么变化。当一个客人饮酒的时候，酒精通过口腔进入人体。此时只有极少量的酒精进入血液；其余部分继续进入胃部，这个阶段只有大约20%的酒精会进入血液；然后剩下的酒精会进入小肠，其余大约80%的酒精会进入血液。因此，酒精停留在胃中的时间越长，它被吸收的速度越慢，当酒精进入血液，它可以在几分钟内到达大脑和身体的其他器官。此时，酒精会使人放松，在大多数情况下，也让他们感到快乐和兴奋。然而，过度的饮酒可导致视力模糊和肢体不协调。

2.1.1　酒精如何影响身体

当酒精在血液中流动时，它最终会到达肝脏。肝脏会代谢90%的酒精。新陈代谢是身体吸收这些食物和酒精饮料的一种方法。剩下的10%的酒精没有被代谢，其中有5%进入肺部随着呼吸排出，另外的5%从尿液中排出。

有许多关于醒酒的误解和无稽之谈，它们都是错误的方法。你或许听说过喝热咖啡会有用，但事实并非如此。所有这一切只会使醉汉更加兴奋，并不能解酒。其他的说法，包括呼吸新鲜空气，洗冷水澡和排尿……这些都不起作用。90%的酒精仍在身体里，只有通过肝脏进行消除。

　　肝脏平均每小时会代谢一标准杯的酒。"一标准杯"指的是 1.5 盎司的 80 美制酒度（Proof）的酒。美制酒度是标准酒度的两倍，因此，80 美制酒度等同于 40% 的酒精含量。1 瓶 12 盎司的啤酒或 1 杯 5 盎司的葡萄酒也等于 1.5 盎司 80 美制酒度。重度醉酒者会有更加活跃的肝脏，每小时新陈代谢三标准杯的酒。超过这个量，都不能被肝脏立即处理。酒精会返回到血液中，直到被处理掉。随着血液中酒精的增加，饮用者会逐渐产生醉意。但请注意，这需要一定的时间。因此，如果一个人饮用了 3 杯曼哈顿，在短时间内他不会立即醉酒。事实上，他们可能会在离开酒吧后才醉。

　　正如前面所提到的，一旦酒精进入血液中，它会影响身体的每一个器官和组织。过量或长期摄入酒精会有以下影响：

　　血液：能增加感染的可能性，因为酒精会削弱白细胞的功能，还会导致凝血的发生。

　　肾脏：会影响肾脏调节和平衡血液循环的能力，也会导致肾脏衰竭。

　　肝脏：会导致肝硬化，会改变肝脏的结构以及其调控血液流动的能力。

　　胃：会导致胃炎、溃疡、胃酸倒流，也会磨损胃壁，导致胃出血。

　　大脑：导致大脑组织萎缩，削弱中枢神经系统，也会损坏脑细胞。记住：身体细胞可以再生，但脑细胞不能，一旦他们出现损坏，会对人的知觉和记忆造成影响。

　　心脏：会导致高血压、心脏病、心力衰竭。心律不齐也可由酗酒引起。

　　骨头：会导致骨质疏松和关节炎。

　　肺：会更容易引起肺炎、梗塞、肺衰。

　　生殖系统：对男性来说，精子的产生会减少，导致阳痿或不孕不育；对女性来说，则会引起月经异常甚至造成不孕不育。

　　肌肉：会引起肌无力和突然的疼痛。

　　食道：会导致口腔、咽喉和喉部的癌症，也会因强烈的呕吐而损伤食道。

2.1.2　血液酒精浓度（BAC）

血液酒精浓度的含义

　　血液中含有多少酒精可以由血液酒精浓度（BAC）测定。血液中的酒精含量被定义为每单位体积的血液中酒精的重量，通常以克来测量，并表示为百分比。例如，如果一个人 BAC 测得为 0.10，那么这个人每 100 毫升血液中含 0.1 克酒精。另一种方法是测量每 1000 滴血中大约 1 滴血的纯酒精含量。这个术语大家应该很熟悉，因为它被用于美国所有 50 个州，以判断一个人是否醉驾。BAC 高于 0.08 的人属于非法驾驶。

计算血液酒精浓度（BAC）

肝脏每小时可以分解一标准杯饮品的酒精，我们可以依此来计算血液酒精浓度。让我们回顾一下，"一标准杯"可折算为 1.5 盎司的酒精含量为 40% 或 80 美制酒度的酒，或 1 瓶 12 盎司的啤酒，或 1 杯 5 盎司的葡萄酒。在理想情况下，这是很简单的，但现实情况一点儿也不简单，因为不是所有的酒吧都只卖 1.5 盎司的酒，也不是所有的酒吧都只卖 12 盎司的啤酒，他们的葡萄酒杯也不都是刚好 5 盎司。再者，多成分饮料使事情更加复杂化。幸运的是，有一个公式可以用来进行换算：

$$酒的盎司量 ÷ 对应标准 = 标准杯数$$

该标准和肝脏吸收酒精的能力一样，一标准杯可以换算为：

- 1 盎司 100 美制酒度的蒸馏酒
- 1.5 盎司 80 美制酒度的蒸馏酒
- 2.5 盎司 40 美制酒度的蒸馏酒
- 12 盎司啤酒
- 5 盎司葡萄酒

因此，1 品脱（等于 16 盎司）的啤酒为：

$$16 盎司 ÷ 12 = 1.3 标准杯$$

1 桶 64 盎司的啤酒则为：

$$64 盎司 ÷ 12 = 5.3 标准杯$$

一款用古典杯盛装的 2.5 盎司 80 美制酒度的 Scotch 威士忌为：

$$2.5 盎司 ÷ 1.5 = 1.6 标准杯$$

要想测量多种成分的饮料，要列出含有酒精的成分，然后进行上述计算。最后，通过同等数量的酒，来找到酒单中的对等的酒的总数。例如，一种多成分的马提尼配方如下：

- 2 盎司 80 美制酒度的杜松子酒
- 1/4 盎司 40 美制酒度的苦艾酒

按照"酒的盎司量 ÷ 对应标准 = 标准杯数"这一公式，则：

$$杜松子酒：2 盎司 \div 1.5 = 1.33 标准杯$$

$$苦艾酒：0.25 盎司 \div 2.5 = 0.10 标准杯$$

$$1.33 标准杯 + 0.10 标准杯 = 1.43 标准杯$$

影响血液酒精浓度水平的因素

BAC 不是精确的科学计算，因为存在着一些影响身体吸收酒精能力的因素，包括：

情绪状态　一个兴奋的人与一个平静的人相比，他的血液中酒精含量更高。因为一个处于压力状态的人的血液会从胃分流，从而减缓酒精到血液的代谢过程。这并不能减少人体内的酒精含量，只是延缓酒精的转移过程。

怀孕　胎儿受到酒精影响甚至造成胎儿酒精综合征是孕妇的常见问题。

毒品　合不合法，对酒精本身来说并无不同，但毒品和酒精的混合物却是非常危险的，在某些情况下，可能是致命的。最常见的是毒品会增加人体的血液酒精浓度。

海拔高度　在高海拔地区的大气压力会影响身体吸收酒精的能力。当人们身处环境发生改变，越在海拔高的地区，人的血液酒精浓度越容易增加。

饮酒速度　这一影响是相当明显的，连喝四杯酒的客人，BAC 要高于其他一杯一杯断断续续地喝的客人。狂欢派对在大学校园很常见，这是相当危险的，因为快速饮酒会导致人体血液中的酒精含量处于危险水平。

耐受性　一个有经验的饮酒者可以建立起对酒精的耐受性。这并不是说在其体内的酒精比别人更少，只是比偶尔喝酒的人更好地掩饰罢了。

体型、脂肪含量和性别　与体型较小的人相比，体型较大的人身体里有更多的血液，酒精会被进一步稀释，因此，体型较大的人的血液酒精浓度要低于体型小的人。请记住，体型大小不能与身体脂肪含量相混淆。酒精可溶于水，却几乎不溶于脂肪。因此，酒精是倾向于分散在含有水分较为丰富的肌肉里，而不是在那些脂肪中。虽然两个人的体重相同，但身体中脂肪与水的含量是不同的。如果体重相同的两人同时饮用等量的酒，那么脂肪多的人会有较高的血液酒精浓度。女性与男性相比，她们身体里有更多的脂肪和更少的水。如果两人同时饮用相同量的酒，女性会比男性有更高的血液酒精浓度。

年龄　老年人，因为他们运动较少，往往比年轻人的身体有更多脂肪。此外，老年人身体里的酶不会快速的吸收酒精，因此，老年人要比年轻人有更高的血液酒精浓度。

食物的摄入　食物会减慢酒精到小肠的过程，从而使它在消化系统中保持一段较长的时间。吃东西的人的血液酒精浓度比没有吃东西的人更低。注意，食物不会吸收酒精，它只是推迟了酒精到达小肠的时间，然后大部分的酒精再由小肠进入血液。当酒精与食物一起服用，酒精的吸收一般长达 3 小时（而没有食物是 1 小时），血液酒精浓度将在这段时间达到峰值。

过度饮酒的后果

当酒精进入人体后，一般人可以很快地感觉到酒精的对人体的影响。酒精进入血液流向大脑，它首先会使人变得兴奋。一个血液酒精浓度为 0.05 的人，与平常相比，会表现得更活跃以及更乐于交际。同时，酒精会开始妨碍他们的思维方式和减慢反应时间。美国所有的州都有法律明确禁止一个血液酒精浓度高于 0.08 的人驾驶机动车上路。

当血液酒精浓度达到 0.10，他们说话会受到影响，变得含糊不清。此外，视觉也会被影响，可能无法看清东西，特别是在漆黑的夜晚。当血液酒精浓度达到 0.15 时，人体就会失去对肌肉的控制，摇摇晃晃或者很容易失去平衡。这就是为什么警察会让一个司机走直线，以测试司机是否醉酒。

当血液酒精浓度达到 0.20 ~ 0.30，就值得注意了。此时，一个人会变糊涂，也可能感到头晕目眩。血液酒精浓度处于 0.30 ~ 0.40，人可能会失去知觉。血液酒精浓度为 0.40 ~ 0.50，会影响大脑对心脏和呼吸系统的控制，在严重的情况下会导致死亡。

2.1.3　醉酒的外在迹象

这是非常重要的，你和你的员工要能辨别客人醉酒的迹象。通过观察这些迹象，常常可以预测即将发生的问题。当一个人饮酒越来越多，酒保或服务员面对的不亚于一场即将发生的火车事故。我们可以通过一些迹象，去预测客人行为上的变化。这里的关键词是"变化"。一个人可能天生笨拙或有可能因为外部作用而突然绊倒，或者他们可能天生就是脾气粗暴的人。他们的行为是不能与醉酒的客人相混淆的。当一个人行为的改变是因为醉酒，那么，你的员工应随时准备好做出反应。

你的员工应该注意，这里有四个主要的醉酒迹象：顾忌减少、判断力下降、反应迟钝、协调性下降。我们应仔细关注这些细节。

顾忌减少

顾忌（inhibition）是一种心理或精神的过程，它抑制着我们的行为、思想或情绪。它阻止我们在日常生活中做违背伦理或道德的事情。当酒精进入血液并影响大脑时，这种克制被放松了。通常情况下我们不会说或做的，会轻易地说或做了出来。当客人进入酒吧后，酒保和服务员应该敏锐地观察他们的行为和言语，关注他们的任何变化。客人顾忌减少的表现之一，就是变得过于友好。当一位客人突然用他的手去搂着另一位客人或开始接近另一位客人时，这就值得注意了。其他表现还包括骂人或大声喧闹。

工作人员也应该意识到，在一些情况下，每位客人反应的方式不一定相同。恰好相反的情况也会发生，当客人顾忌减少时，他可能变得非常不友好，从而引起争论和吵架，表现得很沮丧，但也可能变得异常安静，独自一个人饮酒。

判断力下降

当酒精进入人体后，判断力（judgment），或者是一个人作出正确决定的能力，就会受到干扰。判断力下降的客人或许不会太关心钱。他们之前在酒吧只花费几美元，但是现在可能会为下一轮的畅饮掏腰包。他们产生为周围的人买酒的欲望，在极端情况下，会为酒吧里的每个人买一杯。他们也倾向于通过购买更高度数的酒、量更多的酒或更快速地喝酒，来增加酒精的摄入。当这种行为出现时，他们会抱怨服务速度太慢或酒不够烈。其中有些人在判断力下降的情况下还会开始吵闹，失去理性。

反应迟钝

随着反应时间（reaction time）的增加，你的客人的行为将会进入"慢动作"。他们的语速会越来越慢，而且可能含糊不清；他们会意识不清醒，甚至可能忘记自己正在说的话；他们可能会目光呆滞，失去聚焦的能力；他们变得昏昏欲睡，甚至可能会在酒吧睡上一晚。

协调性降低

协调性（coordination）是肌肉产生复杂运动的能力。当酒精进入大脑，它会削弱身体控制肌肉来执行这些运动的能力。协调性受损的客人在眼与手的协调方面有障碍。在某些情况下，他们无法顺利地用手把点燃的香烟放入嘴里，无法捡起掉落的东西，他们会很容易被绊倒，或者撞到其他客人。

在酒吧里，决不能允许客人发生这种情况，他们应该早就被拒绝提供酒精饮料服务了。值得注意的是，如果他们之前在另一个酒吧喝酒，进入你的酒吧后，你的员工一定要观察和注意这些人。否则，他们可能在你的酒吧只喝了一杯酒就醉了，他们身体的不协调会导致一些不好的后果。避免为这些人供应酒精饮品，并通过一切方法，阻止他们驾驶交通工具。

除了特别留意那些已经喝了太多酒的客人，还要注意切勿向未成年人供应酒精饮料。在美国的大多数州，向客人供应过量酒精饮料是违法的，同样，在所有州中，对未成年人供应酒精饮料也是违法的。我们将在本章的后面讨论法律的重要性。除了法律问题，酒吧借此获得盈利以及服务员利用这些情况来得到更多的小费，也是不道德的行为。

2.2 员工培训

作为一位酒吧老板或经理，主要职责之一是培训员工，教给员工如何来处理突发状况。当酒吧生意太好时，管理人员很难照顾到每一位客人。责任就落在服务员肩上，他们需要确认一位客人是否饮酒过多或是否已经成年。但是，要记住，责任总是会留给管理层。违反法律，工作人员可能会被罚款，严重的情况下甚至会被监禁；酒吧可能被要求停业整顿，甚至被吊销营业执照；老板可能会被起诉而付出巨额货币赔偿，不但声誉受损，可能还会失去他们的酒吧。酒吧员工是酒吧老板坚守法律的一线维护者，训练他们在任何情况下都能正确应对，是十分必要的。

2.2.1 应对醉酒客人

防止客人醉酒（intoxication）的最好方法之一就是控制客人饮酒的量。这种方式一直被用于餐饮行业帮助酒保和服务员了解何时应该关注客人的酒水消费量。我们已经知道，一个人在一段时间内，饮多少酒不会醉，影响因素包括年龄、体重、性别等。相对简单的方法是，看客人的酒吧账单，关注他们的饮酒量。

即便已经在留意客人饮酒量，但在你采取有前瞻性的措施之前，客人可能已经喝醉了。当这种情况发生时，就必须停止继续为他们供应酒精饮料，像酒吧行业中的这句方言"shut them off"。我们之前提过，在这种情况下，一个判断力下降的人往往喜欢争吵。提前制定预备方案是不错的办法，利用预案可以平息吵闹的局面。

避免对抗

不要去指责喝醉的客人，不要以任何方式或形式去责备他们因为饮酒过多而犯下的过错，而是要表现出对他们的关心。告诉他们你十分担心他们的安全。或许开开玩笑，可以避免他们继续饮酒而造成严重宿醉，你也可以告诉他们，你和他们处境一样，对他们的遭遇感同身受。

保护客人的隐私

不要让你的客人在他的朋友面前丢脸，把他带到一边，向他解释现在的处境。给他提供一杯非酒精饮品，如果他一直喝金汤力，建议给他提供一杯七喜，这样他就不会在同伴面前不自在。如果这种方法不起作用，那就尝试向他的朋友寻求帮助。告诉他的朋友你很担心这位客人是否有能力安全回家，看看他们能否送这位客人回家。当然，你得确定你寻求帮助的对象与你的意见是一致的，并且他有能力应对这种情况。

保持坚定，不要让步

通常一个客人会请求你"再来一杯，然后我会离开酒吧"，一定不要这样做，你要强调这是酒吧的规定："Your hands are tied"（"这事由不得你"）。

B 计划

总有一位同事能帮你处理这种状况，最好是管理层的一个成员。也可以是能帮你处理这类失控或客人需要被制服的情况的任何人。

当你停止为那些喝多了酒的客人服务时，真正的问题会发生在当他们准备离开的时候。如果他们无法驾驶车辆，那么应对这种情况的技巧就变得十分重要。有几种方法来处理这个问题：

首先，从醉酒的客人那儿要到车钥匙。如果他们拒绝或反抗，就叫警察。

其次，如果他们是一群人来，最好在这群人里指定一个人为司机，并且要求他不要喝酒精饮料，这使得该解决方案变得非常简单。事实上，许多酒吧会提供免费的非酒精饮料或食物给指定的驾驶员。如果没有指定的驾驶员，也至少有人能够安全驾驶，当然，要确保他们有醉酒客人的车钥匙。

第三，如果喝醉酒的客人是独自一人，试着找他的朋友或亲戚，你可以打电话让他们来接客人回家。如果这样不行的话，叫一辆出租车送客人回家。美国一些市政当局与出租汽车公司达成协议，免费送醉酒的人回家，这些通常由市政府、警察局、医院或酒店协会资助。最后一个方法，就是派一位员工开车送客人回家。在任何情况下，都不能让一个醉酒的客人开车。

2.2.2　处理争吵和打斗

如果员工是警觉和专注的，他们将觉察到某些客人即将发生争执行为。当发生这种情况时，应立即通知管理层，并要求违规者离开酒吧。如果有任何迹象表明问题会加剧，应立即通知警方。有时候，一个问题会突然爆发，酒吧里争斗一触即发。在这种情况下，应该立即通知警方。管理人员和员工应该将其他客人从事发点疏散，避免他们受伤或卷入这场事故。除非你或者你的员工已被训练得可以控制这场纷争，否则赶快请其他客人远离事发点。许多酒吧，特别是那些能容纳很多人的酒吧，都有经过训练能够处理此类情况的保安人员。除了受过专业训练的人，一定不要试图用武器来解决这个问题。

2.2.3　警惕违法行为

虽然有99.94%的人在酒吧玩得很开心，在这里放松和约会老朋友或观看体育赛事。但这些场所总是有少数人从事非法活动。一些人出售或分销毒品、大麻或迷奸药品，他们喜欢在酒吧寻找潜在的客人，因为人们在饮酒后自控力会下降。管理人员和工作人员都应不断提高对这些非法活动的警觉，如果这些行为被允许继续下去，你的酒吧将会声名狼藉。

2.2.4　道德的问题

道德问题（ethical issues）本身关注于区分正确与错误的事情，并且这个标准是由一个社会或一个群体共同确立的。因此，在一个社会里，有一部分人认为一个特定的行为是可以接受的，而另一部分人会认为是不能接受的。一个例子就是饮用酒精饮料，有些人认为在一个合适的环境下享用酒水是十分美好的事情，另一些人则认为出于道德或精神上的考虑，酒应该被废除。自从酒被发明出来之后，这两个群体一直争论不休。这肯定是真的，自从这个国家建立之后，在我们历史的不同时期，一组人或另一组人已经显示了他们的实力，建立，废止，再到关于酒精饮料的使用和消耗的法律管控。

然而，有一些群体之间的协议，是道德上不可接受的行为。严控饮酒这一点在社会上大多数群体看来是不能接受的。因此，在大多数情况下，在这两个偶尔会爆发冲突的派别之间有一个"停火协议"，这是不容易的。虽然国家的法律表明，在大多数情况下，与酒相关的社会的道德和伦理观念，并非都具有包容性。

道德行为和酒吧经营的目标也是相互矛盾的。例如，一个酒吧的目标是赚钱。投资和管理酒吧，在任何地方，不管从大酒店还是到单一经营的街区酒吧，不管怎样，目标都是一样的：赚钱。利润来自销售。因此，销售水平越高，酒吧就越有可能盈利。这就是困境所在：投资者或管理者的销售愿望与使客人饮用更多的酒这两者之间在道德层面是相冲突的。

关于是否为客人提供服务的决定，大多数时候，这些问题是留给酒保或服务员。这是困难的决定，因为缺乏一个具体的定义，规定什么情况下构成了过量的酒精摄入。我们知道，所有的州都规定超过 0.08 的血液酒精浓度被禁止驾驶车辆。但什么时候会达到这个点呢？我们之前学到，人们对酒精的不同的反应，是根据他们的体型、年龄、性别和其他因素。更复杂的事实是，常常工作人员需要被管理人员鼓励，使用激励方法，来提高他们的个人的销售额。即使管理层不鼓励额外的销售额，酒保和服务员主要的回报还是来源于小费，这是极好的部分，因为它基于客人所消费的金额。这刺激着员工继续为这位客人服务。

虽然法律在很大程度上规定了酒吧的运作和对客服务，但它并没有涵盖每一个方面。当一个不受法律约束的情况发生时，它是由管理人员和员工从道德角度来决定如何处理这件事情，对企业和社会都有一个公正的交代。零售酒类行业，在过去没有处理好这一类问题，因此，大量的法律监督着酒精饮料行业。考虑到这一点：如果一个酒吧为社会的利益而行动和停止对醉酒客人服务，确保他们能安全回家，就已经避免了一个潜在危机。虽然他们牺牲了短期的销售额和利润，但他们获得了长远的回报。有许多酒吧经营失败是由于客人太少，因为，公众认为这些是危险的，又或是政府机关取缔了他们的营业许可。

2.3 酒水服务与法律

在之前我们已经了解到，一个变得醉醺醺的人思路会变得不清晰。因此，一个酒保或服务员更应该为客人服务，而不是让客人自己控制自己的消费。在美国，法律明确地规定了酒吧和餐厅提供酒水服务的相关责任，以及酒保和服务员的责任。然而，法律也规定，即使是在酒精的影响下，一个人也应该为自己的行为负责。饮酒的责任和服务员责任相关的案件是非常复杂的，只有有经验的律师才能妥善处理。

在美国，从州到州，从县到县，甚至从镇到镇，法律可能有所不同。唯一始终如一的是，关于酒的法律，从来都不一致。在这一部分中给出的例子、图表和地图都是有时效性的，法律可以改变每一次国会、州的立法机关、县或教区委员会或市议会会议。这部分将向你介绍美国的有关法律，仅供参考。

2.3.1 民事责任

民事责任（civil liability）允许一个受害者对他人或公司提起诉讼。在酒水业领域，则意味着一个人可以对一个酒吧提起法律控诉，投诉其提供酒精饮料给客人，导致客人醉酒。服务客人的人也是被起诉的一方。因此，一个无辜的受害者受到伤害或财产损失也可以提起诉讼。起诉讼可以针对个人或酒吧，或两者。在受害人死亡的情况下，死者的继承人可以提起诉讼。这似乎很奇怪，一个醉酒的人甚至可以对为他们提供酒精饮料服务的酒吧提起诉讼。

民事责任诉讼往往在陪审团前进行审判。如果原告（提起诉讼的人）获胜，被告（被起诉的人）将必须支付赔偿金。这些损害赔偿分为两个方面，补偿和刑罚。补偿是为原告遭受的损害进行赔偿；刑罚是给予被告刑事惩处。这些赔偿可以从几千美元到数百万美元不等。

在美国，民事诉讼法是基于三种基本的法律形式：《共同过失法》《社会公民法》和《酒类供应商责任法》。

《共同过失法》（Common Negligence）是针对个人和群体的过失行为而言的。过失行为被定义为，在特定的环境下，某人所做的不合适的事情。对于酒水业而言，调酒师和鸡尾酒服务员应当关注客人的行为。如果他们认为客人快要喝醉，就应该立即停止为他们服务。如果他们的客人是未成年人，那他们从一开始就不应该为未成年人提供酒精饮料。酒保和鸡尾酒服务员向这些人提供了酒精饮品，那他们会被认为是行为过失。如果你学习了酒店法，这些概念将更加清晰。

《社会公民法》（Social Host）是一部没有直接应用于酒精饮料行业，而是针对举办宴会或者大型集会的人或者群体而言的法律。如果他们在一种不恰当的场合为客人提供酒精饮料，这部法律提供了一些很好的依据来够追究他们不合理行为。

《酒类供应商责任法》（Dram Shop Laws）中的"dram"来自18世纪英国的一种通过匙来计量杜松子酒的方式，这种计量单位叫作dram。从学术上来讲，1匙相当于1/16的盎司。在那个年代，很多小酒馆被称为dram商店，因为它们以匙为计量单位卖酒给客人。后来，《酒类供应商责任法》也被用来管理小酒馆、酒吧、卖酒的商店以及一些与售卖酒精饮料有关的生意。《酒类供应商责任法》建立的最重要的原因就是追究那些把酒卖给明显醉酒的客人和未成年人，从而导致其死亡、受伤、财产损失以及损害他人利益的酒吧的责任。这部法律的制定，阻止了酒吧向未成年人和醉酒的人卖酒的不负责的危险行为。当英国人迁入美国时，在美国也建立了《酒类供应商责任法》来保护公众。然而，虽然这部法律涉及的范围十分广泛，但是并没有被严格地执行。

在禁令实施后，这部法律在基督教妇女禁酒联盟等一些组织的领导下，获得了广泛的支持。在 1980 年，母亲反对酒驾（MADD）运动迅速形成，这个组织是由 Candy Lightner 建立的。她的女儿被一个醉酒的司机撞死，这个司机曾多次因为醉驾（DWI）被逮捕。这个组织一直致力于多个州的《酒类供应商责任法》的颁布以及巩固现存的法律。受到 MADD 的影响，也产生了其他组织，包括学生反对酒驾组织（SADD）和远离酒驾司机组织（RID）。这些组织不仅为颁布和巩固《酒类供应商责任法》做出了贡献，他们还因为支持其他与饮酒和提供饮酒服务相关的法律而受到赞扬。

在美国，不同地方的《酒类供应商责任法》都有所差别，有 8 个州根本甚至没有该法律。其他 42 个州，加上哥伦比亚特区，根据违反行为的严重性，违反者会受到不同的刑罚。然而，几乎所有的《酒类供应商责任法》，都有一个共同的协议，为了明确责任，客人必须要存在明显醉酒的迹象才能认定酒吧违反法律。这意味着，酒吧老板和工作人员应该明白，明显醉酒的客人，对社会和他们自己都是一种危害或威胁。

美国许多州都制定了严格的法律来明确零售商要为第三方损害进行赔偿。意思是，假如一个客人在你的酒吧喝醉了，离开你的酒吧后，他受到伤害或者伤害了其他人，你作为酒吧老板是要承担责任的。此外，一些乡村也有规定，如果一个消费者在某个酒吧喝醉了，而你的酒吧是他最后喝酒的店，你也要负部分责任。

一些州的立法机关已经明确地将第三方受到损害的责任放在了酒水零售商和醉酒的人肩上。因此，《酒类供应商责任法》也作为"第三方法律"（third-party laws）或者第三方责任而出名。认为酒水零售商应负责任的原因是，考虑到酒水零售商会从酒水的销售过程中获取利润，他们应该承担责任。也促进酒水零售商更好地培训他们的员工，让他们清楚在销售酒水和服务上所应承担的责任。

在《酒类供应商责任法》之前，普通法规也涉及到醉酒的事件。在那些没有《酒类供应商责任法》的州，普通法规仍然适用。普通法律之下，没有规定酒吧要为喝醉的客人所造成的损害负责任。造成损害的前提不是销售酒水而是在喝酒这一行为。然而，在没有《酒类供应商责任法》，而只依靠普通法规的州中，许多法官认定酒吧的老板或者第三方作为被告也是有责任的。随着《酒类供应商责任法》的制定，在许多司法管辖区，如果原告能证实受到了个人伤害或者财产的损失，是由在这间酒吧喝醉了酒的人所造成的，那么，原告可以控告酒吧的老板、个人或者集团。

2.3.2　刑法

《酒类供应商责任法》被认为是民法一部分，另一方面，刑法（criminal law）对于酒吧老板和酒吧员工的法律适用是不同的！刑法给予州政府对获得经营许可的企业、酒吧老板、雇员提起诉讼的权利。这也适用于社会其他行业。在处理那些不负责任地提供酒水服务的违法行为方面，这些诉讼不同于民事诉讼。许多时候，尤其是造成受伤或者死亡的案件可能触及到民事和刑事两方面，当事人也可能会受到民事和刑事指控。这几种情况都有可能：当事人被认为在民事上无罪但在刑事上有罪，或者是反过来，或者刑事民事都无罪，或者民事刑事都有罪。

很明显，一起民事诉讼涉及财务上的损失而刑事诉讼涉及监禁时间，因此，对于任何酒吧老板、管理者和其他全体员工的处理都要认真思考。这条法令对在酒类行业中对客人不负责任的服务起到了很好的监管作用，不然他们可能会因此破产或者坐牢。

2.3.3　行政责任

行政责任（administrative liability）适用于营业执照和是否允许卖酒的问题，这些法律普遍适用于商业，也适用于对一些酒保和服务员的管辖。他们要么是受到一个州的管辖，要么是受到当地城市和县的管辖。或者在某些情况下，这三种情况都适用。酒类营业执照通常由酒类管控理事会负责核发，除了发营业执照，他们也极力推动立法机关和会议通过适用于管控酒水服务的相关法律。他们经常对酒吧的违法行为进行处理，对于没有严格遵守法律的酒吧，将暂停它们营业执照的使用。在极少数的情况下，如涉及某些违法行为，酒吧、可能会被吊销营业执照。

这些处罚对于酒吧是十分严重的，如果酒吧的营业执照被暂停几天或者几周，那就意味着它要损失大量的金钱，更不用说来自这种情况的负面影响。对于服务员来说，可能意味着收入的损失甚至会导致工作的丢失以及企业声誉受到重创。行政责任比其他形式的责任更常见，它常常是由这些违法行为造成，包括允许一个人喝醉、对未成年人提供酒水服务等。

2.3.4　饮酒驾驶法律

血液酒精浓度（BAC）法

美国第一个颁布 BAC 法的地区是在 1939 年的印第安纳州。它将 BAC 的界限定在 0.15，这几乎是当今以 0.08 为上限的两倍。其他州也仿效印第安纳州，颁布了类似的法律，只是各州 BAC 水平处于 0.08 到 0.15 这个范围内各不相同。到了 2000 年，已经有 19 个州，包括哥伦比亚地区、波多黎各地区都颁布了以 BAC 0.08 为标准的法律。在这段时期，MADD 和其他一些组织都强烈要求州立法机关通过 BAC 法，但这遭到了州立法机关的强烈反对。随后，他们将目标转向了国会，希望国会能通过这部法律。但是一些州反对国会的指令，因为他们自认管理得很好，可以得到国会的宽容。2000 年，国会通过了交通部拨款法案，这部法案规定，如果州政府想快速得到联邦高速公路的建设资金，它们就必须通过以 BAC 0.08 为标准的酒驾法（下个小节我们将详细讲解）。一些州勉强接受了。到 2004 年所有州都通过了。

血液酒精浓度可以被测量。警察可以依据法律合理地怀疑一个人酒驾，并有权力做进一步的检查。许多人面对突如其来的检查感到惊讶。在所有的州，当你考取驾驶执照时，你就有了因为被怀疑酒驾而要求接受检查的可能。这些检查包括血液检查、尿液检查和呼吸检查。专业法律术语是"合理怀疑"，这意味着警察需要更多的证据，而不是主观的猜测和怀疑。

这里有几种情形，让警察可以合理怀疑驾车的人是否处于醉酒状态：

- 如果司机在醉酒驾驶检查站被叫停或者司机因为犯了过错而被拦下，警察应该注意他们是否喝醉了。

- 如果司机卷入了一场交通事故，而且回答警察问题时，有明显的醉酒的迹象。

- 如果警察部门收到他人明确的举报，或者一位警察正在例行巡查期间看见一辆车摇摆不定或者不遵守交通法规。

- 一旦警察拦下了一辆车，他们很有可能怀疑司机喝醉了。他们会去寻找一些醉酒的表现，包括含糊的言辞、充血的眼睛、酒精的气味、脸红或者其余更明显的征兆——车上有酒瓶等。如果警察合理怀疑，他们有权让司机下车，并对其进行进一步的测试。一般来说，在酒精测试后，如果一个人的血液酒精浓度高于 0.08，他将会被逮捕。

酒驾法

酒驾法同其他法律是不同的，当一个人因没通过酒精测试而被捕后，在美国许多州都会被视为犯罪。这就是所谓的"推定法"（per se laws）。per se 是拉丁语，是"by itself（本身）"的意思，这意味着，一个没通过酒精测试的人将被视为自己的过错。

酒驾法中最普遍的一种是吊销驾照法。这部法律在许多州都有效。没有通过酒精测试的司机，法律允许警察吊销司机的驾照。作为一部行政法，它会在法律被违反时和没有考虑作为刑事诉讼的情况下才会被执行。当警察没收驾照后，他们将会把驾照寄到机动车管理部门，驾驶许可就会自动暂缓，除非违规方提请召开听证会。州与州之间，驾照暂缓的时间长短不一。一些州会提供受限制的驾照，这种驾照允许受限制的违规方在某些情况下驾驶，比如驾车去上班。注意，酒驾法会对醉驾行为单独采取行动，指控内容也将会被存档。

另外一种酒驾法是"点火连锁法律"（ignition interlock law），它在许多州也有效，这是一套测试司机呼吸的复杂系统。它是这样一种装置：司机先将气体吹入一个与车辆仪表相连的小型手持设备中，当血液酒精浓度超过预设水平，通常是 0.02 ~ 0.04，车子将不被允许启动。另外也需要一个发动引擎测试，它要求司机开车后每几分钟就要重新测试一次，给车点火，这样是为了防止一个人驾驶后再换给另外一个醉酒的人驾驶。虽然这个对违规方很麻烦，但是，它的优势在于让大家正确驾驶机动车辆，而不是吊销他们的驾驶证。呼吸测试系统工作和运行的方式也不会让大家担心他们的安全性。

还有一种酒驾法是"车辆没收法律"（vehicle forfeiture law），它允许醉驾的司机被拘留。在许多州，这部法律用于针对一些狡辩的司机。要注意的是，这部法律也适用于因为醉驾他人车辆而被逮捕的司机。因此，你把你的车借给朋友或亲戚，如果他们因醉驾被逮捕，你的车也会被扣留，你或许很长时间都不能开自己的车了。

违反 BAC 法的处罚

在美国，酒驾和醉驾惩处的司法权是不一样的，州和州，邦和邦，市和市的处罚都是不一样的。普遍来说，处罚的严重程度取决于是否初次违反。处罚包括：罚款、拘留、扣留车辆、安装呼吸测试设备、暂停驾驶证、参加无酒精会议或者社区服务。处罚可能是这些中的一个或者几个的组合。对于两个或更多违法行为的定罪，拘留被广泛推行。在几乎所有的司法管辖区，归还驾驶证的条件还包括必须参加饮酒教育项目。

其他情况包括超速、BAC 超过 0.2、车里有孩子、拒绝做酒精测试，或者有导致财产损失的事件发生……处罚程度可能更重。此外，如果有人受伤，在很多州都会被视为重罪，这可能会影响到肇事车辆里的乘客。如果有人死亡，司机可能被指控为过失杀人或谋杀。

中国对饮酒驾驶的处罚

在中国，饮酒后驾驶机动车属于交通违章行为，但并非只要驾驶者喝过酒，就会被认定为饮酒后驾驶。对此，中国法律是做出了标准规定的，只有达到法律中规定的饮酒后驾车的标准，才能认定为酒驾。根据国家质量监督检验检疫总局发布的《车辆驾驶人员血液、呼气酒精含量阈值与检验》（GB19522—2010），驾驶人员每 100 毫升血液中酒精含量大于或等于 20 毫克，且每 100 毫升血液酒精含量小于 80 毫克为饮酒后驾车，醉酒驾车是指车辆驾驶人员驾驶时每 100 毫升血液中的酒精含量大于或者等于 80 毫克。

2011 年 2 月 25 日，《刑法修正案（八）》将醉酒驾驶列为危险驾驶罪，这意味着，凡是在道路上醉酒驾驶机动车的，一旦被查获，将面临最高半年拘役的处罚。其性质也由过去的行政违法行为变为刑事犯罪行为。与美国相同，刑法修正案同样规定了其他加重处罚的醉酒驾驶行为，包括血液酒精含量达到 200 毫克/100 毫升以上，在高速公路或城市快速路上驾驶，驾驶载有乘客的营运机动车等。

2.3.5 向未成年人销售酒精饮料

如今未成年饮酒是一个大问题，因为酒精在很多年轻人中作为一种成瘾性的物质而流行。1984 年，国会通过一部法律要求各州把 21 岁作为最小的饮酒年龄。不这样做的州将不能收到联邦政府的高速公路拨款。这部法律是如此的成功，当以 0.08 为标准的 BAC 法通过的时候，针对未成年人饮酒的法律被再次提及。因此，所有的州都制定了关于未成年人驾驶机动车的法律。如果你取消了 BAC 法，在道德层面，你也是违法的。

另外一个是零容忍法，它在 1998 年通过。这部法律背后的逻辑是，未成年人喝酒本身就是违法的。由于财政上的罚款包含在这部法律里面，所有的州和哥伦比亚的一些地区已经制定了最低的 BAC 标准，低于 21 岁的合法饮酒年龄下的司机 BAC 含量不得超过 0.02。

在 20 世纪 80 年代，有几个州开始通过了"使用/损失（Use/Lose）法"来作为对未成年人购买、拥有或者消费酒的惩罚。正如这个名字表明那样，如果你饮酒，你将失去你的驾驶证。这部法律不仅包括酗酒，也包括吸食毒品。这些州制定这个法律是因为以前的方法不能很好地阻止未成年人购买或消费酒类。对于一个青少年来说，失去驾驶证与支付罚款相比是更具有威慑作用的，因为他们的父母经常会为他们支付罚款。

在中国，2006 年 1 月起实施的《酒类流通管理办法》规定酒类经营者不得向未成年人销售酒类商品，并应当在经营场所显著位置予以明示。

酒店老板和他们的员工有责任明确他们的酒水是要卖给那些被允许买酒的消费人群。如果某位消费者被怀疑没有达到合法年龄，那么他应该提供有效证件来证明自己合法。这些证件包括驾驶证、护照或者是军人证等。然而，青少年是足智多谋的，他们总会找到一些方法买到酒类，或者用一种看似有效的证明去打消酒吧对他们的怀疑。此外，他们还会想方设法改变他们有效证件上的出生日期或者借用他人的证件。

在酒吧工作的人应该熟悉有效的司机驾驶证和身份证，用法定标准来评估客人的身份证明。如果它看起来被更改过，标志有异常，不要接受这类证件。变化包括变色、改变字体或标志等，一个人当前的证件照也可能被替换。

逼真的伪造身份证数量激增，对酒吧老板和员工的保护也产生了。一些州禁止未成年人使用伪造的身份证来购买酒水，另一些州也采取了具体的法律条款来约束使用伪造身份证购买酒水的未成年人，其他州则制定了针对酒水售卖商的积极防御措施，以避免酒吧错误地将酒卖给未成年人。

本章小结

负责任的酒水服务是酒吧经理的重要任务之一。对你的客人、员工以及更广泛的社区成员承担社会责任是极其重要的，如果不认真履行责任，可能会导致一些严重的影响。酒水行业制定了保护公众的法律，如果不遵守这些法律，可能导致罚款、暂停营业或更为严重的情况甚至被没收酒吧的营业执照。要考虑的另一件事是，松散的经营会使酒吧很快会陷入不好的声誉之中，它可能会赶走你理想的生意，同时吸引一些不受欢迎的业务。

学习酒精对大脑和身体的影响，相关的社会责任和法律的相关知识是负责任的酒吧管理不可分割的一部分。

习题

判断题

1. 一个正常的肝脏可以平均每小时代谢一标准杯的酒精。

2. 饮酒后呼吸新鲜空气有助于人体排出酒精。

3. 血液中酒精浓度达到饱和后会导致醉酒。

4. 喝酒前吃了食物比较不容易喝醉，因为食物会吸收酒精。

5. 酒保或服务员通过计算客人饮酒的数量来避免客人喝醉。但这种方法很少使用，因为它很烦琐、难以执行。

6. 一个醉酒的人在任何情况下都不允许带着他的车钥匙离开酒吧。

讨论题

1. 如何平衡一位酒吧老板盈利的欲望？事实上，酒水销量越高，酒吧鼓励客人继续喝酒的反道德行为的可能性就越高。你认为应该如何界定酒水销售额与社会责任的界线？

2. 讨论用酒保和酒吧服务员来判断一位客人是否饮酒过多的方法的利与弊，并举例说明。

3. 讨论像 MADD 这类组织对酒吧维持销售水平能力影响的优点和缺点。

4. 比较民法和刑法在酒水行业的应用。它们有何异同？两者是相互独立还是相互依赖？

第 3 章　葡萄酒

学习目标/Learning Objectives

1. 了解葡萄酒的生产过程，包括葡萄的种植、萃取、陈酿、混酿、装瓶和封口。
2. 比较不同类型葡萄酒的特色。
3. 鉴别红葡萄和白葡萄的品种，并描述它们分别可以酿造的葡萄酒类型。
4. 识别世界主要的葡萄酒产地，了解他们生产的葡萄酒类型、种植区域以及当地法律法规
5. 掌握香槟酒和其他起泡葡萄酒的独特生产方法。
6. 策划并执行一次品酒体验活动。

关键词汇

葡萄酒制酒商（Vintner）

风土条件（Terroir）

白利糖度（Brix）

待发酵葡萄汁（Must）

静止葡萄酒（Still Wine）

佐餐酒（Table Wine）

自然酒（Natural Wine）

加强葡萄酒（Fortified Wine）

开胃酒（Aperitif Wine）

餐后甜酒（Dessert Wine）

起泡葡萄酒（Sparkling Wine）

单一品种葡萄酒（Varietal）

普级酒（Generic Wine）

贵腐霉（Noble Rot）

典型香槟（Classic Champagne）

年份香槟（Vintage Champagne）

调配（Cuvee）

补液（Dosage）

香槟法（Methode Champenoise）

转移法（Transfer Method）

罐式法（Charmat Method）

二氧化碳注入法（Carbonation method）

索莱拉系统（Solera System）

酒花（Flor）

酒香（Bouquet）

本章概述

当你在放松地享用一杯葡萄酒时，很少会思考它的生产过程。为什么即使是同一类型的酒，有着同一酒标，来自同一葡萄酒制造商，但两瓶酒品尝起来 却并不一样。在本章中，我们将一起探索葡萄酒生产这一令人陶醉的过程——包括种植、酿造、陈酿、混合、装瓶以及品尝——并回答以上及其他问题。这一章中会有许多生僻的术语，你不用刻意记住它们，因为这样会使你感到非常困惑，但你可以试着去熟悉这些表达。

3.1　葡萄的种植与采收

3.1.1　葡萄的种植

许多人对其定义认识有误，让我们从弄清这一定义开始吧。农民种植葡萄，葡萄酒制酒商（vintners）将其加工成酒，在少数情况下，这些工作会在同一地点完成，因此其界限会较模糊。然而，在大多数情况下，这些任务都是分开完成的。种植是一门科学还是一门艺术呢？答案是两者皆是。尤其是为酿酒而种植葡萄的时候，土壤、湿度、温度、天气状况、肥料、气候以及农民的技术，都会影响葡萄的产量和质量。法国人将其称为"风土条件"（terroir）。以上所有变量综合作用起来就会带来丰收或导致歉收。

即使是同科的葡萄品种也不完全一样。尽管各种葡萄品种都可用来酿酒，但大多数的葡萄酒都出自"酿酒葡萄"这一大类。除按属类分，葡萄也会以颜色来分类。绿色的被称为白葡萄，而紫色的则被称为红葡萄。我们在学习葡萄酒的分类时会进行详细解释。

农民更看重葡萄的品质，而不是产量。毕竟，如果葡萄不合规格，制酒商是不会收购的，那留给农民的就是无用的庄稼了。为了最大限度地提高葡萄的品质，在凉爽气候地区，农民细心地修剪藤蔓，从而让葡萄得到充足的日晒；而在温暖气候地区，葡萄树被培育得更高大从而能荫蔽葡萄，避免其成熟过快。此外，葡萄树会被剪枝，以使结果更少从而避免过度竞争土壤的营养物，葡萄果实也会更健康。修剪一般在冬天葡萄树休眠的时候，有90%的枝叶会被移除。

土壤对葡萄品质有很大影响，当葡萄生长的时候，土壤里的营养和矿物质会被吸收，它们会影响葡萄的口感和味道，而最终影响由此生产出来的葡萄酒。关于葡萄生长的一个反常的事实是，在其他作物难以生长的土壤里葡萄树却生长得很好；而适合其他作物生长的土壤却不适合葡萄树的生长。在有太阳直射的坡面，贫瘠粗糙的土壤里葡萄是生长得最好的。葡萄树的护根很重要，农民把修剪的枝叶和果实榨汁后的渣一起覆盖在泥土上，如果这样土地的养分还是不足，就必须施肥。一棵葡萄树被精心照料的话，能够存活至少50年。

水是另一个因素，水的量和质量都很讲究。水越多，产出的葡萄颗粒就越大，汁越多，但却缺少风味；水过少，则会导致葡萄颗粒过小，也会减产。葡萄园的水主要来自雨水，但有时也需要人为调节。当雨水不够时，人们可以通过灌溉或抽取地下水来提供葡萄生长所需要的水量。

气候是最重要的因素。葡萄需要足够的时间在合适的气候里去产生糖分，因为酒精的产生需要糖分。葡萄的含糖量用白利糖度（Brix）进行测量，了解了含糖量，酿酒商就可以使用以下公式去推测成品酒的酒精含量。

$$白利糖度 \times 0.55 = 酒精成分百分比$$

如22白利糖度的葡萄可形成12%的酒精且无残余的糖。由于大多数的国家把在制酒过程中额外加糖以提高酒精度视为不合法，因此葡萄含有适宜的糖分就变得非常必要了。葡萄的生长发育需要100~120天温暖且阳光充足的日子。当然，不同的葡萄品种情况是不一样的，一些葡萄在一种气候下生长得很好，另一些葡萄则在另一种气候条件下生长得好。

综上所述，土壤、水、气候一起决定哪种葡萄适合生长在哪种条件下。这些年，科学家和农学家一起研究葡萄种植的最好条件，法国甚至颁布了哪些葡萄品种应在哪个地区种植的法律。

3.1.2 葡萄的采收

当葡萄在20~25白利糖度时，就可以准备收获了。除了白利糖度，葡萄的酸度也要测量。当葡萄成熟时，糖度大于酸度，不同的葡萄酒有不同的糖酸比。时机是最重要的，因为多余的雨水很快就会从植物的根部进入果实，从而稀释葡萄的味道以及改变糖酸比。在收获季节，种植者每天看天气预报、品尝葡萄和测试白利糖度。当风味、糖含量和酸度都在最佳的时候，而天气也配合的话，葡萄就会丰收。

葡萄通过人手或机械采摘。在欧洲和南美洲，许多农场的采摘都是手工完成的，这是由于农场的规模较小，同时也要考虑地形。例如在德国，地形多山，机械收割基本不可能。许多欧洲葡萄园代代相传，导致许多人现在都拥有一个葡萄园。随着更多的人参与进来，手工采摘变得可行。葡萄被一串一串地用刀或剪刀采收，而不是逐粒地采摘，因为一颗一颗地采摘会非常耗时，会让成本过高。只有在酿造非常昂贵的葡萄酒时才会用逐粒采摘的方式。

另一方面，由一个富豪或集团拥有的非常大的葡萄园会使用机械收割机。美国的许多大葡萄园都使用机械收割机。手工采摘葡萄要花很多时间，但一台机械收割机可以在不到一小时内收割一英亩的土地。虽然机械的方法更经济有效，但最好的方法仍然是人工采摘，因为采摘人可进行判断，选择符合标准的葡萄进行采摘。

如前所述，葡萄质量和葡萄酒质量取决于限制每棵树的葡萄产量。正因如此，每英亩地的产量明显减少。也就是说，一个农民对产量的期望是什么？答案是"看情况"。用于酿造极高品质葡萄酒的葡萄产量要求是每英亩地小于 2 吨，而低品质的葡萄酒的葡萄产量会超过每英亩 14 吨。你能见到在低品质的高产量和高品质的低产量之间有明显的变化，拿法国来说，其最高质量葡萄酒限制在每英亩 2 吨的葡萄产量。记住，土壤条件、气候和降雨量都对葡萄酒的品质产生重要影响。

3.1.3　葡萄的品种

生产葡萄酒的葡萄品种很多。我们列出了一些比较受欢迎的。但是，请记住，这不是一个完整的列表。你可能会认出一些，因为有很多酒在销售时是直接用葡萄品种来命名的。

以下是一些较受欢迎的红葡萄品种：

巴贝拉（Barbera）　主要产自意大利，该品种的葡萄生产低单宁而高酸的葡萄酒。

赤霞珠（Cabernet Sauvignon）　简称解百纳。这可能是最受欢迎的葡萄品种。它的果实颗粒小，但可酿制出浓烈的风味葡萄酒，且随着年份的增加酒变得醇美。

佳美（Gamay）　该品种生产的葡萄酒属于轻淡型。它一般不会陈年，最好在年轻期饮用。用佳美酿制的博若莱新酒就是在采摘当年就完成生产。

黑歌海娜（Grenache Noir）　简称歌海娜。它能酿制出酒精含量高的淡红葡萄酒，也用于制作一些桃红葡萄酒和波特酒。其亲属品种是白歌海娜（Grenache Blanc）。

蓝布鲁斯科（Lambrusco）　一种主要在意大利北部种植的葡萄，多生产半甜酒。在那些喜欢不那么浓烈的葡萄酒的人群中比较流行。

梅洛（Merlot）　这种葡萄能酿制温和的葡萄酒，类似于赤霞珠。事实上，它经常与赤霞珠混酿。梅洛是在美国非常受欢迎的葡萄酒。

穆尔韦德（Mourvedre）　一种强劲的葡萄品种，主要用于与其他品种的混酿，以生产一般葡萄酒的红葡萄酒和桃红葡萄酒。

黑皮诺（Pinot Noir）　这种葡萄用于生产一些世界上最著名的葡萄酒，包括一些最好的香槟。但它很难生长，需要农民的精心照料。

内比奥罗（Nebbiolo）　一种果小、皮厚的品种，生产颜色深邃、香气明显、味道浓郁的红葡萄酒。

丹魄（Tempranillo）　这是西班牙广泛种植的葡萄品种，用于与其他葡萄酒混酿，也可作单一品种使用。它的皮很厚，生产颜色深、酒精度低的葡萄酒。

桑娇维赛（Sangiovese）　这是在意大利托斯卡纳地区广泛种植的葡萄品种，用其酿制的基安蒂最著名。它是历史学家已知的最古老的葡萄品种之一，可追溯到 3000 年以前。

西拉（Syrah）　根据它种植的国家，也被称为设拉子葡萄。但无论在哪个国家，它都能产出味道和香气都浓郁的好酒。

仙粉黛（Zinfandel）　这是加利福尼亚著名的葡萄品种。它既可与其他葡萄品种混酿，也可以单独使用。

以下是一些较受欢迎的白葡萄品种：

霞多丽（Chardonnay） 这种葡萄能生产风味明显的干型葡萄酒。它几乎可以生长在任何地方，因此是所有酿酒葡萄中最受欢迎的。生长在不同地区的霞多丽具有不同的特征，因此它有多种不同的风味和芳香。

白诗南（Chenin Blanc） 这种葡萄具有很高的酸度，常被用来酿造白葡萄酒和起泡葡萄酒。

琼瑶浆（Gewurztraminer） 一种粉色的白葡萄品种。这个名字来自德语 Gewurz，意为"辛辣的"，这也正是它和用它酿制而成的酒的味道。如果葡萄收割得早，可以用来酿造干型葡萄酒，收割得迟，则可以生产甜型葡萄酒。

米勒－土高（Muller-Thurgau） 这是一种由雷司令和西万尼（Silvaner）两种葡萄杂交而成的品种，它可以在更寒冷的气候生长，因此比其他葡萄有更广的种植带。它酿造出的酒的酒精浓度和酸度都很低。

麝香葡萄（Muscat） 这种葡萄有红和白两大类，白麝香葡萄用来酿造一款有名的意大利葡萄酒——阿斯蒂起泡葡萄酒。

白皮诺（Pinot Blanc） 一种主要用于酿造起泡葡萄酒的白葡萄。

雷司令（Riesling） 这种葡萄适宜生长在凉爽的气候中，它酿造出的葡萄酒有很重的水果风味，但也有一些地区酿造出的葡萄酒非常的干。晚收型的雷司令葡萄可以酿造出非常好的甜型葡萄酒。

赛美蓉（Semillon） 这是一种既可用作单一品种，也可用于混酿的葡萄品种。作为单一品种酿造时，随着年份的增加酒的口味会更柔和并且伴有浓郁的水果香味。它经常与长相思和霞多丽一起进行调配混酿。

长相思（Sauvignon Blanc） 一种非常有名的白葡萄，通常被用于酿造干葡萄酒，有浓郁的水果风味。葡萄酒常以这种葡萄生长的地名来命名。

维欧涅（Viognier） 因为这是一种很难以种植的葡萄，所以非常少见且异常昂贵。既可用作单一品种，也可用于混酿。但该品种酿的酒不适宜久存，适合年轻期时饮用。

3.2　葡萄酒的酿造过程

一旦葡萄被采摘，会被马上运到酿酒商那里提取汁液，然后发酵、陈酿，有的还要混合，最后装瓶。酒的颜色取决于葡萄皮的颜色。一般白葡萄酿制成的是白葡萄酒；红葡萄酿制成的是红葡萄酒，但也有例外。

3.2.1　萃取

在葡萄被采摘后的 12 个小时之内，提取葡萄汁。几个世纪以来，葡萄都是被放置在一个大缸中，人们用脚踩踏以榨汁。虽然这种方法如今已基本不用，但在一些庆祝葡萄丰收的仪式上还经常可以看到。

如今，葡萄被清洗之后会放入挤粒 – 去梗机。这个步骤必须非常仔细地完成，因为过大的压力会导致葡萄梗和葡萄一起被压碎，使酿造出来的酒带有苦涩味。葡萄压碎后产生的液体是待发酵的葡萄汁（must）。如果生产的是白葡萄酒，果肉汁液混合物要立即和葡萄皮分离，清除所有杂质之后将其送入发酵酒槽中。如果生产的是桃红色或红色葡萄酒，葡萄汁和皮净化后同时送入开口式酿酒槽中发酵。为了获得桃红葡萄酒，还要将皮在酒槽中放置 12 ~ 24 个小时，然后将皮从葡萄汁中分离，再将葡萄汁注入另外的酒槽中。红葡萄酒带皮浸渍发酵的时间会更长一些，直到获得想要的颜色，再把葡萄汁抽送到另外的酒槽中。可见，桃红葡萄酒与红葡萄酒独特的颜色和味道皆来自葡萄皮。

在发酵前，添加少量的二氧化硫可以杀死任何可能存在于葡萄皮上的野生酵母。野生酵母可能会导致不良后果，如过早氧化或无法控制氧化进程。在大多数国家，二氧化硫的添加量受到法律的控制。现在也有一些酿酒商使用无菌过滤而不是二氧化硫。

3.2.2　发酵

随着葡萄汁进入发酵阶段，酿酒师需要做一些决定。由于采摘时天气条件不一定是最理想的，葡萄可能会缺乏甜度或酸度。缺少甜度的葡萄不能产生足够的酒精，这时葡萄酒商会往葡萄汁里加糖，这就是所谓的酿酒加糖，这个过程会轻微地影响酒的味道——事实上，加糖只会被最挑剔的味觉检测出来。如果酸度不足，一些未成熟的葡萄会被加入到葡萄汁中以增加酸的含量，或者直接把酸加入到葡萄汁里。

最初，所有的酒都在木桶中发酵，后来木桶被水泥桶取代，而今天几乎所有的酒都在不锈钢桶中发酵。不同的葡萄酒在不同的温度下发酵，一般来说，白葡萄酒是在一个较低的温度 45 ~ 65 ℉（约 7.22 ~ 18.33℃）发酵，而红葡萄酒在 70 ~ 90 ℉（21.11 ~ 32.22℃）发酵。而发酵的准确时间在酿造师中仍然存在广泛的争议。

当葡萄酒发酵至酒精含量达到 14% 左右时，糖基本耗尽，酵母也被酒精杀死，发酵过程便结束了。如果此时还有糖残留在了葡萄汁里，酿的酒就会很香甜；如果糖被消耗殆尽，酿的酒就会很干。这个过程通常需要两周或更多。有时酿造师会提前结束这个过程以获得所需的风味。

3.2.3　陈酿

发酵后，葡萄酒将进入陈酿过程，在这期间酒将发生一些改变：

- 大部分红葡萄酒和少数白葡萄酒是装在橡木桶制的容器中进行陈酿的。这些容器可以是小橡木桶，或者内衬是橡木的大缸。木材可赋予酒单宁酸，影响酒的风味和质地，从而得到顺滑的、口感更细致的葡萄酒。

- 大部分白葡萄酒和桃红葡萄酒是装在由不锈钢制成的或者内衬是塑料或者玻璃的大桶里进行陈酿的。

- 在陈酿的过程中，酒中的沉淀物（俗称酒渣）会沉淀到容器的底部。当葡萄酒稳定的时候就会发生这种情况。有时，酒被抽出来装进一个新的木桶，就会出现更多的沉淀。这个过程被称为换桶。

- 在换桶后，一些微小的颗粒可能依然存在于酒中，它们将被过滤澄清法清除掉。澄清法有许多种，主要的方法是使用过滤器，使用这种方法时必须要注意，若太多的颗粒被清除，有可能会影响到葡萄酒的口味和酒体；另一种常用的方法是电流来吸附悬浮于酒液中的微粒；还有一个方法，你们中的很多人可能都很熟悉，那就是使用蛋清，这个过程就像净化一个仓库；其他方法还包括使用凝胶、白明胶、二氧化硅和动物的血液等。

- 随着葡萄酒的陈化，部分酒会蒸发掉。但酿酒人要把桶装满以防止酒过度氧化变质而毁坏一整批酒，所以更多的酒被添加进去以保持桶是满的。这个过程被称为添桶。

- 葡萄酒总共要花多长时间进行陈酿取决于葡萄酒的种类。在大多数情况下，白葡萄酒和桃红葡萄酒只需要陈酿几个月。通常而言，秋季收获的葡萄将会陈酿一整个冬季而在春季装瓶。红葡萄酒和少部分白葡萄酒会陈酿 6 个月至 2 年多。在一些地方，葡萄酒陈酿的时间受法律限制。应该注意的是葡萄酒在陈酿过程中有一个临界点，超过某个存储时间，葡萄酒的质量将会变差而不是变好。

酒的价值只有在陈酿后才能确定。虽然农民和酿酒师可能宣布某一年是一个巨大的丰收年，但最后酒的品质是在发酵和存储后才能被确定的。只有陈酿完成了，酒才能被评判为优质、很好、中等或者普通。也是在这个时候，酒可以被装瓶或与其他葡萄酒混合。

3.2.4　混酿

葡萄酒的"混合酿制"这一程序可以发生在生产葡萄酒的多个环节中，例如：

- 在去梗和破碎之前不同种类的葡萄可以混合。
- 来自不同葡萄园甚至一个国家的不同地方的葡萄可以混合。
- 来自同一个葡萄园的不同品种的葡萄可以混合。
- 用不同品种的葡萄酿造的葡萄酒可以混合。
- 不同酒庄的葡萄酒可以混合。

- 不同年份的葡萄酒可以混合。

以上种种虽然都会发生，但请记住，当"混酿"这个术语被使用时，它通常指把已经生产和陈酿的葡萄酒进行混酿。

今天的许多葡萄酒都是混酿的。不要以为混酿的酒就是劣质的。虽然在少数情况下这是真的，但大多数情况下并不是这样。混酿有很多原因。例如，一种葡萄酒可能缺乏某种特性，但是通过与另一种缺乏不同特性的葡萄酒混酿，将促使这两种葡萄酒得到改善。有些混酿则是为了年复一年地为特定的商品或品牌保持稳定的口味。歉收和丰收地区的葡萄酒可以混酿。不过，也有一些混酿只是简单地为了获取更多的利润。

大多数国家会对混酿过程进行管理。在美国，如果一个葡萄酒被标注为某一葡萄品种，那么该品种至少需75%的含量。在法国，存在着更严格的监管，被标注为某个品种的葡萄酒必须百分之百使用该品种来酿酒。

3.2.5　装瓶

葡萄酒的装瓶可以在酿酒厂或在灌装厂中进行。葡萄酒在酿酒厂装瓶被称为酒庄装瓶。有些人认为酒庄装瓶的酒都是非常优秀的。毕竟，如果不是质量最好的，葡萄酒商绝不会把自己的名字印在酒瓶上。在过去，很少有酿酒厂可以负担得起自己的灌装设备，酒庄装瓶葡萄酒也是相当罕见的。然而在今天，越来越多的葡萄酒是由葡萄酒商装瓶的。公司为卡车配备灌装设备，使其可以从一个葡萄园到另一个葡萄园为酒装瓶。

有些葡萄酒商没有为自己的葡萄酒装瓶，而是把酒卖给一般的批发商。批发商去葡萄园，采集葡萄酒的样品，并且和葡萄酒商协商。达成一致时，批发商会把酒成桶地通过卡车和轮船运到灌装厂进行装瓶，或者混酿再装瓶。

一些便宜的葡萄酒会被包装在塑料袋中进行装箱，但绝大多数的葡萄酒是用玻璃瓶装的。玻璃是有色的，以保护葡萄酒免受有害光线的伤害。许多瓶子由厚重的玻璃制成，特别是起泡葡萄酒的酒瓶，以抵抗葡萄酒中的二氧化碳所造成的巨大压力。装瓶后的葡萄酒，需要静置一段时间后再运往批发商处。

3.2.6　封口

套用莎士比亚的名言："用软木塞，还是不用，这是一个问题。"如今，关于葡萄酒软木塞的使用存在着很大的争论。一直以来，软木塞似乎都是正确地密封一瓶葡萄酒的唯一方法，木塞的柔韧性使其可以嵌入酒瓶的瓶颈并且完全封锁瓶口，这样便有效地隔绝了空气并且防止了任何的蒸发。软木塞有一个主要的缺点——为了保持木塞湿润，使它不会因收缩而让空气有机会进入瓶子，酒瓶必须平放。

软木塞用橡木属的栓皮栎树树皮制成，这种树主要生长在葡萄牙和西班牙。软木塞实际上是从树上被小心剥离下来的树皮部分，一棵树至少要生长 40 年的时间，才能产出软木。尽管剥离树皮并不会对树造成伤害，但一棵树要花上好几年的时间才能重新长出外部的树皮。一个好的软木塞可以使用 50 年之久。虽然环境学家们很坚决地反对对这些树的破坏，不过要知道的是，有关软木塞的生产，葡萄牙政府有着严格的规定。

现代科技采用螺旋盖和塑料塞来取代软木塞，这些密封装置的一个好处是，酒瓶可以不用再水平放置了，使得运输更加的便捷，酒吧和零售商店也能采用更少的放置空间。但缺点是，它们不能像软木塞一样进行生物降解。

尽管有人认为科技应该被欣然接受，但其实没那么简单。一些人坚持，用软木塞是一种传统，有人说使用软木塞的酒尝起来口感更好，还有人认为螺旋盖就意味着是便宜货，而一些葡萄酒商和装瓶工们则喜欢新瓶塞带来的便利。环境学家们不喜欢软木塞，但事实上，新的瓶塞却是不可降解的。

所以说，用不用软木塞，这是一个问题。

3.3　葡萄酒的分类

葡萄酒可以分为六种类型：佐餐酒、天然葡萄酒、加烈葡萄酒、开胃酒、餐后甜酒和起泡葡萄酒。前五种又被称为静止葡萄酒（still wines），因为它们不会产生气泡。值得注意的是，一种葡萄酒可以被划分为不止一个种类，比如，佐餐酒同时也可以是一种天然葡萄酒。

佐餐酒（table wine）　这是葡萄酒中最大的一个类别。之所以这么叫是因为它们经常和食物一起在餐桌上被享用。佐餐酒还可以根据颜色进一步划分为红葡萄酒、白葡萄酒和桃红葡萄酒，我们将在本章后面的内容讨论这几种酒的更多细节。

自然酒（natural wine）　指的是那些没有额外添加酒精和糖的葡萄酒。我们知道，当酒精的浓度达到 14% 或糖耗尽时，酒便停止发酵了。而在一些天然葡萄酒中，发酵的过程在这一阶段前就已经停止了，因此它们的酒精浓度更低。通常情况下，天然葡萄酒中的酒精含量在 7% ~ 14% 左右。

加强葡萄酒（fortified wine）　其酒精浓度比天然葡萄酒高很多，从 14% ~ 24% 不等，这是因为在很多时候，额外的酒精（通常是白兰地）在发酵过程中被加入葡萄酒中，使葡萄本身就有的糖没有在发酵中被耗尽，由此产生了这种口味更甜的葡萄酒。而那些不是采用这种方式制作的加烈葡萄酒则有一个完整的糖发酵过程，在发酵过程之后再加入甜化剂使酒尝起来更甜。

开胃酒（aperitif wine）　正如其英文"aperitif wine"表达的含义一样，是一种在餐前饮用的葡萄酒。你可能对 *aperitif* 这个词感到熟悉，因为这是表示"开胃小吃"的法语词汇。开胃酒通常是加烈葡萄酒，有些还添加药草和香料以调味。

餐后甜酒（dessert wine）　正好和开胃酒相反，它们在一顿饭的最后被端上桌来。多数时候都是甜酒，大部分是加烈葡萄酒，有些则不是。那些不是加烈葡萄酒的酒通常是用熟透了的葡萄酿造而成，这些葡萄含糖量异常的高。

起泡葡萄酒（sparkling wine）　指的是那些会产生泡泡的含有二氧化碳的葡萄酒，这一种类中最出名的便是香槟。国际法律条例规定只有产于法国香槟区的葡萄酒才可以被称为"香槟"，但是这一条例被大多数人所忽视了。比如，在美国，应该使用"起泡葡萄酒"的叫法，但是，原有的称呼——例如加利福尼亚香槟——依然存在。

这些酒由二次发酵制作而成，即通过添加酵母和糖，让原本发酵好的酒再经历一次发酵过程。接下来，通过三种方式进行装瓶处理。最昂贵的方式只用于价格最高昂的起泡葡萄酒，酒会在销售的瓶中进行二次发酵，这是一个非常冗长且需要谨慎处理的过程；第二种方式，直接将葡萄酒过滤和转移到另一个酒瓶中；第三种方式是将葡萄酒装在一只大桶中进行二次发酵，然后将其过滤再灌装。

这里还有一种区别葡萄酒的方法，就是通过生产酒的葡萄品种来鉴别。如果葡萄酒主要来自一个葡萄品种，那么这瓶酒就被称为单一品种葡萄酒（varietal）。而有些葡萄酒却来自多个葡萄品种，当这种情况发生时，则各国具体规定有所不同：如果在混酿的品种中有一种占主要突出地位，酒可以这种葡萄的名字命名；而由多个葡萄品种混合而成的葡萄酒，被称为普级酒（generic wine）。

当葡萄酒属于单一品种葡萄酒，葡萄的名称将会被标示在酒标上；当它是一种无品种葡萄酒，酒标上则不会有葡萄品种的名字，而会是酒商的名字。各国有不同的商标管理法管理单一品种和无品种葡萄酒，这些将在本章后面详细讨论。

3.4　葡萄酒产区

毫无疑问最棒的葡萄酒最初都来自葡萄园，而葡萄园遍布世界各地。事实上，葡萄是世界上种植面积最大的水果作物，超过 18 万亿英亩。

大多数葡萄喜欢温带气候，温热干燥的夏天和暖和的冬天，它们需要大约 4 个月 0℃ 以上的气温，因为葡萄有一个冬季休眠时间，异常恶劣的寒冬会杀死它们。另一方面，热带气温也会破坏其冬季休眠期。湿度太大也会造成不良影响，令葡萄生病。总的来说，葡萄藤适合生长在赤道以南纬 20 ~ 50 度或北纬 20 ~ 50 度的区域。对于土壤类型它们倒不怎么挑剔，从松砂到黏土都可以生长。

本书并无意完整地讨论葡萄、葡萄园以及它们的所有种植区域。我们来谈谈最主要的 8 个国家，它们分别是法国、意大利、西班牙、美国、阿根廷、澳大利亚、智利和德国。这些国家的葡萄酒产量占了全世界的 75%，据估算共超过 26 万亿升。下面将按产量从大到小来讨论这几个国家的葡萄酒生产。

3.4.1 *法国*

一说到最重要的葡萄酒生产国，人们总会自然地想到法国。虽然可以说是最重要的，但令人惊讶的是法国并不是最丰富多产的国家，意大利才是。一直到 2009 年法国才勉强取代意大利成为产葡萄酒最多的国家，产量大约超过 4 万亿公升。产量是一回事，但品质是否站得住脚还有待观察，法国总是认为自己是最重要的，这是基于一个事实，那就是法国出口葡萄酒的数量和种类都多于世界上其他国家。

在法国有六个主要的葡萄酒产区，它们是阿尔萨斯、波尔多、勃艮第、香槟区、罗纳河谷和卢瓦尔。我们会逐一讨论这些产区，了解它们的葡萄园，它们所生产的葡萄酒。虽然它们是最著名的几个地区，但要记住的是，几乎整个法国都遍布着葡萄园。

阿尔萨斯产区（Alsace）

莱茵河蜿蜒奔流，将法国和德国两个国家分开。在法国这边毗邻河流的就是阿尔萨斯产区，凉爽的气候使其成为白葡萄生长的理想地区。尽管大部分法国生产的葡萄酒都以葡萄园的名字命名，但来自阿尔萨斯地区的大多数葡萄酒则用品种的名字。阿尔萨斯的酒大多为干型，芳香、酒体丰满。在这里，种植得最多的葡萄主要有以下品种：

琼瑶浆 用于酿造果味丰富，口感略带辛辣的酒。

麝香葡萄 可以制作出一种清新的、口感细致的，带有明显麝香风味的葡萄酒。

白皮诺 可以酿造一种轻柔的白葡萄酒，同时也可以用于混酿酒。

灰皮诺（Pinot Gris） 也被称作 Tokay d'Alsace，可以酿造一种酒体丰满，香味浓郁的干型葡萄酒。

雷司令 可能是阿尔萨斯地区使用最广的葡萄品种，可以酿制出干型的，酒香轻柔细致的传统型白葡萄酒。

波尔多产区（Bordeaux）

加龙河和多尔多涅河穿过法国，它们共同汇成纪隆德河。波尔多产区便坐落在这些河流的边上。许多世界闻名的法国葡萄酒正是来自这一地区。其北面是右岸，南面是左岸。在这个区域内有 50 多个区。其中较重要的左岸产区是梅多克、格拉夫、巴萨克、马尔戈、圣于连和波亚克等等。较为重要的右岸产区有波美侯和圣爱美雍。除此之外，其他产区也不能忽视，它们也能生产出许多优秀的葡萄酒。

从大西洋进来的温暖气流和高湿度促进了波尔多葡萄树的茁壮生长。正是在这里，赤霞珠和品丽珠（Cabernet Franc）被大量使用，生产出一些世界顶级的红葡萄酒。该地区还生产梅洛以及马贝克（Malbec）和小维多（Petit Verdot）几种葡萄，它们常用与强劲的红葡萄酒混酿。

虽然该地区以红葡萄而闻名，但还种植了一些优秀的白葡萄，包括长相思、慕斯卡德

（Muscadelle）和赛美蓉。它们能酿出一些非常出色的甜酒。甜味是由贵腐霉（noble rot）引起，这是一种生长在葡萄表面的霉菌。这种霉菌使葡萄中的水分蒸发，果实收缩，导致葡萄中的糖分高度浓缩。赛美蓉这个葡萄品种就很容易受贵腐霉感染，经常被用来酿造上好的苏玳（Sauterne）和巴萨克（Barsac）甜白。大约80%的贵腐葡萄酒来自这个葡萄品种，而另外20%则来自同样易受贵腐霉感染的长相思品种，这些葡萄酒的酒精含量为12.5%。

波尔多地区出产了世界上最好的葡萄酒。左岸的一些最著名的葡萄酒商，为世界其他地区的葡萄酒业制定了标准，这些著名酒商包括奥比昂酒庄（Chateau Haut-Brion）、玛歌酒庄（Chateau Margaux）、拉图酒庄（Chateau Latour）、拉菲酒庄（Chateau Lafite-Rothschild）和木桐酒庄（Chateau Mouton-Rothschild）。你会注意到，酒的名字都带有"酒庄"（Chateau）字样。这些酒庄不仅自己拥有葡萄园，葡萄酒也在那里生产和装瓶。因此，它们实际上控制着整个生产过程。

法国政府于1855年颁布了波尔多葡萄酒的分级制度。它对每个酒庄的葡萄酒进行分类，并分为五个层级。在最顶端的称为一级庄，它们生产最好的葡萄酒，因此也获得最高的价格。该分级自1855年以来保持不变，仅有一个例外。在1973年，政府把木桐酒庄从二级升到了一级。

并非所有波尔多葡萄酒都来自一个酒庄的葡萄并在这个酒庄装瓶的。灌装厂可从不同种植者那里购买葡萄，并在瓶上贴上自己的标签。这些标签可以标示波尔多大区或是次产区如格拉夫、巴尔萨克等，或标示葡萄品种。当标示单一品种时，葡萄酒必须由100%该品种所酿造。

勃艮第产区 （Burgundy）

法国的夏布利产区位于第戎北部，从这里，一直往南到里昂，一个大约300英里的旅程，覆盖了法国的勃艮第产区。勃艮第地区包括了四个产区，分别是夏布利、金丘区、南勃艮第和博若莱。

勃艮第地区的许多葡萄园都拥有多个业主。原因在于，在法国大革命之前，土地由天主教会所有。革命后，土地被分成各个小块，卖给普通民众。随着时间的推移，许多业主把地块连在一起形成一个大的葡萄园，也有业主依然保持各自地块的独立，但联合起来一起出售他们的葡萄或葡萄汁给装瓶商。还有一些业主会完全保持自己一小块地的独立性，只在每个季节生产有限数量的酒。因此，如果葡萄酒在葡萄园（一个小型的独立企业或大型的联合企业）装瓶，它将标示葡萄园的名字。如果葡萄卖给了灌装商，酒标上就会有灌装商的名称或葡萄的产地名或两者皆有。

夏布利产区 （Chablis）

第戎市以北75英里处就是勃艮第的夏布利地区。这里生产世界上最好的霞多丽白葡萄酒。法国法律规定只有霞多丽葡萄可用于生产夏布利酒。在法语中，葡萄酒的最高等级排名被称为 cru，虽然等级划分会考虑诸多因素，但酒精含量无疑是最重要的因素之一。夏布利酒排名如下：

1. 夏布利 Grand Cru…………11% 的酒精度
2. 夏布利 Premier Cru………10.5% 的酒精度
3. 夏布利…………………10% 的酒精度
4. 小夏布利………………9.5% 的酒精度

金丘产区（Cote d'Or）

勃艮第的金丘区包括两个地区：北部的夜丘区（Cote de Nuits）和南部的博恩丘区（Cote de Beaune）。一些最著名的红葡萄酒来自北部，而南部除了产红葡萄酒外，还生产一些非常优质的白葡萄酒。从文字上翻译，金丘的意思是"黄金的斜坡"。这里正是世界顶级勃艮第酒的产地。法国法律规定，该地区生产的所有红葡萄酒均源自黑皮诺葡萄品种。虽然在这个地区生产的大部分葡萄酒都是红葡萄酒，但一小部分葡萄园也生产出非常优质的白葡萄酒。勃艮第白一般指的就是霞多丽酿制的酒。它会在旧橡木桶中陈酿以保持葡萄品种本身的风味和特性。

像夏布利地区一样，金丘区生产的葡萄酒由政府归类如下：

1. 特级园地（Grand Cru），包含葡萄园的名称。该等级的评选是非常谨慎的，因此这个等级的酒也相当昂贵。

2. 一级园地（Premier Cru），包含葡萄园的名称，是品种上好的葡萄酒。

3. 村庄级（Appellation Communale），只有村庄的名字。葡萄必须来自标签上列出的村庄。其质量比勃艮第级别更好，也更昂贵。

4. 勃艮第级（Bourgogne），也称为产区级。不符合上述标准的葡萄园便归入该等级。葡萄可以来金丘区的任何地方。

即使金丘区的葡萄酒是政府分级，但买方也需要小心谨慎。例如，一瓶特级园地酒的原料有可能来自一个劣质的收成年。买方不能仅依靠酒标上的信息，还必须了解该地区和某些灌装商的做法。

南勃艮第产区（Southern Burgundy）

南勃艮第区由夏隆内区（Cote Chalonnaise）和马孔内区（Maconnais）组成。该区的红葡萄酒虽然不像金丘区的那样广受好评，但品质也相当不错。大多数情况下，所用的红葡萄品种都是佳美。

该地区虽然生产数量可观的红葡萄酒，但受广泛赞誉的却是白葡萄酒。事实上，来自南勃艮第的酒精含量为11.5% 或更高的白葡萄酒可以被标注 Premier Cru 的字样。这个地区还生产著名的 Pouilly-Fuisse———一种风味浓郁的浅金色白葡萄酒。

博若莱产区 （Beaujolais）

位于勃艮第最南端的是博若莱产区，其所生产的红葡萄酒几乎都使用佳美这个品种。这里所产的酒不太适合久储，一般在葡萄收获后的 3 年内就会出售掉。该地区的博若莱新酒储存时间更短，通常在收获的 9 个月之内要被消费掉，这种酒不在橡木桶中储存，从而保留了更多的水果风味。博若莱红葡萄酒的酒精含量必须为 9%，Cru 则例外。来自博若莱地区的葡萄酒有如下 4 个质量等级：

1. 博若莱特级村庄，为最高级别，酒精含量不得低于 10%。标签上会注明生产葡萄酒的城镇。Cru Beaujolais 通常不需冷藏，而是在凉爽的室温下饮用。

2. 博若莱村庄级，通常是来自特定村庄的不同葡萄园葡萄的混酿。虽然它被归类为村庄级酒，但村庄的名称不会出现在标签上。

3. 博若莱产区级酒，一个较低级别的分类，该地区大部分出售的酒属于此级别。它不适宜久储，应该在一年内饮用。

4. 博若莱新酒，虽然级别低，但享有盛名，因为它是每年收获后最早被酿成并出售的葡萄酒。它给出了该年法国葡萄收获在品质上的第一个信号。

香槟产区 （Champagne）

世界闻名的香槟产区位于法国北部。虽然香槟酒闻名于法国，但它的起源是未知的。有人说它是在西班牙的天主教修道院被发明出来的。无论其起源如何，一个名为 Dom Perignon 的修道士被广泛认为完善了香槟酒的生产制作和装瓶工艺。只有来自法国香槟产区的起泡葡萄酒才能被命名为"香槟酒"，世界上其他地方生产的只能被称为起泡葡萄酒。这是由法国与大多数其他国家签订的贸易协定所规定的。这个规则最明显的例外是俄罗斯和美国。那里"香槟"一词可以出现在一瓶起泡葡萄酒的酒标上。买家们需要小心！由于香槟酒或起泡葡萄酒的制作与其他葡萄酒不同，我们将在这里详细介绍。

香槟酒不是某一葡萄园的产品，而是许多不同的葡萄酒的混酿。因此，大多数香槟酒是从多个种植者或种植者的合作社购买葡萄酒，然后再由某个公司制造的。混酿这些葡萄酒是一个复杂的过程，也是商家们各自的秘密，因为该过程决定了各自品牌的品质和风味。

虽然香槟酒可能来自多个种植者，但法国香槟酒只有三个法定的葡萄品种：红葡萄品种黑皮诺，红葡萄品种皮诺慕尼尔（Pinot Meunier）和白葡萄品种霞多丽，其中黑皮诺是主要的葡萄品种。当只使用红葡萄品种时，香槟酒被称为"黑中白"；当 100% 使用白葡萄品种霞多丽时，香槟被称为"白中白"。

要用红葡萄酿制清澈的金黄色香槟酒，葡萄在压榨后就要迅速去皮，因为红色的颜色主要来自葡萄皮并非葡萄肉。如果葡萄皮被迅速去掉，葡萄酒的颜色依然是清澈透明的；如果葡萄皮被保留一小段时间，则可以得到桃红葡萄酒；如果葡萄的浸皮时间较长，葡萄酒就会成红色。

收获后，葡萄酒会发酵至第二年春天，然后进行酒液的混酿。这是非常重要的过程，因为这将决定香槟酒的最终结果。酿制香槟酒必须使用 3 种葡萄，而一款香槟有可能是来自多达 30 款用这 3 种葡萄酿出来的各色各样的酒的混合。每个灌装商都会保密自己的混酿配方以保护自己的品牌。混酿会使用不同类型的也会使用不同年份的葡萄酒。当多个年份的酒被使用，酒被称为典型香槟（Classic Champagne）。当只有一个年份的葡萄被使用，且当年葡萄品质高的话，酒被称为年份香槟（Vintage Champagne）。不要误认为年份香槟就一定比典型香槟好，毕竟葡萄的好年份并不那么多，但通过把好年份与不好年份的产品混合，酒商们可以调配出质量优异且品质年年稳定的产品。法国法律规定所有生产商都必须留出当年产品的 20% 以备今后使用，实际上，很多商家都会预留更多。

香槟酒混合的过程称为"调配"（cuvee）。将调配好的酒液放入额外添加了糖和酵母的瓶中，加盖。瓶子存放在洞穴中，酒液进行二次发酵。在此过程中，酒液会产生更多的酒精，更重要的是产生大量不能逃逸的二氧化碳气体。这一过程对瓶子和盖子产生极大的压力，达到 110 磅力/平方英寸。瓶中二次发酵导致了微小细致的气泡，这也是香槟酒闻名的原因。

二次发酵需要相当长的时间，可达三年。在此期间酒不是一直静置不动的，它们被横置于 A 字形的架子上，瓶颈朝下，这使得沉积物聚集在瓶子的颈部。酿酒师偶尔会很轻微地转动瓶身以加快这一过程。虽然在一些葡萄酒厂这仍然是手动完成的，但如今大部分厂家都是通过机器完成的，机器能够同时处理超过 4000 瓶酒。当沉淀物都积累在瓶口时，生产商会把酒瓶口朝下，把木塞与瓶颈部分插入冰冷的盐水中，当瓶颈部分冻结后，迅速拔出木塞以带出沉淀物，最后留下了清澈、干净的香槟酒液。

在冷冻除渣的过程中，会损失一些香槟，那么就需要进行补液（dosage）。添加物可以是葡萄酒、白兰地酒和糖。新添加的糖会极大地影响香槟的甜度，香槟中残留的糖范围可以从 0 到超过 50 克/升。瓶子上的标签会显示酒的甜度：

Extra Brut……………………………超天然

Brut………………………………………天然

Extra dry/Extra Sec………………极干

Sec…………………………………………干

Demi Sec…………………………………半干

Doux………………………………………甜

添加酒和糖后，香槟酒被重新封瓶，这时还会给封口木塞套上铁丝网以保护酒液，最后再给瓶口封上一层锡纸。然后香槟酒被重新送回洞穴，进行 1～5 年的陈化。这种封瓶和生产泡沫的方法就是香槟法（Methode Champenoise），也叫传统法。

还有其他方法可生产起泡葡萄酒，这些方法在世界其他地区被使用，并且被认为比不上以上所述的香槟法。在美国、德国和其他国家的一些酒厂会使用转移法（transfer method）来生产起泡葡萄酒。转移法就是换桶除渣，其酿制过程与香槟法相比，省去了转瓶和冷冻除渣的过程。当二次发酵结束后，瓶中的起泡葡萄酒会被转移进加压的密封桶中，经过过滤澄清再重新装瓶。最后再补充需要的糖和酒，然后用木塞封瓶、套铁丝网、裹上锡纸。

　　意大利人会使用罐式法（Charmat method）生产起泡葡萄酒。罐式法就是把酒注入加压的密封罐中，加入糖和酵母进行二次发酵。几周后，酒被泵进另一个罐中进行澄清过滤，然后再补充糖和酒，最后装瓶。这种生产方法成本较低，产生的气泡也没有香槟酒的气泡质量高和持续时间长，但也有人认为，酒中的果味更直接、清新。

　　最后一个方法是二氧化碳注入法（carbonation method），这种方法就是直接把二氧化碳用加压的方式注入酒液中，生产成本极低，只有那些希望生产廉价起泡葡萄酒的酒商才会使用。这种方法生产出来的酒要尽快饮用，因为其泡沫粗大且不持久。

隆河谷产区（Cotes du Rhone）

　　从香槟产区往南，越过勃艮第产区，就是法国的隆河谷产区。隆河从里昂往南流经此产区。法国南部，夏天长，给了葡萄充分成熟的机会。此处产出的葡萄颜色深红，甚至发黑，所酿的酒风味强劲，味道浓郁且酒精度高。

　　隆河谷产区所产的酒90%为红葡萄酒。在其北部，主要的葡萄品种是神索（Cinsault）和西拉，南部种植的葡萄除了以上两种外，还有黑歌海娜和克莱雷特（Clairette）。此地的红葡萄酒会在木桶中陈酿几年，因为它们年轻时口感较生硬。装瓶后可继续在瓶中存放至成熟。事实上，有些酒可以陈化超过20年。此区所产红葡萄酒多年来品质稳定可靠。

　　和红葡萄酒一样，隆河谷区所产的白葡萄酒酒精度同样偏高。大部分白葡萄酒都是干型的，有着细致的香气与口感。这区同样产桃红葡萄酒，主要使用歌海娜葡萄品种。所产的桃红葡萄酒酒体中等，具有突出的水果风味。

卢瓦尔河产区（Loire）

　　卢瓦尔河流经法国中部，流向大西洋。卢瓦尔河蜿蜒流淌，经过了许多有名的城堡、肥沃的农田和葡萄园。这里的葡萄酒产区由下卢瓦尔河区和上卢瓦尔河区组成。主要出产白葡萄酒和一些桃红葡萄酒。

　　下卢瓦尔河区闻名的葡萄酒包括安茹地区的白葡萄酒和桃红葡萄酒、密斯卡岱（Muscadet）干型白葡萄酒，还有来自武夫赖地区的静止白葡萄酒和起泡白葡萄酒。此区主要种植的葡萄品种是白诗南，同时也种植了大量的佳美。该地区既生产非常干的葡萄酒，也生产非常甜润的葡萄酒。

　　上卢瓦尔河区最闻名的是普依（Pouilly-Fume）和桑塞尔（Sancerre）白葡萄酒。两种酒都是用长相思品种酿制，不过普依的酒精度会更高，酒体更重，口感更圆润。

　　大部分卢瓦尔河区的酒都适宜在年轻期饮用，最好在5年内消费掉，因为它们不太适合久存。只要那些非常甜的白酒才能保存更长时间。大部分此地所产的酒都是果味为主，干净、轻盈，口感纤细。

3.4.2   意大利

大约公元前900年，葡萄被发现于意大利托斯卡纳地区，之后不久就有葡萄酒生产了。正如人们所知，意大利是世界上最古老的葡萄酒生产地，然而，却是希腊人最早在意大利的西西里岛种植葡萄，其葡萄酒产业才发展起来，并成为意大利社会不可分割的一部分。意大利一直是世界上葡萄酒产量和消费量最大的国家，直到2009年才被法国超越。但两国的葡萄酒产量非常接近，所以当你读到此书的时候，很有可能意大利的葡萄酒产量又回到了世界第一。两国盛产葡萄酒最主要的原因是都有适宜葡萄生长的气候。

意大利葡萄酒认证由 The Denomisazione di Origine Controllata 体系（简称 DOC）控制。DOC 会监管葡萄酒里允许使用的品种和用量、每英亩的产量、葡萄酒的酒精度和陈酿时间。必须符合特定标准的才能被认证为 DOC 等级的葡萄酒。还有一个比 DOC 更为严格的标准是 DOCG（DOC Guaranteed）。葡萄酒首先要符合 DOC 的标准，此外每英亩地的葡萄产量会受到更严格的监控，并且葡萄酒要达到更高的最低酒精度。

几乎全意大利都产酒。DOC 体系把整个国家划分成20个产酒区。我们将会研究其中比较重要的一些。

艾米利亚–罗马涅产区（Emilia-Romagna）

艾米利亚–罗马涅位于意大利的中北部。蓝布鲁斯科葡萄在此生长。此区所产的最好的酒绝大部分都使用该葡萄品种。蓝布鲁斯科葡萄主要用于酿造被称为 Frizzantes 的微起泡葡萄酒和被称为 Spumantes 的起泡葡萄酒。有好几款酒都属于 DOC 级别，但只有一款叫 Albana di Romagna 的酒是 DOCG 级别。

在艾米利亚–罗马涅地区还种植特雷比奥罗（Trebbiano）葡萄。虽然该葡萄品种在意大利各产区都有种植，但在这里和 Abruzzio 产区是产量最大的。特雷比奥罗是世界上用于酒类生产最多的葡萄品种，但它的知名度却不高，这是因为它主要用于酒的混酿和蒸馏。有酒商尝试用其来酿制单一品种葡萄酒，但得到的酒味道平淡、风味淡薄且酸度很高。该葡萄品种还用于白兰地的生产。

拉齐奥产区（Latium-Lazio）

围绕罗马的是拉齐奥产区。这里有几款 DOC 级别的白葡萄酒，也有一些品种上好却没获得 DOC 认证，如 Castelli Romani，它的生产商认为 DOC 体系限制了他们酿出品种优越的酒。

伦巴第产区（Lombardy）

伦巴第正好位于艾米利亚–罗马涅的北面，围绕着米兰市，与瑞士接壤。内比奥罗葡萄品种在此生长得很好。该区出产一些品质很好的酒，包括几款 DOC 级别的，有这些酒寿命较短，应尽早享用。

皮埃蒙特产区（Piedmont）

在阿尔卑斯山山麓下，伦巴第产区的西面，是意大利的皮埃蒙特产区。这里是意大利版香槟酒——著名的阿斯蒂（Asti）起泡葡萄酒的故乡。除了这款出色的起泡葡萄酒，该区还出产一些卓越的红葡萄酒。巴罗洛（Barolo）就是其中的代表。此酒是用果小皮厚的内比奥罗葡萄酿制的，属于 DOCG 级别。巴罗洛味道丰富，酒体饱满，陈化能力很强，适合在陈化 15～20 年后再饮用。由于酒中有较多因陈年产生的沉淀物，巴罗洛也是少数在饮用前需要过滤醒酒的葡萄酒，

西西里产区（Sicily）

从皮埃蒙特区一直往南，到意大利的西海岸，在那里，意大利这只"靴子"的"脚趾尖"正好踢到一个形状古怪的足球，这个形状古怪的足球正是西西里地区。这里是意大利葡萄酒生产的起源。温暖的气候和充足的阳光使它成为理想的葡萄种植地。西西里岛最著名的是马萨拉（Marsala）甜品葡萄酒。马萨拉酒有三大标准，被称为三重三类标准（Triple Trinity）。

甜度：干，半干，甜。

颜色：金色，琥珀色，宝石红。

品质：

- 上好——酒精度不低于 17%，在木桶中陈化不少于 1 年。
- 高级——酒精度不低于 18%，在木桶中陈化不少于 2 年。
- 顶级——酒精度不低于 18%，在木桶中陈化不少于 5 年。

Etna 火山的山坡上还种植了白葡萄，用以生产一种名为 Corvino 的干型白葡萄酒。

托斯卡纳产区（Tuscany）

托斯卡纳位于意大利中北部的西海岸。该产区围绕着佛罗伦萨，生产著名的基安帝（Chianti）葡萄酒。DOC 体系监管的基安帝是由 90% 的桑娇维赛红葡萄和 10% 的白葡萄酒酿制而成，是一款颜色鲜红、强劲、干型、口感平衡的酒。有些酿酒师会用 100% 的红葡萄来酿制风格相似、品质优异的酒，但基于法律规定，不能称为基安帝。基安帝有以下 3 种类型：

- Chianti Classico Riserva：品质最高，价格最贵。
- Chianti Classico：来自选定区域的高品质酒。
- Chianti：普通类别的基安蒂葡萄酒。

用桑娇维赛和梅洛、赤霞珠等其他葡萄品种混合酿制的酒称为超级托斯卡。托斯卡产区其他 DOC 酒还包括 Brunello、Vin Santo、Galestro 和 Bianco Toscano。

3.4.3 西班牙

西班牙像许多其他国家一样，也有法律管制其葡萄酒行业。但它是在 1972 才建立起 Instituto de Denominaciones de Origen 监管体系，简称 INDO。它效仿法国的监管体系，对于符合标准的酒授予 DO 头衔。法国的葡萄酒业是由酒农（酒庄）主控的，而西班牙的葡萄酒业是由生产商（酒庄，bodegas）主导的。他们向葡萄园买葡萄，并酿制成酒。

INDO 监管体系认可了 28 个区域为产酒区，而其中有三个名声最为显赫，分别是：赫雷斯、里奥哈（Rioja）和加泰罗尼亚（Catalonia）。

赫雷斯产区（Jerez de la Frontera）

赫雷斯位于西班牙的南海岸，这里是西班牙最著名的葡萄酒——雪莉酒（sherry）的故乡。INDO 规定，只有来自该地区的葡萄酒才能被标注为"雪莉酒"。其他地区所产的相似的酒必须在"sherry"的字样后面标明具体产地。

雪莉酒的生产过程很有趣。大部分的雪莉酒是用帕诺米诺（Palomino）葡萄酿制的，还有少部分使用佩德罗 – 西门内（Pedro Ximenez）葡萄。只有葡萄的初榨汁才用于发酵，再榨汁会用来生产白兰地。初榨汁发酵后就会被加入白兰地以增加酒精度和风味。

雪莉酒的陈化系统称为索莱拉系统（solera system）。在这个系统里，雪莉酒会被生产者按各自保密的配方混合。所用的木桶是用美国白橡木制成的，木桶被层层叠起，最少 3 层，最多不超过 10 层，上少下多呈金字塔形，上下层的桶之间有管子相连。木桶被放置于户外，在阳光照射下与夏日空气全面接触。当陈化过程结束，按法律规定，最多 33% 的酒可以从最底层的桶取走。然后底层的桶又会被上一层桶流出的酒填满，上一层的桶又会被再上一层桶流出的酒填满，如此类推，直到最顶层的酒桶。这时，新的雪莉酒就会被加进最顶层的桶中。

有些雪莉酒在陈酿过程中会产生一层叫"酒花"（flor）的薄膜，它会减缓氧化过程，让酒更有风味。与酒花薄膜接触时间越长所生产的雪莉酒品质越好。需要注意的是，有些雪莉酒的生产需要避免酒花薄膜的产生以得到口味更厚重的酒体。

雪莉酒发酵过程中如果葡萄中所有的糖被转化成酒精，就会产生很干的酒。为了解决这个问题，通常雪莉酒在陈化后会被加入用麝香葡萄酿的甜酒。除此以外，还可以加入色素、甜味剂和非陈年葡萄酒来进一步调配甜度。雪莉酒可以分为以下几种类型：

Manzanilla 为浅色、轻酒体、超干型，略带盐味的雪莉酒。有酒花膜，适合冰镇饮用。

Fino 为浅色、干型，非陈年型的雪莉酒。有酒花膜，适合冰镇饮用。

Amontillada 为干型、金色，短暂贮存型的雪莉酒。有很薄一层酒花膜，适合室温饮用，但一些人也喜欢加冰饮用。

Amoroso 半干型，淡琥珀色的雪莉酒。来自不同生产者的酒风味差异很大。

Oloroso 淡棕色、香甜浓郁型的雪莉酒，通常储存多年。干型的 Oloroso 可加冰饮用，甜型的 Oloroso 适合室温饮用。

Cream　棕色，非常香甜浓郁。

还记得用帕诺米诺葡萄二次榨汁制作的白兰地酒吗？那是用来最后加入到雪莉酒中使其酒精度从 13 美制酒度增加至 15 ~ 20 美制酒度。

里奥哈产区（Rioja）

在法国波尔多的西南边是西班牙的里奥哈产区。这里所产的酒经常会与勃艮第、波尔多的酒相比较。这里主要种植的葡萄品种是丹魄，它有时会被用于混酿。该区所产的红葡萄酒主要分为 tinto 和 rioja 两种。tinto 是一种颜色深红，酒体饱满、厚重的酒，常与法国的勃艮第生产的葡萄酒比较。rioja 酒体更轻，口味更纤细，常与法国博若莱生产的葡萄酒比较。

由于该产区夏季阳光充沛，葡萄能产生大量糖，酿出来的酒酒精度很高。该区所产的白葡萄酒同样酒精度高，但风格较红葡萄酒温和。

加泰罗尼亚产区（Catalonia）

加泰罗尼亚产区位于里奥哈东面，靠近巴萨罗那。这里最重要的酒庄就是桃乐丝酒庄（Bodega Torres）。该酒庄由同一家族管理超过 300 年，虽然历史悠久，却与时俱进，运用了很多现代化的工艺技术。例如，用不锈钢发酵桶代替传统的泥土发酵槽，以及种植非本土葡萄品种。桃乐丝酒庄生产多种葡萄酒，其中有一种是带有黑莓酒香的赤霞珠葡萄酒。

3.4.4　美国

虽然加州在美国葡萄酒生产方面遥遥领先，但美国有超过 40 个州产酒。实际上整个美国的气候和土壤都适合葡萄的种植。全球 60 个产酒国，美国的葡萄酒产量超过全球总产量的10%。美国葡萄酒的商业化生产超过 200 年历史（相对而言，属于新兴的葡萄酒生产国），但美国葡萄酒如今能跻身世界最好行列。在本章节里，我们将研究三个比较重要的美国葡萄酒产区：加州、西北太平洋产区和纽约。读者需要注意的是，还有很多很好的酒庄散落在全国各地，只不过它们的产量较小。

加利福尼亚产区

从南方的沙漠到北海岸的温和气候，加利福尼亚州（下文简称"加州"）多样化的气候适合多个葡萄品种的生长，因此也产出了多样化的葡萄酒，包括红葡萄酒、白葡萄酒、桃红葡萄酒和起泡葡萄酒。加州产区被划分为四个区域，分别是北海岸区、中北海岸区、中南海岸区和中央谷区。

北海岸区位于加州北部，靠近太平洋。它包括了索诺玛县、纳帕谷、门多西诺和莱克。正是在这里，有美国甚至是世界上最好的酒庄，例如：Fetzer 酒庄、Parducci 酒庄、Gudnoc 酒庄、Sebastiani 酒庄、Stony Hill 酒庄、Robert Mondavi 酒庄、Inglenook 酒庄、Domaine Chandon

酒庄、Beringer 酒庄和 Freemark Abbey 酒庄。这些仅仅是这一区域的一小部分酒庄。

往南去到旧金山区域，就是加州的中北海岸区，由利弗莫尔县、圣克拉拉县和蒙特雷县组成。利弗莫尔在旧金山湾的东部，生产一些上乘的干型和甜型白葡萄酒。圣克拉拉、圣克鲁斯县、圣马特奥和蒙特雷在旧金山南部，这里的主要葡萄酒商有 Wendt Brothers、Concannon、Almenden、Taylor、Paul Masson、Jeckel 和 Martin Rey。

沿着海岸再往下走，就是加州的中南海岸区，这里有圣路易斯－奥比斯波（San Luis Obispo）产区和圣巴巴拉（Santa Barbara）产区。

从中北海岸区和中南海岸区往东走，就到了中央谷。这个巨大的山谷横跨加州的中部，总长超过 400 英里。加州大部分的葡萄酒产自这里。事实上，这里丰富的葡萄产量，不但供应给当地也供应给外地的酒厂。在这里集中了一大批葡萄酒商，有小酒厂，也有大公司，它们的名字包括 Gallo、Almaden、Italian Swiss Colony、Franzia、Colony 和 Winemaster。注意，Sierra Nevada 山的山麓也属于该产区的一部分。

（一）加州的红葡萄酒

皮诺葡萄素来果味丰富，加州所产的皮诺伴随着橡木与香草的香气，还有突出的树莓和樱桃香。皮诺葡萄主要种植在中北海岸区和中南海岸区。它主要用于和霞多丽混合酿制起泡葡萄酒，也会单独使用酿制静止葡萄酒。

加州也有种植西拉葡萄，但种植面不广。所酿葡萄酒品质一般，专家们认为比不上法国隆河谷的西拉。

仙粉黛葡萄所酿的酒风格从清淡的低单宁型到厚重的高单宁型皆有，价格也随着酒体的由轻到重而从低往高走。

据调查，加州最流行的红葡萄酒是赤霞珠。事实上，正是赤霞珠让加州成为世界公认的好酒产地之一。在 1976 年的巴黎品鉴会上，来自鹿跃酒庄（Stags Leap）的红葡萄酒一举击败了包括 Baron Rothschild 酒庄在内的法国名庄，夺得了最高荣誉。此事震惊了罗斯柴尔德先生，他来到美国，与罗伯特·蒙大菲合作，在纳帕谷生产了"作品一号"（Opus One）红葡萄酒，一度成为美国价格最高的葡萄酒。作品一号是一瓶混酿，用到了多种葡萄品种，包括赤霞珠，但没有一种品种是主导的。酿酒商可混合各种葡萄品种以获得最好的结果。但如果一瓶酒要被称作"赤霞珠"，这瓶酒里必需含有 75% 以上的该品种。

加州另一种流行的红葡萄酒是梅洛，算上从法国和其他国家进口的，梅洛是美国最畅销的葡萄酒。梅洛比赤霞珠轻盈，故而更容易入口。

（二）加州的白葡萄酒

加州最广泛种植的白葡萄品种是霞多丽。事实上，全州超过 20% 的葡萄是霞多丽，它被种植在四个区域，其中中央谷是最大的产区。但我们讨论它，完全是因为其产量大而非品质高。品种优异的霞多丽在加州凤毛麟角，但对它的需求却很大。加州的霞多丽葡萄酒除了果香还有木桶香，酒精度比法国产的要高。

在加州的中北海岸区，广泛种植了雷司令、琼瑶浆和白皮诺葡萄。雷司令和琼瑶浆是德国品种，因此经常把德国酒作为标准来比较。由于加州比德国有更多的日照，葡萄的糖含量更高，所酿的酒比德国的酸度更低而酒精度更高，总体比德国的更偏干。

长相思是加州更普遍的葡萄品种。由于这里的长相思比世界其他地方的生长周期更长，酿出来的酒更偏向于煮熟水果的香气。它常用来和赛美蓉葡萄混合以产出复杂度更高的酒。同样，根据法律规定，一瓶被命名为"长相思"的葡萄酒只能混合少于 25% 的其他葡萄品种。

（三）加州的其他酒

加州起泡葡萄酒比法国香槟酒的口味更甜。这是因为气候更暖，葡萄成熟更快，含糖量更高和酸度更低。用于酿制起泡葡萄酒的葡萄品种是黑皮诺、霞多丽和白皮诺。加州起泡葡萄酒运用了所有生产起泡葡萄酒的传统方法，包括传统香槟法、罐式法、转移法和二氧化碳注入法。

加州的甜品葡萄酒主要来自其南部。强烈的阳光让葡萄迅速成熟，口味香甜。这里所产的白兰地被认为适合用来调酒而不宜单独饮用。这里所产的加烈葡萄酒运用了传统的索莱拉法，还用了机械手段加热，使其品尝起来口味接近西班牙的雪莉酒。

西北太平洋产区

西北太平洋地区包括俄勒冈州和华盛顿州，葡萄酒产量仅次于加州。该地区有超过 800 个酒庄，之所以有这么多葡萄酒生产商聚集，主要是因为华盛顿处在与波尔多和勃艮第一样的纬度；而俄勒冈的气候和土壤则与法国的隆河谷、波尔多和阿尔萨斯几乎一样。由于比加州更北，这里的气候更凉爽，葡萄生长期更短，但在同一季节每日的日照却更充沛。

（一）西北太平洋产区的红葡萄酒

威拉米特河谷被誉为俄勒冈的黑皮诺之家，因为这里广泛种植了大量黑皮诺。这里出产的获奖葡萄酒为俄勒冈赢得了世界的认可。俄勒冈其他地区和华盛顿的黑皮诺同样享受盛誉。这里出产的赤霞珠则品质稍逊，因为靠北的气候难以出品厚重型的酒。然而，在华盛顿和俄勒冈罗格河谷的某些赤霞珠品质还是不错的。

（二）西北太平洋产区的白葡萄酒

雷司令葡萄在这里生长得很好，根据采摘时间不同，可以被制成干型到甜型的白葡萄酒。这里的琼瑶浆数量持续下降。赛美蓉则主要用来和其他品种混合，但在华盛顿却经常被用来酿制单一品种葡萄酒。当赛美蓉被用来混酿的时候，也是主导的葡萄品种。

灰皮诺葡萄在俄勒冈越来越受欢迎，因为它在 6 个月内就可以装瓶销售，酿酒商可以很快获利。霞多丽葡萄在华盛顿和俄勒冈长势很好，不输于法国勃艮第。原因是这里和勃艮第共享同一纬度。西北太平洋产区的霞多丽酒体中等，果香丰富。

纽约产区

纽约州有 3 个葡萄酒产区，分别是沿着伊利湖的西部布法罗、在锡拉丘兹南边的芬格湖群地区和长岛。三个产区中最大的是西部布法罗，但该地大部分葡萄被用来生产葡萄汁。芬格湖群一带是这个州葡萄酒产量最大的地区。这里冬季严寒，葡萄树下要盖上 1 英尺的厚土来保护根部。

纽约产区主要出产白葡萄酒。这里所产的雷司令有干有甜，可与德国的媲美。芬格湖群地区是雷司令的主要产区，但长岛也有生产。这里也生产琼瑶浆，但品质比不上欧洲同行。这 3 个产区都有种植霞多丽，酿制的酒酒体饱满。

3.4.5　其他产区

阿根廷产区

阿根廷是世界第四大葡萄酒产国，产量接近全球的 5%。事实上，阿根廷已有超过四百年的酿酒历史。由于所产的酒绝大部分都供南美国家消费，阿根廷酒在美国和加拿大知名度不算高。但随着越来越多的阿根廷酒在美国市场出现，这种情况也在改变。圣胡安是一个重要的产区，门多萨则是阿根廷葡萄产量最大的区域。

高酸度的桑娇维赛葡萄作为常用的混合品种，近年来被引入阿根廷。西班牙常见的葡萄品种丹魄在这里生长得很好。一直以来，阿根廷所产的赤霞珠被认为品质不佳，但这种情况正在大大改变，如今这里的赤霞珠品质不错而且价格也不贵。阿根廷另外一种性价比较高的酒是梅洛，它与赤霞珠共同占据阿根廷葡萄酒产量的很大一部分。这里种植的其他葡萄包括马贝克（Malbec）和特浓情（Torrontes），马贝克可酿出品质上好的红葡萄酒，特浓情主要生产甜白葡萄酒。

澳大利亚和新西兰产区

澳大利亚和新西兰生产的葡萄酒占世界总产量的 5% 以上。除了在悉尼北边的猎人谷（猎人谷是澳大利亚最古老的产酒区之一），澳大利亚的主要产酒区在南部。澳大利亚葡萄酒主要以出口为主，英国是其主要的进口国。由于澳大利亚葡萄酒价格合理，品质良好，美国也正在成为其主要的消费国。新西兰主要产区有霍克斯湾、吉斯本和怀拉拉帕。

与其他国家的酒标法不同，澳大利亚的单一品种葡萄酒并不严格遵守必须至少 75% 为该品种的规定。因此，澳大利亚的设拉子（Shiraz）红葡萄酒风味独特，在世界上独一无二，广受欢迎。赤霞珠是当地更重要的葡萄品种，常用于与设拉子混合。

澳大利亚产的雷司令有独特的青柠风味，而新西兰的雷司令则有更多的西柚气息。新西兰的长相思品质出色，有别于世界其他产地，在不锈钢桶而非橡木桶里陈酿，使酒保留了更多的自然风味。澳大利亚和新西兰的霞多丽都具有高酸度和高酒精度，但风味却迥异：澳大利亚的霞多丽在不锈钢桶里陈酿，给予了酒液更多的清新水果风味；新西兰的霞多丽在橡木桶中陈酿，使酒的风味更为复杂。赛美蓉葡萄在本区也有种植，主要用于和霞多丽混合，有些酿酒商会单独使用。

智利产区

超过半数的智利葡萄酒用于出口，由于价格实惠、品质相宜，深受美国人欢迎。过去十年中，智利葡萄酒的品质有所提升，不断进步。主要产酒区为从圣地亚哥附近延伸近 500 英里的狭长地带。这个区域非常干旱，大部分的葡萄园都需要灌溉。

智利最广泛种植的白葡萄酒酿制品种是长相思，其次是霞多丽。这里所产的霞多丽以果味为主，但是品质次于法国和美国。该区所产的白葡萄酒只占智利产量的约 1/3。智利最重要的红葡萄酒酿造品种是赤霞珠，几乎占其产量的一半，而梅洛则紧随其后。佳美娜也在此种植，主要用于混酿。

德国产区

德国葡萄酒的一大特点是大部分的葡萄都是手工采摘。由于陡峭多山的地形无法进行机械采摘，因此只有那些成熟的葡萄才会被人手采收。这也解释了为何德国酒通常含糖量高、酸度高而酒精度低。

雷司令在德国被广泛种植，酿成的白葡萄酒酒体轻盈，果味丰富。还有另外一种白葡萄品种，虽然种植面积没那么广，但也被认为是德国的特产，它就是琼瑶浆。因为琼瑶浆的德文名字里含有"Gewurz"，翻译成中文就是"香料"，而辛辣香甜也是这种葡萄品种的最好诠释。德国凉爽的气候很适合米勒 – 图高葡萄的生长，用其酿出来的酒比较简单、基础。

黑皮诺葡萄在德国被称为"Spatburgunder"，主要生长在德国南部，但并未广泛种植。德国出产一种稀少且昂贵的酒，叫冰酒。用于酿造冰酒的葡萄采收得非常晚，通常在 11 月下旬结了冰之后。葡萄在冻结的情况下被采收并压榨，冰粒部分被去除后再进行发酵。由于葡萄中大部分的水分（冰）被移除，酿成的酒有非常浓郁厚重的甜度和酸度。由于生产冰酒的气候平均每 4 年才出现一次（即在葡萄成熟期出现严重霜冻），再加上除去水分后每次的产量很小，因此冰酒的价格非常高昂。

3.5　葡萄酒品鉴

现在，你对葡萄酒的生产制作有了一个基本的理解——仅仅是基本的。你会发现从葡萄的种植到一瓶酒的开瓶经历了一个非常复杂的过程。你可以阅读无数本关于葡萄酒的书，但只有你亲自品尝它，评估它，在不同的品牌和不同的年份之间进行比较，你才会真正地懂得欣赏酿酒的艺术。

对于酒水经理而言，品酒可以是多种形式的：可以跟几个朋友一起休闲式地品饮；可以是和供货商的洽谈，品尝不同品牌不同品种的酒；也可以是为贵宾主持一场正式的葡萄酒品鉴会。不管是什么场合，都离不开品尝、评价和分析酒的价值与差异。人们对酒的香气和味道总会有意见不一致的时候，这是很正常的，因为每个人的喜好都不相同。

要组织一场正式的品酒会，你需要一些工具。酒杯很重要。必须使用高脚杯，杯壁要薄，杯肚较大，杯口收窄，口要小于杯底。这种设计可以让品尝者握住杯梗而不需要触碰杯身以免手的温度影响了酒的温度。另外，这样的设计也方便品尝者在杯中转动葡萄酒。由于每一款被品鉴的酒都需要一只干净的酒杯，因此一场品鉴会需要准备的酒杯数量为人数乘以酒款数。

除了酒杯，你还需要准备白色的背景，如白桌布、白餐垫或白色的硬纸板，这是为了让品尝者能观察酒的澄清度和色泽。另外，你还需要准备水、苏打饼、法包和芝士以便品尝者可以清洁口腔及味蕾。

品尝和评估葡萄酒并非只是简单地喝下一杯酒然后叹一声"哇"或"呀"。品酒一般包括 6 个步骤，分别是观看、摇晃、闻香、品尝、吞（吐）和回味。

第一步：观看。把少量的酒倒入杯中，握住酒杯，稍稍倾斜杯子，对着光线，置于白色的桌布或毛巾之上，看看酒的颜色如何。年轻的红葡萄酒应该呈淡红色，陈年的红葡萄酒则呈红棕色。铁锈色或琥珀色是过度氧化的表现，表明酒已经坏了。来自凉爽气候的年轻白葡萄酒一般呈绿黄色，来自温暖气候的成熟白葡萄酒一般呈深黄色。同样，若白葡萄酒变成了琥珀色，则表明这瓶酒已经放过期了。桃红葡萄酒应呈淡橙色或粉红色，过深的颜色反而不佳。红葡萄酒的颜色会随着陈年时间的推移慢慢变淡，从原来的紫红色变为红棕色；白葡萄酒的颜色则会随着陈年时间的推移慢慢变深，同样是变成红棕色。酒的颜色不但与年龄有关，也与葡萄浸皮时间有关，还与陈化容器（不锈钢桶、橡木桶、木桶的炭烤程度）有关，酒和空气的接触程度也有所影响。观察酒的澄清度，可倾斜酒杯，这样的角度看它应该是接近透明的。如果酒液有很多沉淀物，说明酒可能已经过了它的最佳适饮期。在此提醒一句，如我们之前所学，有些酒在陈年过程会出现沉淀物，在服务前需要换瓶醒酒，那么就应在醒酒后再来观察其澄清度。

第二步：摇晃。手握杯梗，拿起酒杯，轻轻地转动杯子，让酒液在杯中旋转。酒的香气会进一步散发，酒中的复杂成分也会被释放出来，让品尝者能真正感受到该酒的特点。为了证明这点，可以倒两杯酒来做个实验。第一杯不摇晃，直接闻香，你能闻到的可能就只是酒精味和葡萄味。第二杯，摇晃再闻，你能闻到更丰富的香气。

第三步：闻香。在摇晃酒后，闻香。把鼻子尽量接近杯口，深呼吸，然后屏住呼吸。在第一阶段，你闻到了什么香气？随着时间过去，又有其他哪些香气释放出来？是鲜花、水果、香料、蔬菜、木头还是坚果香？试着准确描述香气类型，例如，苹果、浆果、肉桂、青豆、橡木味等。如果酒很复杂，你可能难以确定一种具体的香气，而是闻到了复合的香气，我们把这种复合的香气称为葡萄酒的"酒香"（bouquet）。另一方面，如果你闻到了醋味、化学品味或二氧化硫的气味，就应舍弃这瓶酒而不要给你的客人了。

第四步：品尝。先吮吸一小口，然后从嘴唇吸入一些空气，让口中的酒液进一步与空气接触以散发出更多的香气与风味。当液体流经充满味蕾的舌头，你会尝到甜、咸、酸、苦、鲜、辣等多种味道。最先尝到的是甜味，因为舌尖对甜味是最敏感的。葡萄酒一般没有咸味，我们对此不作讨论。舌头两侧对酸味最敏感；酸是葡萄酒常有的成分，会表现出如苹果和柑橘类水果的酸味。如果表现出像醋一样的酸，则表明酒可能已经坏掉。接近舌根部位对苦味最敏感，苦味一般来自天然存在于葡萄中的单宁或橡木桶中的单宁。鲜味指葡萄酒的可口滋味和味道强度。鲜味是由日本科学家发现的，用于表示食物或饮品中所含谷氨酸盐的程度，谷氨酸盐有助于加强食物的风味。最后，口腔的热感和辣感是由葡萄酒的酒精度决定的，酒精度越高，这种感觉越强烈。

第五步：吞（吐）。当你已经品尝了葡萄酒，你应该把它吞下去还是吐出来呢？视情况而定。如果你正跟葡萄酒销售代表坐在一起品尝，考虑是否给酒单增加一些酒款的话，这种情况下是可以把酒喝下去的。如果你正在为贵宾主持一场葡萄酒品鉴会，你需要保持清醒与风趣，这种情况下则应把酒吐出来。记得每次品尝之间都喝些水，吃些饼干或有芝士的法包以清洁你的口腔和味蕾，以保证能正确评估下一款酒。

第六步：回味。享受品尝过程，与大家交流，学会去描述一款酒。你赞成大家的品尝感受吗？别人尝到了其他味道吗？有一点可以肯定的是，多人品尝同一款酒也很可能分别得到不一样的味道。

本章小结

除非熟悉欧洲的语言，否则你现在可能感到头晕目眩。如果是这样，回答章后问题，如果不知道答案，再到书本里找，如此你对葡萄酒的认识会逐渐清晰。对于葡萄酒，你会发现，你知道得越多，你需要学的也越多，而你的客人也将有同样的感受。一方面，有些客人对葡萄酒了解甚少，也不懂餐酒搭配，他们可能会对此感到尴尬。作为酒水经理，你需要用言语或酒单打消他们的迷惑，服务员也需要有专业的葡萄酒服务技巧；另一方面，有些客人本身就是葡萄酒爱好者，有着丰富的酒水知识，他们可能会让你学到新知识。无论怎样，这都是你的工作。我只是为大家开了一扇门，接下来就要靠你们自己去探索葡萄酒这个迷人的世界。

习题

判断题

1. 比起葡萄的产量，种植葡萄的农民更感兴趣的是葡萄的质量。

2. 糖含量用白利糖度表示。

3. 考虑到影响葡萄酒质量的因素，我们限制了每英亩葡萄的产量。

4. 红葡萄酒由红葡萄酿造，而白葡萄酒由白葡萄酿造。

5. 在众多葡萄品种中，有些大家很熟悉，那是因为酒的名称与葡萄品种名称相同。

6. 葡萄是世界范围内种植最广泛的水果作物。

7. 直到本世纪初，意大利是世界上最大的酿酒葡萄生产国。

8. 根据法国法律，只有来自法国香槟区的起泡葡萄酒才能被称为香槟。虽然大多数国家遵守这项法律，但美国并不在其中。

9. 用于品酒的玻璃杯应有杯梗，而且杯口应大于杯肚。

10. 在正式的品酒中，个人好恶不应该影响葡萄酒的评价。

讨论题

1. 用自己的语言阐述葡萄酒发酵和陈酿的过程。

2. 讨论分析葡萄酒的 6 种类型以及每种类型的特点。哪些是静止葡萄酒，哪些是起泡葡萄酒？举例说明属于多类别的葡萄酒。

3. 选择一个葡萄品种，阐述它的产地，用于生产什么葡萄酒，可与哪些葡萄品种或酒混合，以及与这种葡萄相关的其他趣闻。

4. 请利用图书馆或网络搜集葡萄酒生产的相关资料。谈谈中国家生产什么葡萄酒，酒是否有出口，出口至哪些地区。再挖掘一些我国的葡萄酒相关的趣闻。

5. 假如你是一家餐厅的酒水经理，你准备为客人组织一场葡萄酒品鉴会，阐述一下你需要提前准备什么物品？

第4章 蒸馏酒

学习目标/Learning Objectives

1. 计算蒸馏酒的标准酒度。
2. 讨论蒸馏的方法和识别蒸馏器的类型。
3. 区分清澈产品和棕色产品。
4. 比较不同类型的蒸馏酒，识别它们的主要特征，描述其蒸馏的过程，以及对于适用陈酿的酒，它们是如何陈酿的。
5. 确定储存什么类型的蒸馏酒。

关键词汇

蒸馏（Distillation）

蒸馏器（Still）

冷凝器（Condenser）

壶形蒸馏器（Pot Still）

柱式蒸馏器（Patent Still）

同源物（Congeners）

清澈产品（Clear Goods/White Goods）

棕色产品（Brown Goods）

干邑白兰地（Cognac）

利口酒（Liqueurs）

碎麦芽（Grist）

糖化锅（Mash Tun）

麦芽汁（Wort）

本章概述

蒸馏酒是蒸馏后的酒精饮料。记住，所有的酒精饮料都需要发酵，但蒸馏过程则更进一步使酒精和发酵的液体分开。酵母和发酵只能生成有限的酒精。在这之后，必须用蒸馏的方法来增加饮料中的酒精含量。我们在本章详细研究了蒸馏过程。"蒸馏酒"一词"spirits"有时也可用"liquor"来代替。蒸馏酒包括但不限于：所有威士忌、杜松子酒、伏特加、朗姆酒、龙舌兰酒和白兰地。

说到威士忌，就说说它的拼写。你可能见过拼写为"Whisky"或"Whiskey"。哪一个是正确的呢？两者都是。Whisky 是苏格兰和加拿大威士忌，而 Whiskey 指的是波本威士忌、爱尔兰威士忌、黑麦威士忌和田纳西威士忌，也有一些例外，但大多数情况下都是正确的。

4.1　蒸馏酒的酒精含量

就酒精含量而言，蒸馏酒的酒精含量是酒精饮料中最高的。对比啤酒和艾尔啤酒酒精含量为其重量的 2.5% ~5%，葡萄酒的酒精含量为其体积的 7% ~14%，蒸馏酒的酒精含量达到其体积的 35% ~75%。有人问：为什么与喝啤酒或葡萄酒相比，蒸馏酒反而不会让人很快就醉？大家知道，一瓶啤酒通常是 12 盎司，一杯葡萄酒通常是 5 盎司。而一杯典型的混合鸡尾酒通常使用的蒸馏酒约为 1.5 盎司。因此，一杯葡萄酒就等于一杯典型的 80 美制酒度的鸡尾酒。

美制酒度成为表示蒸馏酒酒精含量的标准是相当有趣的。一个英国人曾经将火药与蒸馏酒混合并点燃。如果有足够的酒精，混合物就会燃烧，这就证明它是一种合格的蒸馏酒。如果持续燃烧的是蓝色的火焰，则被认为含有 50% 的酒精或为 100 美制酒度，它是合格的。这个公式证明蒸馏酒的美制酒度是酒精含量的两倍。因此，如果蒸馏酒被标记为 80 美制酒度，那么它的酒精含量就是 40%。大多数蒸馏酒是在 80 ~100 美制酒度之间。也有一个例外，相当受欢迎的 151 美制酒度的朗姆酒，经常被用于现场烹饪，因为它的酒精含量大于 50%，能以一种吸引目光的方式燃烧起来；另一个例外是香甜酒，它是低于 35 ~60 美制酒度的蒸馏酒；还有一个例外，是一种发出刺目白光、美制酒度高达 190 的酒，这也是它现在不被酒吧使用的明显原因。应该注意的是，200 美制酒度只能在实验室条件下实现，并且液体几乎瞬间蒸发。

前面所述的是美国的方法，其将酒精含量的两倍设立为美制酒度。在其他国家有两种方法用于测量蒸馏酒的酒精含量。第一种是盖·吕萨克法（Gay-Lussac），即标准酒度，是按体积计的酒精的实际百分比，在几个欧洲国家使用。第二种在英国方法，也在加拿大被使用。它需要用盖·吕萨克法的度数乘以 7，然后除以 4。

表4-1   不同计算方法的换算

盖·吕萨克法	美国计算方式	英国/加拿大方法
100%	200 proof	175 proof
50%	100 proof	87.5 proof
45%	90 proof	79 proof
40%	80 proof	70 proof
35%	70 proof	61 proof

4.2   蒸馏酒标签

美国酒精饮料的制造、分销和销售，其中之一是蒸馏酒的标签。在州际贸易中，销售的每瓶蒸馏酒的标签必须包含以下信息：

- 品牌名称，即用于蒸馏商或装瓶商确认公司的身份信息。该名称不能对蒸馏酒的年龄、身份、来源或其他特征进行误导。
- 灌装商的名称和地址，这一信息通常只包括州和市。
- 酒精含量，必须用酒精含量百分比表示。装瓶商可以另外用美制酒度自行表达这一信息。
- 健康警告声明，所有含有5%以上酒精的含酒精的饮料都必须有这一声明。
- 原产地国家，所有进口的蒸馏酒都有这一标注。
- 净含量，应以公制计量单位表示。蒸馏酒必须以1.75升、1升、750毫升、375毫升、200毫升、100毫升或50毫升的规格装瓶。
- 分类，标签必须包含准确描述产品的名称。包括在该分类中的成分和生产方法。例如，杜松子酒必须从杜松子中得到香味（所有分类的特征将在本章后面讨论）。

4.3   蒸馏过程

我们都知道（或应该知道）水的沸点为212℉（100℃），在沸腾的过程中，水变成蒸汽。酒精的沸点为176℉（80℃），到达这个温度时，它也像水一样会变成蒸气。因为酒精比水的沸点低，发酵时，混合物可以被加热到176℉或更高（但是低于212℉），然后混合物中的酒精会被蒸发，与发酵液分离——这一过程就是蒸馏（distillation）。这就是一种发酵酒为何比另一种发酵酒（如啤酒或葡萄酒）能具有更高酒精含量的原因。

为了蒸馏液体，要使用被称为蒸馏器（still）的设备，它是一种可以将发酵的混合物加

热至 176～190 ℉的容器。加热至某一温度时，混合物中的酒精蒸发，酒精蒸气进入冷凝器
（condenser），在其中冷却变成液体状态。制作杜松子酒时，蒸汽通过期间可以注入某些物质
来增加酒的风味。

4.3.1　蒸馏器的类型

如今主要有两种类型的蒸馏器在使用，各生产不同的产品。一种是壶形蒸馏器（pot
still），其顶部覆盖着一个漏斗装置，就像是一个锅。蒸汽在漏斗的顶部被捕获，并通过管子
引流到冷凝器中，被冷凝并变成蒸馏酒。大多数生产商只使用蒸馏液的中间流出部分。最先
和最后的部分会进行重新蒸馏。

另一种类型的蒸馏器被称为柱式蒸馏器（patent still），也称为塔式蒸馏器或科菲蒸馏器，
是用于生产商业蒸馏酒的最常见的类型。它一般是很高的圆筒，多以蒸汽为热源。蒸汽被管
道输送到连接圆筒底部和顶部的管子，预热过的麦芽汁或发酵液体从圆筒底部进入顶部后形
成水滴下落。当它下滴时，会撞击挡板并被加热直到酒精蒸发，这一过程将会不断重复。因
为不同成分蒸发的温度不一样，挡板也具有不同的温度。这种蒸馏方法可以生产接近 190 美
制酒度的酒，并且它与壶式蒸馏器相比，获得的产物更纯。

酒精被提取后会放入储存罐，蒸发的其他成分则会被排出，其中一些作为副产品出售，
包括但不限于：牛饲料、油漆溶剂、护根。柱式蒸馏器的优点在于它可以连续运行，当产物
被排出时，添加新的发酵液体并且继续该过程。另一个优点是，柱式蒸馏器在同等时间内可
以比壶式蒸馏器生产更多的酒精。

不管使用的是什么类型的蒸馏器，某些蒸馏酒只蒸馏一次，而另一些需要蒸馏多次，例
如苏格兰威士忌通常蒸馏两次，而爱尔兰威士忌为三次。

4.3.2　同源物

同源物（congeners）是赋予特殊蒸馏酒独特味道及芳香的物质，它们是发酵液中固有的
成分，通常越昂贵的蒸馏酒，拥有的同源物就越少，因为蒸馏过程将会过滤掉很大一部分；
另一从面，经验表明，蒸馏酒的颜色越深，同源物的数量就越多。因此，威士忌、白兰地和
红葡萄酒比伏特加、杜松子酒和白葡萄酒具有更多同源物。一些研究表明，同源物会导致人
宿醉，也有一些研究表明，同源物的含量越大，宿醉的可能性越大，宿醉越严重。

4.3.3　陈酿

蒸馏酒可以分为两类：清澈产品（clear goods/white goods，也称为白色产品）和棕色产品
（brown goods）。蒸馏后的所有蒸馏酒都是清澈透明的。一般而言，清澈产品不会进行陈酿，

常储存在不锈钢或玻璃桶中而不是进行装瓶。清澈产品包括伏特加、龙舌兰和一些朗姆酒。

棕色产品在橡木桶中储存和陈酿，这有两个作用：一，给予蒸馏酒以颜色；二，发展其味道和香气。通常会使用两种类型的橡木：法国橡木和美国橡木。法国橡木为蒸馏酒带来更细腻复杂的口感，而美国橡木赋予更强烈的香气。

这些经历陈酿过程的蒸馏酒经历了相当大的变化。首先，因为木桶是透气的，所以有少量的水和酒精蒸发。从桶中蒸发的酒精的量被称为"the angel's share"。随着物质的蒸发，少量的氧气进入到桶中，氧气与蒸馏酒自带的和来自木桶的同源物发生反应。这些额外的味道也进入到蒸馏酒中，给予它最终的味道和香气。一般来说，时间长的酒比时间短的酒价格更高，时间越久，价格越高。这是因为酒的储存需要巨大的成本。棕色产品包括苏格兰威士忌、爱尔兰威士忌、加拿大威士忌，一些朗姆酒和波本威士忌。

4.4　蒸馏酒的类型

正如在前面提到的，蒸馏酒可以分类为清澈产品和棕色产品。另一种区分蒸馏酒的方法是通过它们的成分或蒸馏方法，通这种方式分类时有 5 种类型：

- 谷物酒，例如威士忌和伏特加。
- 植物酒，例如朗姆酒和龙舌兰酒。
- 水果酒，例如白兰地。
- 利口酒，例如甘露。
- 比特酒，具有芳香或水果味。

以下为在现代酒吧中常见的蒸馏酒的简单介绍（按首字母顺序排列）。

4.4.1　阿夸维特酒（Aquavit）

阿夸维特酒名称来自拉丁语中的 aqua vitae，意思是生命之水。它是斯堪的纳维亚的产品，主要的原料是土豆，它经过蒸馏而成，与一些伏特加类似。阿夸维特酒通常用香草、香料和水果调味。一些常见的香料包括香菜、大茴香、莳萝、孜然和小茴香。阿夸维特酒的一个更常见的名字是 schnapps，美国人尤其喜欢这样称呼，他们最喜欢的味道是薄荷味。

一种有趣的阿夸维特酒是挪威产的利尼（Linie），它被装在船上的橡木桶里，在装瓶和销售之前，船只全球航行并两次穿越赤道。有种说法认为，船在航行中的晃动，海洋多变的天气记忆温暖的温度赋予了这款酒独特的味道，然而一些人不以为然，他们认为这是一个广告噱头。在利口酒部分我们将进一步详细讨论阿夸维特酒。

4.4.2　比特酒（Bitters）

比特酒是一款蒸馏酒，但不会拿来单独饮用，而是作为调制鸡尾酒的一种基酒。用于制造比特酒的成分在蒸馏商之间是高度保密的，其中包括金鸡纳树皮、草本植物香料、树根、水果、浆果等 30 多种原料。比特酒又称"苦酒"，因其带有苦味，这是因为没有添加糖和香甜剂之故。

最受欢迎的比特酒品牌是产自特立尼达岛的安高斯杜拉（Angostura）。贝娇思（Peychaud's）是另一个知名的新奥尔良品牌。味美思（Vermouth）与比特酒的制作方法是一样的，所以它也是作为调制鸡尾酒的一种基酒，一些人认为味美思是一种蒸馏酒，但它事实上是一种葡萄酒。

4.4.3　白兰地（Brandy）

白兰地可以算一种经历了蒸馏过程的葡萄酒，这个名字是由荷兰语 brandewijn 翻译而来，意思是经过烧或煮沸的葡萄酒。它被认为是起源于 7 世纪地中海沿岸的伊斯兰国家，8 世纪被传道士传到欧洲和不列颠群诸岛。白兰地主要由葡萄制作，也能由其他水果制作。白兰地有 3 个种类：

● 葡萄白兰地从发酵的葡萄汁或是压碎果肉的葡萄中蒸馏而来，在橡木桶中陈酿，使得它能有一种醇厚的味道、香气以及漂亮的颜色。

● 水果白兰地是由除葡萄以外的其他水果发酵的白兰地。

● 水果香型白兰地是葡萄白兰地的一种，但用其他额外的水果调味。在欧洲国家，香味不会出现在标签上，但在美国出售时要求葡萄白兰地的标签中有包含其香型的字样。

白兰地蒸馏所用的器械因国家而有所不同。例如，在美国几乎所有白兰地都使用柱式蒸馏器。但在欧洲，壶形蒸馏器和柱式蒸馏器都在用。有些白兰地需要蒸馏一次，有些（如干邑）需要两次。白兰地经过蒸馏以形成较低的酒精含量，目的是保留其独特的风味，也导致其含有更多的同源物。

白兰地大多数放置在木制桶中，多是橡木桶，这能使白兰地得到琥珀色的酒液以及平滑的口感，在陈酿的过程中同样也会增加额外的韵味和香气。酒桶会被储存在仓库或地窖中以控制温度。在储存过程中，一部分白兰地就会从木桶口的微孔蒸发，每一年可多达总量的 2.5%。一些白兰地放置了很长的时间，蒸发损失可高达 25%。这也导致了其销售价格的上涨。

有少数的白兰地，包括果渣白兰地，不会在橡木桶中陈酿或者陈酿时间极短，所以果渣白兰地有一种清新的葡萄香味。但如果在橡木桶中存储时间太长，这种香味就会消失。

不像其他种类的酒，白兰地的生产对季节的依赖性很强，因为它的主要成分是葡萄或其他水果。这些葡萄和水果不能像谷物那样可以干燥，之后再进行蒸馏。当葡萄或其他水果成熟的时候就需要尽快开始酿制。大多数的白兰地都趋向于根据它们生产和蒸馏的地方命名。一些非常受欢迎的白兰地及其特点如下：

苹果白兰地（Applejack）　苹果白兰地多产于美国。它是由苹果汁发酵而得来的，大部分都使用了一次连贯蒸馏。瓶装的白兰地需要存储 4 年之久能以达到 100 美制酒度，某些白兰地是混合产品并且没有纯苹果白兰地那么浓密的香味。苹果白兰地则最少要存放 2 年，并且至少能达到 80 美制酒度。

雅文邑白兰地（Armagnac）　雅文邑白兰地是一种葡萄白兰地，产自法国的加斯科涅西南部。它的历史可以追溯到 15 世纪，被认为是法国最古老的白兰地，是用一种叫"雅文邑蒸馏器"的柱式蒸馏器提取出来的。最好的雅文邑白兰地是在蒙勒赞橡木桶中进行陈酿的。然而，也有少数的品牌用的是其他橡木。虽然可以找到单一年份和单一葡萄园的酒，但绝大多数雅文邑白兰地都进行了混合。时间较长的葡萄酒和时间较短的酒混合在一起，以制造沁人心脾的香味。因此雅邑白兰地有独特和质朴的香味特点。

卡巴度斯苹果酒（Calvados）　这是一种由苹果制作的白兰地，它产自法国北部诺曼底地区，有三种类型：

- Calvados du pays d'Auge 是三种类型中最好的一种，它要蒸馏两次并存放 1 年或更久。
- Calvados 是居中的，它没有 Calvados du pays d'Auge 那么优越，但被认为是最值得尊敬的产品，它要在低温中连续蒸馏，并且存放两到三年之久。
- Eau-de-vie，就品质而言，它被认为是三种类型中最低的。

干邑白兰地（Cognac）　干邑白兰地也是一种葡萄白兰地，产自法国西海岸的中心地带，在世界上闻名遐迩。干邑白兰地是其他国家白兰地的标杆。用来生产干邑白兰地的葡萄是低质量和低酒精度的，这就使得它们很少被用来生产葡萄酒，但神奇的是，它们却可以用于生产品质卓越的白兰地。

对于大多数干邑白兰地而言，它们需要放在壶式蒸馏器里蒸馏两次，蒸馏过后需要放在新制的橡木桶里。一些干邑白兰地需要存放的时间较短，而另一些却需要存放更长的时间。这些存放时间较长的白兰地会从新的橡木桶里提取出来转移到有一定年份的橡木桶中。

实际上所有的干邑白兰地都是混酿的。当地的葡萄园主把葡萄卖给白兰地蒸馏酒商们，蒸馏酒商们再把产品卖给白兰地混装商。通常这些用以混合的酒来自不同产区、有不同年份，甚至来自同一个葡萄园和同一个蒸馏厂的酒也会被放入不同的酒桶进行混合。混合的原因是要给白兰地一种持久的味道和香气。这些混调技术更像是一门艺术而不是科学，制酒的人将他们的秘方代代相传。

法律并没有对干邑白兰地的年代或者质量做出要求。所以行业自己订立了标准，虽然并没有人被要求必须遵守它们。表 4 - 2 解释了这一标准。

表 4 - 2　干邑白兰地评级标准

E	Extra or Especial	S	Superior of Special
O	Old	V	Very
P	Pale	X	Extra or Extremely

字母	标签	评级	最小年份
VS	Very Superior	3 星	5 年
XO	Extra Old	5 星	6 年
VSOP	Very Superior Old Pale	4 星	5 年

法国覆盆子白兰地（Framboise）　它是用覆盆子酿制的一种水果白兰地，主要产自于瑞士和德国，然而最好的覆盆子白兰地却在法国的阿尔萨斯地区，它具有非常强烈的覆盆子味道，与此同时兼具十分精致的口感。瑞士和德国的覆盆子白兰地在饱满的风味上稍为欠缺，只有法国的覆盆子白兰地能做到这一特点。

樱桃白兰地（Kirschwasser）　樱桃酒以美国最为出名，它是用樱桃制作的水果白兰地，在法国、德国、瑞士被提取蒸馏。法国生产的樱桃酒正变得越来越小巧微妙，并且带有浓厚而清晰的樱桃芬芳。

渣酿白兰地（Marc）　渣酿白兰地是法国的一种葡萄酒，是从酿酒的剩余物中提取出来的。它的陈酿时间非常短，具有强烈而饱满的葡萄味道。意大利也有跟它相似的白兰地，叫格拉巴酒（Grappa）。

普洛玛丽（Ouzo）　它是一款著名的希腊白兰地，主要成分是茴香，因此发散着欧亚甘草的香味。

雪梨味白兰地（Poire Williams）　雪梨味白兰地的原料是一种种植在瑞士的"Williams pear（poire）"梨子，其与美国的巴氏梨非常相似。虽然雪梨味白兰地具有梨的芳香，但并不拥有梨子本身的味道。值得一提的是，如果将生涩的梨子放入空瓶中，梨子会继续长大，当它成熟时，瓶内就出现了雪梨味白兰地。

李子白兰地（Slivovitz）　它是由黄色的李子酿成的水果白兰地，产自巴尔干半岛，法国、德国、瑞士也有出产。然而在巴尔干半岛的李子白兰地被认为是最好的，拥有丰富的李子芳香和独特口感。它需要陈化很长一段时间，有时会达到 12 年之久。

4.4.4　杜松子酒（Gin）

又称金酒。杜松子酒是从谷物中提取出来的带有杜松子干果仁香味的白兰地。"gin"是由"genever"演变而来的，而在荷兰语中与"gin"对应的是"juniper"（杜松）。杜松子酒起源于荷兰，却在英国出名。当荷兰的新教徒威廉和它的英国妻子玛丽成为英国的统治者，他对白兰地增加了出口税，与此同时，实施一些鼓励当地人民生产蒸馏酒的措施，例如免除杜松子酒的税费。不久之后，很多家庭就开始生产杜松子酒了。其时公共场合醉酒成为严重的问题，政府开始加强管理。商业化的酒厂掌控了杜松子酒的生产，醉酒问题便有所减少。而此时，杜松子酒已经成为英国人的杯中爱。

杜松子酒的主要成分是谷物，通常是小麦或黑麦，因此酒体很轻，它主要的香味来自杜松树丛的浆果，即家庭常见的常青树。大多数的蒸馏酒者还添加了各种水果、草本植物或香料，如茴芹、橙子、柠檬片、香菜、茴香等。4~15种香料共同孕育了它独特的香味。

值得注意的是，黑刺李杜松子酒并非纯正的杜松子酒，而是使用了野莓，因此它是水果白兰地的一种类型。

一些受欢迎的杜松子酒品牌
Barton London Extra Dry
Beefeater
Bengal
Bombay
Booth's London Dry
Broker's London Dry
Burnett's London Dry
Fleischmann's
Gordon's
House of Lords
McCormick
Old Mr. Boston
Seagram's Extra Dry
Tanqueray London Dry

蒸馏

大多数的杜松子酒是从柱式蒸馏器中提取出来的，这种蒸馏器能生产出高酒精含量的酒，酒体很轻，并且含有很少同源物。就这个蒸馏过程而言，程序是多样的。低质量的杜松子酒是由低劣的蒸馏酒混合而成的；高品质的杜松子酒，也是混合生产的，它是把杜松干果仁浸湿再加上基酒中的其他成分，然后重新蒸馏这些混合物而成；顶级的杜松子酒是由晒干的杜松子干果仁加上其他配料制作而成的，这些配料晒干后被置于一个罐中，当杜松子酒进行最后一次蒸馏，在它到达冷凝器的过程中，会经过这个罐，从而增添自身香味。

分类

杜松子酒有两种类型：英国杜松子酒与荷兰杜松子酒。荷兰人把它取名为 Dr. Franciscus de le Boe Sylvius，那被认为是杜松子酒的发明者。虽然销售商并不多，但英国版本的杜松子酒较受欢迎，其中伦敦的干杜松子酒在英国占主导地位。英国的杜松子酒需在柱式蒸馏器中蒸馏，达到180美制酒度后，再加水稀释成90美制酒度。

美国的杜松子酒是英国杜松子酒的一种。它有两种制作方法，一种和英国的制作方法很类似，通过蒸馏而成；另一种是通过添加杜松果仁和其他配料混合而成。只有通过蒸馏提取的杜松子酒才被允许贴上蒸馏的标签。美国的干杜松子酒被称为温和的杜松子酒，因为它们大多数只有80美制酒度，比英国的杜松子酒浓度更低，而且它也被认为不具有英国杜松子酒那种饱满的香味。英国的杜松子酒通常被制成混合饮品。

荷兰的杜松子酒通常指荷兰或日内瓦生产的酒。它是在壶式蒸馏器中被蒸馏提取的——这是一种与柱式蒸馏器相对的蒸馏器，过去常被用来制作威士忌。一小部分的杜松子酒常存放于橡木桶里1~3年，这些酒会变成麦色并带有甜味。因此，它们比英国的杜松子酒具有更饱满的酒体。日内瓦的杜松子酒烈度比英国的杜松子酒烈度低，大概在72~80美制酒度，它们通常被冷冻而不需要加冰。少数的杜松子酒是直接从发酵了的杜松干果仁中蒸馏提取而来的，这种杜松子酒具有更浓厚的香味。

这里也有以杜松子酒为基酒的鸡尾酒，最为熟知的可能是马提尼鸡尾酒，它由杜松子酒和苦艾酒混合而成，通常被认为是20世纪早期在纽约的尼克博克酒店里被创造出来的。马提尼鸡尾酒里杜松子酒和干苦艾酒的比例是2∶1，但现在杜松子酒的比例越来越少，很多的人也喜欢马提尼鸡尾酒里只有苦艾酒。

4.4.5　利口酒和甜酒（Liqeurs and Cordials）

liqeurs 与 cordials 是同义词，指的是同一样东西。liqeurs 在美国使用比较普遍。我们将在这章中使用这个词。但是，要记住，如果有些人使用 cordials 这个词，也是正确的。

利口酒作为一种蒸馏酒，它可能是苏格兰或爱尔兰威士忌、朗姆酒、某种中性酒，或是其他种类的酒。利口酒中加入了一种或多种成分：香料、草本植物、水果或者鲜花……一些利口酒会增添一种或者几种甚至更多的味道。有许多让这些味道进入酒中的方法，但以下三种方法是最常见的：

- 浸渍：将调味料浸泡在酒中。
- 渗滤：把蒸馏酒倒在调味料上，然后将蒸馏酒重新抽取，再次浇在调味料上，这个过程会重复若干次。你可以想想冲咖啡的渗透方法，就能很好地理解这个过程。
- 蒸馏：酒被重复蒸馏的过程中把调味料添加进去。

大量的糖会以玉木糖浆、枫糖浆或者蜂蜜的形式增添进去，利口酒的含糖量可以在2%~35%之间，这就是利口酒区别于其他蒸馏酒的不同之处。某些利口酒想要提亮着色，获得更好的卖相，那就必须使用天然植物或农业部批准的食品染料来添加颜色。

最初，利口酒是用来作为一顿饭的开始和结束的。前者属于开胃酒，用以增进食欲，在用餐开始之前饮用；后者属于餐后酒，是用来帮助消化的，最后才享用。虽然在美国一些利口酒仍以这种方式被消费，但绝大多数是与其他材料一起用于调制鸡尾酒。

在我们浏览一些受欢迎的利口酒类型之前，我们必须提到苦艾酒——它具有损害神经的成分，在被代谢完之前，可能会导致抽搐和幻觉。苦艾酒有非常高的酒精含量，大多数品牌的酒精含量都在60%以上，事实上，一杯苦艾酒相当于两杯苏格兰的一些品牌酒。苦艾酒的味道来自苦艾、甜茴香和八角，颜色呈绿色。它被称为 la fee verte，法语中的"绿色精灵"之意。今天，它是被高度监管的酒，2007年，它只能在美国进行合法的生产。一些专家声称，苦艾酒是一种蒸馏酒，而另一些人则认为它就是一种利口酒。尽管如此，如今，市场上利口酒的品种很多。下面的列表可能看起来很长，但只是一小部分：

意大利苦杏酒（Amaretto）　50～56 美制酒度。一种杏仁味的利口酒。

茴香酒（Anisette）　40～96 美制酒度。甜味利口酒，以八角为主的草本植物以及其他一些植物和水果制成。

金橙露酒（Aurum）　80 美制酒度。桔子味道的意大利利口酒，由白兰地制成。

爱尔兰百利甜酒（Bailey's Irish cream）　34 美制酒度。一款以爱尔兰威士忌为基酒的利口酒品牌。

本笃会甜酒（Benedictine）　86 美制酒度。以此为名是因为它是一种基于法国草本植物的利口酒，并由本笃会（Benedictine）僧侣酿造而成。它是最广为人知，广泛认可的利口酒之一。

法国干邑（B&B）　86 美制酒度。一款基于干邑的品牌酒，颜色为深金色。

黑莓味利口酒（Blackberry）　60 美制酒度。它可以作为利口酒或甜酒来销售，主要由白兰地制成，呈黑莓般的紫红色。

香博树莓利口酒（Chambord）　33 美制酒度。一款源于干邑的黑树莓利口酒品牌。

查尔特勒酒（Chartreuse）　86 美制酒度。一种由 17 世纪僧人基于白兰地制成的利口酒，有水果、蜂蜜与花香的味道，呈金色。

君度甜酒（Cointreau）　80 美制酒度。一款柑橘口味的干邑酒品牌，色泽艳丽。

香蕉利口酒（Crème de bananes）　50～60 美制酒度。由一种中性蒸馏酒制成，有成熟香蕉的味道。

可可甜酒（Crème de cacao）　50～60 美制酒度。有一点香草巧克力的味道。它也由一种中性蒸馏酒制成，酒液清澈透明或呈棕色。

薄荷力娇酒（Crème de menthe）　60 美制酒度。它也由一种中性蒸馏酒制成，酒液清澈透明或呈绿色，具有很重的薄荷味。

柑香酒（Curacao）　50～80 美制酒度。在库拉索岛和其他加勒比群岛上酿制，它是由苦涩的橘子皮制作而成。君度甜酒是柑香酒的一个品牌。

杜林标利口酒（Drambuie）　70 美制酒度。一款添加了蜂蜜的苏格兰威士忌利口酒品牌。

榛子利口酒（Frangelico）　40～80 美制酒度。一款榛子味的意大利利口酒品牌。

加利安奴香草甜酒（Galliano）　80 美制酒度。一款基于草本植物的意大利利口酒品牌，因为伏特加橙汁鸡尾酒的出现而越来越受欢迎。

格莱瓦利口酒（Glayva）　80 美制酒度。一款源于苏格兰威士忌的橘子味利口酒。

金水酒（Goldwasser）　60～80 美制酒度。呈橘子味，有茴香气息，酒液清澈透明，因带有金色斑点因而得名（wasser 是德语）。

金万利（Grand Marnier）　80 美制酒度。一款干邑的利口酒品牌，混合有柑香酒，它需要在橡木桶中陈化。

甘露咖啡力娇酒（Kahlua）　53 美制酒度。一款含有咖啡和香草味的利口酒品牌名称，它是在墨西哥制造的，通常和奶油混合。

　　樱桃利口酒（Kirsch liqueur）　90～100 美制酒度。源于樱桃酒白兰地并且有樱桃味的利口酒。

　　马利宝朗姆酒（Malibu）　56 美制酒度。一款有椰子味的酒。

　　樱桃力娇酒（Maraschino）　50～100 美制酒度。由中性蒸馏酒蒸馏而成，有樱桃杏仁香味。

　　三得利蜜瓜味利口酒（Midori）　46 美制酒度。一款日本的品牌酒，有哈密瓜味。

　　茴芹利口酒（Ouzo liqueur）　90～100 美制酒度。来源于茴香白兰地，起源地在希腊，是一种清澈而浓稠的酒。

　　法国茴香酒（Pastis）　90 美制酒度。一种苦艾酒。详情见关于苦艾酒的介绍。

　　桃味甜酒（Peach cordial）　60～80 美制酒度。有很明显的桃子味，酒液清冽。

　　法国绿茴香酒（Pernod）　90 美制酒度。一款有八角或甘草味道的利口酒品牌。

　　皮姆酒（Pimms）　50 美制酒度。源于伦敦杜松子酒，是一种橙味利口酒。

　　梨利口酒（Poire William liqueur）　60 美制酒度。一种源于梨味白兰地的品牌，清澈透明，具有梨的味道。

　　荷兰杜松子酒（Schnapps）　40～60 美制酒度。一种在美国制造的有水果或薄荷味的利口酒，更受欢迎的口味是桃或薄荷。在欧洲，它有一种干燥香草的味道（见前面关于白兰地酒的介绍。）

　　黑刺李杜松子酒（Sloe gin）　42～60 美制酒度。由中性酒精蒸馏而成的带李子味的利口酒。需要注意的是，黑刺李杜松子酒不是杜松子酒，而是利口酒。

　　金馥力娇酒（Southern Comfort）　70 美制酒度或 100 美制酒度。是一种源于波本威士忌品牌、具有桃子味的利口酒，许多客人会用它代替波本威士忌。

　　添万力（Tia Maria）　53 美制酒度。一款具有咖啡味的牙买加利口酒品牌，常被用来代替甘露酒。

　　橙皮甜酒（Triple sec）　60～80 美制酒度。由中性蒸馏酒制成，以橘皮调味。

　　育空杰克（Yukon Jack）　80 美制酒度或 100 美制酒度。一种源于加拿大威士忌的利口酒。

4.4.6　*朗姆酒*（Rum）

　　朗姆酒的主要成分是糖或糖衍生物。像许多其他蒸馏酒一样，朗姆酒可以根据不同的制作方式进行分类，包括所成分、蒸馏方式、陈酿类型和时间、混酿方法、颜色和产地。

成分

　　一些制造商使用糖或者甘蔗糖浆来生产朗姆酒。他们会用几种不同种类的糖来获得想要的味道和香味。这些朗姆酒含有高浓度的花卉及草本植物的香气。一些其他厂商仍然继续将使用糖浆，糖浆是从甘蔗汁中提取出来的。通过熬煮甘蔗汁，产生黏稠的液体，直到晶体形成。糖浆的等级取决于熬制甘蔗汁的时间以及最后的产糖量。最好的是 A 级，发酵性糖的含量最高，其次是 B 级、C 级、D 级和最后的赤糖糊，它是质量最低的。最好的朗姆酒是用最高等级的糖浆制作而成的，而是用低质量的糖浆酿造出来的只能是质量较低和较便宜的朗姆酒。一些酒厂会用甜菜糖来制作朗姆酒。然而，在大多数国家，使用除甘蔗糖以外的其他任何原料都是违法的。就绝大多数而言，如果自称朗姆酒，那它就是由甘蔗糖加工制成的。

蒸馏

　　像其他许多蒸馏酒一样，朗姆酒通过商业性蒸馏生产，使用壶式蒸馏器或柱式蒸馏器。因为只通过蒸馏室一次，所以壶式蒸馏器只产生单一的蒸馏物，而大多数的生产商会进行第二次蒸馏来给朗姆酒一种干净的味道，同时增加酒精的含量，一些更好的品牌会进行三次蒸馏甚至是四次蒸馏。与其他蒸馏酒一样，可以生产的朗姆酒的量受制于蒸馏器的大小。所以，这是一个劳动密集的生产过程，每生产一个批次的酒，都必须清洗蒸馏器。

　　许多朗姆酒商倾向于柱式蒸馏器，在蒸馏室的底部注入蒸汽，顶部注入发酵液。当液体滴下时，酒精就蒸发，然后凝结。根据所需的酒精度，可以使用若干个互相连接的柱式蒸馏器。

　　大多数的朗姆酒蒸馏至 160～190 美制酒度之间，然后稀释至 80、86 或 151 美制酒度再装瓶。151 美制酒度的朗姆酒可以被点燃，所以常被使用在酒焰烹煮的菜或甜品中。

陈酿

　　无论是在不锈钢桶、玻璃瓶或橡木桶中，朗姆酒都可以被陈化。在不锈钢桶或玻璃瓶里的朗姆酒一般至少一年才会陈化——但也有人说，这种方法不会让朗姆酒陈化，因为没有味道或香气透过不锈钢或玻璃传到酒里。橡木桶里的酒的年龄是指，在装瓶前朗姆酒在桶内经历了多少时间。如果朗姆酒是混合的，酒标上的年龄取决于它瓶装和出售的国家。在美国，规定的年龄必须是混合酒中年龄最小的那种；而在欧洲，酒标可以显示出混合物中最年份最老的朗姆酒的年龄。

　　因为蒸发减少了桶里朗姆酒的含量，一些仓库将会重新注满酒桶，但不这样做的人，就可以生产出更强烈、更刺激的朗姆酒。一些国家也已经禁止了回填。记住，年龄不是朗姆酒质量的衡量标准。

混酿

　　大多数朗姆酒在陈酿后进行混酿，从而达到特定的口感、香味、颜色和酒体，这通常在酒桶中进行。来自壶式蒸馏器和柱式蒸馏器里的朗姆酒经常以此方法来达到预期效果。

　　一些厂商会用另一种方法，就是使用即索莱拉法。在这种方法中，桶被并排放置并堆叠成 4 或 5 层高。每一行都是不同年龄的朗姆酒，年龄最短的在顶部，最长的在底部。当底层的朗姆酒已准备好装瓶时，将会有约 1/3 的酒被抽离。然后上层的酒对下层进行补充。

　　并不是所有的朗姆都是混酿的。如果酒液仅来自一个桶，那它被称为单桶朗姆酒。在这种情况下，瓶子上的标签将识别朗姆酒来自哪个特定的桶。因为很多情况下，由于环境变化，桶会发生改变，这些标签也会发生改变。

颜色

　　颜色是区分朗姆酒的方法之一，分为三种：白色、琥珀色和黑色。

　　白色　这个色系还有几种与其相关联的词：清澈的（clear）、透明的（crystal）、银色（silver）、白色（blanco）和灰色（plata），大部分是在不锈钢桶中进行陈化并形成浅色的酒液。这些朗姆酒是颜色最淡的，但却拥有最高的酒精含量。它们制作起来成本最低，因为年龄只有一年左右。但事实上，它们是卖得最好的朗姆酒。

　　琥珀色　也被称为金色或奥罗色。这种酒颜色的形成需要在橡木桶中至少陈化 3 年。因而味道比白色朗姆酒更趋于成熟，具有更多的风味。一些琥珀色也混有焦糖或糖浆以进行着色。当年龄合适，酒的香气和味道中就会夹杂着橡树的味道。

　　黑色　在正常情况下，这些酒需要 6 年或以上的时间来进行陈化。像琥珀色朗姆酒一样，一些酒商会添加附加物并着色来缩短制作过程。当制作完成后，这些黑朗姆酒将会带有浓郁的风味和金黄的颜色，酒精含量通常低于琥珀色或白色朗姆酒。

一些受欢迎的朗姆酒品牌
10 Cane Rum
Admiral Nelson's Premium Spiced Rum
Angostura Old Oak White
Bacardi
Barton
Bundaberg
Captain Morgan
Castillo White
Fernandes White
Gosling Brothers
Mount Gay
Myers
New Orleans Rum
Old Mr. Boston

产地

　　朗姆酒是以种植在世界各地的甘蔗为原料的，不同地区生产的朗姆酒有不同的特性。我们将探讨一些比较受人喜爱的朗姆酒生产国和他们的产品的特点。

　　古巴生产一种清澈、淡雅的朗姆酒，其味道来自各种不同批次物质的混合，也进行适当的陈化。

　　法国的大多数朗姆酒是用壶式蒸馏器生产的，相对于糖浆来说，他们只使用甘蔗汁作为原料，酒中含有相当大量的同源物。朗姆酒在法语国家的拼写是 rubm。

　　牙买加生产的一种很黏的朗姆酒具有刺激性的味道，满载的同源物赋予了它丰富的味道。

　　波多黎各生产一种轻淡的非常类似于古巴朗姆酒的朗姆酒。

　　西班牙生产的朗姆酒带有果香，被认为和白兰地很类似。西班牙朗姆酒大部分都是在壶式蒸馏器里生产的。

美国有两种类型的蒸馏酒，一种是类似于在牙买加生产的酒体很黏的品种，另一种是口感醇厚的朗姆酒。

除了以上国家，朗姆酒也在多米尼加共和国、委内瑞拉、墨西哥、菲律宾和英属圭亚那生产。

一个有趣的插曲

1731 年，英国皇家海军上将规定他的每一个船员每天都有半品脱的朗姆酒供应，这样做是为了保持船员的士气和平息任何兵变的想法。毕竟一个水手的工作很辛苦而工资很低。此后，英国希望把这种做法授权应用到整个海军。

海军研制的配方是基于牙买加朗姆酒，但还包括从巴巴多斯和圭亚那生产的朗姆酒。因此，它是一个厚重的，风味饱满的，黑色的，具有刺激性的朗姆酒。这个传统延续了 200 多年，一直到 20 世纪，在 1970 年 7 月 31 日，英国海军才废止这项规定。这一天成为了水手们所称的"黑脱特日"（Black Tot day）。失去了这个传统，许多海军都感到绝望，他们选择在这一天退休，而不是继续服役。

4.4.7　龙舌兰酒（Tequila）

2000 年前，阿兹台克人用原始的龙舌兰酒来进行宗教仪式。经过多年的发展，1656 年在特基拉镇形成了现代的龙舌兰酒，正如我们今天所了解的那样，它是蒸馏得来的。美国和墨西哥发生战争后，龙舌兰酒进入到美国，并且在第二次世界大战后，成为美国人主要的精神寄托。

成分

龙舌兰酒是一种蒸馏酒，是从蓝色龙舌兰植物蒸馏得来的。龙舌兰植物生长在沙漠中，虽然有许多品种，但只有蓝色龙舌兰能用来制作龙舌兰酒。这种植物的中心部分形如凤梨，含有糖，在蒸馏过程中会被利用。蓝色龙舌兰是一种生长缓慢的植物，10 年才达到成熟，它体形巨大，重量有 20 ~ 90 千克，收获时只能用手摘取。

蒸馏

龙舌兰的中心部分被切割成四等分并在蒸汽炉中小火烘烤，直到淀粉转化为糖，然后再捣碎成汁发酵。汁液随后进入壶式蒸馏器中进行蒸馏，直到它的酒精度达到 110 美制酒度。蒸馏后，形成一种含有大量同源物的透明液体，同时具有一种强烈的味道。酒商们通常会将酒蒸馏二次，以产生一种十分温和的清澈的液体。大多数龙舌兰酒会在酒精度为 38 ~ 40 美制酒度时进行装瓶，但它也可以达到 50 美制酒度。

混合

昂贵的龙舌兰酒是百分之百纯正的龙舌兰酒。按墨西哥法律，它们被称为纯龙舌兰酒（tequila puros），是按照严格规定在墨西哥生产的。由于这些法规，只有很少酒商生产百分之百纯正的龙舌兰酒，因为它可以高价出售。

大多数龙舌兰酒会在蒸馏过程混合糖和水，这种酒叫混合酒（mixtos），至少含有 51% 的龙舌兰。混合酒可以在墨西哥以外的其他国家进行生产。

陈酿

大多数龙舌兰酒不进行陈酿，而陈酿的则需要 2 ~ 4 年的时间，有时在橡木桶中进行，这会给它一种丰富的金黄色泽。但消费者应注意，一些酒商会给没有陈化过的酒加焦糖着色，这也会让它呈现出一种陈年的感觉。

种类

龙舌兰酒有许多种类：

白色龙舌兰酒（Silver）也被称为透明龙舌兰、银色龙舌兰或布兰科龙舌兰酒（blano，西班牙语"白色"）。白色龙舌兰要么是纯龙舌兰酒要么是混合酒。它们中的一些年龄小于 60 天，而且大多数都没有经过陈酿。有些人喜欢这种类型的酒，因为它没有掺杂在木桶中陈酿后产生的物质而且呈现一种真实的龙舌兰酒的状态，这种龙舌兰酒大多数用于制作饮料。

金黄龙舌兰酒（Gold）为没有经过陈酿的酒，也被称为 Joven，在美国很畅销。它添加了焦糖色素，是一种混合酒。它也常被使用在混合饮料中，尤其是玛格丽特鸡尾酒。

微陈龙舌兰酒（Resposado），法律规定这种酒的年龄必须是 2 ~ 11 个月，高质量的品牌酒则要严格控制在 3 ~ 9 个月。它具有浓郁的味道，可以是纯龙舌兰酒或混合酒。这是在墨西哥最流行的龙舌兰酒类型。

陈年龙舌兰酒（Anejo）通常在白橡木桶中进行陈酿，有时也会使用旧的波本威士忌桶，从而增加额外的风味。它至少要陈酿 1 年。混合酒需要陈酿 18 个月到 3 年，而纯龙舌兰酒年龄需要达到 4 年。大多数爱好者认为，超过 4 年的陈酿会破坏酒的味道。饮用龙舌兰酒时，应该用白兰地酒杯让香气散发出来。

一些受欢迎的龙舌兰酒品牌	
白色龙舌兰酒	**陈年龙舌兰酒**
El Jimador Blanco	1800 Añejo
Jose Cuervo Clasico Silver	Amate Añejo
Juarez Silver	Don Agustin Añejo
Margaritaville White	Jose Cuervo Black Medallion
Puerto Vallarta Blanco	Puerto Vallarta Añejo
Sauza Silver	Sauza Conmemorativo Añejo
Tarantula Plata	Sauza Tres Generaciones Añejo
Cazadores Blanco	Cabo Wabo Añejo
Corazon Blanco	Chinaco Añejo
Corralejo Blanco	Don Eduardo Añejo
Dos Manos Blanco	Mi Tierra Añejo
Herradura Blanco	Patron Añejo
Milagro Silver	Cuervo La Reserva
Sauza Tres Generaciones Plata	
微陈龙舌兰酒	**金黄龙舌兰酒**
1800 Reposado	Antano Gold
Calende Reposado	Jose Cuervo Especial Gold
Dos Manos Reposado	Margaritaville Gold
El Ultimo Agave Reposado	Montezuma Gold
Real Hacienda Reposado	Olmeca Gold
Sauza Hacienda Reposado	Pepe Lopez Gold
Sauza 100 Anos Reposado	Sauza Extra Gold
Tarantula Reposado	Two Fingers Gold
Tevado Reposado	Herradura Gold Reposado
Tequila 30 – 30 Especial Reposado	Zafarrancho Gold
Cuervo Tradicional Reposado	Chinaco Reposado Artisan Gold
El Tesoro Reposado	Los Azulejos Gold
Herradura Reposado	
Oro Azul Reposado	
Mapilli Reposado	

4.4.8 麦斯卡尔酒（Mescal）

麦斯卡尔酒是用龙舌兰属植物生产的类似于龙舌兰酒的酒。龙舌兰酒只使用蓝色龙舌兰来酿造，而麦斯卡尔酒可以由多种龙舌兰属植物中的一种来制作，绿色的龙舌兰是最受欢迎的。另一个区别是，麦斯卡尔酒通常只蒸馏一次，而龙舌兰酒会蒸馏两次。可能最显著的区别是很多麦斯卡尔酒的酒瓶中会被放入蠕虫，而龙舌兰酒瓶中则不会。蠕虫是生活在龙舌兰植物里的一月龄的幼虫，据说，喝起来很安全。

4.4.9 伏特加（Vodka）

虽然伏特加20世纪50年代才在美国流行起来，但它的存在时间要长得多。它在14世纪的波兰十分流行，而且有猜测说，很久之前伏特加就已经在波兰出现了，它被认为起源于一个包含波兰、白俄罗斯和俄罗斯西部的区域。

成分

伏特加有一种中性的味道，也就是说，它根本没有味道。因此，它可以由任何一种含有丰富淀粉质或糖分的植物制作而成。今天使用的一些比较受欢迎的植物是高粱、玉米、黑麦和小麦。此外，一些伏特加是由土豆、糖浆、大豆或葡萄制成的。而纯伏特加具有中性的味道，一些伏特加酒使用水果，香草或其他调味料进行调配。

蒸馏

如今的伏特加酒几乎在世界任何地方都有生产。即使如此，它的生产也有一些共同的属性。为了让它获得一种中性的味道，它会被过滤好几次。过滤在蒸馏过程中开始，大多数伏特加是在柱式蒸馏器中进行蒸馏，并在这个过程中进行过滤的。一些伏特加蒸馏一次，而有些需要三到四次。

蒸馏后，酒液会进行再次过滤，通常通过木炭过滤器，直到所有的同源物、味道和杂质被消除掉。其他过滤的方法包括使用沙子或贝壳。一个更现代的方法是在离心机中旋转蒸馏过的酒，以分离杂质。如此，伏特加酒中唯一剩下的东西应该是纯净的水和纯酒精。伏特加蒸馏后，酒精度为190美制酒度，装瓶时一般80～110美制酒度，伏特加酒不会进行陈酿。

种类

伏特加有两种类型：无味和调味。无味，依据美国的标准为"中性蒸馏酒……没有独特的特性、香气、味道或颜色"。伏特加酒取得巨大成功的原因之一是，它是中性的，

一些受欢迎的麦斯卡尔酒品牌

Gusano Rojo

Hacienda de Chihuahua Plata

Monte Alban

Zacatecano Reposado

Embajador Silver

Hacienda de Chihuahua Añejo

Scorpion Añejo

Talapa Reposado

Embajador 5 year

Del Maguey

Del Maguey Pechuga

Scorpion Añejo 7 year

一些受欢迎的伏特加品牌

Luksusowa

Olifant

Seagrams

Smirnoff

Svedka

101 Vodka

Absolut

Blue Ice

Finlandia

Reyka

Skyy

Stolichnaya

Tanqueray

360 Vodka

Charbay

Christiania

Emperor Vodka

Grey Goose

Stoli

几乎可以与其他任何酒混合，以制作鸡尾酒——其中"血腥玛丽"和"螺丝刀"很受欢迎，因为其混溶性强。虽然市面上大部分伏特加酒是无味的，但调味伏特加也日益受到欢迎。

既然伏特加的吸引力在于它的中性味道，那为什么人们想要调味呢？答案可能是想覆盖蒸馏酒强烈的刺激感。调味伏特加有多种水果口味，如柑橘，草莓，覆盆子和桃子，其他味道包括胡椒、香草、咖啡、肉桂等。

4.4.10 威士忌（Whiseky）

威士忌和白兰地都是因为其颜色而被统称为棕色产品。这是相对于白色产品或清澈产品如伏特加、杜松子酒、龙舌兰而言。

一种关于威士忌的误解是，威士忌因为其丰富的颜色和强烈的味道，被认为比其他酒成分更多，这是不正确的，它的酒精度和清澈产品的酒是一样的。

每一类威士忌都有自己独特的风味和味道，一个人喜欢一种威士忌并不代表他会喜欢另一种。尽管威士忌之间（包括拼写）的差异不小，但它们还是拥有一些共性。虽然有些笼统，但威士忌不会比蒸馏和陈酿啤酒更复杂。

威士忌由谷物所酿造，大麦和玉米最常用，但小麦和黑麦也会被使用，通常这些谷物会被混合在一起酿制。谷物必须转化成糖，要做到这一点，麦芽就必须加入到谷物中。在啤酒的酿造过程中，大麦通过淀粉酶催化来制造麦芽。麦芽和谷物与热水结合，形成一种称为麦芽浆的混合物。然后将其与酵母混合在一起进行发酵。发酵后再进行蒸馏。

蒸馏威士忌的器皿有两种：小型壶式蒸馏器和大型连续式蒸馏器或柱式蒸馏器。蒸馏器的类型对最终产物的风味和香气有一定的影响，壶式蒸馏器产生一种更浓郁的味道，柱式蒸馏器则会产生更微妙的产品。

蒸馏后，威士忌常常会进行2年甚至更长时间的陈酿，通常是在橡木桶里进行的，这些橡木桶可能此前已被频繁用于酿制其他产品，如葡萄酒、雪利酒或波本威士忌。橡树的类型、橡树的来源、橡木桶以前使用的情况（如果有的话）和最终产品的味道和香气都有直接的关系。蒸馏厂对用以陈酿的木桶十分挑剔。事实上，他们可能会在开始陈酿时使用一种桶而在陈酿中期使用另一种桶。

威士忌的归类要么是纯威士忌要么是混合威士忌。如果是纯威士忌，则至少包含51%的单一谷物蒸馏物。纯威士忌要在陈酿后立即装瓶；混合威士忌则需要继续用威士忌进行调配。这是一门非常严格的科学和艺术，通常由出色的兑酒师进行掌控。他们通过嗅觉——而不是味觉——判断来勾兑，并结合各种勾兑酒的年龄、产地、口味和其他特征，直到得到理想的味道和香气。许多纯威士忌酒瓶上有蒸馏商的名字，而混合威士忌酒瓶上总是只有一个品牌的名字。因为许多客人会忠诚于一个特定的品牌，而一种能确保酒的味道稳定不变的混合威士忌是很容易受到偏爱的。威士忌有几种不同的类型：波本威士忌、加拿大威士忌、爱尔兰威士忌、黑麦威士忌、苏格兰威士忌和田纳西威士忌。

波本威士忌 （Bourbon）

虽然世界上的许多宗教都厌恶酒，但一件奇怪的事是，波本威士忌的创造要归功于 1789 年肯塔基州波本郡的一个名叫以伊亚克·克雷格的浸信会牧师。根据联邦法律：

- 波本威士忌必须在美国制造，但可以在任何州进行生产。目前，波本威士忌在肯塔基州，伊利诺伊州，印第安纳州，密苏里州，俄亥俄州，宾夕法尼亚州和田纳西州进行蒸馏生产。

- 仅仅只有一个州的名字可以出现在瓶子的标签上，那就是在肯塔基州制造的酒。

- 波本威士忌必须用玉米谷物至少占 51% 的原料发酵蒸馏而成，大多数情况下会超过这个量，有的高达80%。除了玉米，水稻、黑麦和小麦也会被作为原料使用。

一些受欢迎的波本威士忌品牌
Ancient Age
Bakers
Benchmark
Blanton's Single Barrel
Buffalo Trace
Eagle Rare
Early Times
Four Rose's Single Barrel
Jefferson's Reserve
Jim Beam
Knob Creek
Makers Mark
Ten High
Wild Turkey 101
Willet 28 Year

- 波本威士忌蒸馏后不应超过 160 美制酒度。

- 唯一可以被添加的是水。

- 波本威士忌在酒精度为 125 美制酒度时必须注入烘烤过的白橡木桶中至少陈酿 2 年。应该指出的是，大多数的波本威士忌陈酿时间为 4 ~ 6 年。

大麦麦芽被添加到谷物中，然后被磨成麦芽浆，再发酵，蒸馏。大多数酒厂使用连续式蒸馏器或柱式蒸馏器。波本威士忌在烘烤过的桶里陈化，以此来增加它的玉米风味和颜色，也有些蒸馏商会添加额外的颜色。瓶装的波本威士忌有以下三种：纯威士忌，即直接蒸馏而得的波本威士忌；混合威士忌；添加中性蒸馏酒的混合威士忌。波本威士忌可以在 80 ~ 110美制酒度时进行装瓶。

加拿大威士忌 （Canadian）

根据加拿大的法律，在麦芽浆中，没有一种谷物的含量能超过 49%。然而，大多数加拿大威士忌的主要谷物成分是玉米，并带有一些黑麦、小麦、大麦麦芽或其他类似的植物来弥补不足。它在柱式蒸馏器里进行蒸馏，可以让其拥有一种更轻的味道和酒体。蒸馏后，它的酒精度在 140 ~ 185 美制酒度之间。加拿大威士忌要在橡木桶中至少封存 3 年；大多数酒的年龄都在 6 年或以上。这是一种温和而精致的威士忌。

玉米威士忌（Corn）

玉米威士忌，顾名思义，必须由至少 80% 的玉米制成，含有很浓的玉米的味道。它酒色较浅，因为封存在没有烘烤过的橡木桶里。它用连续式蒸馏器或柱式蒸馏器来蒸馏，并以最低标准 125 美制酒度注入酒桶。

<table>
<tr><td>

一些受欢迎的加拿大威士忌品牌

Canadian Club

Canadian Mist

Crown Royal

Black Velvet

Forty Creek Barrel

J. P. Wiser's Red Letter

Mountain Rock

Pendelton

Seagrams VO

Windsor Canadian

Wisers Deluxe

</td><td>

一些受欢迎的玉米威士忌品牌

Buffalo Trace White Dog Mash #1

Copper Run Distillery

George Moon Corn Whiskey

Roughstock Seet Corn Whiskey

Ole Smoky Distillery

</td></tr>
</table>

爱尔兰威士忌（Irish）

爱尔兰威士忌和苏格兰威士忌以相同的方式蒸馏得到类似的产品，在美国，苏格兰威士忌更受欢迎，我们将会在本章后面部分更详尽地讨论它。不同于苏格兰威士忌，爱尔兰威士忌几乎不用单一麦芽制作，而是用若干种，包括玉米、燕麦、黑麦和小麦等。另一个主要区别是，苏格兰威士忌的烟熏过程中会使用大麦，爱尔兰威士忌却很少使用。爱尔兰威士忌会经历 3 次蒸馏，并在先前已用于储存波本威士忌或雪利酒的橡木桶中进行陈酿。它的年龄必须达到 3 年，但通常更长，为 5 ~ 8 年。

对于大多数爱尔兰人来说，爱尔兰威士忌是一种混合威士忌，这种威士忌必须标有"混合的爱尔兰威士忌"（Blended Irish Whiskey）或"爱尔兰威士忌混合"（Irish Whiskey—a Blend）字样。爱尔兰有两个独立的政府：北爱尔兰和爱尔兰共和国。爱尔兰威士忌是在这些司法管辖区产生的，在这两个地方关于控制蒸馏的法律都是非常相似的。

黑麦威士忌（Rye）

在美国独立战争时期及以后相当长一段时间，黑麦是威士忌的主要成分。随着农业社会的进步，黑麦被其他作物取代了。这种威士忌包含至少 51% 的黑麦，但大多数制造商会使用更高的含量。玉米是构成酒平衡的首选谷物。在极少数情况下，制造商使用 100% 的黑麦。

美国法律要求其年龄至少 2 年，但大多数都在 4 年以上，全新的烘烤过的白橡木桶会贡献一种完整的威士忌的味道，并用香菜种子散味。它通常在 80 ~ 110 美制酒度时装瓶。

一些受欢迎的爱尔兰威士忌品牌	一些受欢迎的黑麦威士忌品牌
Bushmill	Black Maple Hill Rye
Black Bush	Fleischmann's Rye
Clontarf Single Malt	Jim Beam Rye
Feckin	Know Creek Rye
Finian's	Mitchner's Rye Whiskey
Greenore	Old Overholt
The Irishman The	Pikesville Supreme
Original Clan	Red Hook
Jameson	Rendezvous Rye
Kilbeggan	Rittenhouse Straight Rye
Merry's	Rocky Mountain Rye
Michael Collins	Sazerac
Middleton	Wild Turkey Rye
Power and Son	
Tullamore Dew	
Tryconnell	

苏格兰威士忌（Scotch）

　　苏格兰威士忌的起源未有明确的记载，有人认为其最先是基督教修士用锅蒸馏而来的。他们使用了当地农场种植的大麦，地上的泥炭，以及周围溪流中的洁净的水。随着时间的推移，当地的农民开始了贸易活动，最后销售至全国。

　　在苏格兰，泥炭是从地面收集的，在过去，苏格兰人把它用作燃料来给屋子加热取暖，它是由腐朽和硬化的物质所组成，类似于一种非常软并且会发散出大量刺鼻烟雾的煤炭。

　　苏格兰威士忌是由已经在泥炭上抽吸和干燥过的发芽大麦制成的威士忌。正是这种烟雾赋予苏格兰独特的味道和香气。苏格兰威士忌有两种类型：单麦芽威士忌和混合威士忌。单麦芽威士忌由 100% 烟熏大麦和水组成，来自同一个酿酒厂。混合威士忌在其他方面还有几个子类别：

混合苏格兰威士忌　混合了一种或多种单麦芽与一种或多种谷物的苏格兰威士忌。

混合麦芽苏格兰威士忌　混合了来自不同酒厂的单麦芽的苏格兰威士忌。

混合谷物苏格兰威士忌　混合了来自不止一个酿酒厂的谷物的苏格兰威士忌。

　　混合苏格兰威士忌的唯一成分是单麦芽或谷物，不能使用其他馏出物。混合苏格兰威士忌中使用的麦芽越多，味道就越重。即使有更多的麦芽，混合苏格兰威士忌也比单一麦芽威士忌轻淡，因而在美国有更高的销量。

　　因为混合的苏格兰威士忌是以品牌出售的，所以每个客人购买时，每一瓶都必须有相同的口味和品质。这不容易实现，因为由于谷物不一致，气候每年都不同，并且水条件也有所改变，所以每批威士忌也是不同的。事实上，有时将使用多达 40 ~ 50 种不同的苏格拉威士忌来实现一致的产品。一些苏格兰酒以 80 美制酒度装瓶，而大多数是 86 美制酒度。

另一方面，单一麦芽威士忌来自单个蒸馏器，将不具有这种程度的一致性。这不会影响单一麦芽威士忌的爱好者。真正的粉丝乐于探讨不同批次（以及不同的酒厂）的威士忌，就像葡萄酒鉴赏家探讨不同年份的葡萄酒一样。

在大多数情况下，谷物威士忌在苏格兰低地蒸馏，单一麦芽威士忌主要在苏格兰高地，也有在其他地区蒸馏。每个产地都有鲜明的差异，每个蒸馏器，由于不同的蒸馏方法，也有区别。这些地区包括：

- 奥克尼群岛，一个盛产强烈的、均衡的，充满烟味威士忌的地方。
- 坎贝尔敦，类似于高地，但其生产的威士忌具有独特的泥炭味。
- 艾雷岛，大海环绕，它出产的是略咸而有浓郁泥炭味的威士忌。
- 斯佩赛得，它相对苏格兰其他地方地势较低，其生产的威士忌有来自斯佩河雪利酒的温和。

苏格兰的严酷、凉爽和潮湿的气候使其成为种植大麦的理想之地。因为大麦对于苏格兰威士忌的风味如此重要，选择好的大麦对于优质的产品是至关重要的。收割后，大麦被放入温水中进行发芽。麦芽风味在这一过程中形成。然后麦芽被置于燃烧的泥炭上，直到干燥。这种烟熏的麦芽精华是苏格兰威士忌味道和香气的基础。

麦芽被干燥后，会被磨碎，磨碎的麦芽就统称为碎麦芽（grist）——你可能很熟悉这一术语，因为它就是用小麦磨成的面粉——磨碎的小麦将与糖化锅（mash tun）中的温水混合，在淀粉变成麦芽糖后，麦芽汁（wort）就会被提取并进行发酵。留下的固体会卖给农民作为牛饲料（黑加仑牛肉的鲜美口感可能与这种苏格兰威士忌酒的残渣饲料有关）。发酵后，麦芽汁会进行蒸馏，麦芽威士忌在蒸馏器中蒸馏 2 次，而谷物威士忌在柱状蒸馏器中只蒸馏 1 次。

一些受欢迎的单麦芽威士忌品牌	一些受欢迎的混合苏格兰威士忌品牌
Balvenie	Ballantine'
Corryvreckan	Bell's Special Reserve
Cragganmore	Black & White
Dalmore	Black Bottle
Glenfiddich	Chivas Regal
Glengoyne	Cutty Sark
Glenlivet	Dewar's
Glenmorangie	Famous Grouse
Laphroaig	Grant's
Macallan	J & B
Oban	Johnnie Walker
Talisker	Teacher's

　　无论是单一威士忌还是混合威士忌，根据法律，它必须在使用过的白橡木波本酒桶或雪利酒桶中至少陈酿 3 年。但大多数制酒商选择用更长的时间进行陈酿，大多数混合威士忌陈酿 5～6 年，而许多单一麦芽威士忌陈酿 8 年甚至更久。

田纳西威士忌（Tennessee Whiskey）

　　田纳西威士忌非常类似于波本威士忌。这就是为什么波本威士忌首先会在肯塔基州蒸馏——这两个州是相邻的。事实上，适用于波本威士忌的原则同样适用于田纳西威士忌（见上文关于波本酒的讨论）。最显著的例外是其馏出物会利用放置在桶前的枫木炭过滤。这个工艺增加了淡淡的枫木风味，淡化了波本威士忌中因为研磨所带来的味道。

一些受欢迎的田纳西威士忌品牌

Jack Daniels

George Dickel

Collier and McKee

Benjamin Prichard's Tennessee Whiskey

　　蒸馏酒价格昂贵，如果你不想投资太多的现金，特别是利率不太好的时候，你所选择的商业模式和你试图吸引的客人群体可以成为你的指导方针。如果你想吸引上层客人，你应该提供优质的品牌。另一方面如果你想管理就近的一个酒吧，好的烈性酒和统称为烈性酒的商品就足够了。让你选择的客人类型来决定你需要提供什么商品。无论如何都不要试图去提供能满足所有人的商品和针对所有人的品牌，那将吃力不讨好，商品也会存量过大。大多数销售点会使用库存数据系统，一旦商品出现积压，就迅速做出处理。

一个有趣的插曲

　　田纳西威士忌中最受欢迎的一种是杰克·丹尼尔斯，它出产于田纳西州林奇堡。林奇堡是一个不足 400 人的小镇，自从禁酒令实施以来它是主张完全禁酒的，但杰克·丹尼尔斯是少数不会（或不能）被取样的酒精饮料产品。在 20 世纪 90 年代中期，市议员在法律上放松了一点点，并允许杰克·丹尼尔在其品牌专卖店售卖纪念版，但不能现场饮用品尝。

本章小结

　　你可以看到威士忌中的迷人世界：它们的历史，它们的制作方式，以及它们各类品种之间的特殊区别。威士忌酒的爱好者就如葡萄酒的爱好者一样，他们将会谈论他们最喜欢的威士忌的众多优点和存在的细微差别。在后面的章节中，我们将详细的介绍怎样在威士忌上标记一些受欢迎的鸡尾酒的标记。作为一个酒水经理，你应该更深入地了解这一主题，因为它是你业务的主要部分。

习题

判断题

1. 大部分的蒸馏酒都只蒸馏 1 次。

2. 从一般规律来看,白色的和澄清的蒸馏酒至少要陈酿 3 年。

3. 以经验规律来看,蒸馏酒陈酿的时间越长,价格越高。

4. 龙舌兰酒是以墨西哥的特基拉镇命名的。

5. 比特酒是一般是单独饮用,一般是直饮或者加冰。

6. 与大众观点相反,伏特加酒大多不是由土豆制成的。

7. 根据法律,被称为波本酒的必须在肯塔基州进行蒸馏。

8. 玉米是大多数加拿大威士忌酿造过程中所需的主要谷物。

9. 在独立战争期间,黑麦威士忌是美国的主流威士忌。

讨论题

1. 讨论白兰地与其他蒸馏酒的不同,阐述其蒸馏和陈酿过程。选择 4 种不同的白兰地,上网或者去图书馆查阅相关资源,为每种白兰地撰写一段叙述。

2. 选择 5 种利口酒并了解它们,阐述它们分别用来制作什么样的鸡尾酒。

3. 详细讨论苏格兰单一麦芽威士忌和混合威士忌的区别,解释混酿的不同方法。

4. 阐述苏格兰威士忌的主要蒸馏产地以及他们分别进行哪种威士忌的蒸馏?

第5章 啤酒

学习目标/Learning Objectives

1. 区分啤酒的类型。
2. 比较酿造啤酒所用的各种原料。
3. 阐述对于啤酒酿造步骤的理解。
4. 阐述拉格啤酒的特征，并举例拉格啤酒的种类。
5. 识别艾尔啤酒的类型及其独特性。
6. 分析一个典型酒吧的库存中应准备的啤酒类型和品牌。

关键词汇

拉格啤酒（Lager）   麦芽糖（Maltose）

艾尔啤酒（Ale）   酿造（Brewing）

麦芽（Malt）   发酵（Fermentation）

辅料（Adjuncts）   巴氏杀菌（Pasteurization）

啤酒花（Hops）   无菌过滤（Sterile Filtration）

添加剂（Additives）   碳化（Carbonation）

制麦（Malting）   发泡（Krausening）

糖化（Mashing）

本章概述

作为酒水商业的专业管理人才，你必须对所销售的商品即食品、葡萄酒、蒸馏酒和啤酒等有一定的了解。在本章中，我们将学习与啤酒相关的一些专业知识：啤酒是如何制作的，它的成分，以及它的类型等。除非你是一个真正的啤酒鉴赏家，否则它的种类会让你感到惊讶。直到最近，大多数酒吧只供应比尔森啤酒，这是一种贮藏啤酒。然而，随着微型啤酒厂和出售自制啤酒的酒馆的激增，提供的啤酒的选择已经显然变多。不仅如此，客人对啤酒的了解也愈发加深。应该注意的是，这些啤酒酿造工艺大多不是新的，大多的啤酒都坚守了其酿造的历史和传统。

5.1　啤酒的一般知识

5.1.1　啤酒的历史

啤酒是人类已知的最古老的饮料之一。一个有趣的历史事实是，啤酒的发明在世界几个不同文明中几乎是同时出现的，并且它们相互之间都不知道。啤酒可追溯到六千年前，并记录在美索不达米亚和埃及的历史上。考古学家在古老的象形图上发现了面包被烘烤，磨碎与水混合及发酵的记载。

到公元前 3000 年，啤酒在我们所知道的伊朗、中国、秘鲁，以及在英国的日耳曼和凯尔特部落被酿造出来。最开始的时候，是在家里小量酿造，供个人饮用。在公元 7 世纪时，情况发生了变化。修道士开始在修道院中大量地酿造啤酒，并将其出售。因此，他们就控制了未来几百年的啤酒生产。到 11 世纪，个人开始大量地酿造啤酒，此时在比利时，第一个已知的酿酒公司成立了。然而，德国人首先进行了对啤酒酿造的规范化，其中一条规定是：麦芽、啤酒花、酵母和水是用于生产啤酒的主要原料。在大多数情况下，这些规定在今天仍然被遵循着。

随着早期移民离开英国和欧洲到美国建立了新的国家，啤酒起到了重要的作用。在那些日子里，水是帆船上的危险商品，因为它很容易被污染。然而，啤酒，由于其高酒精含量，对于整个航程来说是安全的。随着移民的到来，小酒馆开张了，酿酒厂成立了。由于啤酒和蒸馏酒受到高度的欢迎，这些酒馆和啤酒厂也受到严格的监管。一个有趣的事实是，美国许多开国元勋以及领导人要么是酒馆老板，要么是啤酒厂主。

到了工业革命时期，啤酒生产越来越商业化，啤酒厂商也越来越大型，竞争变得异常激烈。啤酒商设法找到计划开酒馆的人，并与它们合作，这样，酒馆就只卖这家啤酒商生产的啤酒。后来，禁酒令重创了啤酒业，啤酒厂要么停业要么偷偷摸摸地非法经营。禁酒令被解除后，许多啤酒厂又恢复了生产，而且比以前更加规范。今天，几乎所有的啤酒都由几家国际企业集团以及数以千计的区域啤酒厂和自制酿酒厂酿造。

5.1.2　啤酒的类型

啤酒主要有两种类型：拉格啤酒（lager）和艾尔啤酒（ale），前者使用底部酵母发酵，而后者使用上层酵母发酵。这些类型进一步细分为许多子类型。一些啤酒兼有拉格啤酒和艾尔啤酒的特性，因此难以分类。拉格啤酒和艾尔啤酒的主要区别在于酿造过程中使用的酵母类型。

拉格啤酒的名称来自德语单词lagern，意思是"存储"。最初，巴伐利亚的酿酒厂将啤酒储存在洞穴或地窖中。在这种环境下，凉爽的空气为啤酒发酵提供了优越的条件。当啤酒发酵时，沉淀物沉降，啤酒变得清澈。另外，较冷的温度抑制副产物的产生，使啤酒具有干净的味道。我们今天喝的拉格啤酒源于19世纪在捷克比尔森酿造的啤酒，现代淡拉格啤酒（pale lager）是淡金色的，酒精含量大约5%，并含有一定的碳酸。淡啤酒是迄今为止世界上最受欢迎的啤酒，在美国，流行的淡啤酒品牌有喜力（Heineken）、百威（Budweiser）、康胜（Coors）和米勒（Miller）。

艾尔啤酒被进一步细分为其他品种，例如淡色艾尔啤酒（pale ale）、黑啤（stout）和棕色艾尔啤酒（brown ale）。

5.1.3　啤酒的酒精含量

啤酒的酒精含量通常在5%左右，但可以低至几乎为0和高至15%，在少数情况下甚至更高。拉格啤酒和艾尔啤酒的酒精含量、颜色和味道是相似的，在一些情况下甚至是相同的。一般来说，艾尔啤酒比拉格啤酒更甜，有更浓郁的酒香。

麦芽汁中糖的含量和酵母的种类常常是发酵过程的主要因素，它决定了啤酒的酒精含量。有时，一些额外的糖会被添加进来，以增加酒精含量。为了生产低度啤酒，麦芽酶也常常会被添加进去，将更多的淀粉转化为糖。

我们最熟悉的淡拉格啤酒，按重量计算，其酒精含量在4%～6%之间，典型的酒精量含量大约在5%。一些地方也生产3.2%或者更低酒精含量的啤酒。麦芽酒不是蒸馏酒，而是啤酒，酒精含量在6%～7%范围内。一些不含酒精的啤酒也是为那些喜欢啤酒味道，而又因为各种原因而不希望受到酒精影响的人而生产的。

5.2 啤酒的原料

对于任何食品商品来说，质量、数量以及原料的类型将决定其味道，啤酒也同样如此。虽然所有啤酒的原料基本上相同，但原料的质量和类型及其生长区域是不同的，而生产过程中的微小差异也会影响最终的结果。常见的啤酒原料有酵母、大麦、啤酒花、水、谷物和其他添加剂。

5.2.1 酵母

酵母是负责啤酒发酵的微生物。酵母代谢从谷物提取的糖，产生酒精和二氧化碳，从而将麦芽汁变成啤酒。除了发酵啤酒，酵母还影响着啤酒的性质和味道。酵母是一种有机物，像任何生命形式一样，它需要食物、水和适当的温度来生存繁衍。酵母由糖滋养，需要温度在 $68 \sim 113\,^\circ F$（$20 \sim 45\,^\circ C$）之间。由于酵母是酿造过程的重要成分，许多酿酒商在他们自己的实验室中培养酵母。

如前所述，拉格啤酒和艾尔啤酒之间的主要区别在于酿造过程中使用的酵母类型。拉格啤酒使用底部发酵酵母，在发酵罐的底部发酵；而艾尔啤酒使用顶部发酵酵母在发酵罐的顶部发酵。用于拉格啤酒的底部发酵酵母是作用较缓慢的酵母，并在较低的温度下发酵。这样的效果是，大部分的糖被消耗，产生的啤酒纯净（酒精量高而无甜味）。而艾尔啤酒使用的是快速作用的酵母，它会残留一部分糖。有趣的是，在艾尔啤酒中使用的酵母和用来制造面包的是同一种。

5.2.2 大麦

大多数啤酒生产使用大麦麦芽，它由大麦植物的种子产生。用来酿酒的麦芽有几种，其中二棱大麦的麦芽被认为是最好的，四棱和六棱大麦则用于较便宜的品牌。

将大麦种子添加到水中，它们的淀粉会转化为糖。大麦含有丰富的淀粉酶，它们会促进淀粉转化为糖分。这种糖被酵母用于在发酵过程中产生酒精。当种子开始发芽时，它们被焙烤以产生麦芽（malt）。焙烤的时间越长，颜色越深。因为烤麦芽会影响啤酒的颜色和风味，当啤酒获得适当的颜色的时候，这一过程便会停止。

5.2.3 谷类

美国的大多数啤酒厂将一些谷物加入到麦芽中。这些谷物包括小麦、水稻和玉米，它们被称为辅料（adjuncts）。不太广泛使用的淀粉来源包括小米和高粱。除了谷物，辅料还可以包括糖或马铃薯淀粉。其他国家也使用别的植物以产生淀粉酶，如非洲的木薯根、巴西的马铃薯和墨西哥的龙舌兰等。这些辅料会影响啤酒的颜色、风味以及酒体。经验表明，当大麦的比例高于其他添加物时，啤酒的味道和酒体都会更好，有趣的是，辅料成本低于大麦成本，因此成本较低的啤酒将比高级或超级优质的啤酒辅料更多而大麦更少。在美国生产的一些所谓的轻啤酒减少了大麦和谷物的量，从而产生了不仅卡路里较低，且酒精含量也低的啤酒。虽然添加辅料在美国很受欢迎，但许多进口啤酒并没有添加辅料，事实上，辅料在许多欧洲国家是禁止添加的。

5.2.4　啤酒花

啤酒花（hops）很重要，因为它们有助于提升啤酒的味道和香气。啤酒花是一种藤本植物的穗状花序，看起来像小小的松果。在今天，啤酒花作为调味剂和防腐剂，几乎被添加于所有啤酒的制作过程中。尽管它们不是必需的，但其重要之处在于，除了提供啤酒香味之外，它们赋予啤酒更长的保质期。大多数酿酒商将多种啤酒花混合以达到所需苦味以平衡麦芽的甜味。此外，啤酒花给啤酒提供了花香、柑橘、草药的香气和口味。

啤酒花包括两种使用方法：一种第一次煮沸啤酒时放入，让啤酒具有苦涩的味道；另一种在煮酒结束时放入，给予啤酒芳香。

5.2.5　水

酿造康胜啤酒的水来自洛基山脉上的溪流，从奥林匹亚啤酒所标榜的"落基山脉的水"，到哈姆啤酒宣称的"水来自天空湛蓝的水域"，啤酒酿造者们常常吹捧他们所使用的水。不同区域的水有不同的矿物成分，所以某些区域的水更适合制作某些类型的啤酒。不同的水与原料放入啤酒时会产生不同的反应，例如酵母会被水的种类影响，硫酸钙含量低的水会被加工成很好的比尔森啤酒，而硫酸钙含量高的则会被加工成麦芽酒。在啤酒中，氯化物会带出麦芽的香气。

水会被煮沸或过滤以除去不需要的物质，然后添加某些矿物以进行改良，啤酒酿造者以此来生产品质稳定的水并且最终生产出味道一致的啤酒。记住，适用于这个品牌啤酒的水，或许并不适用于另一个品牌。

5.2.6　添加剂

有一些啤酒商会使用添加剂（additives），而那些不使用添加剂的啤酒商，会用更高级的原料和更精心的工艺来加工他们的啤酒。那些使用添加剂的啤酒厂用添加剂来稳定啤酒，使啤酒能形成好的泡沫，并延长产品的保质期。添加剂也被用于缩短产品的发酵。

5.3　啤酒的酿造过程

首先使淀粉转化成一种被称为麦芽汁的甜液体，然后，再将麦芽汁转变成被称为啤酒的酒精饮料。这是通过酵母影响发酵过程而得到的，这个过程有七个步骤：制麦、糖化、酿造、发酵、巴氏杀菌、碳化和包装。

5.3.1　制麦（malting）

这是酿造过程中的第一步，首先清洗大麦，然后将其浸泡在温水中，这会诱使大麦发芽并产生麦芽酶，麦芽酶可以使淀粉转化成一种叫麦芽糖（maltose）的物质。一旦发生这种情况，大麦就会被放进热干窖中烘烤来阻止它发芽。烤多长时间和采用什么温度，将决定最终成品的颜色和甜度。这一环节并不总是发生在啤酒厂，许多酿酒商购买已经烘干的麦芽，而另一些酿酒商更愿意自己烘烤。应该注意的是，不是所有酿酒商都用大麦，也有一些用小麦，还有一些酿酒商用使用麦芽提取物来酿造更便宜的产品。

5.3.2　糖化（mashing）

发芽大麦被磨碎，然后放进巨大的糖化锅中，通常会加入预先处理好的添加物，比如大米或玉米再加水一起预煮 1～6 个小时。煮的温度因应酿酒商的不同而不同，基本是 154℉（67.7℃）到接近沸腾。麦芽酶将含有淀粉的添加物转化成糖，然后通过过滤器剔除杂质，这样就产生了麦芽汁。

5.3.3　酿造（brewing）

麦芽汁进入铜制或不锈钢制的大水壶。然后加入啤酒花一起煮，这一过程可释放啤酒花的风味以及给麦芽汁消毒。啤酒花是调味品，它给啤酒独特的风味。应该注意的是，啤酒花煮得越久就产生越多的苦味。当这一过程完成后，过滤啤酒花、冷却麦芽汁，在这一点上，拉格啤酒和艾尔啤酒的分化开始，用于拉格啤酒的麦芽汁需要冷却到 35～50℉（2.78～10℃），而用于艾尔的麦芽汁要冷却到 50～70℉（10～21.11℃）。

5.3.4　发酵（fermentation）

到麦芽汁加入酵母后，发酵就开始了。这一步骤使啤酒熟化，口感柔滑。酵母在将可发酵性糖转化成酒精时，也产生了二氧化碳。这里用到两种不同的酵母菌株，一种为拉格，另一种为艾尔。

拉格酵母位于发酵槽底部，称为底部发酵，这是一个缓慢并且在低温下发酵的过程。酿酒师把其称之为 lagering，因此，把这一发酵类型的啤酒称为"拉格啤酒"，它与艾尔啤酒相比，口感显得更平滑醇美，没有泡沫，只有少数的二氧化碳气泡从箱顶冒出。

另一种艾尔酵母是在顶部发酵，发酵过程很快，几天就能产生大量的泡沫。通常情况下产生的二氧化碳被抽走存储，稍后再在酿造过程中添加。除了艾尔啤酒之外，顶级发酵啤酒还包括波特啤酒（porters）和司陶特啤酒（stouts）。

5.3.5　巴氏杀菌（pasteurization）

不是所有啤酒都用巴氏杀菌法，生啤就不是。因此，生啤是易过期的产品，并需要在 36～42℉（2.22～5.55℃）的条件下储存。大多数罐装和瓶装啤酒都是用巴氏消毒法进行处理的。这是一个把啤酒加热到 140～150℉（60～65.5℃），从而杀死导致啤酒变质的细菌的过程。值得注意的是，即使啤酒进行过巴氏杀菌，也不可能保持永远不变质，大多巴氏杀菌啤酒只有 4 个月的保质期。

虽然大多瓶装和罐装啤酒经历了巴氏杀菌过程，但也有些没有，它们一般是罐装或瓶装的生啤酒，这些啤酒会经过一系列的过滤器来去除引起变质的细菌，这一过程被称为无菌过滤（sterile filtration）。生啤必须冷藏，它的保质期很短，大多酒吧都提供桶装和瓶（罐）装啤酒，管理层知道啤酒是否使用了巴氏杀菌是很重要的。啤酒的保质期是有限的，适当的库存周转是必需的，所有酒吧都应该使用先进先出的库存周转方法。

5.3.6　碳化（carbonation）

包装前的最后一步是增加啤酒中的二氧化碳含量，有几种方法实现，其中一种叫发泡（krausening）。它是通过二次发酵实现的，麦芽汁添加进来后，在压力下进行发酵，使气体和啤酒融为一体。因为它是一个自然发酵的过程，所以通常被称为"自然碳化"；另一种不是自然的方法，是将气体直接注入啤酒；还有第三种方法，就是在包装过程中，将第一次发酵保存的二氧化碳加到啤酒中。二氧化碳不会影响啤酒的味道，但它使啤酒持续性地产生气泡，使啤酒的表面形成泡沫。

5.3.7　包装

酿造过程中的最后一步就是包装啤酒。参看表 5－1 的啤酒酿造过程。前面提到，如果是瓶装或者罐装的啤酒，它们可能经历了巴氏杀菌。联邦法律规定，如果啤酒经历了巴氏杀菌，它就不能标注为生啤酒。桶装啤酒是不会经历巴氏杀菌的。

表 5-1　啤酒酿造过程

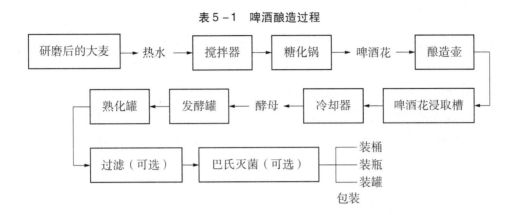

许多的桶装啤酒是 15.5 加仑，指的是桶装酒的一半盛装量。一些手工制作的小酒桶可以用来销售不同品种的啤酒。它们占用的空间更少，可以方便客人带走。它们容量也更小，使得啤酒更容易保持新鲜。虽然小酒桶的成本比标准酒桶高，但是其优势足以抵消。也请记住，生啤酒无论桶装的大小，它的利润都要比瓶装和罐装啤酒高。

美国最受欢迎的瓶装和罐装啤酒的大小是 12 盎司。许多啤酒厂也生产 16、29、25 和 40 盎司的啤酒，但 12 盎司的啤酒更受酒水零售业的欢迎。值得注意的是，许多进口啤酒容量都超过 12 盎司。虽然，酒水零售商最喜欢罐装啤酒，但是瓶装啤酒却是酒吧的最爱。表 5-2 表明了一些比较受欢迎的瓶装啤酒规格。

表 5-2　一些常见的瓶装啤酒规格

品种	规格	
美国、加拿大/瓶装	12.0 盎司	
加拿大/瓶装	11.5 盎司	
欧洲、加拿大/瓶装	14.9 盎司	吉尼斯黑啤酒和其他啤酒所用的规格
欧洲、加拿大/瓶装	16.9 盎司	进口罐装及瓶装啤酒的常见尺寸
帝国品脱	19.2 盎司	加拿大帝国品脱
澳大利亚瓶	12.7 盎司	

5.4　艾尔啤酒和拉格啤酒

就像前面提到那样，啤酒主要按底部发酵和上层发酵被分为拉格啤酒和艾尔啤酒。这两个类别也有很多分类，其中有一些分类很模糊，很难精准划分。下面列出了一些较受欢迎的啤酒类型。注意，这不是一个完整的清单，而是在多如牛毛的种类中挑出的一些推荐。

5.4.1 艾尔啤酒

Altbier 产于德国北部的黑啤，口感新鲜纯净而带有一点苦味，麦芽和啤酒花之间的平衡感非常符合传统。

Amber ale 一种个性复杂的艾尔啤酒。酒体中的麦芽和啤酒花含量适中，常见的啤酒风味外还具有柑橘的香味。它与美国的淡艾尔啤酒相比，色彩更浓烈，但略低于黑啤。

Barley wine 尽管它的名字含有"大麦"，但的确是啤酒，因为它用粮食制造而非使用葡萄或其他水果。它有 10% ~ 14% 的酒精含量，已超过现有最高浓度的啤酒。Barley wine 通常是浅棕色，但有时候是深棕色的，有一个粗大的瓶身。美国 Barley wine 和英国 Barley wine 不一样，因为美国啤酒花赋予了啤酒更强烈的啤酒花风味。

Belgium ales 除了 Belgium ales 这个类别，还有一个被称为"修道院啤酒"（Abbey beers）的分类。它们在中世纪的比利时修道院被发明出来，现在依然有少部分修道院在酿造啤酒，它们大多数是在宗教团体的营业许可下生产，下面是几种修道院啤酒：

- Abbey dubbel 是双倍发酵的呈黑琥珀色的酒，有一种混合了水果、巧克力、坚果和焦糖的风味。

- Abbey tripels 是三倍发酵的比利时啤酒，呈浅琥珀色，具有酵母和水果的味道，辛辣，同时具有花香的风味。

- Abbey quadrupels 为四倍发酵，它是现存的味道最丰富的修道院啤酒，呈黑红棕色，带有奶油味，酒体有麦芽味，也有发酵的味道。它酒精含量比较高，一般有 10% 或者更高。

- Belgian ale 是一种非常类似于美国产的浅色、琥珀色和深棕色艾尔啤酒。这个浅色品种有一种淡淡的麦芽香味，而深色品种则具有更明显的麦芽风味。浅色艾尔啤酒的颜色从金黄色到琥珀色，而深一点颜色的艾尔啤酒则从琥珀色到深红棕色。Belgium ale 酒精含量低于 6%

- Belgium strong ale 在色泽和风味上都和一般的 Belgian ales 很相似，但明显更浓烈一些，酒精含量在 7% 甚至更高。

Bitter ale 即苦啤酒，于 20 世纪初在英格兰出现，直到今天仍流行在英国酒馆里。它分为三类：普通苦，特别苦，非常苦，这取决于啤酒花的苦味以及酒精含量。

Blond ale 一种以其颜色命名的啤酒，有时也被称为 golden ale。带有水果味，有时也会甜甜的。

Brown ale 即棕色艾尔啤酒，酒体呈黑色或棕褐色。它在比利时，英国和美国受到一定的欢迎，其风味变化取决于它在哪儿发酵，但一般来说，它带有一点儿麦芽味，是一种苦乐参半的味道。

Cream ale 虽然这种啤酒和一种拉格啤酒非常相似，但它完完全全是艾尔啤酒。它有很高的碳酸含量，在光照下呈淡金黄色。

Fruit beer 即果啤，是对在酿造过程中添加任何水果或水果调味物的啤酒。它不包括来自啤酒花、酵母或麦芽的水果味啤酒。

India pale ale 印度淡啤酒，也称 IPA，这种啤酒有几个版本：

- 英国 IPA，最初的印度淡啤酒，军队在从英格兰到印度驻扎地的航海途中饮用。最开始使用大量的啤酒花作为防腐剂，而现在的版本则用得很少。

- 美国 IPA 是一种比英国版本使用更多啤酒花和更多麦芽的强劲版本。英国和美国版本的酒精含量都是 5% ~ 7% 左右。

- 帝国 IPA 通常被称为 double IPA，因为它是更浓郁的啤酒。即使口感更强劲，但它在味道上还是和常规 IPA 相似。帝国 IPA 的酒精含量在 7.5% ~ 10%。

Irish red ale 即爱尔兰红啤酒。这种啤酒起源于爱尔兰，因为啤酒花含量少而具有香甜的味道，它的酒精含量在 4.5% 左右，是非常适口的艾尔啤酒。它也可以被制成拉格啤酒。

Kölsch 一种近似于拉格啤酒的艾尔啤酒，因为它是低温发酵。它受法律保护，只能在德国科隆的 20 家酿酒厂酿造。它具有浓郁的果香，干净清爽。酒精含量在 5% 左右。

Lambic 自然发酵的比利时啤酒，有几个品种：

- Faro 现在很少生产。因为添加了糖、水果和香料，味道甜丝丝的。

- Fruit lambic 一种加了覆盆子、桃、樱桃、葡萄干的酸啤酒。

- Gueuze 混合了一到三年的 lambic，味道应该是酸的，但现在通常都会加入糖。

- Unblended 一种酸的 lambic。

Mild ale 一种通常少于 4% 的低酒精含量啤酒，口感温和。颜色呈白色或黑色。

Old ale 顾名思义，old ale 比一般啤酒年份更久，酒精含量也比大多啤酒更多。

Porter 原产于英国，是一种受蓝领工人喜爱的啤酒，它和黑啤非常相似。除了英国 Porter，还有起源于波罗的海沿岸国家的波罗的海 Porter 和美国 Porter，也被称为帝国 Porter。

Rye beer 用不低于 20% 的黑麦酿造的啤酒，具有由浅入深的琥珀色，味道类似小麦啤酒。

Scotch ale 这种啤酒具有烟熏和泥炭的味道，酒精含量 2% ~ 10%。它使用的啤酒花不是来自苏格兰，而是昂贵的进口啤酒花。苏格兰人在酿造这种啤酒时只使用了非常少量的啤酒花。

黑啤 通常使用被烘烤得发黑的麦芽，这赋予了啤酒黑色。下面是几种类型的黑啤：

- Imperial stout 正如 imperial 的词义"威严的、至高无上的"，这种啤酒在酒精含量和麦芽口味上都是最强烈的。它原产于英国，后来出口到波罗的海地区。

- Extra stout 这种黑啤在酒精含量和麦芽口味上没有 Imperial stout 强烈，它们更柔和，带有苦味，也作为爱尔兰黑啤而出名。

- Sweet stout 这种黑啤发酵时添加了乳糖或者燕麦，也被认为是牛奶黑啤、奶油黑啤或者燕麦黑啤而闻名。它们比其他黑啤更甜，具有饱满、丝滑的口感。

小麦啤酒（wheat beer） 这是最常见的一种艾尔啤酒，但它同样能被制作成拉格啤酒。它主要在德国生产，美国也有生产。美国的小麦啤酒口味多变，小麦含量一般 50% 或以上。

下面是几种德国风味的小麦啤酒：

- Weisse　也作为 Berliner weisse 而出名，这是一种不大常见的艾尔啤酒，因为只有两个啤酒厂在生产。它尝起来很酸，通常与一种果汁糖浆一起饮用。这种啤酒的小麦含量很低。

- Dunkel weizen　dunkel 在德国意思是"黑"，这一名字指向一种黑的，浑浊的艾尔啤酒。它包含了超过 50% 的小麦麦芽，口感较强，酒体饱满。

- Hafeweizen　是最淡的德国小麦啤酒之一。因为没有过滤，它酒体浑浊而呈金黄色。

- Krystal Weizen　因为它进行了过滤，所以比 Hafeweizen 具有更清澈透明的感觉。

- Weizenbock　呈黑色，较浑浊，带有类似水果味的口感。它的酒精含量比其他的小麦啤酒高，在 7% ~9% 之间。

Witbier　这种啤酒很好地表达了小麦啤酒，因为它在酿造时含有大约 50% 的小麦麦芽。它常常会添加香料或者柑橘。它的酒精含量在 5% ~7% 之间。

5.4.2　拉格啤酒

正如之前提到的，实际上，所有啤酒要么被分为拉格啤酒，要么被分为艾尔啤酒。拉格啤酒第一次被酿造是在 7 世纪的德国。拉格啤酒在 40℉（4.4℃）的低温下酿造，要求更长的发酵期和更长的成熟。下面是拉格啤酒常见的一些种类：

Bock　起源于 13 或者 14 世纪的德国爱因贝克小镇。与其他啤酒相比，它具有金黄色到棕色的颜色以及高酒精含量。它浓厚而又具有麦芽的甜味。它有两个分类：

- Doppelbock　来自德语，意思是 double bock（"双倍的 Bock"），它的酒精含量比 Bock（7.5% ~9%）更高，但并非像它声称的那样具有两倍的酒精含量。它的商标习惯以"ator"结尾，例如，celebrator 或者 salvator。

- Eisbock　来自德语，意思是 ice bock（"冰冻的 bock"）。它的名字是来源于这一事实：这种啤酒需要被冰冻并去除结成的冰，这样酒精就被保留下来，所以它有着高达 10% 的酒精含量。

California Common　它是在加利福尼亚的淘金热时期被创造出来的，在当时的环境下冰不容易获取，所以其发酵温度很高。它是作为蒸汽啤酒而出名的，锚牌啤酒厂（Anchor Brewing）注册了商标。

Dortmunder　一种起源于德国多特蒙德的味道浓厚的啤酒，酒液金黄，酒精含量大约为 5.5%。

Dunkel　一种德国啤酒，翻译过来意为"暗色"，这是一种棕色的酒，尝起来有麦芽和啤酒花的味道。

Marzen　意为"行军啤酒"，起源于德国巴伐利亚。它一般在春季生产，并在阴冷的地窖里陈化，最后在德国的秋日节成熟。它也作为慕尼黑啤酒节上的啤酒而闻名，酒精含量大约 6%。

Kellerbier　即窖藏啤酒，是一种在地下室酿制的浑浊的啤酒。这种酒比一般的贮藏啤酒更甜，具有更少的碳化作用。

Light beer　即淡啤酒，也被拼作"lite"啤酒，顾名思义，它是一种味道轻淡，碳水化合物和卡路里都比较少的啤酒。大部分淡啤酒每 12 盎司（约 354.84 毫升）的热量低于 100 卡路里，一些品牌的淡啤酒也有更少的酒精含量。

Malt liquor　即麦芽酒。这类酒不是烈性酒但是有一定量的酒精含量，大约为 6%～8%。它有很浓的麦芽味，因此得名。在美国，这种麦芽酒添加的大米和玉米等辅料的量更多。

Pilsner　即比尔森啤酒，1842 年起源于捷克，并且已经成为世界上销量最好的啤酒之一。这是一种含有大量碳酸化合物，十分清澈的啤酒，大部分的比尔森啤酒的酒精含量都在 5%。有一个例外的就是皇家比尔森啤酒，它比一般的比尔森啤酒酒精含量更高，味道也更苦一些。

Rauchbier　即烟熏啤酒。不同于大多数的啤酒，它的麦芽是经过烟熏的，烟熏味道是浓烈还是清浅，取决于麦芽吸收了多少烟雾。这种啤酒的酒精含量约为 5%。

Vienna　维也纳拉格啤酒。最早在奥地利的维也纳生产，是一种琥珀色或金铜色的啤酒，有麦芽味，味微甜。

5.4.3　其他酒精饮料

有一些饮料无法分类，因为它们同时具有葡萄酒和啤酒的特性。关于这些饮料的分类存在争议，我们暂且把它们分在啤酒的类别下。

苹果酒（Cider）　苹果酒是由发酵的苹果汁制成的，它不被认为是啤酒，因为其成分里没有麦芽。一些添加物常常会被加入以增加酒精的含量。苹果酒在美国得到了一定程度的认可，很多酒吧也在销售。和苹果酒类似的是梨酒，是由梨子而不是苹果制成的。

蜜蜂酒（Mead）　蜂蜜酒是最简单的发酵酒之一，可以追溯到希腊和埃及时期以及中美洲的印加文明和阿兹特克文明时期。它是一种由蜂蜜、水、酵母制成的发酵产品，因为没有麦芽成分所以不称为啤酒。蜂蜜酒酒精含量 8%～12%，经常添加水果或茶这类原料来影响它的味道。

清酒（Sake）　清酒是日本一种由水稻发酵的饮料。实际上，清酒，这个词翻译过来就是"米酒"。因为它的成分和酿造过程，大多人把它归类为啤酒，也有一些人把它归类为葡萄酒。其中一个原因就是清酒有大约 12%～17% 的高酒精含量。虽然人们多是为了取暖而饮用，但也可以冰镇或者加冰。

如你所见，啤酒的种类多得吓人，上面只列举了啤酒的一部分产品。考虑到啤酒厂的不同风格、啤酒的不同种类，很明显，一个酒吧不可能售卖所有不同种类的啤酒。虽然一些酒吧专门卖啤酒，啤酒种类也不少，但也仅仅是一部分。那么，要准备多少才算够呢？这取决于你的客人数量、存储空间、库存周转率和产品组合。

　　白领、中高收入和受过高等教育的人群往往倾向于尝试更多新鲜事物。这类人可能会喜爱进口啤酒或当地酿酒厂酿造的限量版新品啤酒。这些人常常把啤酒的内在意义和啤酒本身的味道看作是一样重要的。另一方面，中等收入者和蓝领会选择更加传统的美国拉格啤酒，他们享受啤酒的味道比感知它的含义更重要。

　　存储空间决定着啤酒的存储数量。在美国，大多数人都喜欢喝冷藏啤酒，而不是像欧洲和英国那样喜欢常温啤酒。因此，必须要具备足够的制冷条件。啤酒和啤酒厂提供的选择越多，所需的冷藏空间就越大。与存储空间密切相关的是库存周转率。记住，生啤酒是易过期产品，必须每14天更新一次。瓶装酒尽管有更长的保质期，但也必须及时卖出。最后是你的产品搭配组合：你的销售有多大比例是啤酒？通常情况下，客人将会为你做出决定，但在啤酒库存上有一个预算是明智的做法。

　　以上所有将决定卖出多少啤酒，大多数专家建议，最少应供应10至12种不同的啤酒，包括生啤、瓶装啤酒、国内主要的啤酒品牌、小型酿酒厂生产的啤酒以及进口啤酒。

本章小结

　　今天，随着啤酒类型的增加，作为一名专业的酒店人士，要了解不同类型的啤酒就变得更加重要，知道并掌握哪些客人喜欢尝鲜也是同样重要的；啤酒的风格、起源和历史应该是你的必备知识，这样你才能更好地应对客人；在经营中，知道哪些啤酒需要进货，将会给你的酒吧带来额外的销售收入。相反，不了解啤酒，将会把你的客人推向你的竞争对手那边。

习题

判断题

1. 除了水，啤酒是为人所知的最古老的饮料之一。

2. 一些啤酒因为既有拉格啤酒的特征又有苹果酒的特征，所以很难分类。

3. 每个啤酒厂在啤酒酿造过程中所用原料的数量和种类都是一样的。

4. 酿造拉格啤酒和艾尔啤酒都用的同一种酵母。

5. 发酵可以使啤酒成熟，并且柔滑口感。

6. 啤酒花被煮得越久，产生的苦味就越多。

7. 拉格啤酒会比艾尔啤酒产生更厚的泡沫。

8. 其中一种实现啤酒碳化的方法是发泡。

9. 黑啤是艾尔啤酒的一种。

10. 世界上最畅销的啤酒是比尔森啤酒。

讨论题

1. 阐述拉格啤酒与艾尔啤酒的不同点。

2. 列举酿造啤酒的基本原料，阐述每一种原料的重要性，并讨论酿酒厂如何使用它们来制作不同口味的啤酒。

3. 按照时间顺序，详细描述酿酒过程中的每一个步骤。

4. 简单阐述你想经营的酒吧的类型，然后回顾这个章节中提到的拉格啤酒或艾尔啤酒。描述你想在你的酒吧售卖哪一种啤酒，为什么选择它，它是瓶装的还是桶装的。

 实践应用

参观在你所在城市的啤酒酿酒厂，了解他们在啤酒酿造过程中一些与寻常不同的独特做法，他们在原料上做了什么调整以使自己可以在市场中脱颖而出？

第6章 酒吧设备采购

学习目标/Learning Objectives

1. 理解各种与酒吧的电、天然气、空气和水压相关的术语。
2. 了解规划一个新的酒水服务设施所需的设备。
3. 解释酒吧各种设备的工作方式，以及如何选择运营所需要的设备。
4. 学会选择合适的设备进行工作，并制定具体设备使用说明书。
5. 学会评估设备的配送系统以及如何在这个体系里有效工作。
6. 分析哪些设备可以低价购买二手的，哪些需要购买新的。
7. 如何正确执行各种酒吧设备的保养程序，以延长设备的使用寿命。

关键词汇

制冷剂（Refrigerant）

压缩机（Compressor）

冷凝器（Condenser）

蒸发器（Evaporator）

恒温器（Thermostat）

温度计（Thermometer）。

水冷却系统（Water-cooled System）

空气冷却系统（Air-cooled System）

内置制冷系统（Built-in System）

外置制冷系统（Remote System）

步入式冷库（Walk-in Cooler）

配送系统（Distribution System）

制造商代表（Manufacturer Representatives）

投标（Bid）

规格说明书（Specification）

招标书（Bid Conditions）

本章概述

酒吧的设备采购是一项复杂而昂贵的任务。知道购买什么，如何购买是本章的主旨。购买新的运营设备与更换一件过时的设备相比有不同的标准。购买了这件设备，酒吧运营的酒单设计、座位数、酒吧的工作人员和客人都可能会受到影响。此外，还要了解设备如何运转，它能做什么，不能做什么。对某些特定设备的采购来说，这是需要重点考虑的工作。

酒吧最复杂的设备之一是制冷系统。要能够解释压缩机、冷凝器、蒸发器和恒温器如何协同工作来冷却产品；研讨各种制冷设备，如冷却器及制冰机如何组合；解释饮料机，如卡布奇诺咖啡机和碳酸饮料机的工作原理；还有玻璃杯清洗的方法等。

购买酒吧设备，还要掌握正确的方法。首先，对配电系统要有必要的了解。在此之后，选择制造商和挑选能精准满足你需求的设备是很重要的。要做到这一点，你需要知道你要用这个设备来做什么，你对设备有哪些要求，你希望的设备质量水平与你愿意支付的价格。有几种方式可选择设备，包括浏览互联网和参加贸易展览接触展出的实物。一旦确定了你的具体需求，为设备写一个具体的需求说明是必要的。通过写一个明确的说明，各种经销商就可以对设备进行投标。当有几个经销商竞标时，那价格就降下来了，你就省钱了。另一个考虑是购买二手设备，知道什么时候购买新的，什么时候购买二手的是很重要的。

尽管购买酒吧设备看起来似乎令人困惑，用购买一辆汽车类比，你想要一辆轿车还是SUV？两车门还是四车门？自动挡还是手动挡？收音机或全音响系统？颜色重要吗？新的还是二手的？当你去买一辆车的时候，在你的脑海里，你已经列出了一溜关于那辆车的明确要求了，购买酒吧设备也是一样。

本章最后一节对酒吧设备维修进行了总结。这是非常重要的一部分，因为大量的资金已经投资在设备上了，要妥善维护保养设备，投资才能得到保护。

在讨论购买设备之前，有一些关于设备的术语你应该熟悉一下：

安培　通常缩写为"Amp"，它被用来测量电流强度。每栋建筑只被允许有限安培的电量接入。你需要了解这个限制，以避免购买超过建筑物电力系统承受能力之外的电气设备。

伏特　伏特表示测量电的力或推力，也就是电压。一些设备运行在 110V、115V 或 120V 的电压下；一些设备工作则运行在 208V、210V、220V、230V 或 240V 下；有的在 440V 或 480V 下。每一件电气设备都被设计在一个特定的电压之下运行，你必须了解你所在建筑物的接入电压，以便购买正确的设备。过高的电压会烧毁设备，太低将不能保证设备的平稳运行。

瓦特　功率单位，指每秒钟电能损耗的量，安培数和伏特数相乘而得。

千瓦　即 1000 瓦特，一般在电费单上显示的某段时间消耗的电能就是千瓦。

英国热量单位（British thermal unit）　简称 BTU，指将 1 磅纯水温度升高到 1℉所需要的热量，它被用来测量气体。

每平方英寸磅力数（Pounds per square inch）　简称 PSI，用来测量水压和水蒸气。水压是指用来清洗玻璃杯和餐具的压力。

每分钟立方英尺（Cubic feet per minute）　简称 CFM，风量单位，用来测量建筑物冷热气体的流动，也用于测量厨房换气系统空气的流动。

6.1　酒吧设备购置要求

要知道购买什么，需要首先确定是以下哪种场景。第一，最复杂的是为新店购买设备；第二，在现有的经营条件下，购买一件新的设备；第三，相对容易，替换出问题的或过时的现有设备的零部件。

6.1.1　新酒吧的设备购置

在决定为运营一个新酒吧购买设备之前，必须要知道这个酒吧的主营业务是什么。正如接下来我们将学到的，我们必须考虑酒单的规划，必须要考虑酒吧的运营计划和客人的需要，这十分重要。因为酒单将决定酒吧所需的设备类型，酒吧的大小或座位的数量将决定所需设备的数量。同时，也应考虑成本，如设备的设计是否节省人力等，这也是十分重要的问题。考虑所有这些事实，购买什么设备可以分为三种思考方式：

- 必需品：经营酒吧绝对需要的，没有它，酒吧就无法正常运营。
- 值得拥有的设备：这是加强酒吧运作的设备，如果资金允许的话就应该购买。
- 非凡的设备：如果仍然有剩余的钱，拥有这些设备将会非常棒。

例如，每个酒吧都需要有一个现金控制系统和存放现金的地方。最便宜的方法是购买一个简单的收银机，这是一个重要的设备。然而，一个 POS 系统（销售点系统）虽然贵，但它会更好地被用来管理酒吧，也会提升服务效率。因此，这是值得拥有的。假设我们给 POS 系统增加了一个自动酒类分配系统，虽然那将所费不菲的，但它会给予我们更好的成本控制以及产品控制，服务将更加快速。但请注意，这些因素对于不同的酒吧可能具有不同的意味。POS 系统在一个酒吧可以被认为是值得拥有的，在另一个酒吧也可以被视为必需品。

一个乡村酒吧或休闲酒吧的酒单和一个铺着精致白色桌布的餐厅的酒单是不同的。前者需要大量的冷冻瓶装啤酒和桶装生啤酒，而后者需要相对而言较少的制冷设备，但需要更多的混合饮料的机械设备以及展示各种葡萄酒的设备。请记住，由于当地的监管限制或客人的需求，一些酒吧只出售啤酒，而其他可能出售啤酒和葡萄酒。

虽然酒吧的构造有相当大的差异，但仍然有一些基本的设备，是酒吧通常都必须有的，包括但不仅限于：

前吧（front bar）

在前吧，客人坐在一侧，而酒保工作在吧台（bar die）的另一侧，下面是位于前吧靠酒保一侧的设施设备：

- 储冰箱，内有排水管可以将水排入地漏。在排水管和地漏之间应该留有一个空间，避免污水倒流。
- 快速取放酒架，用于摆放被称为"自家品牌"或"井槽酒"的蒸馏酒。
- 搅拌区，一个由不锈钢制造的酒保的工作区。
- 搅拌机，用于搅拌饮料。
- 酒水服务出入口，包含碳酸饮料枪和调料盘。
- 四格酒吧水槽，用来清洗酒杯和酒吧用具。
- 存储区，用来存放额外的酒水、未冷藏的混合物、餐巾纸、吸管、搅拌棒和其他用品。

后吧（back bar）

以下器具通常位于后吧台：

- 瓶酒展示架，用于摆放昂贵的酒水、玻璃杯或者用来展示葡萄酒和瓶装啤酒。
- 收银机或 POS 系统。

下面的设备可以位于前吧，也可以作为后吧的一部分，或直接与酒吧区相邻：

- 冷藏瓶箱。
- 步入式冷藏柜。
- 葡萄酒、水果以及其他饮品的冷藏柜。
- 酒杯储藏柜。注意：一些酒吧将有柄的玻璃杯倒挂在吧台上方。许多卫生部门不允许这样悬挂，因为当客人坐在酒吧下面咳嗽或打喷嚏的时候，会造成玻璃杯被污染；在一些极少数仍然允许在酒吧内吸烟的地区，这样做也会使焦油和尼古丁附着在酒杯上。
- 洗手盆、肥皂和一次性纸巾。

虽然这对于酒吧来说是一个极简单的清单，但请记住，当酒吧酒单变得丰富时，设备清单也会增加。此外，随着一个酒吧变得更加专业化，设备也要有相应的改变。

6.1.2 更换现有设备

已经运营的酒吧，需要适时更新现有的设备，如果遵循以下几点，这通常不会太困难：

- 匹配被替换设备的电力需求。如果设备的需求电压没有与酒吧的电压相匹配，设备将无法工作。另外，如果新设备比旧设备需要更大的电流，那就应与电气公司协商，确保有足够的电力接入酒吧，满足额外的电流需求。当然，如果新设备所需要的电流和电压与旧设备一样，就无须担心了。

● 检查新设备的尺寸。如果它们和老设备尺寸一样，那就没有问题。如果它们更大，要确认新设备的摆放空间是否足够，还要检查看它是否能通过各道大门从而顺利地被运到酒吧内，事先检查总是明智的决定，如果设备的尺寸超过了门框的尺寸，门框就可能必须被拆下来，才能让它能顺利进入。

● 如果更换的新设备将被安放在原设备的位置，那就没有问题。如果它要放在其他地方，不仅要检查摆放空间是否适合，连电气和管道等也需要检查。例如，一个新购买的制冰机，要放在一个新的位置，水管、电线、地漏也需要空间，这需要花一定的钱；如果地板是混凝土的，则可能要用工具锤敲地漏，使其连接到现有的排水管道上。

6.1.3 添加新设备

当在酒吧或休息区增添一个新的设备时，需要解决的问题基本上和更换现有设备是一样的。最重要的考虑是把它放在哪个位置。正如将在下一章中提到的，在设计酒吧时，最重要的考虑因素之一是不要浪费空间。因此，如果不将酒吧的设备的正确摆放放在首位，那将剩下很少甚至没有空间来安放日后添置的新设备，另外，水和电的线路也需要考虑。

6.2 酒吧设备的类型

在选择酒吧设备时，了解设备的类型及特点，知道购买的设备如何工作运转，都是十分重要的。从长远来看，知道这些将帮助你做出更明智的决定并节省更多的资金。

6.2.1 制冷储藏设备

制冷储存设备是酒吧里最昂贵的设备，对其运转有一个基本的了解是很重要的。首先，我们问一个问题，是热缺乏冷还是冷缺乏热？在冰箱冷藏的情况下，显然冷是没有热量的，也就是说，对一些东西进行冷藏或冷冻，就是要消除它们的热量。要做到这一点，制冷系统会把部分热量从液体转化为气体，这个过程也被称为汽化。水被热源不断加热，直到它从液体转换到气体。例如一锅水放在炉子上，水开始沸腾，液体（水）变成一种气体（水蒸气）。

关于热量的讨论是怎样和制冷联系起来的呢？简单来说，最开始，制冷系统使用了一种叫"R－22"的制冷剂（refrigerant），这种制冷剂会在－32℉（－36℃）沸腾。R－22会以液体的形式进入制冷系统，这时，它会吸取冰柜中存放的商品中的热量，直到它沸腾变为气体。

值得注意的是，R－22正在被美国国家环境保护局（EPA）淘汰。取而代之的是经过测试的R－410A和其他制冷剂。R－22仍然被使用在现存的一些装置上，这些装置需要进行维修，因而R－22被允许使用到2020年。在这之后，就必须使用新类型的制冷系统。

制冷剂 R－22 和 R－410A 都是十分昂贵的。因为当它们转变成气体以后，我们既不想它蒸发掉，也不想我们的冰箱和商品总保持在 －32 ℉（ －36℃）。要知道制冷设备是如何解决这个问题的，我们需要了解制冷设备的各部分，如图 6－1。

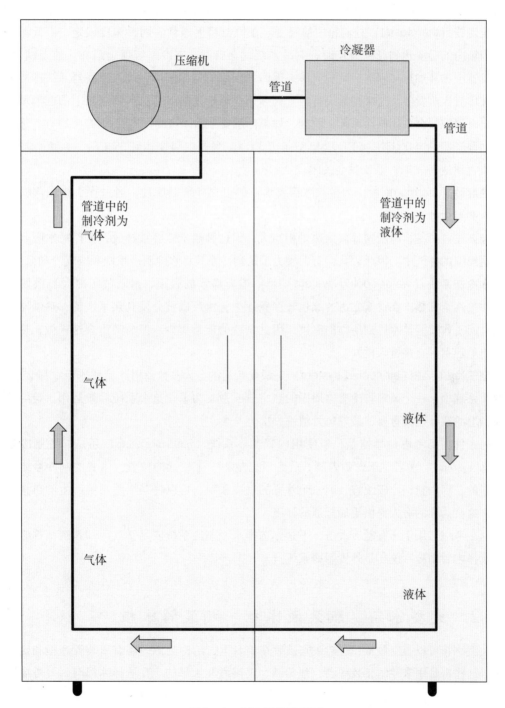

图 6－1　制冷系统示意图

压缩机（compressor）把处于气态的制冷剂进行压缩，直到它变得非常热。

冷凝器（condenser）把热空气凝结成液态。

蒸发器（evaporator）令液态的制冷剂循环流动，当液体在冰箱或冷冻室流动时，会从空气中和商品中吸收热量，达到沸点后变成气态，再返回到压缩机，并不断重复这一个过程。

恒温器（thermostat）控制箱中的温度。在恒温箱上通常有两种温度设定——低温和高温。当箱内的温度达到高温设定时，制冷系统就会打开，制冷系统就会运转。液态制冷剂：在蒸发器中循环加热→沸腾，变成气体→返回到压缩机并被压缩→进入冷凝器并被冷凝成液体→液体流入蒸发器。这样持续进行，直到冰箱或冰柜里的温度达到恒温箱上的低温设定为止，此时温控器会关闭制冷系统。例如，如果你想要你的冰箱的温度在 35℉（2℃），你可以把自动调温器设定在 33℉（1℃）和 37℉（3℃），当箱内温度达到 37℉时，系统会持续运转，当它到达 33℉时，系统就会关闭。

温度计（thermometer）大多数冰箱或冰柜都包含外部温度计，通过探头将内部温度显示在外部温度计上。

应该注意的是，冷凝器释放的热量相当大，而这种热量需要被排放，可以被水吸收或是进入到周围的空气中。因此，我们有两种类型的制冷系统：水冷制冷系统和空气冷却系统。

水冷却系统（water-cooled system）是一组充满水的管道，水吸收了冷凝器散发的热量，并被逐渐加热。在设施先进的绿色环保餐厅中，水可以被分发到热水系统，热水器就不必长时间工作就能让水达到所需的温度，因此消耗的能量更少。但酒吧不会这样做，热水就被简单地浪费，直接排入地漏。

空气冷却系统（air-cooled system）是最受欢迎的，大多数商用冰箱和冰柜中都会使用。在这个系统中，一个风扇将冷凝器周围的热空气吹散。为了让这个系统高效运作，定期清洗冷凝器上的扇叶至关重要，最好每月清洗一次。

另一件需要考虑的事情是，是使用内置制冷系统（built-in system）还是外置制冷系统（remote system），前者位于设备内部，后者可以放在一个较远的位置。内置的制冷系统是更受欢迎的，因为它们比较便宜。但一个外置的制冷系统，可以将其压缩系统产生的热量远离酒吧，这会为你的客人提供更加舒适的环境。

这一考虑适用于所有制冷设备，不管你选择水冷制冷系统或是空气冷却系统，都必须考虑是选择内置制冷系统还是外置制冷系统。

6.2.2　大型冰箱、瓶装酒冰柜、桶装酒冰柜

大型冰箱可以直立放置，也能被安被装在柜台下，结构类似的还有瓶装酒冰柜和桶装酒冰柜。这些都是用来存储瓶装啤酒、葡萄酒、鸡尾酒和水果的。在选择冰箱时，要考虑以下几方面：

- 硬件。铰链、筐和门把手都应该坚固耐用。特别是在一个高销量的酒吧，制冷设备需

要高频率地使用，而一般而言，最便宜的不一定是好的。

- 垫圈。这是像管子一样的橡胶片，填充在门框周围，使门缝得以密封，用来隔绝冷空气和热空气。随着时间的推移，垫圈会被磨损，失去密封性，设备就可能超负荷工作和损耗制冷系统。要确保所选择的设备有可更换的垫圈，一些制造商会提供，但一些则不会。
- 绝缘物。这应该是一个至少 3 英寸厚的刚性聚氨酯，它看起来很像泡沫。
- 内部照明。这点也适用瓶装酒冰柜。有些设备带有内部照明装置，有些则没有。如果这对你是重要的，请确保你购买的设备中包含了它。
- 上锁装置。并不是所有的设备都有锁。这是一个非常重要的功能，特别是在一个酒吧，用来存储昂贵和抢手商品的设备，需要确保可以被上锁。
- 货架。确保货架上的商品伸手就可以方便地拿到。对瓶装酒冰柜来说，则用于瓶装啤酒的陈放。这很重要，因为库存的变化，酒瓶或容器的大小不可能一直都一样，你的设备需要具有调整空间大小的能力。但并不是所有的商品或型号都配备可调式货架。
- 温度计。一些设备有外部温度计，一些则没有。确保所选择的设备具有一个外部（最好是数字）温度计以供观察。

上述要点适用于大型冰箱、瓶装酒冰柜和桶装酒冰柜，下面是它们各自的一些属性。

当选择一个大型冰箱，无论是直立的还是放置于柜台下，门都具有三种不同形式：左开、右开或滑动打开，应结合这些形式，考虑设备放置的位置。例如，如果酒保的工作台是在冰箱的左边，冰箱门从左边被打开，那么酒保将不得不走到门前，正面打开冰箱来拿取商品。冰箱门可以是玻璃或其他透明物质的，酒保就不用打开门而能看到里面的东西，这也避免了制冷系统频繁启动而超负荷运转。直立的大型冰箱的门可以是半开的或者全开的。

瓶装酒冰柜和桶装酒冰柜都是安置在柜台下的。除了适用位置以外，它们的技术是一样的。大多数的瓶装酒冰柜门是滑动的，其位于冰箱的顶部。也有一些门位于冰箱前面，这会妨碍酒保拿取酒水，所以并不建议。瓶装酒冰柜有分隔器来隔离不同品牌的啤酒。虽然它被称为瓶装酒冰柜，但也可以用来储存罐装啤酒。

桶装酒冰柜的门位于冰箱的正面，或左开或右开，内部可以容纳 2 或 3 桶啤酒。便携的桶装酒冰柜底部安装有轮子，对宴会来说十分方便。桶装酒冰柜的顶部有一个灌入酒水的口，也带有水管。在一个便携的桶装酒冰柜中，水管会放入冰柜内的一个桶内。当持续不断地冰镇啤酒时，水管会与地漏系统相连。

在桶装酒冰柜和步入式冷库中，啤酒从桶中流出，是依赖于空气压缩机或者是二氧化碳罐。这也有几种必不可少的成分。举例来说，使用二氧化碳罐的制冷设备，以下是必要的：

- 存储桶的桶装酒冰柜或步入式冷藏器
- 装着啤酒和麦芽酒的桶
- 二氧化碳罐
- 带有压力测量器的压力调节器
- 连接二氧化碳罐和桶以及桶和水龙头的塑料或尼龙软管

- 软管和桶的连接器
- 用于流出啤酒的水龙头

有两种从啤酒桶里放出啤酒的方式：一种在桶的顶部，另一种是在桶的底部。有两条管，第一条为二氧化碳管，它被连接到桶上，然后，第二条管"潜入"桶中，也用连接器连接起来。二氧化碳线会将啤酒或艾尔啤酒从啤酒桶中推挤到第二条管，直到水龙头处。图6-2是一个汲取设备示意图。

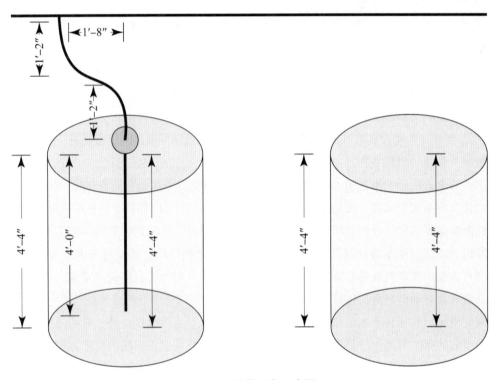

图6-2　汲取设备示意图

二氧化碳罐中的气压为1000PSI。气体经过压力调节器，在室温下减少到12~15PSI，注意，是室温。因此二氧化碳罐必须存储在室外的冷冻桶内或室内。如果它是储存在箱子里可能不能正常工作。储存时应该立起来和靠墙放置以防止爆炸。如果要换地方储存，也应该非常小心地处理。放得太挤可能会导致储存罐像鱼雷一样爆炸，造成严重的伤害和损坏。

生啤酒不需要进行巴氏杀菌但必须冷藏。当储存生啤酒时，更普遍的一个问题是温度不适当。生啤酒应该存储在32~38℉（0~3.3℃）之间。气温过高，啤酒会起泡；在温度低于30℉（-1℃）时，啤酒将被冻结，导致酒精分离，使啤酒变味。图6-3为生啤酒系统示意图。

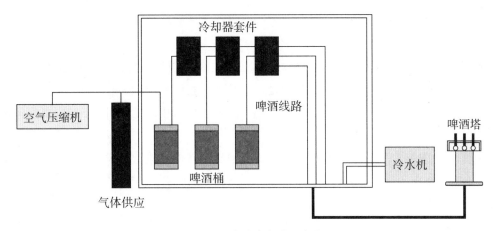

图6-3 生啤酒系统示意图

6.2.3 步入式冷库

步入式冷库（walk-in cooler）是酒吧用来长期储存酒的，而冷却器和酒瓶只是用于短期存储。因此，酒瓶主要用于啤酒的销售，而存货一般放在冷库里。也有许多酒吧，特别是那些大量出售生啤酒的，不用桶分装而是将啤酒直接储存在冷库中。在使用冷库时，啤酒也被分装在桶里，也使用二氧化碳系统。最近还会把氮添加到二氧化碳中以保持产品的一致性。

在理想情况中，储存的地方应该在靠近酒吧的地下室或直接在酒吧内。一是对于大多数啤酒来说，啤酒桶分配器的温度应保持在 32 ℉（3℃）。因此，如果距离很短，啤酒分发管可以放置在一段隔热管内；当距离变长，就要投入更大的成本保证啤酒的传送温度。此外，长距离传输时必须保持适当的压力，所以还要安装和维护提供这种压力的泵。当啤酒从水龙头出来时，如果温度和压力不当，会形成多余的泡沫，或者会产生一种劣质的味道。

开门后冷库要花一定的时间来恢复到适当的温度，而大型冷柜花的时间相对而言短一些。因此，进入的时候时间越短越好。为了使产品保持预期温度，塑料条或空气管可用于减少门打开后冷空气的溢出。

冷库有三种不同的结构类型。第一种是步入式的，它实际上是建筑的一部分，就等于一个房间。这种构造一般体量庞大，多用作食品分发室或大型机构的厨房。

第二种类型为小型步入式冷库，是作为一个整体在工厂建造的，并用卡车从工厂运到餐饮服务场所。通常情况下，这种类型是作为一个户外单元而不是厨房单元，因为它太大以致无法通过标准尺寸的门框。

第三种是最受餐馆和酒吧欢迎的模块化单元。对于大多数制造商来说，是一些 8 英尺高、4 英寸深、1~3 英尺宽的模块。它们在操作现场被拼接到一起，步行通道与天花板的组装方式类似。门模块还包括室内光、电灯开关、温度计等，所有的电器元件都位于这一部分。任何规格的步入式厨房都可以搭建，而不必担心会穿不过门或需要拆掉外墙以进入厨房。

在选择步入式冷库时，应考虑以下因素：

● 确定是左开门还是右开门。注意：所有步入式冷库的门必须安装有一个遥控装置控制门的开关，以防有人被困在里面。无论门是否上了锁，这个装置都必须能开门。

● 门胶条，即门上的橡胶带，是用来确保紧密贴合的时候门是关闭的。记得要确保它是可替换的。

● 加热防冻带。一种绕着门的内侧对门边缘稍微加热的电线，用来防止过度冷凝。这种防冻带在冷冻机中尤其重要，因为冷凝会使门冻结而无法打开。在大多数步入式冷库中，加热带位于门垫圈内。

● 门板。在大多数中小型步入式冷库中，门面板上都有一些额外的组件，包括：冷库内部电灯的开关；防汽玻璃罩里的内部照明；温度计；卸压孔，以避免当冷库门关闭时，温度和压力的变化而可能产生的真空状态。

如果餐厅自带酒吧，酒吧应该有自己的步入式冷库，鉴于瓶装啤酒的盗窃行为经常发生，冷库应该一直保持上锁的状态。

6.2.4　制冰设备

制冰机

在决定购买哪种型号的制冰机前，要对它们的工作原理有一个大致的了解。虽然在制冰的方法上有细微的差别，但大多数机器的制冰过程是一样的：

1. 预冷式蒸发器内包含立方体容器，均匀的水流通过蒸发器进入每一个立方体单元并被冻结。

2. 水继续流动，直到在容器中形成一个完整的冰块。让水不断地流过蒸发器，就会得到一个透明的冰块，而非简单地填满一个立方体单元，因为这样会形成一个浑浊的冰块。当水持续流动，水中的杂质不会在容器中沉淀。当冰达到设定的厚度，立方体单元被填满，冰块形成，水流就会被关闭。

3. 热气被送入蒸发器内，冰块和蒸发器之间形成一层水膜，使冰块从蒸发器薄片上脱落。

4. 冰块脱落之后，冰块就会滑入储冰槽。

5. 当冰块通过挡板后，挡板就会闭合，这个过程就会重复。这最后三个步骤被称为冰的制作。

6. 制作几次后，储冰槽就满了。接下来的冰块无处可去，因此挡板就会无法闭合。当这种情况发生时，制冰机就停止工作了。

7. 当把冰块从容器中取出的时候，挂起的冰块和顶着挡板的冰块会滑到储冰槽中从而使容器关闭。制冰机再次启动，并重复以上的过程。

注：一些机器在储冰槽中装有探头，而不是挡板。当箱子被填满以后，冰接触到探测器，探测器感应到之后就会停止制冰，直到冰块被移走。

有些制冰机用的不是立方体容器，而是把冰块放在一个薄片上。当冰在这个薄片上形成一定厚度时，一个热的金属网就会落下，把冰切成小方块。片状冰就是这样制作的，其厚度比方块状的冰块要小得多。

除了方块状，冰还可以制成半立方体、迷你冰块、圆月、半月、圆圈等其他形状，也可以制造成片状或冰粒。在购买制冰机的时候，记住大多数酒吧饮料，用的是"高球"和"岩石"，即立方体或多面体的冰块。虽然混合饮料也可以用冰块制作，但冰薄片效果更好。大型酒吧应考虑单独购买机器；中等大小的酒吧，立方体是最常用的冰块形状。

冰会从冰库运送到使用区域，并在那里放入另一个冰库。不要把葡萄酒、苏打水或混合瓶装水果饮料放在冰桶里。

一台制冰机的产冰量是基于一天 24 小时，在 60℉（16℃）水温，和 70℉（21℃）室温下。水或室温，每变化 10℉（12.2℃）就会有 10% 的差异。因此，如果一个产冰量为 750 磅的机器被放置在平均温度为 90℉（32℃）的厨房中，在 24 小时内它只会产生 600 磅的冰。

经常会被问到的问题是"我应该购买多大产冰量的制冰机"。虽然每个客人的平均耗冰量会随酒吧供应的服务、饮品种类以及气候条件的不同而不同，但根据经验，每人每天的冰量是 3 磅。如果你经营一家主要销售啤酒的西部乡村酒吧，你会比一家销售大量混合饮料的高档纽约俱乐部少使用一点冰。

尽管制冰机和储冰箱看起来就像同一种设备，但在很大程度上它们是独立的装置——通常是分开购买和运输的。例如，你可以购买一台 750 磅产冰量的制冰机，当安装好后，如果你需要更大的产冰量，另一台产冰量 750 磅的机器可以被叠加到你现在的机器上，使冰的产量翻倍，一共可以叠加三个机器。唯一要注意的是，储冰槽应足以容纳两个或三个机器的产量。这个系统可以有效降低成本，因为如果你操作的制冰机产量不足，可以添加另一台机器，而无须购买另一个全新的装置和另一个循环系统，重新安装地漏所花费的成本也是相当大的。

冷冻饮料分配器

冷冻饮料分配器对酒吧来说算不上基础设备，但它们能制作大量高利润率的冷冻饮料，其价值不可估量。冻卡布奇诺、玛格丽特、得其利和其他许多富于异国情调的鸡尾酒，可以在任何一个有制冰机和搅拌机的酒吧进行供应，这是劳动密集型的工作。而冷冻饮料分配器可以快速、高效地生产。

冷冻饮料分配器有两种，一个只生产雪泥，一个可以产生冷冻奶制品如冰淇淋、奶油、软饮以及雪泥。制冷装置可以是内置的也可以是遥控的。产品可以直接倒进机器进行冰冻，也可以从冷藏室注入。有些智能型号还能监控饮品的使用情况，当机器需要维护或清洁的时候通知操作员。

6.2.5 酒水制作设备

搅拌机

许多酒吧的真正主力是搅拌机。搅拌机容器大小不同，从 32 盎司到 64 盎司都有。容器是由玻璃、不锈钢或类似塑料的聚碳酸酯制成的。由于玻璃易碎、建议使用不锈钢或聚碳酸酯。在大多数型号中，叶片转速为 27000 ~ 40000 转/分钟（RPM）。大多数搅拌机有 2 级调速，而更昂贵的型号有 4 级或更多。

咖啡机

许多酒吧和饮料店已经推出了各种各样的欧式咖啡，如卡布奇诺、意式浓缩和拿铁等。生产这些咖啡的机器有简单的也有复杂的。

有三种不同类型的咖啡机：蒸汽驱动、活塞驱动和泵驱动。虽然所有的机器是不同的，但是它们有一些共同的特性。在大多数机器中，完整的咖啡豆被储存在设备中，然后研磨成粉，咖啡根据订单制作。浓缩咖啡的味道取决于咖啡豆的品质和压实研咖啡粉的压力。一台浓缩咖啡机也可以配备一个冷藏箱来储存新鲜牛奶以及蒸汽棒，用于制作卡布奇诺和拿铁的奶泡。

蒸汽驱动　最早的咖啡机都是蒸汽驱动的，其工作原理是通过一个蒸汽驱动单元利用蒸汽的压力使水通过咖啡。它们至今仍在使用，但家用比商用更普遍。

活塞驱动　这种机器是通过一个水泵给热水加压，咖啡师使用杠杆驱动泵，将热水输送到咖啡粉中。然后通过长柄来分发浓缩咖啡，因此有"拉一杯"的术语。活塞咖啡机有两种：一种是手动活塞操作人员直接将水注入，另一种是由一个弹簧活塞提供压力。

泵驱动　这种机器利用电动泵而不是人力使热水通过咖啡粉。商用机器通泵驱动的。

市场上还有一种生产浓缩咖啡的机器，这是一个全部使用粉状产品的机器。机器里的几只漏斗存有制作欧式咖啡的各种原料。只要按一下按钮，任何人都可以成为"专家"。

碳酸饮料机

有两种类型的碳酸饮料机，另外还有两种调配碳酸饮料的方法。一种是带有按钮的手持设备，通常被称为"酒吧枪"。每个按钮对应一种特定的饮料。按下按钮饮料就被分发了。第二种是一个塔式的匣，每个分配器的头部都有一根杠杆，代表不同的饮料。推动不同杠杆时，相应的产品就能流出。在酒吧通常使用杆枪，餐厅和快餐服务通常使用塔式匣。

在预混料系统中，碳酸饮料被送到酒吧操作台，在 5 加仑的容器里完全混合，装在盒子里的商品随时可以使用，这和你在商店购买 1 瓶 1 升的碳酸饮料是一样的。唯一的区别是倾倒的方法。拿起 1 升冰过的饮料并倒进一个玻璃杯里很容易，但 5 加仑就是另一回事了，再加上对保持商品完整性的需求，以及注入杯中时饮料的适温性，意味着一些额外的设备是必要的。

在商用的饮料机中，二氧化碳罐被连接到一系列的碳酸饮料匣上。当分配器上的按钮被按下时，一定量的二氧化碳将通过饮料匣、冷却设备和点胶阀，进入到一个玻璃容器中。

它通过的冷水机可以是机电冷水机，也可以是冰箱底部的冷却板。如果使用冷却板，就不需要通电，且整个设备可以移动。因此，这种预混料的饮料机与便携式酒吧在宴会上很受欢迎。

与此相比，后混料的碳酸饮料机调配则略为复杂。它也使用 5 加仑的容器，但容器中只有糖浆。混合的过程是：

1. 糖浆被二氧化碳气体从饮料匣里推动，经过冷却机后进入配料阀。

2. 自来水进入机器后经过过滤，然后进入冷水机，再进入碳化器，在那里它会产生气泡（碳酸）。

3. 碳酸水继续进入分配阀门。当按下吧台上的按钮，就会和冰镇的糖浆混合，比例通常为 1 份糖浆兑 5 份碳酸水。

虽然后混料的饮料机初始投资成本较高，因为是额外的设备，但与预混料相比，商品的价格则可以低得多。因此，后混料比预混料能获得更高的毛利，因此更受欢迎。但预混料饮料机在便携式酒吧中却应有优势。

6.2.6　清洗设备

有几种方法可以用来清洁酒吧玻璃杯。经营酒吧是经营餐馆的一部分，玻璃杯可以送到厨房和瓷器一起清洗，以减少占用店面的空间，也可以省下一笔购置清洗设备的费用，缺点是需要额外的劳动力将脏玻璃杯从酒吧搬到厨房并清洁。另一个问题是如果餐馆很忙，或者洗碗机已经忙不过来，酒吧就会没干净的玻璃杯可用。此外，易碎的高脚餐具在送往厨房的途中也很容易破碎。也许反对这种做法最大的理由是玻璃器皿不能"清洁"——洗涤剂残留在玻璃杯上，会导致生啤酒很难得到一个完美的泡沫层。虽然有些餐厅和酒吧使用这种方法，但大多数选择把玻璃杯留在吧台区清洗。

清洗玻璃杯在酒吧后面可以用机器或人手完成。如果手工清洁，需要有一个四格水槽，各端都放有沥水板。把脏玻璃杯放在一个沥水板上，然后把冰、水果及剩下的饮料倒入第一个水槽；第二个水槽是用来清洗的，需要用直立的刷子来清洗杯子内部，可以固定也可以是机械旋转；第三个水槽是用来漂洗的；第四个水槽是用来消毒的。干净的玻璃杯放在另一个沥水板上晾干。不要用手擦干玻璃杯。这套操作可以从左到右或从右到左，取决于酒保或酒吧老板的习惯。

玻璃杯清洗机有几种款式可供选择。所有清洗机都有共同点。首先，它们的主要目的是清洁和消毒，注意，是"清洁"和"消毒"。玻璃杯主要是由加压的水柱冲洗，洗涤剂是用来使玻璃杯上的污渍松脱，水柱最终会将它们清洗干净。大多数商用玻璃清洗机都有 1 ~ 20PSI 的水柱从清洗臂中喷出，这种水压下污渍会轻易被带走。

接下来是用高温或化学物质对玻璃进行消毒，玻璃清洗机又可以分为两种类型：高温和低温。虽然它们的操作方法本质上是相同的，但消毒的方法有很大的不同。高温玻璃清洗机是通过加热而杀菌消毒，在漂洗周期的最后玻璃杯会用热水进行冲洗，水温至少在 180℉（83℃）；而低温玻璃清洗机使用化学物质进行消毒，最高温度为 135℉（58℃），这是为了避免化学物质蒸发消散。

6.2.7　酒吧服务设施设备

吧台设备

人们通常所说的酒吧，其实指的是"吧台"（bar die）。它通常是定制的，以适应房间的大小和装修。在许多情况下，吧台的后面和下方都是四格水槽或玻璃杯清洗机、冰柜、搅拌机和酒井槽。

由于吧台是定制的，它的规格必须非常精确。尽管看起来所有酒吧都不一样，但除了长度，它们的尺寸在大多数情况下是相同的，一般是 42 英寸高，顶部 2 英尺深，其中包括一个 4 英寸长的排水管和一个扶手。在吧台的外侧，有时会在底部安装一个脚踏板给客人搁脚。虽然并不是所有酒吧都有，但在吧台的悬空处给客人提供一个挂包的地方是一个不错的主意，这点在第 7 章会进一步讨论。

后吧设备

像吧台一样，后吧也是定制的。通常情况下这里会储存高级酒和蒸馏酒，存放玻璃杯，有时还会陈列各种瓶装啤酒、艾尔啤酒和拉格啤酒。收款机和 POS 机也通常放在这里。在酒吧里会有大量的生啤酒，后吧的后部往往对着步入式冷库。在下一章中，我们将会讨论更多不同的位置安排。

收银机和销售点系统

处理现金和销售记录是非常重要的。对于小酒吧，老板大部分时间都在店里，一个简单的收银机就足够了。而在较大规模的饮料店，销售点系统（Point-of-Sale Systems），简称 POS 系统，是最佳的选择。这个系统能做到以下这些：

- 直接记录并打印酒吧客人的订单，减少口传而产生的错误。
- 减少客人从下单到获得饮品之间的时间。
- 同时，它将该订单与当班的所有其他订单整合在一起，并向管理层提供销售总额，并按服务员、酒保、饮料和类别分列销售情况。

- 可以接受借记卡、信用卡和礼品卡进行支付。

- 如果服务器有手持设备，一旦有客人下单，需求就会传递给酒保，节省了下单和交付之间的时间。

- 它可以记录所有员工上下班时间，减少非办公时间的劳动力成本。

- 可以与其他软件集成，给出永续盘存，从而使管理者能购买商品、运行检查，并控制好收支平衡。

- 新一代 POS 系统将允许客人在手持设备或吧台上下单，服务员随后把收据交给客人，客人准备离开时，把信用卡或借记卡插入设备并完成交易。这个系统的优点是服务员不处理借记卡或信用卡，因此给了客人一种安全感。缺点是服务员无法进行销售，这样减少了与客人的互动，而无法建立良好的顾客关系。

在为 POS 系统进行设置时，要确保它能完成你的所有需求，或者至少可以被修改以增加更多的功能。

便携式酒吧设备

便携式酒吧可以在户外使用，也非常适合大型的招待会。它们被用于舞厅或大型会议室，那里的房间可以有多种用途，因为这类场所可以任意布局。

便携式酒吧必须是完全独立的，很少有外接的水管或排水渠，也往往没有供电设备。虽然这些障碍都可以克服，但要记住，便携式酒吧只提供饮品而不清洗器皿。酒吧经营者通常使用一次性杯碟或让洗碗工把用过的杯碟运到厨房去清洗。

当布置一个便携式酒吧的时候，它能完全自给自足是很重要的，酒吧里的货品取决于菜单。便携式酒吧可以简单地以 6 英尺长的餐桌为前吧，另一个 6 英尺长的宴会桌作为后吧。塑料桶是用来存储饮料用冰块的，也可以用于冰镇瓶装啤酒、葡萄酒和软饮料（注意！不可使用这些冰制作混合饮料）。

打造一个带车轮的便携式酒吧可以显得更专业。玻璃杯就储存在酒吧里。这套装置通常包括一个冰桶、一些酒和一个工作区域，你可以为混合饮料和软饮料设置一个独立的预混料区。后吧也有轮子，有一个用来冰镇啤酒和葡萄酒的冰桶。如果想为客人提供生啤酒，也可以添加一个带轮子的单桶啤酒分配器，注意，这种设备需要通电。

另一个需要考虑的问题是如何处理现金。如果是一个主人付费酒吧，则没有什么问题。如果客人需支付自己的饮料费，就必须购置收银机，这也是需要电力的。通常是雇一个收银员，收取现金和支票，然后把客人的订单转给酒保，有时酒保也会收取现金。这些问题第 1 章中已经讨论过了。

6.2.8 酒吧环保设备

酒水商业运营时下的一个热潮是让酒吧和相关的设备对环境更友好。这涉及的最重要的一个方面是设备采购，因为酒吧的主要工作都来自设备操作。在选择适合你的产品和型号时，除了其他需要考虑的因素之外还有一个难题：如何采购低能耗或者耗水少的产品。幸运的是，政府已经在能源之星评级系统上做了功课。建设新酒吧时采购能源之星设备，或以其替代老化设备，都可以节省运营商的电费、水费和排污费。能源之星评级系统适用于以下类别的商业餐厅和酒吧设备：烘炉、热食柜、冰箱和冰柜、蒸汽炊具、洗碗机、制冰机、烤炉和烤箱。这些设备相比传统产品而言可以节省50%的能耗。

例如，商业制冷装置，具备能源之星的设计更能为国家节能，因为它的设计与改进的蒸发器和冷凝器风扇电机、高效压缩机，从而降低能耗，最终节省电费。记住，这些改进所花费的钱和一个"能源之星"的设备的花费通常会超过一个标准的设备。然而，与标准模型相比，能源之星商业冰箱可以实现节能高达30%的回报，也就是2.9年。换句话说买方额外的成本将在2.9年里被节省能源成本收回。根据效用率在他们的区域来看，这意味着购买者每年每个冰箱或多或少可以节省200美元。

6.3 如何购买设备

购买设备有正确的方式和错误的方式。通常情况下，酒吧老板和经理们会打电话给他们的本地设备分销商或全能食品批发商，告诉他们需要一个新的设备。他们得到一个或多个制造商和模型的报价，做出决定，然后购买设备。这是十分错误的决定！想一下：购买设备就像买车一样，你永远，永远，永远不会支付价格表上的价格。在开始讨论购买设备的正确的方法时，有必要研究设备如何通过分布系统设备移动和所有者或管理者需要如何在该系统中工作以获得更好的价格。

6.3.1 设备配送系统

要充分了解采购设备，就必须了解配送系统（distribution system）。首先是制造商。他们主要从事设备设计和制造，很少直接卖给餐馆或酒吧。而是雇用制造商代表（manufacturer representatives）。大多数制造商代表都会同时代理多个品牌。当新的设备在建设中时，他们与顾问、建筑师和建造商一起工作，并向他们解释客户的设备。他们也与大型公司和连锁店合作，诱导他们购买厂家的品牌。他们的主要工作不过是让经销商销售他们所代表的品牌，并在市场上销售这些产品。通常这是向经销商通过一定比例的分成来实现。经销商随后会销售、配送给酒吧、餐厅和休闲会所，有时还会负责安装。

6.3.2　设备投标过程

再强调一次，制造商一般通过代理商卖给经销商，而非直接销售给终端用户。从制造商到经销商，利润是相当高的，要留下足够的空间让经销商协商价格。出于这个原因，消费者获得最低价格的最好方法是几个经销商进行投标（bid）。为了准确地招标，必须编写设备的规格说明书。规格说明书（specification）列出了与设备有关的所有重要数据，以便每个经销商都能以完全相同的价格竞标。详细规格将在之后的章节讲述。现在我只想说，招标是以尽可能低的价格正常购买设备的唯一方法。

例如，如果一个酒吧的老板想更换制冰机，他去一个设备经销商那里，经销商会给出一个报价，也许为了促成交易还提供10%的折扣。与此同时，酒吧老板写了一个规范的制冰机规格说明并寄给几个经销商报价投标，折扣可能会在40%～45%的区间。使用投标程序可以节省很多钱，想象一下一家新公司将计划投资10万美元购买设备和家具的情形。

另一个要考虑的因素是制造商、代理商、经销商三者之间的关系。如果制造商有一个他们难以出售的特定型号，就会让代理商去推销。代理商会去拜访经销商，并向他们介绍有折扣的品牌。如果酒吧经理去找一个经销商，并表示"我需要一个新的制冰机"，你猜他会得到哪一个？老板或经理在经过调查了解后明确了自己需要的设备，然后写一份规格说明书，然后发出标书，就能得到对酒吧来说最合适的设备，但对制造商和经营商来说倒并不一定。

这并不是说制造商和他们的代理商或经销商不道德、不诚实，相反，这些大多数都是合乎道德的企业。和其他行业一样，他们需要实现利润最大化，他们想要以可能的最高价格出售他们的产品，即使他们需要提供折扣。这就像一个酒吧，想有高收入，但他们也必须举办一些像"快乐时光"（happy hour）这样的优惠活动来吸引客人进来消费一样。

6.3.3　选择设备

正如前面所讨论的，在购置新设备和决定应该供应哪些饮料、蒸馏酒、葡萄酒、啤酒；或者在现有的运作下，什么饮品或新设备是应该被替换的，都需要仔细考虑。鉴于此，购买一些特定的设备就应该被提上日程，设备的功能应是重中之重，然后据此锁定厂家和型号。记住，型号通常标明了设备所具有的功能和特性。

选择设备有两种途径。一是通过制造商的目录。每一页介绍一种设备，包括其设计、功能、尺寸、结构和其他用电、用气或用水的数据。虽然你可以去经销商那里细读他们的目录，但经销商和制造商并不总是在联络，因而目录通常并不是最新的。最简单和最好的方式是在互联网上购买设备。利用不同的制造商的网站，可以快速、准确地获得信息。

另一个途径是参加各种展销会，比如在芝加哥举行的全国餐馆协会（NRA）展销会，在纽约举行的美国酒店和住宿协会（AHLA）展销会，或者食品设备制造商协会（NAFEM）展销会，不同城市都会举办，许多国家协会也会举办全国性或区域性的设备展销会。

你应该投入必要的时间来选择合适的设备，一个顾问会给你更好的指引，他们收取的费用往往被设备投标所省下的费用所抵消，而不是进了经销商的口袋。

餐厅和酒吧老板们往往存在一个误解：购买二手设备可以省钱。这可能对的，也可能是错的，取决于几个因素。

首先，人必须了解设备，知道自己的需求是什么，同时也要清楚售价。很多时候，人们会在推销活动中失去理智，或者被二手设备推销员的花言巧语所吸引，然后花几乎和新产品一样多的钱购买二手设备。想一想，大多数新设备有质量保证和保修服务，这两点就值得你去购买新设备了。考虑一下设备的工作条件，它要被使用多久？当采购者使用"购者自慎"的经济理论，让客人"小心使用"。当你离开拍卖会或与二手设备销售者告别后，设备的问题就是你的问题了，并且你没有申诉权。

一个很好的经验法则是，设备的活动部件越多，人们就越倾向于购买新的。例如，如果需要一个不锈钢工作台，那买二手的就可以了，因为除了抽屉滑轨外，它没有任何活动部件。一个四格的水槽，唯一可能磨损的部件是水龙头。如果一个二手水槽的价格加上新水龙头的价格比新水槽的价格要低，那么它就很划算。另一方面，在购买桶式冷却器时，有很多零件可能需要更换：压缩机、冷凝器、蒸发器、冷媒、门铰链和把手、架子等，而值得一提的是，大多数的全新冷却器都有五年的保修期。在购买任何制冷设备时，都推荐购买全新的。

和买新设备一样，所购买的部件也要确保能适应所分配的空间，电源也要匹配。此外，请记住，如果购买的是新设备，一般是送货上门的。而在拍卖会上或从其他酒吧老板那里购买二手设备时，你要负责运输。

6.3.4 招标书

在采购新吧台设备时，投标过程中首先涉及的是招标书（bid conditions），有时也称为竞价邀请。这两者是一样的，它们都凸显了投标人的规则，也是经销商所需要遵循的。这是一个重要的文档，因为消除了买方和卖方之间认识的不一致。这也使所有投标人得以公平竞争，就是每个人都在同等条件下竞争同一个项目。一份标书可以很长，也可以很短，但无论如何，它是一个法律文件，都应该仔细撰写。标书应包含以下信息：

- 工程进度。如果是购买一台设备，那就很简单的，确定什么时候交货即可；如果是一项作业，调度过程就成为重点，工作提前完成，往往有奖金，若落后于预定计划，则会被罚款。

- 支付时间表。买方何时和如何付款？业内标准的付款计划是30/60/10。即中标人在中标时，将获得标价的30%，在设备交付或完成工作时获得60%，30天后获得10%。这最后的10%一定不要急着给付，以防设备出现故障或其他问题。

- 保险由投标人持有。酒吧老板应该关心的主保险是责任和工人的赔付，如果在交付或安装时发生意外。投标前应向酒吧业主出示保险证明。

● 交货条件。设备是需要被运送并留在装货码头上，还是要放置到位，抑或被安装并连接到公用设施上呢？

● 安装。这个标准可能会很成问题。一些经销商会将设备与公用设施连接起来，而另一些则不会。标书应该明白指出谁来负责这项工作。如果经销商需要安装新设备并连接到公用设施，是否会有工会方面的问题？经验表明，最好的方案是让经销商安装并连接所有的设备。如果工人把设备连接起来了，但设备不工作，他们会怪罪到设备本身上；而经销商会说是连接错了，然后让买家自行解决这个问题。

● 一般建设标准。这与该设备是如何制造的有关，在采购多件设备时这一点尤其重要。一般来说，监管机构的认证或者批准足以确保设备的正常制造。虽然在美国制造的大多数设备符合这些标准，但许多进口设备却并不符合。随着全球经济的到来，确保设备获得批准是明智的。

6.3.5　规格说明书

招标书写好后，就要制作规格说明书。说明书可以打印成册，也可以上传到制造商的网站。一个设备说明包含以下 7 个部分：

1. 设备名称
2. 制造商名称
3. 型号
4. 尺寸
5. 材料
6. 动力源
7. 其他信息

规格说明书的前四部分是不言自明的。第 5 点，材料，往往需要考虑清楚：你需要设备是由什么制作成的？比如冰箱，它可以有不锈钢或铝制成的外观。第 6 点，动力源，这是非常重要的。一些设备可以用电力或煤气供电，一个很好的例子就是玻璃清洗机上的辅助加热器，可以用燃气或电把水加热。如果设备用电力运行，必须使用正确的电压，否则设备不能工作。第 7 点，其他信息，是不涵盖以上 6 个部分内容的数据。大多数设备有多种选择，可以另付费购买。如果需要这些选项中的任何一个，将在此列出。表 6-1 给出了规格说明书的一个示例。

为了让经销商报价合理，他们必须明确知道你想要什么。如果他们的想法有任何不妥，或说明书写得不准确，请放心，他们会以最低的价格竞标来获得更便宜的替代品。其结果是，你不会得到你认为自己要得到的东西。

表6-1 规格说明书示例

规格说明书

设备名称：多维数据集带槽制冰机

制造商名称：苏格兰人

型号：CO522 制冰机，内置 B322S 储冰槽

尺寸：制冰机 22″/24″/23″ 储冰槽 22″/34″/44″

材料：不锈钢

动力源：115 伏/60 转（HZ）/单向

其他信息：

- 储冰槽应置于在 KLP8S 的四个支架上。
- 应提供一个 7/8″×7/8″×7/8″的空间。
- 应包括变电站冰级控制系统。
- 质保包括三年的部件和所有部件的人工，五年的部件和蒸发器的人工，五年的压缩机和冷凝器的部件。

6.4　酒吧设备的清洁和维护

6.4.1　制冷设备

对酒吧设备的维护职责主要在于制冷设备。如果使用玻璃清洗机，也要对清洗机进行一些维护。关于制冷，应每月对设备执行进行以下维护，每周分配一项：

深层清洁 从制冷机组上移除所有物品并放置在他处。若是步入式冷库，请将所有物品转移到另一个货架。然后用干净的布蘸温和的洗涤剂擦拭内部和外部的墙壁、顶板、地板和架子。对于厚重的污渍，可以使用温和的抗磨损的清洁液对付。如果是不锈钢外壳，则可根据制造商的说明涂一层薄薄的不锈钢抛光。

门垫清洁 用温水溶解小苏打清洗门垫，然后用干净的布擦干。如果门垫有裂纹或磨损，就需要替换。门垫的目的是确保门的周围完全密封，以保存冷气并防止暖空气进入。裂缝或磨损的门垫圈也会让水分进入冷库，使制冷组件超负荷工作，大大缩短寿命。

冷凝器线圈清洁 在进行清洁之前，断开电源装置。用硬毛刷清洁冷凝器盘管，小心不要弄弯盘管。如果发现线圈被完全阻塞，应每隔一周进行一次清洁。

定期除霜 霜冻会堆积在蒸发器上，应逐渐增加除霜频率。

门铰链润滑 用凡士林润滑门铰链，并检查铰链螺钉，保证它们是拧紧的。

针对步入式冷库，每月还有几个额外的维护工作要执行。首先，检查绕着门的加热器导线，它通常位于门垫里，其触感应该是温暖的。还要检查导线周围是否有霜或水汽。如果发生这种情况，打电话给合格的服务承办商进行更换。如果冷库是采用模块化构造，检查内部

的插头和按钮，如果缺失就要重新放置，这可以防止水分渗入面板内而破坏墙体的保温功能。

6.4.2　制冰机

根据需要应定期清洗制冰机的外部和储冰槽。用干净的湿毛巾进行常规清洗。对于较重的污渍，则根据制造商的说明使用抗磨损的洗涤剂。机器和储冰槽应至少每 6 个月清洗 1 次，如果水质不佳，清洗次数要更多。清洗制冰机的内部时，要完成两个程序：一是清洁程序，去除石灰和其他矿物质；二是消毒程序，移除藻类及生物黏泥。这两个程序应分开进行。

注意：不要为省时间而将清洁程序和消毒程序混在一起。

- 当机器完成一次制冰，将其关闭。如果多个机器供给一个储冰槽，关闭所有的机器。
- 从储冰槽中清空所有冰。
- 将开关调到清洁档。
- 进行清洗和消毒的程序时，使用橡胶手套、围裙和护目镜。
- 根据制造商的说明，把适合的洗涤液注入机器。一些厂家指定洗涤剂要注入水槽，另一些则指定将洗涤剂添加到水位控制管或控制蒸汽箱。必须使用与机器相适应的清洗解决方案，这些方案都可以从制造商处订购。自行以不正确的方式进行清洁可能会使保修失效。
- 执行清洁程序后，机器会自动进行，持续大约半小时。
- 根据制造商的说明冲洗机器。
- 使用制造商推荐的消毒解决方案重复此过程。
- 完成消毒程序后，将开关从清洁档调到制冰状态。

虽然制冰机是自动清洗和消毒，但是还要清洗已经被清空的储冰槽。可以使用温水溶解小苏打或温水溶解家用漂白水的方法冲洗垃圾箱并消毒。不要用强腐蚀洗涤剂、抛光装置或防腐剂进行内部容器的清洁。

除了清洁和消毒储冰槽，如果使用风冷式冷凝器的话，还有必要每月清洁。肮脏的冷凝器会降低机器制冰的效率，还缩短冷凝器的寿命。注意：在清洗冷凝器前，记得断开电源。

用软毛刷或用带真空附件的专业设备清洁冷凝器散热片，小心不要弄弯散热片。如果散热片弯曲了，应该用散热片梳将它们拉直。如果散热片未能充分清洁，可使用空气压缩机或商业冷凝器盘管清洗机清洁。

清洗风扇时，使用湿布擦拭叶片和电机的外部。不要让水进入电机。

检查水管和配件是否有泄漏。确保油管不会与其他油管或面板产生摩擦或振动。

6.4.3　碳酸饮料机

每天通过倒出第一杯饮料和测量第二杯饮料的温度来测量饮料的温度。温度应在 40 ℉（4 ℃）或以下。

每周清洁糖浆盒。检查糖浆连接器止回阀是否泄漏，并用洗涤剂和温水清洁连接器周围并冲洗干净。如果是连接保鲜箱或糖浆罐，用洗涤剂和温水清洁连接器内部并冲洗干净。

每季度，通过使用糖度杯和糖浆分离器检查是否有适当的碳酸水流动。流量应该在4秒内达到5盎司。还要检查糖浆水比率是否适当，通常为1∶5。如果这些数据中的任何一个不在标准范围内，就要请有资质的人来调整系统。除了糖度杯和糖浆分离器，还可以用折光仪测量糖浆水比率。如果制冷机组配备风冷式冷凝器，可以用真空吸尘器进行清洁。

每三个月，整个碳酸饮料系统应由一名主管碳酸饮料的专家彻底检查。大型企业的糖浆制造商如可口可乐、百事可乐等，都免费为客人提供这项服务。

6.4.4　啤酒系统

整个啤酒系统，包括龙头、啤酒灌装线和攻丝设备应每月进行一次化学清洗。此外，每更换一个桶，整个系统都应该用干净的水冲洗。如果你想要供应口感好的啤酒，这点是很重要的。避免产生下面的问题：

- 细菌像人类一样，嗜好啤酒。水龙头上的绿色或黄色物质可能表明有细菌在生长。尽管这些细菌不一定是有害的，但它们会影响啤酒的质量。经常清洗设备，防止细菌产生以保持啤酒质量。

- 记住，所有国内啤酒草案都含有酵母的发酵过程。少量的酵母仍然在啤酒中。当新鲜啤酒的温度超过50℉（10℃）时，二次发酵就可能会发生。如果没有定期清洗，啤酒龙头可能会显示酵母的堆积———一种看起来是白色的物质。

- 所有啤酒都含有钙，是在谷物酿造使用过程中产生的。这对通风系统很重要，因为当它氧化时，会覆盖在啤酒管道和设备的内部形成啤酒垢。这层物质会防止啤酒在流经系统时吸收金属或塑料的味道，但如果系统缺乏清洁，啤酒垢堆积过多开始脱落，就会导致色泽问题。如果啤酒中出现带褐色的片状物，或者在啤酒管道的水龙头或内壁上有褐色物，就会出现啤酒石。

为了清洁管道，应该在购买洗涤剂配药系统时一并购买灭菌器附件。该装置连接到配液头，并将消毒剂泵入整个系统。使用温和的洗涤剂和水清洁管道内外，每月使用硬毛刷子清洁冷凝器。

如前文所述，温度对于啤酒是非常重要的。大多数桶装储存设备的温度都是在工厂设定的，如果要更改，可以通过制冷机械单元调节。用螺丝刀将调节螺丝顺时针旋转以增加温度或逆时针旋转以降低温度。

6.4.5　玻璃杯清洁机

每天营业结束的时候应清洗玻璃杯自动清洁机。虽然有一些制造商和型号上的差异，但基本上都可遵循以下过程：

1. 营业结束后，排掉机器中的水。
2. 排完水后，将电源开关调整到关闭的位置。
3. 打开门取出低喷淋臂。
4. 检查喷嘴以确保没有任何可能影响喷雾功能的碎片。
5. 从喷淋管上移开端盖，用刷子清洁。
6. 用水冲洗歧管。
7. 清除和清洁废料，小心地泵进滤网，避免任何废料颗粒落入罐内。
8. 用干净的水清洗水槽。
9. 小心地将废料盘从集水仓中取出，避免任何废料颗粒落入集水仓内。
10. 彻底清洁集水仓的内部。
11. 检查洗涤剂的存量，有必要的话进行补充。
12. 替换所有的零件。
13. 把门打开一夜，让其干燥。

6.4.6　咖啡机

与所有设备一样，为确保其正常运行，清洗咖啡机及其部件十分重要。某些咖啡机是进口的，维护和清洗方式有所不同，最好查询制造商的说明。但有一些步骤是相同的：

- 清空渣屉，并用温和的洗涤剂冲洗。
- 每天将咖啡豆储料器取出，将豆子倒空，然后用干净的干毛巾将储料器擦拭干净。
- 清空所有可能堆积在磨床周围的渣滓或豆子。
- 移除滴油盘，并用温和的洗涤剂清洗。
- 用湿毛巾和温和的洗涤剂擦拭机器外部。
- 每次使用后，应使用湿毛巾和少量蒸汽清洁蒸汽棒。
- 每天移除、清空并清洗奶罐。
- 如果这台机器有任何的电子功能，必须小心避免弄湿这些区域，使用微湿的毛巾来清洁。

本章小结

这一章为你提供了酒吧设备很丰富的信息，如果合理遵循会为你节省大量的金钱。酒吧设备采购是一项花费巨大的事情，重要的是知道要买什么，以及如何购买。理解酒吧设备如何工作对选择特定设备非常有用。

虽然不同类型的设备在酒吧布局中都有使用，但是冷藏设备是最常见的。制冷系统的主要部件包括压缩机、冷凝器、蒸发器和温控器。冷藏设备类型多样，包括用于储存瓶装和罐装啤酒的瓶盒和用于储存啤酒桶的桶盒，销售大量生啤酒的公司会直接从冰箱里注杯。理想情况下，步入式冷库应该位于吧台附近。因为传输管道越长，浪费的啤酒就越多。在一个设计合理的酒吧，步入式冷库的后壁将毗邻后吧。另一种制冷设备是制冰机，它可以制造立方体的冰，也可以制造其他形状和大小的冰，包括冰片和冰渣。制冰机的能力是基于 24 小时内，60℉（16℃）水温和 70℉（21℃）室温的条件下。

其他类型的设备包括冷冻饮料分配器、咖啡机、榨汁机和碳酸饮料机。有两种类型的碳酸饮料机：预混料和后混料。预混料在便携式饮料服务中使用次数最多，比如宴会。而后混料主要用于固定的酒吧布局。在这两种类型的酒吧里，碳酸饮料通常都是用酒吧枪分配的。

玻璃杯清洗机是另一种酒吧必备的设备。它可以是简单到带刷子的四格水槽，可以是机械或手动的，也可以是位于吧台下的自动洗碗机。

大多数的酒吧设备要么位于酒吧前面部分的吧台下方，或作为后吧的一部分。有许多不同的设计酒吧的方式，这些将在下一章被介绍。

采购酒吧设备时，至关重要的是要尽可能购买节能设备。虽然最初的成本较高，但所节省的能源将远远超过最初的投资。政府已经制定了能源之星评级系统，可比传统设备节能高达 50%。

本章还讨论了应如何购买设备。不管你是购买单一的设备或装修整个酒吧，考虑这些：如果你买了一件设备，你可能就会为你当前的培训付费。如果你是开一家新的酒吧，你可能会支付一到两年的学费，如果你开一家大型酒吧，你可能需要支付全部的学费。就是这么重要，一定要把它搞好！

配送系统从制造商开始。他们设计和制造设备，聘请制造商代表把产品介绍给经销商，然后，经销商向餐厅、酒吧和酒廊推销并交付设备，有时也会负责把设备安装到餐厅、酒吧和酒廊内。

购买设备的正确方法是让多个经销商对设备进行竞标。为了使投标准确无误，必须写出设备的规格说明书。一份规格说明书列出了所有与设备有关的重要数据，以便每个竞争者得到对产品一致的了解。通过投标，你可以获得该设备的最低价格。在餐厅和酒吧的业主间还有一个普遍的误解：通过购买二手设备，他们可以节省大笔的钱。这不一定是真的。

购买和安装设备后，正确的维护很重要。制冷设备的内部应当被深层洁净，所有机组的冷凝器盘管应每月清洗一次。清洗制冰机内部时，要完成两个程序：一是去除灰尘和其他矿物质的清洁程序；二是去除藻类和生物黏泥的消毒程序。整个啤酒系统，包括水龙头、啤酒灌装线和攻丝设备，应每月进行一次化学清洗。此外，每次更换一个酒桶，整个系统都应该用干净的水冲洗——如果你想要提供优质啤酒，这是非常重要的。营业结束的时候，应清洗玻璃杯清洗机。正确的设备维护，会延长设备的使用寿命并给你的投资以更大回报。

习题

判断题

1. 酒吧制冷设备的工作原理是将冷空气注入制冷室。

2. 制冷设备有两种温度设置：低温度设置和高温度设置。

3. 当水在蒸发器内连续运行时，就可以形成一个完整的立方体冰块。

4. 消毒玻璃杯唯一合适的方法是通过使用热水消毒。

5. 吧台和后吧通常是定制的。

6. 一个设备经销商卖给你一件设备时，他们需要负责设备的运输和安装。

7. 与其以低价去购买二手制冰机不如购买一台全新的设备，因为节省的钱可以抵消使用旧机器工作所需要的维修费用。

8. 因为对酒吧设备的维护是很昂贵的，因此只有在必要的时候才会进行。

讨论题

1. 阐述不同情境下酒吧设备选择的不同标准，如新酒吧的设备购置，更换现有设备和添加新设备。

2. 讨论预混料和后混料的碳酸饮料的区别，包括所需设备、成本和盈利能力。

3. POS 系统较之收银机的优势。请举出一个应用的例子，并说明为什么它将被运用于特定的应用。

4. 讨论采购酒吧设备的正确方法。

第7章 酒吧规划与布局

学习目标/Learning Objectives

1. 掌握酒吧规划的主要内容。
2. 理解空间利用、移动路线和商品路线的重要性。
3. 学会最大化地利用空间，设计一个传送距离最短和最省力的酒保工作区。
4. 学会执行一个概念性酒吧布局。
5. 学会绘制一个酒吧布局图，并明确每一件设备的位置。
6. 与建筑师、顾问、室内设计师和建筑商交流酒吧的修建。
7. 了解酒吧室内设计的各种元素。

关键词汇

直线型酒吧（Straight Line Bar）

"L"形酒吧（"L" Shaped Bar）

长方形酒吧（Rectangular Bar）

"U"形酒吧（"U" Shaped Bar）

圆形酒吧（Circular Bar)

服务型酒吧（Service Bar）

物料路线（Material Flow）

移动路线（Traffic Flow）

工作中心（Work Center）

工作区域（Work Section）

干货库（Dry Storage）

冷藏库（Cold Storage）

冰仓（Ice Bin）

快速取酒架（Speed Rail）

原料仓（Mix Bin）

搅拌区（Blender Stand）

玻璃架（Glass Rail）

候座区（Wait Stands）

平面图（Plan Drawing）

立面图（Elevation Drawing）

本章概述

第 6 章中讨论了经营一家酒吧所需的各种不同的设备。在这一章，我们将了解在哪里放置这些设备，从而可以以高效且低成本的方式运营。这是重要的一章，因为在规划阶段犯的任何错误都会影响后续运营。这份计划制定后，多看几次，尝试走一遍收货、储存、制作饮料和服务传递的流程。问问你自己：这个设备放在这里最合适，还是它在其他地方会工作得更好？向你信得过的业内人士寻求帮助和建议。没有人比酒保更清楚如何布置酒保的工作中心，也没有人比服务员更清楚如何布置鸡尾酒服务区。

在制定计划的过程中，你还必须与其他一些人一起工作，这些人也会对计划的最终结果有发言权。他们都是隶属政府部门，如分区、建筑规范、消防法规、酒类控制和健康部门人员。法律和规章是有明文规定的，这是为了保护你以及你的客人。虽然这些人有时看起来和你作对，但请记住，总体而言，他们是为了每个人的利益而存在的。其他将与你一起工作的可能还有建筑师、建设者、布局顾问或室内设计师。运用自己的专业知识并采纳别人的意见，你最终会有一个好的计划，它会伴随你的整个事业。

7.1　酒吧规划

食品和饮料业务在接待服务业中是非常独特的，因为它是为数不多的产销一体的行业。与典型的零售业务有一个小仓库和一个大的销售区域不同，在餐饮服务环境中，你有储藏室、生产空间（厨房和酒吧）和销售区域（座位区）。正因为如此，为了能实现利润最大化，对新操作的仔细计划是必需的。在制定楼层平面图时，必须先考虑几个普遍的问题，然后再制定下一步的计划。

酒吧操作的布局是这个酒水运营计划的组成部分之一。在布局规划的制定过程中，管理者必须牢记，业务的目标是赚取利润。投资者，无论是个人、团队、公司或银行，都想要看到投资回报。规划阶段对于获得投资回报以及酒水服务设施未来的成功都是至关重要的。在此做出的每个决定都会有持久的影响，例如，如果搅拌机使用的电源插座位置不对，就会导致搅拌器出现故障。如果要把它移到合适的位置，要么一劳永逸，要么所费不菲。在整理布局的时候，有很多事情需要考虑，不应仓促冒进，而要谨慎行事。

7.1.1　人口统计和菜单

我们在前面的章节中讨论过人口结构统计数据，菜单决定了你将要购买的设备的数量与类型。在这里重申这个问题是很重要的——客人是谁？他们想要消费什么？位于蓝领、中等收入人口区的酒吧会想要大量的啤酒和简单的饮料，如"冰上啤酒"或高脚杯鸡尾酒等。如果与高端的葡萄酒酒馆对比，你可以看到在菜单供应、室内装修、设备采购和最终布局上都有巨大的差异。

准业主往往会购买不必要的设备。他们冲到竞拍会去采购，买下的一半没用，另一半不是他们需要的。又或者他们被过分热心的推销员说服："你们必须有这些！"如果你不打算卖很多玛格丽塔酒，你就不需要一台玛格丽塔机器——搅拌机就足够了。菜单一旦确定，你就可以拟定设备清单和考虑放置设备的空间布局。

设备的放置是非常重要的，必须按逻辑顺序进行。在放置设备时需要考虑几个方面，包括空间的利用、酒吧的形状、物料路线和移动路线以及未来的规划。

7.1.2 空间利用率

任何布局的最终结果应该是最大限度的利用空间。为了使利润最大化，投资回报率最高，你必须尽量多地销售。销售与座位密切相关。因此，用于设置座位的空间应该最大化，而其他空间应最小化。除非你在设计你自己的建筑，否则所分配的空间便是租用的店面或另一个综合建筑（如酒店、会议中心或体育场）的一部分。由于酒吧所占的空间没有统一的形状和尺寸，所以没有定式的布局方案。尽管如此，但有一些概念是需要遵循的，如何将其融入指定的空间中是一个挑战。

为了讨论空间利用率，我们必须首先讨论多少空间将被设备占用、多少空间对员工的工作是必需的，以及客人的座位需要多少空间。以下是一些基本的经验法则：

吧台 客人就座的地方被称为吧台。吧台一般来说从前到后宽约 2 英尺，再多留 1 英尺给吧台下的设备。图 7 - 1 显示了吧台的侧面示意图。

后吧 这是酒吧后面的区域，通常也是 3 英尺宽。用于储存和展示所谓的高级品牌酒。

工作通道 这是吧台和后吧之间的区域，是酒保工作的地方。它应该至少有 3 英尺宽，甚至可以达到 5 英尺。这里的空间分配量是由运输量决定的。如果酒吧业务繁忙的，需要多个酒保，分配的空间应更接近于 5 英尺；如果只需要一个酒保工作，那 3 英尺足够了。这是因为一个人应可以站在一个地方并轻松地转身去拿身后的东西，如果超过 3 英尺就意味着他们必须走动才能取物。

吧凳 酒吧高脚凳放在吧台供客人就座的一侧。从吧台边缘到凳子的后面要留出 2 英尺的距离。

客人通道 在酒吧凳子和客人的后面是一条过道，为它分配的空间最小应为 3 英尺，4 英尺会更舒适。

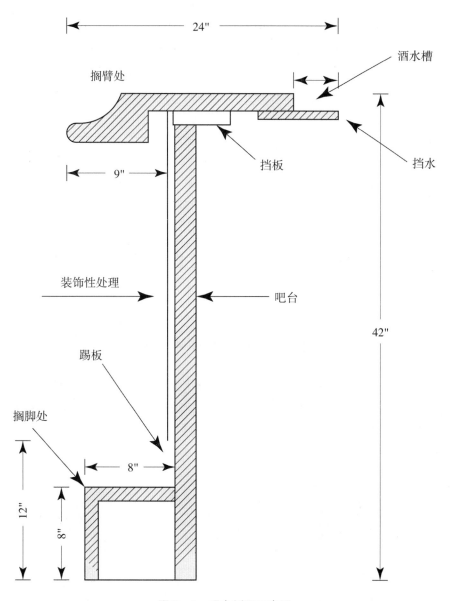

图 7 - 1 吧台侧面示意图

7.1.3 酒吧形状

当决定酒吧的形状时，请记住。角落促进了酒吧客人间的交流，因为他们可以看到彼此。虽然角落并不总是可行的，但如果有可用空间，就应该被考虑。考虑到没有什么比酒吧本身的形状更能影响整个空间的使用，以下几种形状的酒吧是较为常见的：直线型酒吧、"L"形或转角型酒吧、长方形酒吧、"U"形酒吧和圆形酒吧。

直线型酒吧（straight line bar） 该类型酒吧最好在又长又窄的建筑里使用。实际上，它可能是唯一的选择。酒吧的最小宽度大约是 14 ~ 17 英尺（请参阅图 7 - 2）。这允许后吧有 3

英尺，工作空间有3英尺的（这是最低要求，理想情况下应该是3~5英尺），吧台有3英尺，吧凳区域有2英尺，过道有3~4英尺。直线型酒吧的缺点之一是，人们光顾酒吧常常是为了社交，但一条直线不太有利于此。

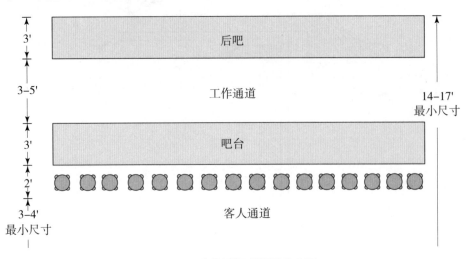

图7-2 直线型酒吧平面示意图

"L"形酒吧（"L"shaped bar） 虽然这种形状可以在任何形状的房间里使用，但通常在"L"形的建筑中被使用。最小宽度要求和直线型酒吧相同。"L"形酒吧的优点是，客人可以面对面地进行交谈。图7-3显示了"L"形酒吧的平面布局。

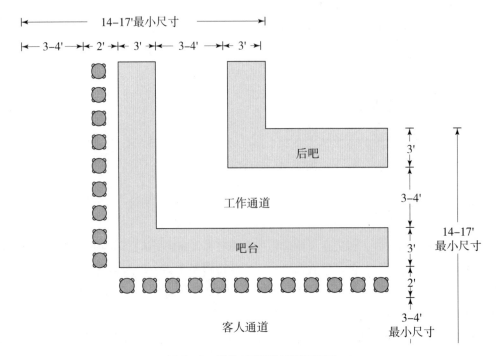

图7-3 "L"形酒吧平面示意图

长方形酒吧（rectangular bar） 这种形状占用很多空间。观察图7-4，你可以很容易地看到，至少需要25~28英尺。这种类型的配置有一些缺点。许多长方形酒吧利用后吧空间点酒，这阻碍了酒吧另一边的视线。这不仅减少了客人间的互动，还让酒保很难看到另一边的客人的需要。把酒存放在其他地方，使视线从一侧到另一侧不受阻挡，就可以解决这个问题。酒保可以看到整个酒吧，客人也可以在酒吧里交流。此外，一个矩形酒吧有更多的转角，可以让客人相互交流。缺点是酒保必须频繁移动才能保证酒吧的所有服务。

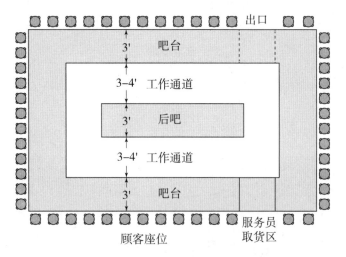

图7-4 长方形酒吧平面示意图

"U"形酒吧（"U" shaped bar） 类似一个长方形酒吧中间嵌入一个后吧。通常后吧和冷藏室的生啤酒存储桶连接。请参考图7-5"U"形酒吧的平面布局。

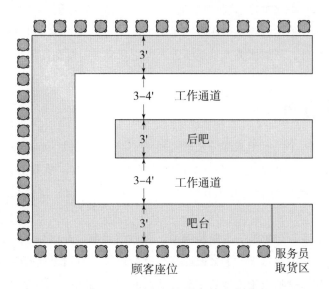

图7-5 "U"形酒吧平面示意图

圆形酒吧（circular bar）　这是长方形酒吧的变体，但它不是很受欢迎，因为它往往颇浪费空间。最普遍的是建筑已经被设计成一个圆圈，以容纳一个圆形酒吧，桌子以圆形的方式被安排在一个圆形的空间中。图 7-6 显示了一个圆形酒吧的平面规划图。

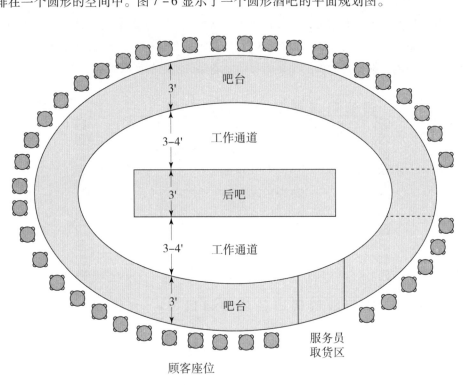

图 7-6　圆形酒吧平面示意图

服务型酒吧（service bar）　这种酒吧通常不会对空间造成任何影响，因为其空间相当紧凑，只有服务员使用。虽然它是一个库存充足的酒吧，可以生产菜单上的任何饮料，但没有为顾客提供住宿。此外，只要服务人员能够进入，它几乎可以设在任何地方。

7.1.4　物料路线

酒吧布局过程的一个关键组成部分是确定操作中的物料路线（material flow）。付款之后，商品被运送到目的地。收货功能是整个酒吧物料路线的第一步。从收货到入库，再到生产，最后到服务。上一个环节到下一个环节应该在一条直线上进行，避免交叉，使用尽量短的距离。

为了说明问题，可以想象有一批瓶装啤酒，在后门签收，并运到步入式冷库中储存。如果步入式冷库位于厨房的最远端，那么搬运路程就会过长，沿途也会打扰到厨房工作人员的工作，造成不便。如果酒吧位于大楼的尽头，那么问题就会加倍，因为货物在送往酒吧的路上又要再次经过厨房。

运送需要时间，而时间就是金钱。虽然啤酒从收货区到储存区再到吧台似乎是一个简单的任务，但当你把所有其他采购的材料及其要求考虑进去后，情况就会变得十分复杂。这就是为什么要请顾问来确保所有的事情都能连贯地进行。表7-1给出了一个物料路线的例子。

表 7-1　物料路线示例

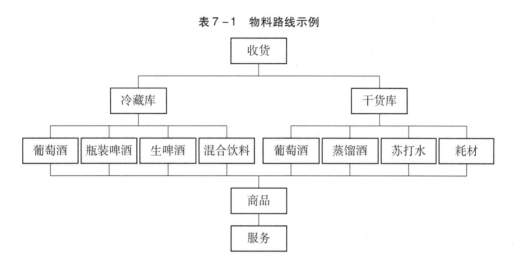

当材料到达酒保的工作区时，材料在该区域的摆放就变得至关重要。正如我们后面所看到的，在一个理想的酒吧中，酒保可以一步到位完成点菜。因此，酒瓶、生啤臂、瓶装啤酒等都需要按照合理的顺序摆放。搅拌器或冰桶等设备同样需要考虑，后面我们会讨论。

7.1.5　移动路线

如果布局正确，材料在一条没有交叉的直线上流动，那么移动路线（traffic flow）也很可能是正确的。这里真正的难点在于距离。整个布局应该尽可能地紧凑。你的员工要走的路越多，完成任务的时间就越长，他们就会越累，随之而来的就是生产力的下降。例如，我们说过，在理想的酒吧中，酒保不需要走动。但在现实中，这个理想很少能实现，他们必须要移动一些距离。虽然这似乎不是什么大问题，但考虑到在 8 小时的当班中，每份订单都要走一段路才能完成，这将会让员工疲惫不堪。

7.1.6　未来规划

最后一个需要研究的要点是未来规划。一个酒吧开业了，成功了，往往想要扩大经营，但是却发现无从下手，因为原来的布局没有考虑到可能有一天想要扩大业务。当我们宏观地看酒吧的形状，它的位置，设备的位置，以及物料路线和移动路线的样子，再想想"如果"扩张的话会是什么样子。

例如，如果隔壁的店面可用，并且销售有一定的保证，那么如何用最少的成本将它纳入到原来的经营中呢？吧台是否足以处理新增的业务？如果不是，它可以扩展吗？为增加的座位增加一个服务酒吧会是答案吗？它的步入式冷库是否足够容纳额外的酒桶和啤酒？卫生间的位置是否方便于整个酒吧？如果涉及餐厅，厨房能否负担额外的生产？在这个节骨眼上进行合理的计划可以大大节省今后的开支。

7.2　酒吧布局

现在我们已经看到了大致的画面，知道了房间的形状和空间的大小，我们可以进一步细化了。餐厅布局包括两个部分：工作中心（work center）和工作区域（work section）。工作中心是一个员工完成一项任务或一组类似任务的地方；工作区域是发生一组类似功能的地方。例如，在厨房里，一个人可能要做沙拉的预制和装盘工作，这是一个工作中心，附近的另一个人可能在为自助餐准备冷盘，另一个人可能在为招待会准备冷餐点。这些所有功能都发生在工作中心，它们连接在一起组成工作区域，在这种情况下，就是一个整洁的厨房。

厨房的布局是相当复杂的，虽然很多饮品店都有全套服务的餐厅，但我们在这里只讨论酒吧。酒吧的布局就简单多了。首先，酒吧没有工作区域，只有工作中心。工作中心有收货区、储藏区、调酒区、洗杯区、服务区、顾客区、辅助区。

7.2.1　收货区

这是个小区域，应紧邻卸货区。它应该包含一个桌子，供送货员放置物品进行检查和清点。如果涉及厨房，还需要一个秤来称量肉类和农产品。这是一个重要的地方，也是很多布局中被忽略的地方。成本较高的白酒、葡萄酒和啤酒一定要正确地收货，以保持良好的状态。以及，请确保所有已付款的东西都实际上收到了货。

7.2.2　储藏区

这个工作中心有两部分，干货库（dry storage）和冷藏库（cold storage）。干货库应该是一个上锁的储藏室。酒类和常温酒经检查签收后，直接被送入这里。如果有餐厅，樱桃、橄榄等装饰品以及纸质用品通常会进入一般储藏室。桶装啤酒和瓶装啤酒会被放入冷藏库。根据酒吧的大小，冷藏库通常是一个步入式冷库，葡萄酒也可以放在这里。但如果酒吧酒类比较多，则会设置一个单独的上锁储藏室。

7.2.3　酒保工作区

酒保的工作中心是整个酒吧生产活动的中枢。所有的饮料、啤酒和葡萄酒都是在这里制作的。正确布置工作站是必要的。供应的大部分饮料应该由酒保以最少的运动量来制作。每走一步都是消耗时间和精力，虽然每杯饮料所消耗的精力可能是很小的，但积少成多，在一个忙碌的当班期内就会变得很繁重。

确切地说，工作中心的布局取决于主要服务对象及其人口结构。在大多数酒吧里销售的大多数都是混合饮料，其次是啤酒、葡萄酒，最后是不含酒精的饮料。酒保调制的大多数酒所需要的一切都应该在他的手边，根据经验，一般是 3 英尺范围内。因此酒保所需要的一切都应该在这个区域。记住，在他们前面或后面都可以有材料，只要转身就能使工作中心的容量翻倍。工作中心的所需的部分材料如下：

冰仓（ice bin）　这仅用于短期储存冰块。冰块在制冰机中制作，然后运送到冰箱中，制冰机通常位于厨房或屋后。普通酒吧的冰仓容量通常足够一个班次使用，但在人流大的酒吧中，可能需要在一个班次中多次加冰。

快速取酒架（speed rail）　也叫酒井槽。快速取酒架包含了所有的好品牌或自有品牌。当客人没有指定某个品牌时，这些酒水就会用来制作混合饮料。它们通常（但不总是）比品牌货的成本低，因此售价也更低。传统上波本威士忌放在快速取酒架最前面，紧随其后的是（从左到右）苏格兰威士忌、杜松子酒、伏特加、朗姆酒、龙舌兰酒、威士忌，然而，许多酒保更喜欢将蒸馏酒按他们最趁手的顺序排列。最重要的是，瓶子是按特定的顺序排列的。当有人下单时，酒保可以不用看标签而拿起酒瓶，他知道所有酒的确切位置。这对于一个繁忙的酒吧是非常重要的，争取到的每一秒都可以用来增加营业额。在酒水需求量大的酒吧，快速取酒架下方会加装第二道架，用于放置下单量最大的品牌。

原料仓（mix bin）　通常存放在冰仓的右侧或左侧，或两者都有。如果它们是与冰仓分离的，应保持冷冻以防止变质。储存在这里的混合饮料包括但不限于橙汁，还有血腥玛丽饮料、皮纳可乐饮料和玛格丽特饮料的原料。碳酸饮料通常是由一个被称为"吧台枪"的装置来分配，这个装置位于冰仓上方，酒保和鸡尾酒服务员都可以触摸到。

搅拌区（blender stand）　搅拌区通常位于与工作中心相邻的左边或者右边。无论哪一侧，都要求酒保能很顺手地把快速取酒架和原料仓里的材料倒进搅拌机。一些酒吧使用麦芽混合机而不是搅拌机来混合饮料。

玻璃架（glass rail）　它放置在冰仓上方的吧台上，是这是一个 4 英寸宽的槽，通常内衬有橡胶或塑料垫子。酒保把杯子装满冰后放在玻璃架上，然后进行调酒。

7.2.4　洗杯区

在酒吧里酒杯可以手洗或由机器清洁。机器通常放置在吧台前面的前吧下方。而人工清洗酒杯则建议使用四格水槽：

- 第一格用来倾倒玻璃杯里剩余的冰或食材。
- 第二格用来洗涤，注满温水和洗涤剂，刷子放在水槽里，酒保可以拿着杯子，用一个上下移动的动作同时清洗杯子的内外。电刷则可以固定的也可以是机械旋转。
- 第三格用来清洗，需要在水中加漂白剂。
- 第四格用来消毒，要在水里添加消毒剂。消毒后，将杯子放在沥水板上晾干。不要用毛巾擦玻璃杯，因为它可能会污染玻璃。

市场上有许多玻璃杯清洁机，虽然它们并不便宜，但可以有助于酒吧的成本节约，因为它们会让酒保腾出时间来做他们的工作：调酒。玻璃杯清洁机的讨论参见第 6 章。

7.2.5 服务区

这里是酒保在吧台内放置已做好的订单供服务人员取货的区域。因此也被称为取货台。这个区域包含了餐盘、餐巾纸、吸管、搅拌棒和分配碳酸饮料的酒吧枪。同样的，所有的东西都应该在服务员触手可及的地方。根据餐厅规定的不同，服务员可能会，也可能不会进行完成饮品制作的最后一步操作——在杯中加入碳酸饮料，并添加装饰品。在服务区的两边应该有一个护栏，防止客人聚集。

7.2.6 顾客区

这个区域合理布局是很重要的，以便容纳最大数量的客人，这取决于两件事：消防法规和营造的氛围。在大多数地区，消防法规决定了建筑物内同一时间可容纳的最大人数。氛围则由酒吧想要展现的环境气氛所决定的。

桌子有各种大小和形状。如果仅供应鸡尾酒，一张小桌子就足够了，这样可以提供更多的座位。然而，如果酒吧区可以供应餐食，桌子应该足够容纳各种盘子和餐具。小隔间和卡座能给人一种私密感，但却占了不少空间。方形和长方形的桌子可以拼在一起，让更多的客人围坐，而且每个人坐着都能看到对方。你所做的布置应该反映出你想要表达的氛围。

7.2.7 辅助区

这是工作中心中处理其他杂务的区域，包括等候区、接待区、候座区和洗手间。除了洗手间，不是每个酒吧都会有这些，客流量非常大的酒吧，通常会有一个接待区，可能还有一个候座区。接待区的目的有两个，一是确保酒吧不设置超出接待能力的座位数，二是检查客人的身份证。这两点都是非常重要的。因为消防部门会对受欢迎的酒吧进行抽查，以确保它们符合规定，而饮料控制委员会或警察则会确保这些人是成年人。

候座区（wait stands）仅限于那些供应食品的酒吧。对于只卖饮料的酒吧来说，酒吧的服务区足够为客人提供所有必要的餐饮服务。

卫生间应该有足够的规模和容量，以满足客人的需求。事实上，许多地区对设置多少马桶、小便器和洗手水池都有规定，通常是基于面积或座位数量。卫生间的位置很重要，它们应该位于餐厅和酒吧之间，因为客人不应该穿过酒吧去洗手间。

7.3 酒吧布局设计

7.3.1 概念性布局设计

进行酒吧布局有两个阶段：概念性布局和实际布局。概念性布局包括决定每个工作中心的位置和如何将它们连接在一起。实际上，它只不过是在纸上画图并用文字定义每个工作中心。当以这种方式完成时，概念性布局可以快速地进行修改。请参考图7-7概念布局的示例。

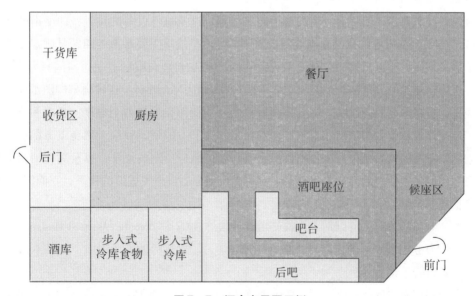

图7-7 概念布局图示例

当布局工作中心时，有一些经验法则需要遵循。其中包括：

- 任务应以合理的顺序进行，减少交叉和回溯。
- 轻松快速的生产和服务应该以最节省工时工力的方式来规划。
- 员工移动和物料运输的线路应尽量短。
- 最大限度地利用空间和设备。

虽然这看起来非常简单，但在实际操作时，它可能要花费不少时间反复琢磨。正如我们将看到的，规划布局是付出很多时间精力所制作出来的一张详细的图纸，后期更改虽然很常见，但无一例外都会减慢项目的进度。一个周密的概念图将减少修改而推进项目的完成。

做概念性布局图时，请记住尽量把水管和排水系统放在一条直线上，并把需要安装管道的设备和固定装置安排在一起，这将节省大量的施工费用。需要注意的是：物料路线和移动路线要优先考虑。例如，如果将一台制冰机搬离到其他离管道更近的地方，如果违背了上述原则，那么在建造过程中节省下来的时间很可能会被员工更多的走动而抵消掉。记住，一个员工花额外时间来完成一个任务的花费将是日复一日、年复一年地累积的。

7.3.2 实际布局图

除非你精通建筑并且有运营酒吧的经验，否则你可能需要一个建筑师来制作实际布局图。事实上，如果没有美国建筑师学会（A. I. A）建筑师提交的图纸，许多司法管辖区将不会发放建筑许可证。即使是改造现有的空间，也需要一张建筑许可证。虽然有一些专业的建筑承办商专门从事酒吧和餐厅的建筑，但他们大多数在实际运营商上几乎没有经验。因此提供一份你想如何布置酒吧的详细图纸就十分重要了。

这幅图应该显示酒吧将会占用的整个建筑区域，以及每件设备的位置，即所谓的平面图（plan drawing）。就好像你从天花板处俯视歌剧院。由于这里主要考虑的问题是确定每件东西要占用多少空间，所以只有两个维度用于设备：长度和宽度（深度）。过道空间只有宽度。

建筑师将使用的另一种绘图类型是立面图（elevation drawing）。这种类型的图纸就像你站在房间里，直视前方的一面墙，墙上排列着设备。立面图也使用两个维度：长度和高度。它们对于定位在设备上方的物品非常重要，例如工作台上方的架子或位于吧台下方的设备。它们对于需要定制的物品也很有用，比如展示酒桶如何适应后吧的细节，以及高档酒储架的外观是怎么样的。立面图的另一个优点是，它可以帮助业主设想完成后的样子。立面图很难画，最好留给建筑师。

有两种制图的方式。可以是手绘或使用设计软件 CAD（Computer Assisted Design）在电脑上绘制。CAD 是需要购买的，而且要花一些时间学习。建筑师做施工图前，如果不精通 CAD 制图，最好进行手绘。

所有的图纸都应该按比例绘制。CAD 所使用的比例尺有两种：1/4 英寸和 1/8 英寸。比例尺是指图上每英寸所表示的实际英尺数。因此，1/4 英寸的比例尺意味着图上 1 英寸等于实际空间的 4 英尺，而 1/8 英寸的比例尺意味着图上 1 英寸等于实际空间的 8 英尺。例如，一个双门冰箱的平均宽度为 5 英尺，深度为 3 英尺。在 1/4 英寸比例尺的图纸上，它将呈现为一个 5/4 英寸乘以 3/4 英寸的长方形。

现在，我们将一步一步地完成你将要交给建筑师的图纸。我们将设计一个附有餐厅的酒吧，但是不会画厨房或餐厅的详细图。我们将假设操作卖酒但没有侍酒师或特别广泛的酒单。

7.3.3　收货区设计

先在图纸上画出建筑物或店面的轮廓，实际测量到的长度上，每英尺以 1/4 英寸来表示。当这一步完成以后，最简单的方法是从建筑物的后面开始，先画出收货区。你需要为送货人员提供一些空间放下物品以进行检查和清点或称重。图 7 - 8 显示的一个例子就是收货区。

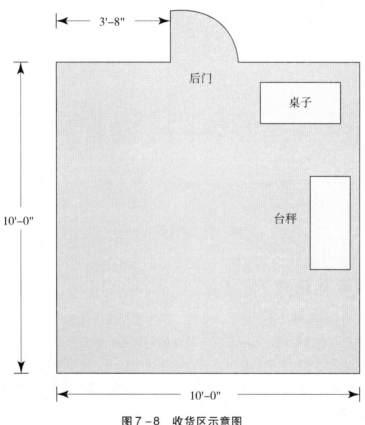

图 7 - 8　收货区示意图

7.3.4　储藏区设计

接下来是储藏区域，包括可以上锁的酒类储藏室，可以存放瓶装啤酒、小桶啤酒和冰镇葡萄酒的步入式冷库和为厨房准备的一般储藏室。酒类储藏室的货架应为 12 英寸宽，并有 3 英尺宽的过道。如果两侧都有架子的话，则最少需要 5 英尺的宽度。冷库应该足以容纳计划储存的桶装酒及瓶装酒——这个数据将来自你的商业计划，比如座位数以及对喝啤酒顾客的比例的估算。我们会画一个 8 英尺乘 10 英尺的步入式冷库。请参考图 7 - 9 的储藏区示例。正如前面提到的，理想情况下，步入式冷库应与后吧紧邻，这样生啤酒运过来的时候就不用走太远。如果步入式冷库不能设在那里，就应该尽可能地接近酒吧区。一个好的布局可以使每天的运营都能省钱；一个失误的布局，则可能日复一日地浪费金钱。

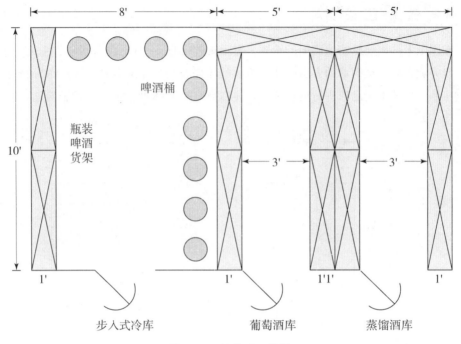

图 7 - 9　储藏区示意图

7.3.5　调酒区设计

正如前面提到的，工作中心设置必须正确，因为它是整个运营的中枢。有几种布局示意图可以利用，它们都各有特色，不分上下。关键的问题是，酒吧里销售最多的酒是什么。啤酒？葡萄酒？还是鸡尾酒？这些信息可以从商业计划中获得。这里所展示的布局是针对一个普通酒吧的布局，这三种酒的销售相当平均。另一个考虑是谁来装饰饮料，在这个例子中，是由服务员操作。调酒区位于前吧台后部下方并突出。请注意，酒保制作鸡尾酒所需要的所有东西几乎都要触手可及。玻璃杯在左手边，冰仓在正前面，原料仓在冰仓的任意一侧，碳酸饮料机放在酒保右侧的服务区，快速取酒架位于冰仓前，搅拌机则位于冰仓右边。

看看图 7 - 10 调酒区的示例。这些物品的尺寸大致如下：

- 玻璃杯存放架：最少 18 英寸长，30 英寸深。
- 冰仓：24 ~ 36 英寸长，30 英寸深。
- 冰箱或混合料冷藏箱：6 英寸长，13 英寸深。
- 快速取酒架：36 英寸长，6 英寸深。
- 搅拌机：12 英寸长度，30 英寸深。

如果预计酒吧客量大，可在吧台的远端再规划另一个同样的工作中心。在调酒台附近应设置一个水槽。当后吧设计好后，葡萄酒、生啤、瓶装啤酒、调配酒等也将会被安排妥当。

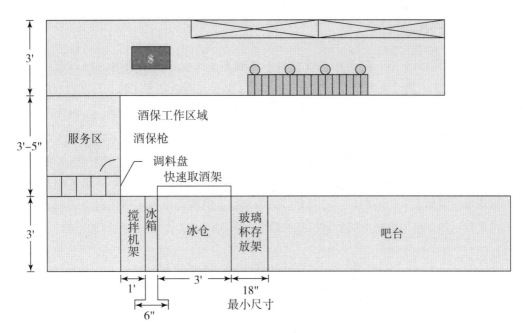

图 7 - 10　调酒区示意图

7.3.6　洗杯区设计

正如前面提到的，玻璃杯可以手洗或用机器清洗。无论哪种方式，玻璃杯清洗机都应该放置在前吧台下方，像调酒区一样突出出来。如果是手工清洗，建议使用四格水槽。根据水槽的大小和沥水板的大小，长度从 6 英尺到 10 英尺不等，深度为 2 英尺。如果空间紧张，考虑使用一个小一点的水槽，只有 3 格的。在这种情况下，你将需要准备一个容器去盛放玻璃杯里剩余的冰、装饰物、吸管和其他东西。玻璃杯清洁机的尺寸根据款式和制造商而有所不同，但通常长度约为 24 英寸。除了玻璃清洗机外，应在一侧留出空间放置脏玻璃杯，在另一侧则用来晾干玻璃杯，还可以安装架子以放置更多的玻璃杯。图 7 - 11 展示了一个四格水槽的示意图，两侧各有 2 英尺宽的沥水板。

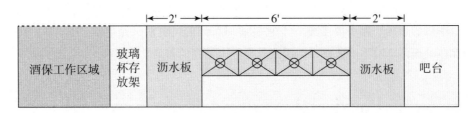

图 7 - 11　四格水槽示意图

7.3.7　后吧设计

前面的酒吧设计好后，吧台的长度就基本能确定下来。后吧的长度的吧台相同，宽度（深度）从 24 到 36 英寸不等，取决于它是否安装了酒桶或者瓶装酒冰箱。高度则取决于不同类型的酒吧设计。对应直线型或"L"形的酒吧，通常高达天花板；对于长方形或圆形的酒吧，高度比较小，一般 3 ~ 5 英尺。

后吧大部分都有架子，可以放置所有的酒水和高级酒水，还有一个空间可以容纳生啤龙头、一个沥水板，一个葡萄酒冰箱，一个室温葡萄酒架和一台收银机或 POS 机，还有多的空间应该用来安置储存货物的橱柜。对大多数酒吧来说，空间是永远不够用的。定位这些物品时，请记住，酒保应采取最少的步骤以完成操作。图 7 - 12 显示了一个吧台的布局。

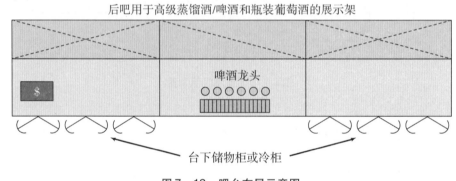

图 7 - 12　吧台布局示意图

但请记住，这不是布局酒吧的唯一办法。在不同情况下可以做出各种变化。首先是酒单，举个例子，如果店里主要卖的是啤酒，你可能会想把瓶装啤酒的箱子和生啤龙头安装在前吧，而把混合料冷藏箱放在后吧。房间的形状、可用空间和其他建筑因素也将决定其布局。例如，可能在工作通道中间刚好有一条承重柱，承重柱举起屋顶，这令它们至关重要。规划布局中可以修改后吧的位置，但不能修改承重柱的位置。

但是，这还远远不够，酒保的工作中心应该好好制定，使酒保用尽可能少的时间完成一个订单。下次你去酒吧，注意一下酒保，如果他或她只需要几个步骤来完成一个订单，那么这是一个不错的布局，你可以考察一下它是如何布局的，东西又是怎么摆放的。另一方面，如果酒保在处理订单时不停地移动，那这就是一个糟糕的布局。

7.3.8　服务区设计

服务区是服务员取鸡尾酒的地方。这是一个相对较小的区域，大约 36 英寸长，30 英寸深。但这个区域很重要。正如我们前面所提到的，服务员可能需要装饰饮料。因此，该区包含一个 4 ~ 6 英寸宽、12 ~ 18 英寸长的调料盘。如果服务员要获取碳酸饮料，碳酸酒吧枪也应该位于这里。餐巾纸、吸管、调酒棒、杯垫（如果有的话）也应该在附近。最好是用弧形栏杆将这个区域与酒吧的其他区域隔开，以表明这里是服务员的区域，并防止食客聚集在那里。图 7–13 展示了一个服务区。

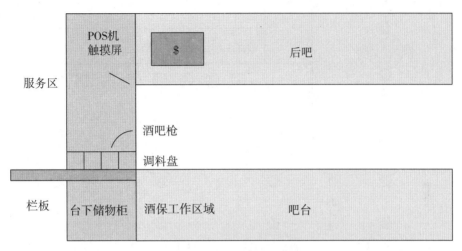

图 7–13　服务区示意图

7.3.9　客座区设计

最重要的是，座位数量将决定销售水平。因此，这一区域的正确布局是很重要的。空间里有多少座位是由当地消防法规和运营环境决定的——一个拥挤嘈杂的酒吧，还是一个安静悠闲、气氛轻松的俱乐部。尽管环境不好，但在摆放桌椅时还是要遵循一些规则。如果有客人坐在桌子旁边，最小的通道空间应该是：客人通道为 18 英寸，服务通道为 30 英寸，整个房间的主通道为 48 英寸。客人坐下时，从桌子边缘到椅背的距离最小为 18 英寸。因此，当摆放餐桌时，你需要在桌子质检留出 66 英寸（从桌子边缘到椅背留出 18 英寸，走道空间留出 30 英寸，椅子到桌子边缘留出 18 英寸）。参考图 7–14 的桌子和椅子之间空间关系的例子。

除了座位，在很多情况下，这个区域还可以用于安装乐队或 DJ 的舞台、舞池、台球桌或电子游戏机。因此，它们必须在规划阶段就开始考虑。请记住，它们会占去可用的座位空间；但是，如果它们对销售很重要，就必须考虑进去。

美国法律规定，如果座位区有一部分被抬高或放置在露台上，那么座位区必须是可以通行的。通往凸起区域的斜坡将满足这条规则。

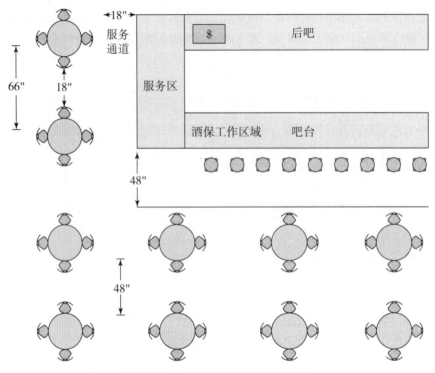

图 7 - 14　客座区桌椅间距离示意图

7.3.10　辅助区设计

辅助区包括等候区、接待台、等候站和休息室，但大多数酒吧不会有等候区。这些设施仅限于那些拥有大量参加者的活动，比如需要排队等位的俱乐部。如果经营一个餐厅，它也会有一个等候区。事实上，酒吧也可以是餐厅的等候区，因为客人通常会在晚宴之前去那里点喝鸡尾酒。等候区是很重要的，因为客人不应该在户外候座，尤其是在极端天气，如下雨、雨夹雪、炎热和寒冷的时候。那些有候座区的店也会有一个接待台，以便服务等待的客户。同时，客人在进入酒吧之前都要在接待台检查身份证件；因此，接待站应有充分的照明。

等候区仅限于那些提供堂食的场所。等候区的大小将取决于所提供的菜单；然而，它应该有足够的大小来存储额外的设置（镀银餐具和餐巾纸等），以及水杯，杯子，碟和调味品等。是否配备咖啡加热器，冰茶机，冰桶和水，则取决于客人的需要。这个区域应该用矮墙挡住客人的视线，但又能让服务人员看到座位区。

洗手间应该在方便的位置，而不是在建筑物的后面，这样客人将不得不穿过储藏区才能到达。如果涉及餐厅，洗手间应该位于餐厅和酒吧之间。一些餐馆的主顾出于宗教、种族或其他原因禁止酒精，如果必须穿过酒吧区去洗手间，他们可能就不再回到你的店了。卫生间应该有足够的空间以容纳所有的客人。许多司法管辖区都对企业提供的水槽、厕所和小便池的数量有规定。洗手间应始终保持干净，并提供足够的肥皂、毛巾或烘手器。

7.4 酒吧装饰

装饰酒吧有无数种方法。事实上，唯一的限制就是你的想象力。在决定装修的时候，考虑你的客户类型和你想要营造的氛围。你是想要拥挤、吵闹、嘈杂，还是想要安静、舒适，或者介于两者之间？在墙壁、地板以及天花板材料选择上将要做很多决定。如果你不熟悉线计数，经纱和纬纱，断裂强度，编织，光泽，半光泽，单板……这样的术语，你就需要聘请一个室内装饰师来指导。除了了解所有的技术术语以及它们如何应用于成品之外，室内设计师还会把你的想法融入整体设计中，以使你的客人感到愉悦。

7.4.1 墙壁

墙壁是酒吧的焦点，因此值得注意。旧建筑的墙面可以是灰泥，新建筑的墙面可以是灰泥板，其表面可以用油漆、墙纸、乙烯基或其他合成材料覆盖。除了灰泥或灰泥板，还可以使用木镶板或裸露的砖。镜子也可以用来反射光线，使空间看起来更大。

墙壁上可以挂满绘画、照片或你的酒吧主题的手工艺品。芝加哥的米勒酒吧的墙上挂满了体育明星的照片，他们都曾经光顾过米勒酒吧。在全国范围内，阿普尔比连锁餐厅的特色照片、海报、当地高中和大学生，以及运动员的手工艺品共同营造了一个社区的感觉。如果你想"便宜地"装饰你的酒吧，联系你的啤酒、葡萄酒或蒸馏酒经销商。他们有大量的图片、海报和广告可以挂在墙上。

7.4.2 窗户

窗户可以是酒吧的资产，也可以是一个大麻烦。如果是后者，可以考虑在施工过程中把它们全部拆除，或者用厚重的窗帘盖住。用墙代替窗户将给你更多的空间来展示物品，而用窗帘则带来更好的隔音效果。窗帘应始终使用防火材料。

许多酒吧使用窗户作为焦点。在加拿大亚伯达省的班夫温泉酒店的鸡尾酒酒廊，有落地窗可以俯瞰落基山脉的山谷美景。有些酒吧可以看到花园、庭院、繁忙的街道或其他景点。请记住，百叶窗、窗帘或窗户颜色应考虑太阳照射的时间。有些酒吧会使用玻璃蚀刻或彩色玻璃显示本店标志或某些场景。关于窗户的最后一个考虑，是它们是否节能。然而，如果对整个氛围很重要，那就想尽一切办法利用它们。

7.4.3 地板

在大多数情况下中，不同的区域会使用不同类型的地板。在吧台前面和吧台后面的工作区域，地板应坚硬、无孔、防滑。如果在客座区使用地毯，它应该在吧台前面4～5英尺的地方，并且使用耐磨的瓷砖或石板，因为吧台凳不断地来回移动会很快把地毯磨薄。许多后吧是水泥浇筑的，如果地板是木质的，则先覆盖一层重型瓷砖。通常情况下，橡胶垫会覆盖在混凝土或瓷砖上，使酒保行走更容易、更舒适。虽然有时会在酒吧后面使用可移动木凳，但出于卫生原因，许多司法管辖区不允许这么做。

座位区地板覆盖物类型多样，包括地毯，瓷砖，水泥、木材等。他们都有自己的优点和缺点。地毯很贵，而且必须每晚用吸尘器打扫，还必须经常用洗涤剂清洁，因为饮料会洒到地毯上并被吸收。优点是，如果保养得当，好看，还有助于吸音。瓷砖和水泥应每晚清扫和擦拭，并定期抛光。虽然比地毯安装便宜，但它们比地毯更容易反射声音。木地板可以说是最昂贵的地板，特别是如果使用硬木或拼花地板。如果维护得当，它可以使空间很有情调。如果有舞池的话，它通常是木制的，市场上有一些合成材料。但不管使用什么材料，舞池都应该有一定程度的光滑度。

7.4.4　天花板

因应墙壁、窗户和地板的不同，有几种不同的天花板处理方法。它可以完全打开，暴露所有的管道。可以被涂上各种颜色以突出它们，或涂成深色来弱化它们。所有的管道都可以用灰泥板或马口铁天花板围起来，这是怀旧主题中很流行的做法。但最流行的类型是使用隔音瓷砖的吊顶。这种天花板的优点是能吸收大量的声音。但吊顶的一个缺点：假吊顶和实际的屋顶之间有一个空间，这个空间会变成风洞。一旦发生火灾，火势会沿着这个夹层迅速蔓延屋顶，比正常情况下更快。因此，所有的天花板瓷砖应该是耐火的，以减缓这个过程，留给消防部门足够的时间来扑灭火灾。

7.4.5　顾客感知环境

规划过程中其中一个最重要的要素是客人所处环境的舒适度。房间里的温度、无烟无臭的氛围、声音的强度、照明等都有助于营造一个舒适的环境。如果客户没有注意到这些要素中的任何一个，那么管理者就算是成功了。另一方面，如果客人觉得太冷，觉得音乐太吵，闻到厨房油烟的味道，或者因为太黑而看不懂菜单，那么管理者就是失败的。构成良好品质环境的一些特征包括：

空气　酒吧的空气应该有合适的温度和湿度，并且没有烟和异味。适宜的温度在65～80°F（18～26℃）之间。空气处理系统的设计应使空气在房间内流通，并应避免直接吹到桌子上或密闭区域中。相对湿度应该在40%～60%之间，最好是50%。酒吧的吸烟区内应该安装空气净化器。如果酒吧有厨房，厨房的排气量应该与进入酒吧的空气量有差异。正常情况下，进入的空气应该比排出的空气多。在大多数地方，这是有法律规定的。

照明　营造酒吧氛围的主要因素之一是灯光。光是用英尺烛光度（照明单位，指每英尺距离内之照度）来测量的。在酒吧后面或厨房等工作区域，推荐使用 100 英尺烛光度，而在座位区，则建议使用 30 英尺烛光度。光线过低会使人们难以阅读菜单，也会使人们在走动时感到不适。照明可以是直接的或间接的。直接照明用于照亮物体，如图片或手工艺品，而间接照明用于营造氛围。

声音　你想要在酒吧听到的声音的大小是由你想要营造的氛围决定的。但是，请记住，如果你想拥有一个喧闹的、充满乐趣的环境，随之而来的还有缺点。一个好的经验法则是，如果你无法交谈，那么就证明声音太大了。声音是用频率和响度来测量的。频率以赫兹为单位，是每秒声波的数量。一个更重要的数字是分贝，用来测量声音的响度。一个人正常说话的音量大约是 50 分贝。美国职业安全和健康管理局（OSHA）要求工作场所的声音不应高于90 分贝。背景噪音应该尽可能低。对于听力不好的人来说，背景噪音会覆盖谈话内容。背景噪音来自风管、马达和风扇。如上一章所述，这是制冷设备和压缩机应远离公共区域的原因之一。软质材料如窗帘、地毯、吸音天花板瓷砖和室内装潢会吸收声音，而硬质表面如桌子、吧台、木地板和锡或石膏的天花板则会反射声音。

本章小结

这一切似乎有点难以应付，但事实上并不像看起来那么糟糕。让我们一步一步来。看看你店里的空间。运营区域如何以最有效的方式配合？在整个运营过程中，人和商品的互动线是什么样的？酒吧是什么类型，它要呈现什么样的模样？回答这些问题，并画几个概念图。当一个概念被选中时，用网格纸把每个设备安排在图纸上。检查每个角落；根据你放东西的位置，在心里走一遍调酒和取啤酒的流程；洗一些杯子；服务一些客人……当你感到满意时，把你的计划展示给别人。记住，一个计划是不断改动的，并且有希望随着每次改动而变得更好。把你的计划交给建筑师，他可能会做更多的更改，然后再交给绘图人员，他们会做更多的更改。当你和其他人都满意了，就该开始建设了。

习题

判断题

1. 人口统计和菜单规划可以用来决定购买哪种酒吧设备。

2. 用于座位的空间应该最大化，用于其他一切的空间应该最小化。

3. 如果餐厅的服务酒吧是标准酒吧的补充，那就不需要有设备或库存来制作菜单上的每种饮料。

4. 物料从接收区域经过一系列流程到制作客人的酒水前，它们应该以直线的方式传递，不能交叉或逆回。

5. 洗干净的玻璃杯在消毒后应用干净毛巾擦干。

6. 在布置酒吧时，最好把啤酒的步入式冷库直接放在后吧的旁边。

7. 酒吧里的等候站仅限于那些出售食品的营业场所。

8. 虽然窗户可能是一个重要的设计元素，但是它并不是必需的。

9. 一旦地板材料被确定，它就可以用于整个酒吧区域。

讨论题

1. 讨论不同形状的酒吧以及它们的优缺点。如果空间不是问题，谈谈你更喜欢哪一种，为什么？

2. 描述一个酒保工作中心的组成部分，可以通过讲述或者画图来阐明每个部分所在的位置。

3. 前往附近的酒吧，然后观察酒保，看看他们完成酒水订单需要走多少步。先将当前酒保工作区的草图画出来，然后再画另一幅草图来展示你将如何改进它的布局。

4. 假设你租一个 35 英尺宽，125 英尺深的空间，入口在最前面的右边。接收门则在后面的中间位置。请画出一幅概念图来展示各个工作中心的位置。

5. 假设你打算在你所在地区的一幢空建筑里开一家体育酒吧。请简要描述一下你会如何进行包括墙壁、地板和天花板的装修，噪音水平会是多少以及如何控制空气和照明。

第8章　组织行为与员工

学习目标/Learning Objectives

1. 比较不同类型的酒水服务设施的组织结构。
2. 掌握不同酒吧员工的工作描述，以及其与培训和绩效考核的关系。
3. 了解标准化、员工表现、员工生产效率和帮助控制工资成本之间的关系。
4. 制定招聘新员工的策略。
5. 学会为新员工制定培训计划以及为现有员工制定持续的职业发展计划。
6. 通过分析不同的领导风格，确定最高效以及最适合自己的领导风格。
7. 理解组织结构内正确的管理变革与处理冲突及不满的重要性。
8. 实施使所有顾客获得最佳体验的员工排班表的方法。
9. 学会用一种尊重的态度来处理员工离职事宜，并能进行成功的离职面谈。

关键词汇

酒水经理（Beverage Manager）

酒保（Bartender）

调酒师（Mixologist）

酒吧后勤（Bar Back）

鸡尾酒服务员（Cocktail Server）

侍酒师（Sommelier）

工作规范（Standards）

求职申请（Employment Application）

开放式问题（Open-ended Question）

封闭式问题（Closed Questions）

员工培训（Employee Training）

领导风格（Leadership Styles）

人工成本（Labor Cost）

半可变成本（Semi-variable Cost）

员工评估（Employee Evaluation）

绩效考核（Performance Review）

自愿离职（Voluntary Termination）

离职面谈（Exit Interview）

本章概述

无论是小型酒馆还是大型多部门的酒水服务组织，都会涉及组织管理。管理层如何对待员工将在很大程度上决定企业的成功。本章作为一个重要章节，将深入研究酒水服务设施的组织结构和职位描述，以及如何将这些与员工招聘和管理实践相结合。其中，员工管理方法和领导管理风格将被涵盖。而解决冲突是管理的一个重要部分，管理变革也是如此。精明的管理者会把这些事情做得很好，并且会把管理好员工看作一种享受。

8.1　组织的结构

不同的酒水服务设施的组织结构和行业本身一样，千差万别。尽管如此，我们还是从小型酒馆开始，来看看一些有代表性的组织结构。我们将简单地列出人员的职位，并附上相关的职位说明。另外，请记住，这些职位是按班次计算的。如果该经营场所不止一个班次，职位将重复。

8.1.1　街区酒吧

在全国各地，几乎每个城市、乡镇和社区都有成千上万的小酒吧。除非你住在一个"沙漠区"，否则你附近很可能就有一家酒吧。这些酒吧通常由个人或有限的合伙企业所有。它们的组织结构非常简单：一个酒保（通常是老板）和一个服务员。随着销售额的增加，服务员的数量将会增加。与此同时，酒吧中会相应地增加一个酒保，因此一般会有一个酒保在吧台调酒，而另一个则帮服务员制作混合饮料。这些经营活动几乎不供应任何食物，即使供应，也仅限于包装好的小吃、预制的微波食品或少量的烧烤食品。表8-1是一个小型酒吧的组织图。

表 8 - 1　小型酒吧组织图

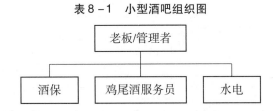

8.1.2　餐厅组织结构

就如同很多酒吧会供应食物一样，很多餐厅也会提供酒水服务。两者的基本区别在于管理层的经营理念，比如他们希望在商业社会中如何树立品牌。换句话说，是选择成为卖酒水的餐厅还是卖食物的酒吧？因此，餐厅在小型酒吧设置的工作岗位基础上，通常还有一个总经理，负责监督食品和酒水两方面的业务。在大型企业中，这些岗位是分开的，通常由餐厅经理负责监管食品生产和餐厅服务方面的业务，而酒水经理负责监管酒吧及酒水服务。如果是在独立经营组织中，经理直接向老板报告，而在合伙经营组织中，经理则向老板的代表报告。如果是地区性或者是全国性的连锁店，则由单体酒吧管理层向地区或区域经理报告。参见表8-2的餐厅组织结构图。

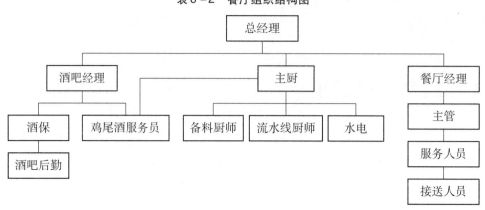

表8-2 餐厅组织结构图

8.1.3 酒店酒水服务组织

在大多数酒店，特别是大型酒店，都会有多个酒水服务设施，这些通常由酒店的酒水经理管理。他负责监督每个酒吧的经理。除了标准酒吧，还有宴会酒水服务，通常是可移动的，只在宴会上使用。他们也在酒水经理的管理下，在某些情况下可能由宴会经理管理。表8-3展示了酒店饮食部门的组织结构。

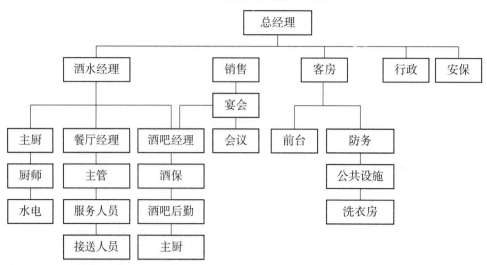

表8-3 酒店饮食部门组织结构图

8.1.4　演出场所和夜总会

虽然百老汇剧院和许多电影院都有酒吧，但这里讨论的仅限于大型演出场所，比如拉斯维加斯的剧场，以及大型夜总会。除了之前提到的工作岗位外，大型演出场所还设有专门负责客人座位安排的领班。这些职位的收入相当可观，因为很多客人都支付大额小费，以换取坐在更靠近舞台的位置。一般来说，这些业务仅限于由服务员向顾客提供酒水服务的服务酒吧。通常在安保方面，大型夜总会也会增加相应的职位。一些高人气的夜总会会有一名门卫检查身份，以确定客人的年龄足以饮用酒精饮料，同时控制进入夜总会的人数，以确保不违反消防法规。请参阅表 8-4 的演出场所组织结构图。

表 8-4　演出场所组织结构图

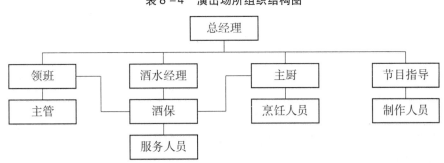

8.2　工作描述与规范

8.2.1　酒水经理

你可能听说过"踢皮球"的说法，意思是当事情出错时把责任推给别人。美国前总统杜鲁门的办公桌上有一块牌子，上面写着"责任到此为止"，意思是没有人可以推卸责任。他一个人承担着管理国家的最终责任。酒水经理（beverage manager）也是如此。他对酒吧经营中发生的一切负有最终责任，包括组织、招聘、培训、监督、解雇、排班、协调工作、制定促销活动、推广、确定特色饮料、制定销售价格、控制管理成本、制定标准、财务核算、采购、控制库存、确保经营活动遵守法律和法规、获取许可证以及提升经营的总体盈利能力等事务。

在小型组织中，这些事情大多由老板或经理来做。在规模较大的组织中，这些职责中的一部分由其他人来负责，但酒水经理同样要确保这些职责以可接受的方式执行。而在连锁经营中，其中一些职责，如营销计划、菜单、会计、法律和运营计划，则由总公司办公室制定后，由酒水经理在当地执行。

无论企业是大是小，是小型酒吧、大型企业抑或是独立经营，都必须有人管理。"管理"的范围太广，因此不适合放在这一节来讨论，毕竟本书主要以酒吧管理为主。因此我们将

"管理"简单理解为"领导",即如何通过领导员工来实现目标。毕竟一个人不可能独自完成经营酒吧所需的所有工作。

表8-5 酒水经理职位说明

职位说明
职位：酒水经理
上级：总经理
工作概要：负责酒吧或者酒廊的整体运营，包括但不限于招聘、培训、评估、惩罚和解雇员工。其他的职责包括采购、维护公司生产和服务的标准，建立控制，计算销售预算和生产利润等。
职责： • 利用每天的销售预测，制定工作班表，并为吧台员工分配职责、责任和工位。 • 对员工进行酒水制作、葡萄酒和啤酒服务、卫生和安全程序、卫生部门规定和对客服务的培训。 • 消除客人和/或员工之间潜在的争吵，确保负责任的饮酒行为得到支持。 • 监督员工以确保达到质量和服务标准。 • 执行人事职能，如招聘和解雇员工，评估员工的工作表现，完成必要的纪律报告。 • 制定改善员工绩效的措施，提高服务质量。 • 与客户互动，以确保他们有一个良好的体验，满足或超过他们的期望。 • 检查设备和工作区域，确保它们符合标准。 • 制定设备维护计划并实施必要的维修。 • 采购含酒精和不含酒精的饮料以及运营所需的物资。 • 控制酒类、啤酒、葡萄酒和物资的库存。 • 建立减少盗窃和浪费的控制程序。 • 确保现金得到妥善保管并及时存入银行。 • 对新产品进行评估，以确保其适销性和可操作性。
入职资格： • 大学学历，五年或以上的酒店管理经验。 • 具备解决问题、选择和培训员工的能力以及团队的领导能力。 • 了解所有卫生部门和酒精饮料管制法的最新规定。 • 性格外向，喜欢和人交流。

8.2.2 酒保

酒保（bartender）主要负责酒吧本身的功能运作。在当班开始的时候，他们要确保酒吧有足够的存货以备营业。他们要填写蒸馏酒、啤酒和葡萄酒的申领单，并将其交给总经理，由总经理从上锁的酒类储藏室取货。他们对瓶装啤酒冷藏柜进行补充，检查调酒器的库存，补充用品（餐巾纸、吸管、搅拌棒等），填补冰桶，并准备装饰品（青柠、橙子、柠檬皮等）。同时清点零钱袋，以确保其准确。

当班时，他们要依据规定的标准流程为顾客和鸡尾酒服务员准备酒水，倾倒啤酒和进行葡萄酒醒酒；为在吧台的客人进行现金、借记卡或信用卡结账；负责清洗玻璃杯，并保持酒吧区域的清洁卫生；根据下一个班次的需要进行补货。下班前，他们需要清点收银机，将收入交给总经理。

表 8-6 酒保职位说明

职位说明

职位：酒保

上级：酒水经理

工作概要：负责满足并超越所有客户的期望。提供友好、周到、及时的服务，创造非凡的体验。这个职位需要不断地与顾客互动，并且充分理解食品和酒水菜单，能根据公司规定的标准准备各种酒水饮料。酒保应该对酒精饮料管制法、正确的卫生习惯和负责任的酒水服务有基本了解。

职责：

- 提供酒水单，进行酒品推荐，并回答相关问题。
- 接受吧台客人和鸡尾酒服务员的点单。
- 检查吧台客人的身份证明以确认年龄。
- 根据标准饮料配方准备和供应酒水。
- 立即将酒水订单记录到 POS 系统中。
- 跟踪订单，为提供的酒水进行现金或信用卡结账。
- 为吧台的客人提供食品。
- 劝止醉酒客人点单并为醉酒客人安排交通以避免出现过度饮酒相关的问题。
- 准备酒水的装饰物。
- 清洁玻璃杯、餐具、桌子、吧台、设备和工作区域。
- 维护酒瓶、设备和物料以进行高效的酒水准备。
- 采购酒类和其他物料。
- 在轮班结束时检查现金收入。
- 向酒水经理汇报所有的保养和设备问题。
- 协助计划酒吧菜单，饮料特价和促销活动。
- 参加所有员工会议。

入职资格：

- 高中毕业或同等学历。
- 三年经验或调酒专业毕业。
- 能够调配多种酒水。
- 必须熟悉卫生部门和酒精饮料管制法。
- 必须具备外向的性格，喜欢与人交流。

8.2.3　调酒师

"调酒学"这个术语，在酒水行业越来越流行。它通常被定义为鸡尾酒调制艺术的高级研究。很多时候，酒保和调酒师这两个词是可以互换使用的，但有一个明显的区别。调酒师（mixologist）往往倾向于酒吧服务，但也有进行调酒。

由于调酒师们经常使用创新技术来创造新的酒水，因此他们通常被称为"酒类厨师"。他们在酒水上的创新既包括使用一些在以前调制鸡尾酒中不曾出现的蔬菜、水果、草药和香料等原料，也包括使用分子混合技术，即用泡沫、液氮、凝胶、雾气、加热和固化液体来制作酒水。调酒师不仅能创造出具有突破性的鸡尾酒，还能让过去的怀旧酒水重新焕发光彩。因此他们不仅是创新者，也是调酒传统的守护者。

很多人都有一种误解，认为调酒师比酒保更好或更重要。但其实，他们只是简单地将两个职位合并在一起进行了理解。酒保要能够调制各种受欢迎的鸡尾酒，并为酒吧里所有的客人服务和为鸡尾酒服务员进行调酒，他们思维敏捷，是一个有趣、友好和外向的人。虽然调酒师可能会练习所有这些技能，但他们往往更专注于调酒的艺术、技能和技巧，创造新款的和不寻常的鸡尾酒，尝试不寻常的蒸馏酒和混合酒，研究昔日的经典。总的来说，就是将调酒带上一个新的高度。

表8 - 7　调酒师职位说明

职位说明

职位：调酒师

上级：总经理

工作概要：倾向于高档餐厅和酒吧俱乐部。与总经理和厨师一起工作，创造新的和不寻常的鸡尾酒来补充菜单。能够与顾客互动，讨论不同烈酒、利口酒、啤酒和葡萄酒的各种细微差别。

职责：

- 履行酒保的一般职责。
- 了解蒸馏酒，包括它们的成分、历史和当地的生产商。
- 了解拉格啤酒和艾尔啤酒的成分和历史、当地啤酒厂和自制啤酒馆。
- 了解本店提供的所有葡萄酒，可以向客人提出与食物搭配的建议，并熟悉当地的酒厂及其产品。
- 使用蒸馏酒和利口酒以及水果、蔬菜和香料，创造新的和不同寻常的鸡尾酒。
- 与烹饪人员一起，创造与菜单相配的酒水。
- 与总经理一起，制定酒精和非酒精酒水菜单。
- 对鸡尾酒有鉴赏力，并可以在吧台调酒的实践中传授这些知识。

入职资格：

- 五年以上调酒师经验。
- 对葡萄酒、啤酒和蒸馏酒有一定的了解。
- 有相关的能力和知识，可以使用不同的和独特的成分创造不同寻常的鸡尾酒。

8.2.4　酒吧后勤

在很多酒吧，尤其是销售量大的酒吧，都会聘用酒吧后勤（bar back）。这个职位基本上是酒保的助理。很多时候，酒吧后勤实际上是正在接受培训的酒保。他们的主要作用是接管酒保的简单的工作，使酒保可以专注于调制饮品并保持产量。

他们的工作包括补充冰块、啤酒和葡萄酒，以及清洗玻璃杯，有时也可能为坐在吧台的客人从厨房端来食物。由于他们的大部分职责是在吧台之内进行的，所以他们与酒吧客人的互动是有限的。根据公司的政策和他们的培训水平，他们在某些情况下可以为客人倒葡萄酒或啤酒，并可能调制一些简单的混合饮品。

表 8-8　酒吧后勤职位说明

职位说明
职位：酒吧后勤
上级：酒水经理和酒保
工作概要：吧台后勤作为调酒师的助手，将与坐在吧台前的顾客互动，并保持吧台区域的清洁和整齐。
职责：
● 在当班开始时对吧台进行备货，确保当班期间有足量的库存。
● 与吧台的顾客互动。
● 如果有客人想点酒水或食物，通知酒保。
● 从厨房传递食物给吧台的客人。
● 清洗和消毒玻璃杯及其他工具。
● 保持吧台区域的整齐和清洁。
● 友好和外向的个性。
入职资格：
● 高中文凭或同等学历。
● 能够举起重物，包括装有物料的桶和箱子。
● 必须达到可以做酒水服务的法定年龄。
● 能够分清工作的优先次序。

8.2.5　鸡尾酒服务员

鸡尾酒服务员（cocktail server）是任何酒吧生意中不可或缺的一部分。他们和酒保一样，是酒吧的门面。鸡尾酒服务员应该是友好的，外向的，并具有 A 型人格。他们应该能够做到"升级推销"，比如从一杯井槽酒升级到一杯指定酒。对于难以下决定的客人，他们应该有能力判断客人喜欢什么不喜欢什么，并提出合适的建议。他们还需要有良好的组织能力。他们必须确保客人点单的正确性，处理客人的现金或借记卡/信用卡结账，并在交班的时候点算收支。鸡尾酒服务员也应当具有团队意识，他们的个性应该具有包容性并且能互相照顾。没有什么能比抱怨团队成员或拆穿同事更快地破坏同事之间的感情了。当客人走进酒吧时，他们可以立即感受到酒吧的气氛。如果环境是积极的，每个人都玩得很开心，他们就会一而再再而三地回来，成为常客，成为"家庭"的一员。

一个好的鸡尾酒服务员在服务时会执行以下操作：

- 对客人微笑，介绍自己，并在必要时检查身份证件。

- 询问客人想喝什么。如果可能的话，尽量升级销售，比如如果客人点的是生啤酒，建议喝大号的；如果他们点的是鸡尾酒，推荐一到两种自创品牌。并在必要时写下订单。

- 将订单输入 POS 终端或通知酒保。

- 从吧台取餐并递送给客人。

- 询问客人是想现在付款还是挂账。如果他们想现付，就告诉他们数额，接受现金后将找零放在托盘上给客人或者直接放在桌上。如果客人想挂账，通常会要求他们提供信用卡或借记卡以确保安全。注意：有些酒吧要求酒水送达时马上支付，不允许赊账。

- 时刻注意负责的所有桌子。当酒快喝完时，问客人是否要再来一轮。没有什么比被忽视更让客人感到不快了——他们渴望喝完后马上就能再来一杯。但另一方面，鸡尾酒服务员需要确定他们是否喝多了。

- 当你确保一切都在控制之下时，去帮助其他忙不过来的服务员。如果酒吧允许鸡尾酒服务员站到吧台后面，那就帮助酒保洗杯子或补货。通过这样做，服务员可以证明他们是团队合作，其他人也会感激他们的努力。当你"陷入困境"时，他们也同样会给予回报。

- 如果客户一直在喝同一种饮品，他们准备离开时，要向他们展示消费的总数。在使用他们的借记卡或信用卡收费后，出示收据让他们签字，并保留收据，因为这是管理层确认你的小费的凭据。如果客人用现金支付账单，则请立即将找零放在零钱盘上递给他们。

在服务员当班结束时，他们就要兑现小费。根据酒吧对现金控制政策的不同，会有几种方法。如果他们在当班开始时得到了一个现金钱袋，并在接收酒水饮品时支付了费用，那么交班时剩下的现金加上收费收据上的金额，再减去一开始钱袋的金额，剩余的就是服务员的小费。如果本店是用 POS 系统或客人支票，则每个服务员的销售额都要合计。现金和信用卡、借记卡合计后，再从销售额中减去。剩余的金额就是服务员的小费。

表 8－9　鸡尾酒服务员职位说明

职位说明

职位：鸡尾酒服务员

上级：酒水经理

工作概要：鸡尾酒服务员负责接受客人的食品和酒水订单。他应该对产品的成分和准备工作有基本的了解，并掌握正确的服务技巧和客户关系处理，了解酒精饮料管制法。这是一个快节奏的职位，需要使用沉重的托盘和长时间站立。他应该在任何时候都提供一个专业的形象。

职责：

- 友好有礼地问候客人。
- 为客人提供酒水和/或食物菜单，解释促销产品和每日特色菜，并回答客人的问题。
- 如有必要，检查客人的身份证以确认年龄。
- 服务酒水和食物。
- 迅速回应客人的任何要求。
- 跟踪以确保客人的期望得到满足。
- 在结束时出示客人的账单，并收取现金或刷取信用卡。

入职资格：

- 高中毕业或同等学历。
- 必须熟悉与服务相关的卫生部门和酒精饮料管制法。
- 必须达到可以做酒水服务的法定年龄。
- 性格外向，喜欢与人交流。

8.2.6　侍酒师或葡萄酒管家

这个职位通常是留给高级餐厅的，意味着洁白的桌布、精致的食物和优雅的服务。葡萄酒管家、酒窖总管、葡萄酒大师、葡萄酒领班或葡萄酒服务员等术语，在大多数情况下，是可以互换的。侍酒师（sommelier）是需要获得资质认证的，有三个级别：初级侍酒师、高级侍酒师和侍酒大师。侍酒师的角色不仅仅是与葡萄酒打交道，事实上，它包括了餐厅酒水服务的所有方面，并更侧重于葡萄酒。

葡萄酒管家或侍酒师通常与管理层一起制作餐厅的酒单，但在某些情况下他们会创建自己的独家酒单，此外他们还负责葡萄酒采购，库存维持和存储安全。他们会与烹饪团队协作，将葡萄酒与菜单进行搭配。他们还与服务员合作，培训他们的服务技巧，并与他们一起进行品酒，使服务员对餐厅的产品有一定的了解。

然而，他们的主要职责是与客人互动，帮助他们做出适当的葡萄酒选择。在这一过程中，他们应该做到以下几点：

● 与客人交流，确定他们的喜好和预算，然后才提出建议。通常情况下，客人会对酒单上琳琅满目的种类感到迷茫。而其他对葡萄酒比较有经验的客人，则可能只是想听听别人的意见。侍酒师是热爱葡萄酒的人，他们很乐意将自己的知识传授给客人。他们可以对葡萄、葡萄园、酿酒厂和各种葡萄酒的年份侃侃而谈。

● 在选定后向客人展示酒瓶。他们应该在客人品尝之前描述葡萄酒的成分，让它变得生动。

● 开酒。侍酒师应在合适的酒杯中倒入少量的葡萄酒，并鼓励客人先闻酒香，然后再让客人品尝。

随着近来啤酒屋的增多，出现了一个新的头衔，那就是啤酒侍酒师。这个职位的执行方式与传统的侍酒师大同小异，只是强调的是啤酒。以下是侍酒师的工作描述。

表 8－10　侍酒师职位说明

职位说明
职位：侍酒师
上级：酒水经理
工作概要：侍酒师、厨师和服务人员一起工作，确保为客人提供出色的葡萄酒服务。他负责所有的葡萄酒产品，包括葡萄酒清单的开发以及库存的维护和控制。侍酒师会不时地开展品酒和搭配活动，并与当地的酒庄合作，以推广他们的产品。
职责： ● 制定、维护、更新酒单。 ● 挑选、购买并妥善储存葡萄酒。 ● 确保酒窖保持在清洁和温度可控的环境中。 ● 管理葡萄酒库存。 ● 与客人互动，协助他们选择葡萄酒。 ● 为客人醒酒并服务葡萄酒。 ● 培训服务人员了解不同葡萄酒的细微差别，并指导正确的葡萄酒服务。 ● 进行葡萄酒品鉴。 ● 与烹饪人员合作，将葡萄酒与各种菜单产品进行搭配。 ● 参加贸易展。 ● 与地区性酒庄合作，帮助推广他们的产品。 ● 为客人倒酒。
入职资格： ● 至少三年的葡萄酒管家或侍酒师经验。 ● 已经获得资格或者有意愿、有资格申请认证。 ● 具备友好和外向的个性，并有与客人互动的能力。

8.2.7　保安人员

酒吧里的保安人员通常仅限于那些生意很红火，或者那些能吸引娱乐明星、体育明星和媒体人士等的酒吧。保安也被用于那些开设于不太理想的地方，如高犯罪率地区或危险人群聚集之地。酒吧可以使用三种类型的保安人员：

门卫　这个职位是为那些业务量大或需要支付服务费的酒吧使用的。门卫的职责从维持酒吧外候座队伍秩序开始。这是考虑到在外排队的客人在到达之前可能就已经喝过酒，而不得不等待的事实让他们感到焦躁，看到一个 VIP 在排队时得到优待可能也会引起不满。当有客人离开时，门卫才会让候座的客人进入酒吧。这是一个很重要的功能，因为酒吧不想因为吧内有过多的客人而违反消防法规或导致危险情况。当客人进来时，门卫会检查他们的身份证件，并确保客人遵守酒吧的着装规定。

内部保安　业内常把这些人称为保镖。电影中保镖的形象是一个身材高大、长相凶恶的人，从业前可能是一个橄榄球员或职业摔跤手。虽然在某些情况下可能是这样，但在大多数真实情况下，保镖看起来就像一个普通的酒吧客人。他们穿得和普通客人一样，在酒吧内来回走动寻找潜在的麻烦，如喝多了或在争论的客人。他们的工作是在事态变得不可收拾之前将其化解。他们会通过悄悄地请当事人离开来解决问题，只有在绝对必要的情况下才会使用武力。保安与鸡尾酒服务员和酒保密切合作，因为他们可以指出任何潜在的问题。

外部保安　通常只有在酒吧位于特别不安全的区域时才会使用外部保安。他们会巡逻停车场，如果停车场不在酒吧旁边，则会护送顾客上车，或者候座区巡逻。

所有保安人员，无论其工作内容如何，都需要在其职责范围内积极主动。他们需要在问题升级为冲突之前就预见到，并尽一切努力解决这一问题。他们一方面要能判断到问题是否能内部解决，另一方面要能判断何时要报警求助。仅仅将冲突双方分开或将他们赶出酒吧，通常不会解决任何问题。例如，如果发生打架，保安人员只是将双方护送到外面的停车场，酒吧里就会恢复平静。然而，在停车场内就不是了，因为打架会升级，可能会使用武器。如果在警察在这种情况下到达，媒体就会闻风而来。所有这一切的最终结果是，酒吧在附近社区的声誉被破坏，这是一个公共关系的噩梦。

由于保安工作不属于提供食品和酒水的正常业务，而且它需要的技能与通常的酒店业不同，因此，保安部门往往被外包给具有处理这一职能的专门的私营保安公司。当这种情况发生时，酒吧和保安公司之间应该起草一份合同，确定保安公司要履行的确切职能，以及酒吧雇员和保安公司雇员之间的关系。签约前应检查保安公司是否有足够的担保保安人员的责任保险以及是否有执法部门颁发的执照。

任何事件，无论性质轻重，都应以书面形式提出。这不仅适用于保安人员，也适用于酒吧的其他工作人员。所有的细节都应该被记录下来，包括冲突的地点、涉及的各方、各方的说法、目击者以及任何可能发生的伤害。通常情况下，这些将成为保险索赔的依据或逮捕、诉讼的证据。拥有书面记录，企业可以在这些情况下保护自己。

8.2.8　工作规范

无论规模大小，所有酒吧都有工作规范（standards）。对于小型的街区酒馆来说，它们可能是非正式的、不成文的，而大型的企业式酒吧则会有正式的书面规范。规范是非常重要的。它们由管理层决定，传达了企业希望给顾客的服务或商品水平。它们可以确保顾客每次去该酒吧都能得到同等水平的商品和服务。在连锁经营的情况下，每次客人到该品牌店时，无论在哪个城市，其商品和服务都应该是相同的。规范一旦实施，管理部门就要保证其执行。这可以通过对员工进行培训，使其贯彻执行。企业中的大量规范中适用于人员的标准包括以下几点：

商品　这些标准指的是所消耗的酒水，通常由配方卡控制。饮品中使用的原料和数量应该在每次制作该饮品时保持一致。不仅装饰物应该是一样的，古典杯和高球杯中的饮品所用的量杯也应当是相同的。这不仅可以保持对客人服务的一致性，而且对酒吧进行成本控制也很重要。这一点将在第 9 章关于生产和第 11 章关于成本控制的内容中进行更详细的讨论。适用于服务的规范太多，无法在这里一一提及。它们适用于诸如检查身份证件的政策，如何向客人解释他已经喝多了，客人是使用现金或者支票付款，在接受客人点餐前先放一张鸡尾酒餐巾或杯垫，升级销售，按适当顺序向酒保喊出酒水等。如果所有的服务规范都得到正确的遵守，那么经营就会在最小的干扰下顺利进行。

员工形象　公司应有成文的员工形象规范，并且公平和平等地执行这些规范。在美国，许多酒吧因为形象政策既没有成文，也没有统一执行而在均等就业机会委员会（EEOC）和劳工部（DOL）那里遇到了麻烦。是否允许有明显的文身或打耳洞？是否允许留络腮胡？是否需要穿包脚鞋？衣服是否要熨烫得没有褶皱？这些要以书面形式写下来，让所有员工签字，并公平地执行。

员工制服　许多酒吧要求员工穿着制服。通常情况下，他们是与酒吧的主题风格相呼应的。如果这是标准，应该由管理层开始严格执行。选择制服时应谨慎，不得对宗教信仰、民族或种族进行歧视。如果有疑问，请咨询你的律师，以确保你的制服没有违反法律。

8.3　员工招聘

酒水运营的人员配置不是简单地从街上雇人来填补空缺。许多仅仅因为个人关系就雇佣朋友或亲戚，结果却不但在经营中发生了灾难性的结果，而且和亲戚朋友交恶。招聘的第一步是要知道你要招聘的是什么职位。我们前面讨论了工作描述，这将给我们一些启示，让我们了解应聘者应具备哪些特质，以及他们需要具有何种程度的专业知识来完成工作。当确定了具有适当特质的申请人后，就需要对他们进行面试，主要是判断他们的个性是否能融入团队以及是否具有团队精神。此外，还需要检查推荐信。在选拔过程中，有相应的法律对选拔过程进行了规定，为了避免政府的罚款或诉讼，必须遵守这些法律。

8.3.1　招聘新员工

招聘新员工这事是难是易取决于当下的经济形势。在酒店业，这个情况摇晃不定——如果失业率高，就会有大量的求职者；如果失业率低，管理层就得出去找准员工。无论容易或困难，都必须招聘和雇用有能力执行企业标准并能为企业带来价值的员工。

招聘工作急速发生变化。在当地报纸上刊登招工广告或在橱窗里放一张写着"招工"的卡片的老办法已经一去不复返了。这一切等于在告诉公众，你急需要帮助，而你的酒吧既然要找员工，那么服务质量可能已经跟不上了。招聘会和互联网是比较理想的招聘员工的场所。大多数地方媒体也有一个提供空缺职位的互联网网站。社交媒体，如脸书、微信、微博等等也可以成为很好的招聘工具。

除了外部资源外，内部招聘也是寻找潜在员工的另一个好资源。你现在的员工可能认识一些符合公司要求的人。毕竟，他们了解企业的文化和你的期望，所以推荐的人很可能符合你的要求。此外，看看你自己的员工，是否有人准备晋升到你试图填补的职位。员工忠诚度的关键因素之一是内部晋升。

在招聘未来的雇员时，请牢记他们需要具有什么特质；要有多少工作经验。除此以外，你还必须清楚有关招聘和雇佣的法律。这些法律有很多，一个错误就会让你陷入巨大的麻烦之中。

招聘申请

让未来的员工填写求职申请（employment application）是招聘过程中的一个重要部分。它可以让管理层迅速审视几个应聘者，并确定哪些应聘者具备成为长期员工的资格和背景。如果你没有时间对 20 个应聘者全部进行面试，那么通过审查求职申请，你可以将范围缩小到 3 或 4 个人。

在审查求职申请时，有几个问题需要回答：

- 申请书是否填写完整？这会让你了解到申请人是否有能力按照指示正确地完成任务。

- 是否有应聘者的签名？大多数的申请书上的签名都是表明申请书上的内容是真实的。如果没有签字，应聘者是在隐瞒什么？还是不注意细节？这两种情况都不好。

- 应聘者的教育类型和水平是什么？这将给你提供关于应聘者的宝贵信息。教育水平是否与职位相称？如果他拥有高级学位，但申请的是服务员的职位，那么这将是一个危险的信号。另一方面，如果他刚刚从一所学校的调酒专业毕业，并申请酒保的工作，这可能是一个很好的选择。

- 应聘者有什么工作经验？他们过去的薪资是多少？与你为该空缺职位所支付的薪水相符吗？如果应聘者在其他酒吧工作，不管出于什么原因，该酒吧的小费大大高于其他酒吧，这个人就算被录用，可能也不会待得太久。如果应聘者是高薪的程序分析师，他们可能也不会待太久，因为他们可能只是在找一份临时工作。总之，要找有工作经验，并且从前的收入和在你的公司的工资差不多或者更低的人。

　　请记住，申请表上不能有任何关于种族、信用等级、宗教信仰、公民身份、婚姻状况、子女数量、性别或残疾的内容，也不应询问任何可以推断出这些特征的问题，比如他们属于什么俱乐部、会员组织或教会。

　　许多公司会将求职申请保留 30 天，以防有另一个空缺，或者没有人被录用。对于被录用的人来说，这份申请会成为其人事档案的一部分。如果应聘者在递交申请表的同时还向你提供了一份简历，那也应该保留下来。

招聘面试

　　应当从现有的应聘者中挑选出 3 或 4 人进行面试。面试是一个双向的过程。你要尽可能多地了解应聘者的信息，应聘者也要尽可能多地了解你的企业。

　　在面试中，有两种类型的问题：开放式和封闭式。开放式问题是引导应聘者提供相当程度的信息，例如，"是什么原因导致你离开你以前的工作"或"告诉我你最喜欢的运动"。封闭式问题是指要求应聘者做出简短的、有时只有一个字的回答，例如，"你上一份工作的酒吧叫什么名字"或"包括小费在内，你预计在这里能赚多少钱"。每种类型的问题都有优缺点，一个好的面试官会将每种类型的问题混合使用，也能够根据情况将特定的问题从开放性问题转换为封闭性问题，反之亦然。

　　开放式问题（open-ended question）要求应聘者思考自己的答案，整理思路，并快速完成。这样可以让面试官深入了解他们的应变能力。这对于鸡尾酒服务员或酒保来说是一个重要的特质，因为需要快速评估和执行的情况会在工作中不断出现。另一个优点是，通过开放式问题，应聘者有机会表达自己的想法，并展示他们对特定主题的知识深度。缺点是应聘者可能会花很长时间来回答一个问题，在每次面试时间给定的情况下，管理层可能没有足够的时间去了解应聘者。并且开放式问题的构建必须谨慎，如果问题过于笼统，应聘者可能不知道如何回答。

　　封闭式问题（closed question）要求简短的回答，且面试官得到的信息很少。对应聘者来说，一个不利的方面是他们可能无法完整阐述对该主题的认识；但另一方面，如果应聘者对该主题一无所知，那么则可能会对他们有利。例如"你如何制作血腥玛丽？"这就需要应聘者回答所使用的原料和混合方法。而"你知道如何制作血腥玛丽吗"只需要一个简单的"是"或"不是"的答案。应聘者可能根本不知道如何制作，但面试官并不知道。封闭式问题通常是在应聘者回答开放性问题上花费了太多时间，而面试官必须在规定的时间内完成面试的情况下使用。但一般来说，面试官希望提出更多的开放式问题，而不是封闭式问题。

　　在面试中，有一些注意事项：问题尽量简单、直接。不要试图通过问一个复杂的问题来获取大量信息，而应当多使用几个简单的单一问题。如果申请人在回答中没有给你足够的信息，要准备好后续问题。有一种引出进一步信息的盘问技巧是使用"推进式"问题，如"然后发生了什么事"或"还有别的吗"。在面谈结束时，使用一些"信息交换"的问题，如"关于你自己，你还有什么想让我了解的吗"或"你还想了解我们公司的哪些方面吗"。

招聘复试

当应聘者的范围缩小到 3 或 4 名候选人，而且该职位是时薪制，通常一次面试就足以做出决定。但是，如果要面试的应聘者很多，或者有几个空缺，可能需要进行两次或更多的面试。当一个新的企业开张，必须雇用大量的员工时，这种情况相当普遍。在这种情况下，第一次面试通常是简短的，目的是淘汰那些明显不符合招聘标准的申请人。第二次面试通常由另一个面试官进行，比较深入。如果应聘者应聘的是管理职位，通常要进行 2 到 3 次面试。

虽然测验的方式在小型的单体酒吧中并不常见，但在一些经营餐厅酒吧或俱乐部的大公司中却很常见。对未来员工进行的测验有很多，酒水行业常用的两种测验是技能测试和性格测试。

技能测试可以衡量未来员工与工作相关的技能。例如，在招聘一名酒保时，技能测试可以衡量其凭记忆准备多种类型酒水饮品的能力。虽然这种测试可以是笔试，但实操测试更能展示操作灵活性以及组织工作和安排优先次序的能力。

性格测试是测量应聘者的情绪和精神状态以及与他人相处的能力。这种类型的测试对于一个没有酒吧行业经验的应聘者来说是最重要的，因为可以确定他们是否适合做这个工作。与所有的测试一样，它并不是百分之百的绝对，只应作为程序的一部分。任何决定都不应仅仅基于面试过程中的测试部分。

检查推荐信

这是一个耗时的过程，但对于招聘程序非常重要。正因为如此，他们不应该放到最后才进行。在应聘申请表被审查、面试和测验完成后，候选人范围缩小到一两个人的时候，就应该核实推荐信。有两套需要核实的资料：前任的雇主和应聘者提供的推荐信。

在美国，由于联邦和州法律的限制，前任雇主往往不愿意透露太多信息。EEOC 虽然允许提供一个人是否有资格从事某项工作的基本信息，但禁止他们提供任何会对应聘者的种族、性别、国籍、年龄、宗教或候选人可能有的任何残疾进行歧视的信息。有些州的法律比 EE-OC 更严格。许多公司只提供员工任职的日期、职称和工作描述的信息。但也有公司有更开放的政策，会提供更多信息。

一些精明的经理会把候选人申请书或简历上所描述的工作经历读给前任雇主听，并要求他们核实。由于申请人在表格上签字即表示所有陈述都是真实的，这就有可能使前任雇主免于潜在的法律诉讼。也有一些公司选择获取候选人的信用报告。这些报告将提供大量关于候选人的信息。然而，它们非常昂贵，大多数业务仅用于管理职位或将处理大量资金的员工。使用信用报告的另一个缺点是，在法律上有很多"陷阱"。因此，在利用这种筛选方法之前，最好先咨询律师。

有了候选人推荐信，一般来说，你更容易得到你要找的信息。这些人不像雇佣介绍人那样害怕诉讼，也不像政府规定那样负担沉重。通过与这些人交谈，你可以了解到很多关于应聘者的个性，他们在压力下的反应，他们的工作习惯，以及他们的整体道德感。但是，请记住，应聘者可能已经非常谨慎地选择了这些推荐人，并且只会列出那些会对他们大加赞赏的人。

推荐信和测验应该只是决策过程的一部分。不要仅仅依据别人对应聘者的评价就录用或拒绝他。一些企业不核实推荐信，因为前任雇主不敢说太多，而应聘者的推荐信往往能带来令人满意的报告。他们觉得花在这项任务上的时间不值从这项任务中获得的回报。

8.3.2　聘用过程

在完成面试并决定聘用哪位候选人后，有几个因素需要考虑，其中包括聘书制作和送达，进行谈判，商定工资，并建立人事档案。

发放聘书

在向未来的雇员发放聘书时，通常需要进行一些谈判。如果是管理级别的职位，那么通常情况下，谈判的内容比时薪级别的要多。最重要的谈判焦点往往是工资以及附带的福利。雇主必须决定他们愿意花费多少开支，以及在不危及企业财务的情况下，他们能承受多少。如果应聘者要求过高的价格，那么谈判将会结束，企业就会转向他们的第二候选人。

对于按小时计酬的应聘者，如服务员和酒保，谈判的内容较少。通常情况下，仅限于排班表和休息日等。酒水行业的许多人是有课程安排的学生或做兼职的人。对他们来说，排班表是非常重要的。很少有薪资谈判，因为这类员工的薪资大多来自小费。酒吧的高额小费远比时薪来得重要。事实上，很多企业只会支付最低工资。罕见的例外是，如果一家酒吧没有多少生意，为了找到并留住有能力的人，他们会支付比正常情况下更高的时薪来抵消低小费。另一个例子是私人会所，许多会所不允许支付小费。在这种情况下，时薪会相当高。

许可证

美国的许多州和市都要求在酒吧工作的人必须有从业许可。有些州只要求在吧台工作的人有从业许可，而一些州则要求所有酒吧雇员都有。大多数情况下，这不过是保证了这个人在司法权管辖范围内没有违法记录。请向你的管理机构查询，以确定你的雇员是否需要从业许可证。

人事档案

在向未来雇员发出聘书并被接受后，有必要为该雇员建立人事档案。它应包括以下内容：

- 入职申请书，需要填写完整并签字。
- 雇员的所得税扣缴表，需要填写完整并签字。
- 如果雇员会收到小费，则需签署一份雇主接受雇员收取小费的确认书。

- 填写的评价表应加入档案。
- 任何纪律处分都应保留在档案中。

8.3.3　新员工培训

新员工被录用后，需要对其进行入职培训。培训的时间取决于操作的复杂程度和新员工的经验水平。在一个小型的街区酒吧里，因为大多数客人喝的是啤酒和高球鸡尾酒，因此培训会很简单，时间也很短。相比之下，如果是一家供应食品的高档酒吧，客人点的一般是一些具有异国情调的饮料以及昂贵的葡萄酒，那培训会花费更多时间，也更严格。一个有经验的员工需要学习的仅是公司的政策，熟悉如何操作 POS 机以及其他较少的内容，而一个没有经验的员工则要学习如何向酒保叫酒，按什么顺序叫酒，葡萄酒及其成分，黑啤、啤酒和拉格啤酒的区别等。

培训新员工的第一步是请管理层为他们提供一次入职说明会。请记住，对于所有新员工来说企业的一切都是新的，他们可能会有点困惑有点紧张。虽然有经验的新员工对于有些执行规范非常清楚，但对于没有经验的新员工而言则完全是陌生的。因此，说明会应包括带他们参观企业，向他们展示一些工作相关的细节，比如员工入口在哪，如何使用计时器或 POS 系统，以及员工洗手间的位置等。

参观结束后，找一个安静的地方坐下来，给他们讲讲制服穿着、个人形象和员工行为等内容，并向他们解释工资政策和工资发放周期、福利待遇和员工评估程序，以及公司不能容忍的事情，如性骚扰，工作时饮酒，与员工或客人过深交际，吸毒等。许多公司都有一本员工介绍手册，这时可以发给新员工，并让员工签字确认他们已经阅读了手册并理解了公司的政策。这张表应该包括在他们的人事档案中。如果他们将来违反了公司的政策，就不能说"我不知道这个政策"了。

总的来说，当前酒店业对新员工的培训工作做得很差。很多时候，管理层会把这项工作委托给有经验的老员工，但老员工除了培训内容以外往往也会把自己的坏习惯、走捷径的方法、不喜欢在那里工作的原因、不喜欢的其他员工以及原因等也一并传授给受训者。但是，这种情况是可以得到改变的。只要管理层稍加规划，新员工的入职培训可以是一次非常积极的体验。首先，让新员工跟随有经验的老员工学习并没有错，前提是这个有经验的老员工必须是经过精心挑选和培训的，专门用来培训新员工的。换句话说，管理层必须对培训者进行培训。

入职培训对员工来说是非常重要的。通过入职培训，员工将会按照公司的规范做好自己的工作，并明白公司对他们的期望，以及他们的职位对企业整体成功的价值。同样的道理，它对企业也是非常重要的。关于公司对员工的期望、公司的政策以及公司的关怀和价值观的信息通过入职培训传递给了所有新员工，当员工对自己的工作感到满意，流失率就会降低。因此一个精心策划和正确执行的新员工入职培训将带来一个双赢的结果。

8.3.4 在职培训

对于员工的培训（employee training）并不应止步于入职培训，而是要有一个持续的培训计划，以适应公司政策或程序的变化、法律的修订，或者仅仅是对员工的继续教育。培训可以是正式的，也可以是非正式的，但应始终由管理层成员进行。这并不是说你不能请客座演讲者，但他们应该由经理介绍，并由经理监督课程。

管理者应该熟悉每个工种应该执行的任务并充分了解公司的程序和每项工作的标准。记住，培训的目的是让每个员工按照标准履行自己的职责。当标准发生变化时，员工则需要了解这些变化，接受培训并执行新标准。当员工按照新标准的水平执行时，客户将得到更好的服务和产品，企业的业绩也会更好。

优秀的培训师应该具备以下特点：

● 他们自信，有着积极的态度并受到员工的尊重。

● 他们既了解整体运营，也清楚个别工作要求。他们按照公司的标准进行培训。他们知道好的员工具要有哪些特质，并培训他人，帮助他们实现这些特质。

● 他们鼓励员工，为他们的成就喝彩。他们不论何时何地都尽己所能地帮助员工。

● 最重要的是他们喜欢培训工作。他们要有耐心，能与不同的群体相处，并具有良好的沟通能力，热情、灵活、幽默的特质。他们鼓励提问和小组讨论。

在职培训有几种不同的培训方法可以实施：

讲授 这是一种有效的方法，可以快速有效地将信息传递给所有员工。在介绍新的酒水或菜单品种时，可以使用这种方法。最好让员工品尝新的品种，这样他们就可以有效地推销。讲授也可以用来解释公司政策的变化，介绍你所在地区有关酒类服务的新条例，或重申你看到许多员工无视的现有政策。需要注意的是，员工不喜欢太过持续地被训话，所以这种方法只有在高效地传达你的信息时才有作用。

讨论 当有问题需要解决时，这是一种实用的方法。例如，如果食物不能及时送到吧台区，可以与酒保和服务员进行小组讨论。虽然作为经理的你可能有解决问题的办法，但如果小组提出了一个可行的解决方案，员工会更容易接受，因为这是他们的想法。如果他们决定由跑堂的人把食物送到客人面前，而不是让酒保或服务员回到厨房，因为这样会减慢酒水的制作和上菜速度，你可以同意这个计划，并试行一段时间。

嘉宾讲座 这是一个很好的方法，可以用来教育你的员工。可以请对产品非常了解的销售代表为你的员工讲解并进行品鉴。这将使你的团队有信心与客户谈论该产品，并且这样也可以扩展他们对各种单一麦芽威士忌、啤酒、葡萄酒或销售的其他产品的知识。除了邀请嘉宾，你的调酒师可以分享一种新的饮料，或者你的厨师可以讲述一些新的菜单产品，还可以进行品鉴。

角色扮演 当你想要教导你的员工如何与客户互动时，可以采用这种方法。它主要用于教他们暗示性销售或升级销售。它也可以用来教他们如何销售正在推广的酒水或菜单项目，或如何与醉酒的客人周旋。在角色扮演中，一个人扮演服务员或酒保，另一个人扮演客人。对话结束后，他们会交换角色。当两个员工都轮到自己的角色时，他们互相评论，然后再做一次。

整队 这种方法用于规模较大的公司，服务员和酒保在换班前集合整队。通常会在此时进行制服和形象检查。此外，还要解释当天的特价菜，以及发布相关公告，并进行鼓舞人心的讲话。整队时间一般很短，5 分钟左右，整个过程中，参加者一般都是站着的。

一对一 当一个或几个雇员在工作或行为的某些方面需要进一步培训时，就采用这种方法。不是整个小组进行培训，而是在一次私人会谈上对一个（或几个）员工进行指导。

8.3.5 员工培训的组织

由于必须为员工支付培训课程的费用，在某些情况下，还必须购买材料和用品，因此培训课程的费用可能相当昂贵。在这种情况下，培训师必须有组织地准备好。培训课不仅要对员工有好处，而且要对企业有好处。很多时候，培训课程每月举行一次。

一堂成功的培训课，关键在于组织。培训的目标是什么？是需要解释或演示的公司新政策？是新产品、更新过的菜单、新的定价，还是即将到来的促销？无论目标是什么，培训师必须决定哪种培训方法最能将信息传递给员工。在选定风格或方法后，培训师必须组织课程。他要写出一个大纲，使课程简明扼要，材料按逻辑顺序呈现，让员工清晰地了解演讲的内容。

培训师还应该为培训选择最佳地点。培训是在营业结束后的酒吧内举行，还是在一个单独的会议室举行？无论地点如何，都应在培训前布置好，并打印好所有的讲义，准备就绪。如果打算使用视听设备或计算机网络链接，应在培训前检查，以确保一切正常。培训师应该制定一个时间框架，规定讲解所需的时间，并允许提问和回答。培训应按时开始，按时结束。通过适当的规划和组织，培训课程将使他们更熟练地完成工作，并最终使公司受益。

8.3.6 员工的职业发展

虽然所有的培训在本质上都是对员工的专业培养，但这里指的是日常工作之外的教育，大多数情况下在营业场所外进行。它可以是非常简单的，如当地餐馆或酒店协会、商会、观光局的会议。这些组织经常会请来客座讲者，他们的演讲可以扩大与会者的知识面。

专业发展还包括参加收费的行业研讨会。这可能涉及参加全国性的会议，如在芝加哥国家餐饮协会展会上举行的葡萄酒和蒸馏酒博览会，以及在纽约举行的美国酒店和住宿协会展会。这些几乎都是收费的。如果员工需要出差，成本就会很高，更不用说离开工作岗位的时间。因此，专业发展几乎总是只用于管理层的雇员。

另一项专业发展活动是网络研讨会。这些活动通常由各种行业协会或公司举办。有些网络研讨会是收费的，但更多是免费的。加上不需要旅行或离开工作岗位的时间有限，使其成为一个非常具有成本效益的专业发展工具。大多数情况下，网络研讨会会与电话会议连接，允许主持人和参与者进行对话。偶尔也会使用网络摄像头，如果你的电脑有摄像头，也可以进行面对面的会议。Skype、腾讯会议等是这类会议常用的工具。

8.4　员工督导

管理酒吧有许多与之相关的职责，但很少有像监督员工一样重要。虽然乍一看，这似乎是一份不错的工作，也就是做老板，但对管理人员来说，其实有各种各样的障碍和限制。

首先是公司的政策和标准。你不可能总是拥有你想要的员工数量，因为你必须满足公司制定的工资标准。你必须遵循公司关于惩戒员工的规定。管理员工之间的冲突往往是一项艰巨的任务。你自己的主管或老板可能会对你提出你认为不合理的要求，或者试图控制你在员工监督方面的行动。当老板或公司改变政策时，员工往往会感到不安。你的工作就是在不惊动员工的情况下实现变革。

还有就是客人。他们有时要求很高，而且不讲道理。你必须生意和保护员工之间取得平衡。判断客人是否喝多了，或者他们是否在骚扰你的酒保或服务员时，要让他们离开多远距离？如果他们逃单，谁来负责？

最后，重要的一点是政府机构，它们对你的监督能力提出了许多限制：一个人可以工作的年龄，加班费，酒吧可以开放的时间，卫生部门的关注，酒类法律等等。在公司政策、你的主管、员工本身、顾客和政府之间，监督看起来不是一项容易或令人羡慕的任务。在本节中，我们将探讨各种管理风格，如何领导你的员工，激励他们，管理冲突和变革，以及其他一些管理方面的内容。

8.4.1　领导风格

我们将研究四种领导风格（leadership styles）：独裁型、官僚型、参与型和自由型。这里的目的不是要选择最好的一种，而是要确定哪种风格更合适。员工是具有不同愿望和需求的人。他们来自不同的背景，因此对每一种风格都会有不同的反应。有些员工希望所有的事情都能为他们安排好，在一个受控的环境中更舒适，而有些员工则需要在完全自由的环境中才能茁壮成长。

独裁型　当情况要求严格遵守一套规则或工作程序时，主管人员就会采用这种风格。独裁型的领导风格不需要讨论。上司制定规则，下属应逐条逐项地遵守，没有例外。独裁型在培训新员工时使用效果最好。对员工的期望和要求都会用精确的条款展示出来。这种风格也适用于那些不想做决定，但希望一切都通过数字来安排的员工。

官僚型　在这种领导风格中，经理执行上级管理部门制定的规则和政策。采用这种管理风格的人很少对政策的决定做出解释，而是会依靠他们的上级来解释政策。这种风格更适合政策执行者的角色，而不是领导者的角色。它很适合于监督需要重复性工作（如洗碗工）的管理者。

参与型　又称民主领导，这种风格与独裁型相反。在这里，管理者是一个真正的领导者。决策过程是员工共同参与的，解决其他问题也是如此。在存在群体问题的地方，这种方法特别有效。例如，在一次员工会议上，服务员注意到吧台的酒水出品出得很慢。这不是因为酒保的速度慢，而是他们有太多的事情要做。服务员们决定，如果由他们，而不是酒保，给饮品做装饰，服务就会得到改善。参与型风格的管理者鼓励员工拓展视野，从而获得晋升，并帮助他们确立目标，实现目标。

自由型　来自法语，意思是"让人们随心所欲"。这种方法也叫自由支配，在这种方法中，管理者做得很少。他只提供最低限度的领导和指导，让员工建立目标和解决问题。这种方法只适用于高学历和高技能的员工，因此在管理小时工的酒店业中使用得不多。它可以用在这样的情况下：一群投资者开了一家酒吧，雇了一个经理，让他来经营，只要能盈利，别的就不多管了。

很少有管理者只利用其中的一种领导方式，大多数管理者都是综合运用。在酒吧管理中，独裁型管理和参与型管理的结合是最常见的。管理者可以使用独裁式，因为为了使酒吧顺利经营并获得利润，必须时刻遵循某些程序。例如：饮品必须按照标准化的配方制作，以保证顾客的一致性和成本控制；酒水服务必须根据 POS 程序由服务员向酒保提出要求，或者按照一定的顺序下单并取走。

另一方面，酒吧里营造的氛围应该是友好的。在这里，经理将作为一个领导者。他会让员工集体做出一些经营和晋升的决定。这样可以让员工对酒吧的管理有成就感，让他们觉得自己是团队的一员。在这种环境下，他们一起工作，互相帮助，共同营造一种有趣的氛围。聪明的酒吧经理会在这两种方法之间取得平衡，以创造一个既能顺利运作又有凝聚力的团队。

简单来说，领导力就是影响他人活动的能力。以酒吧经理为例，大目标是盈利。这是由许多小目标组成的，如如何提高销售额或如何控制成本。成功的领导者会影响他人的活动来实现这些目标。在独裁型管理方法中，领导角色相对容易。在这种方法中，管理者有权力坚持以某种方式执行任务。因此，管理者对员工的影响来自其职位的权力。

参与式管理则较难实现，因为管理者必须赢得员工的尊重，才能影响员工的活动。在这里，管理者更像一个教练，而不是一个权威人物。在参与式管理中，作为领导的管理者将确保团队具有以下特征：

- 他们致力于为客户提供优质的服务和产品，并为共同实现这一目标而感到自豪，他们相互之间互相支持，忠于彼此。
- 他们定期与管理层会面，讨论共同的问题。这些会议在鼓励意见分歧和多样性的同时也表现出对他人的信任和尊重。他们很容易达成共识，并支持小组的决定。
- 他们很灵活，乐于接受变化。

- 他们表现出积极的态度，不抱怨，不批评或对别人高高在上。
- 他们愿意学习新的系统和程序，总是渴望提高自己的技能。他们互相帮助，互相鼓励，以提高自己的能力。

无论管理者采用哪种方法，或者是哪种方法的组合，作为领导者都必须对员工进行激励。为了使激励成功，必须有一个开放的环境，这个环境的前提是管理者和员工之间的信任。管理者应该与员工进行双向沟通，员工应该能够参与到对他们有影响的事务的决策过程中。虽然这不一定能做到，但应在可行的情况下尽量多用。当事情进展顺利时，管理者应愿意将功劳归于员工，而当事情出错时，则应接受部分指责。

8.4.2　管理方式的变革

对员工来说，变革可能是好的，也可能是坏的，可能意味着改善他们的工作环境，也可能是对他们的工作安全的威胁。在一个管理良好的酒吧，变革是不可避免的。变革的动力可能来自市场、改善服务或商品的愿望、提高盈利能力的需要，或者其他各种原因。你可能听说过这样一句话："一个不经常改变的企业是落后的。"变革可能是业务驱动，但对员工不利的，比如在经济不景气时期的裁员；也可以是员工驱动的，比如引入退休福利计划；也可以是对企业和员工都有利的，比如引入新的 POS 系统，一方面可以通过更严格的控制使酒吧受益，另一方面可以方便服务员服务更多的顾客。管理层如何与员工一起应对变革，对于员工将变革视为一种进步还是威胁至关重要。员工很可能在一开始就害怕新的 POS 系统，但经过一个优秀的培训计划后，就会看到系统给他们带来的好处。

要想让变革给员工带来积极的体验，管理者首先要了解自己的员工，知道他们会有怎样的反应。另一个角度是，如果你是员工，你会如何反应。预测反应可以得出一个有效的方法来向员工介绍和解释变革。通过预测反对意见，管理者可以在引入变革之前制定克服阻力的策略。经理做好充分的准备是至关重要的。例如，销售人员在做好本职工作的同时，要预见到顾客对商品的反对意见，然后通过指出商品的属性来克服这些反对意见。"是的，我们的饮品比竞争对手的价格高，但我们用的是鲜榨橙汁而不是罐头。"同样的原则也适用于管理变革时克服来自员工的阻力。

8.4.3　员工冲突管理

作为一个管理者的角色，你将会面临冲突。你如何处理冲突将会影响到你是加强还是削弱你的部门。冲突可以有多种形式。在酒吧管理中最常见的有以下几种。

个人冲突

可能是简单的口头争吵，也可能更复杂，如涉及到文化差异的文化冲突，或者与年龄有关，与职责分工不均相关。个人冲突也可能变得相当严重，如性骚扰指控。

个人冲突是很难处理的，因为它通常是两个人之间的冲突，有时会在管理者不知不觉中发酵。因此随时与员工进行坦诚的沟通是对这类冲突的有力震慑。了解他们的个性和情绪波动也会有所帮助。有一个开放的政策，让员工可以把他们的问题带到你这里来，也是有帮助的。了解员工之间的文化差异和信仰也很重要。但当个人冲突具有歧视性质或出现性骚扰案件时，管理者应根据公司政策和法律迅速有效地处理。

沟通冲突

这是一个非常常见的部门或整个组织内部的冲突。它的产生多半是由于某人说了一句话，却表达了另一种意思，或者一个人对一句话的解释与原意不同而导致的两个人之间的冲突。沟通冲突的另一种形式是谣言，这种谣言很少是准确的，但会给员工造成很大的压力。

为了抵消沟通冲突，管理者应该始终站在员工面前，提前告诉他们公司内部发生了什么影响他们的事情。这可以通过备忘录、公告栏或员工会议来实现。当一个谣言开始，管理层意识到这一点时，应该立即将其压制下去，告诉员工真实情况。

内部冲突

这是发生在部门之间的纠纷。小范围的业务争吵可能是酒吧和厨房之间因为一些事情发生冲突，比如洗碗工应该优先把干净的玻璃杯送到吧台，还是应该优先把干净的盘子送到厨房，这是最常见的。然而在大型组织中，一个人的工作是依赖于许多其他人的共同配合。例如，一个酒保依赖于采购部门取得商品以便销售，库房填写的供货单，洗衣部门提供干净的制服和吧台毛巾，人力资源部门雇用一个新的酒吧后勤回来，等等。如果其中任何一个部门不能正常运作，酒保就真的麻烦了。

对管理者来说，内部冲突更难解决，因为他们无法单独解决。如果员工之间的冲突是由一个经理负责的，那么结果就取决于这个经理解决问题的能力。内部冲突本质上是跨部门的，通常需要两个或两个以上的管理者来解决。这些冲突最好由相关经理坐下来讨论。如果管理者对彼此的问题感同身受，并愿意妥协以实现各方的双赢，就会有所帮助。然而，情况并非总是如此。有的经理可能权力欲强，或者是支配欲强，以至于只顾自己的部门，而不关心经营的整体利益。或者有的经理可能很固执，抱着"这不是我的问题，是你的问题"的态度。既然如此，就必须将困境提交给上级主管部门，由其做出决定。很少会出现相关各方双赢的局面，而是一方赢一方输，更有甚者，两败俱伤。

处理不满

处理不满和处理冲突差不多，主要的区别在于冲突通常发生在个人或部门之间，而不满则发生在一个员工或一组员工和公司之间。例如，员工停车场离酒吧只有一个街区。一群员工向管理层表示，在凌晨 3 点酒吧关门后，他们走过那个街区去取车，觉得不安全。管理层认为他们的担心是合理的，安排了保安人员护送他们上车，确保他们在路上安全。

在较小的组织中，不满通常以非正式的方式处理，并很快得到解决。在规模更大的组织中，官僚式管理风格更多，解决这些问题需要更长的时间。许多大型企业，尤其是酒店，都有工会，这就带入了一套不同的规则来处理投诉，因为设置了工会的企业有严格的规则来处理投诉。经理们不再有权处理工会合同中包含的事宜。他们会见的是工会管理人员，而不是提起申诉的雇员。这意味着，处理一个简单的申诉不再仅是一个简单的程序，而是通过员工和管理层的之间会议来解决。

虽然工会合同各不相同，但在处理不满方面却有一个共同点。首先，部门经理和工会代表会面。如果他们不能令人满意地解决问题，那就交给上级管理人员，由他们与申诉委员会会面，并试图达成解决方案。如果失败，最高管理层将与委员会会面，在极端情况下还将与工会最高代表会面。如果不能达成协议，可以通过调解，由一个公正的第三方，也就是调解人，就如何解决争端提出建议。任何一方或双方都可以拒绝调解员的解决方案或建议。如果一方或双方都拒绝调解，则提交仲裁。在仲裁中，仲裁员会见双方并做出解决问题的决定。双方必须遵守仲裁人的决定。

管理标准

所有的连锁经营和大多数独立的酒吧所有者都有他们想要达到的标准或目标。在这种情况下，标准被定义为结果应该达到的水平。关于劳动力，有绩效、生产力、生产和人工成本等标准。例如，如果一个鸡尾酒服务员的标准工作区是 30 个座位，那么一个不能处理这么多座位的服务员就不能达到标准。为了使服务员达到标准，可能需要进行额外的培训。

所有的员工都应该了解与自己工作相关的标准。如前所述，它们应该是工作描述的一部分。优秀的管理者应该了解公司制定的工作表现标准，监督员工时，应该确保这些标准得到了满足。此外，管理人员还需要达到自身职位工作要求的标准。其中最重要的是控制人工成本。我们将集中讨论管理人员可以用来完成这项重要任务的方法。

正如我们将在第 11 章中了解到的那样，标准成本是经过精心计算的，以确保企业实现盈利。标准成本是以实际成本来衡量的。例如，一家酒吧的标准人工成本为 28%，在月末将此与损益表上的实际人工成本进行比较。如果实际人工成本是 30%，那么就必须调整接下来的安排，使该成本与标准一致。如果没有差异，则说明现有的程序和控制措施是有效的。

8.5　员工工作管理

在讨论员工排班之前，有必要先回顾一下人工成本（labor cost）对销售的影响。我们有三种类型的成本：可变成本、固定成本和半可变成本。可变成本是指那些随着销售额的起落而变动的成本，并且与销售额成正比。固定成本是指那些无论销售量如何变动都保持不变的成本。无论餐厅是否营业，它们都会 24 小时不间断地发生。半可变成本（semi-variable cost）

会随着销售额的起落而变动的成本，但不是成正比的。半可变成本是由固定成本和可变成本组成的。半可变成本的一个例子是人工。

管理人员一般都是有工资的。无论酒吧的销售额多少，工资都是一样的。如果酒吧经理和酒吧副经理的年薪合计为 10 万美元，那么无论酒吧每年的收入是 100 万美元还是 130 万美元，他们都会得到这笔钱。因此，管理层的工资是一种固定成本。也就是说，无论营业额多少，它都是不变的。当然，管理层经常会因为增加销售额和维持成本而获得奖金，但这里不考虑这一点，只考虑管理层的工资。

另一方面，鸡尾酒服务员、酒保、吧台服务员等工作人员的工资是按小时计算的，并根据预期的销售额进行排班。因此，小时工的成本会随着销售额的上升而上升，随着销售额的下降而下降。如果采用适当的排班方式，成本会随着销售额的起落而直接成比例地变化。综合起来看，有固定成本（管理层工资）和可变成本（小时工工钱），结果是半可变成本（随着销售额的增减而增减，但不成正比）。

8.5.1　员工工作排班

为酒吧制定一个好的排班表是很难的。原因是变数很多。安排太多的人，利润就会被牺牲掉；没有安排足够的人员服务，最终也会影响到销售。还有就是酒保、酒吧后勤、服务员的搭配，每个区域需要多少人才能完成工作？此外，必须安排相当数量经验丰富的得力员工和足够的的生产力来完成一个班次的工作。

虽然制定排班表可能很困难，但计算在这个排班上可以花多少薪资却不是。它绑定了一个标准。记住，标准就是成本。它是由管理层决定的，是为了实现利润而设计的。劳动力是一种半可变成本，是一种用百分比表示的标准。人工成本标准百分比乘以薪资期间的预期销售额，就得到该期间可能花费在人工上的金额。预期的销售额是由预测得出的。为了得到一个准确的预测，通常以过去，某一个时段，如去年同一时间的销售额作为基础。这个基数根据下列因素进行调整：

- 通货膨胀：如果销售价格上涨，预测就上调；在通货紧缩的情况下，情况则相反。
- 销售趋势：如果销售总体增长，预测上调；如果销售总体下降，预测则下调。
- 特殊事件：如果当地发生什么特别事件，预测就需要提高。
- 情有可原的情况：这包括一年前的恶劣天气会降低去年的销售，从而提高今年的预期。道路建设也可能会影响销售。

人工成本标准百分比 × 预期销售额 = 可用人工

例如，如果人工成本标准是 28%，下周预期销售额是 17000 美元，那么下周可用于人工的资金就是 4760 美元（28% × 17000 美元 = 4760 美元）。

人工是一种全覆盖的成本。以美国为例，包括工资（每周支付给员工的金额）、联邦保险捐税（FICA）、联邦医疗保险（Medicare，MC）和附带福利。为了得到一个可用于薪资发放的准确数额，FICA、MC 和附带福利必须从预计的总可用人工中扣除。

$$可用人工 - （FICA + MC） - 附带福利 = 可用薪资$$

FICA 代表联邦保险捐税法。它规定为社会保障支出预留资金。雇主和雇员共同缴纳。目前的缴费率为 6.2%。这意味着每个雇员将其薪资的 6.2% 缴纳到 FICA，而每个雇主为每个雇员缴纳的金额是相同的。同样，MC 的缴款比例设定在 1.5%。这两项税收加起来为 7.7%。当为工资支出计算 FICA/MC 缴款时，只计算雇主的份额，因为这是雇主的唯一支出。员工部分由员工承担。不同酒吧、不同公司的福利待遇差别很大。它们可以包括所有、部分或不包括以下内容：法定假日、带薪假期、带薪病假、健康保险、人寿保险、牙科保险和公司支付的退休计划。下周的附带福利可以用附加福利的年度总成本除以一年中准备用以预测的劳动力时期数，这里取 52 周。因此下周可用于发薪的金额现在是这样的：

$$可用人工 - （FICA + MC） - 附带福利 = 可用薪资$$
$$4760 美元 - 可用薪资 \times （6.2\% + 1.5\%） - 1516 美元 = 可用薪资$$
$$可用薪资 = 3012 美元$$

现在可以用于安排薪资的金额已经计算出来了，下一步是计算薪资中有多少是固定成本（管理工资），有多少是可变成本（小时工）。这一点很重要，因为在大多数情况下，当创建排班表时，只列出可变成本的员工。如前所述，管理人员负责整体运作，不执行特定的一组任务，也不执行特定的排班表。要计算有多少资金可用来安排小时制员工，要从可用的薪资总额中减去管理人员的工资总额。

$$可用薪资 - 固定薪资成本 = 可变薪资成本$$

假设管理人员的工资是每周 1550 美元，小时制员工的工钱总额将是 1462 美元。

$$3012 美元 - 1550 美元 = 1462 美元$$

一旦知道了可以花在小时工上的钱，就必须按职位进行细分，因为不同员工的时薪是不同的。一般情况下，服务员可以从客人那里得到小费，因此报酬比其他职位要低。虽然酒保会得到小费，但他们工作所需要的技能水平足以让他们获得更高的报酬。如果企业规模较大，还需要雇佣领班和保安人员，他们也将包含在排班表中。

为了说明这一点，我们假设酒吧从下午 4 点营业到午夜，周日不营业。假设它的位置很好，不需要雇用保安。座位是开放式的，因此领班也是不必要的。那么员工薪资组成如下：

鸡尾酒服务员：2.13 美元/小时

酒保：12.00 美元/小时

酒吧后勤：8.00 美元/小时

酒吧区有 25 个位子，休息区有 120 个位子。如果一个鸡尾酒服务员可以处理 30 个位子（客人）。如果是休闲的夜晚，一个酒保就可以应付工作。但随着业务的增加，酒吧后勤被聘来帮助酒保，而在非常繁忙的夜晚则需要两个酒保和一个酒吧后勤。典型的一周预期销售额如下：

周一：1000 美元

周二：1000 美元

周三：2000 美元

周四：3000 美元

周五：5000 美元

周六：5000 美元

周日：不营业

有了这些数据，就可以制定主计划。主计划不包含人名，但包含职位、每个职位支付的时薪和预计薪资成本。

正如你所见，预计一周可变薪资成本约为 1321 美元，远低于预算的 1462 美元。在设计排版表时，做出了一些假设，它们可能并不总是准确的：

- 预期销售额可能会发生变化。对于一家业务相对稳定的酒吧来说，预期销售额可能不会有太大变化。然而，像假期的周末可能会减少销售，而当地的节日则可能会增加销售。一家有现场表演的酒吧，其预期销售额可能会有很大变化，这取决于演出的乐队。此外，请记住，预期意味着估算，任何可能影响估算的事情都必须对其立即做出反应，以保持工资水平符合标准，并提供出色的客户服务。

- 不是所有的服务员都能服务 30 个客人。有些人可以做得更多，有些人可以做得更少。服务员的经验水平，他们的组织方式，酒吧到服务员工作区的距离，以及酒保制作酒水的速度，都有影响。此外，如果服务员必须从厨房取餐再送餐，服务就会变慢。

- 酒吧菜单也与排班表有很大关系。一个用手工制作的饮品调酒的高档酒廊，比主要供应生啤和瓶装啤酒的酒吧需要更多的工作人员。

- 排班表中的时薪是一个平均值。一个收入高于平均水平的人会使工资成本上升，而一个收入低于平均水平的人会使工资成本下降。然而，如果管理层正确地完成了自己的工作，那么挣得比平均水平多的人应该更有效率，能够处理更多的业务。

- 请记住，所有的企业，包括酒吧，时薪不可低于法律规定的最低标准。如在美国，《平等劳动法案》要求必须向所有员工支付每小时 7.25 美元的最低工资。服务员是个例外，他们每小时可以得到至少 2.13 美元的小费，前提是他们的平均每小时小费能达到或超过 7.25 美元。一些州也有最低工资法。在这种情况下，普遍的做法是提高最低工资。

表 8 - 11　排班主计划表

	周一	周二	周三	周四	周五	周六	时长	时薪	总额
销售额	$1000	$1000	$2000	$3000	$5000	$5000			$17000.00
酒保 A	15:00—1:00	15:00—1:00			15:00—22:00	15:00—22:00	34	$12.00	$408.00
酒保 B			15:00—1:00	15:00—1:00	18:00—1:00	18:00—1:00	34	$12.00	$408.00
后吧后勤				18:00—1:00	18:00—1:00	18:00—1:00	21	$8.00	$168.00
服务员 A	15:00—23:00			18:00—0:00	15:00—23:00	15:00—23:00	30	$2.13	$63.90
服务员 B	17:00—1:00			18:00—1:00	15:00—23:00	15:00—23:00	31	$2.13	$66.03
服务员 C			15:00—22:00		17:00—1:00	17:00—1:00	23	$2.13	$48.99
服务员 D			18:00—1:00		17:00—1:00	17:00—1:00	23	$2.13	$48.99
服务员 E		17:00—23:00		16:00—22:00	18:00—1:00	18:00—1:00	28	$2.13	$59.64
服务员 F		17:00—1:00	17:00—23:00	17:00—0:00			23	$2.13	$48.99
									$1320.54

　　现在主要排班表已经做好，并且符合公司的工资标准，那么就可以写出包含员工姓名的实际班表了。乍一看，这似乎是一个简单的任务，但仍有一些重要的因素需要考虑。需要考虑每个员工对其工作、经验和生产率的了解。在大多数情况下，有经验、高效率的员工需要与新员工、没有经验的员工排在一起。通过这样做，新员工将从老员工的培训和指导中受益，并最终达到公司的绩效标准。另一个因素是预期客流量。在销售高峰期，应该安排更多有经验的员工，以最大限度地增加营业额，从而达到更高的销售额。

　　当排班表公布后，如果有员工想要更改，那是很不合适的。几乎所有的餐馆和酒吧都有关于排班的规定。其中大多数都要求在班表发布后不做任何更改。有些公司允许员工在制定班表之前，在得到管理层的批准后申请某一天的休假或倒班。无论采取什么样的政策，都需要严格遵守，因为如果一个人的排班改变了，多米诺效应就会起作用，整个排班表很快就会不再适用。

8.5.2 计算实际人工成本

到目前为止，一切都是一种预测，也就是说，如果一切顺利，可能会出现什么样的人工成本？如果计划精准，未来不应该有任何的悬念。因此，当预测与实际相比较时，两个数字应该相同或至少非常接近。企业的实际人工成本从损益表中扣除。损益表反映了实际发生的情况。为便于比较，通过将实际人工成本除以销售额，将实际人工成本转换为百分比。

$$实际人工成本 \div 销售额 = 实际人工成本百分比$$

如果预测和实际人工成本百分比相匹配，那么管理人员已经把计划表做得很好了。如果有所差异，那么必须对其进行分析，看看出了什么问题，并采取措施，以便将来的数字能够匹配。

8.5.3 员工工作评估

标准除了是控制人工成本的重要组成部分外，还在员工评估（employee evaluation）中也发挥着重要作用。员工的工作描述成为衡量他们绩效的标准。定期的员工评估对员工和公司运营都很有价值。表 8 – 12 给出了一个员工评估表的例子。

那些知道自己位置、擅长什么、哪些方面需要改进的员工将会在工作中更有安全感，从而表现得更好。工作评估也应关注员工的职业生涯目标。

例如，如果一个鸡尾酒服务员的目标是成为一名酒保，主管可以建议他在当地学校学习一些课程来实现这个目标。当酒吧出现空缺职位时，员工可以被调到该岗位接受在职培训，并最终成为一名酒保。

管理者和员工之间有了更紧密的理解，运营就会受益。管理者会意识到员工可能面临的潜在问题，这些问题阻碍了他的工作表现。当障碍被消除后，员工就能够提高工作质量。如果几个员工都有相同或类似的问题，管理者可以制定一些培训计划来帮助员工。进行适当的绩效评估也将有助于管理层决定谁将获得奖金或绩效加薪。

一个有效的绩效考核（performance review）不是凭空发生的。它需要员工和主管双方都做好准备。在审查之前，应该让员工先填写评估表。这可以起到几个作用。首先，这会让员工放松，因为他们知悉了接下来将要讨论的内容，这也给了他们一个表现自己并发表评论的机会。例如，如果他们知道自己在某个特定任务上没有达到标准，这可能是有原因的。如果他们把这些写在评估表上，就可以和主管讨论，并一起找到解决方案。通常，员工给自己的评级会低于他们的主管。有差异的地方可以进行讨论，并达成一致。通过填写表格，员工也可以列出自己可能取得的成就，并有机会在他们认为应得的地方给自己打高分。

表 8-12 员工评估表示例

员工信息	
姓名:	工号:
职务:	日期:
部门:	主管:
考核日期: 从　　　　　　　　　到	

评分					
	1=差	2=一般	3=及格	4=良好	5=优秀
职业知识	☐	☐	☐	☐	☐
评语					
工作质量	☐	☐	☐	☐	☐
评语					
参与度/积极性	☐	☐	☐	☐	☐
评语					
建设性	☐	☐	☐	☐	☐
评语					
沟通技巧	☐	☐	☐	☐	☐
评语					
可靠性	☐	☐	☐	☐	☐
评语					
总评					

评估
附加评语
目标（雇员和雇主达成共识）

确认	
签署此表，即表示您与您的主管详细讨论了此审查。签署此表并不代表你同意此评估。	
雇员签名	日期
主管签名	日期

　　主管也会填写一张评估表。这里需要提醒一句：人们通常不喜欢批评别人。如果一名员工没有达到标准，许多主管会掩盖这一点，并给该员工评定为满意，从而避免了潜在的冲突。这种行为地破坏了绩效考核的价值。记住，评估的目的是向员工传达工作中他们表现良好的方面以及需要改进的方面。只有给员工一个诚实的评价，才能得到改进。会谈不应该是对抗的，而应该以友好的方式进行，唯一的目的是提高工作表现。会谈应该在一个舒适的环境中

私下进行。管理层要提前制定一个计划，包括检查绩效考核，与员工讨论，在适当的时候表扬员工，并在必要的时候制定改进计划。这项计划应是可量化的，并有完成的时间表和提出进度报告的日期。

8.5.4 员工离职管理

合同终止有两种类型：自愿和非自愿。"自愿离职"（voluntary termination）指的是员工自愿决定离开企业。作为管理者，你需要知道员工离职的确切原因。因此，在所有自愿离职的情况下，进行一次离职面谈（exit interview）是很重要的。离职原因可能是一些简单的事情，比如他们在你的酒吧工作以赚取大学费用，现在他们即将毕业，他们将在自己选择的领域追求事业，也可能是他们的配偶被调到另一个城市去了。即使他们在一个和谐的氛围中离开，你也能从离职面谈中学到一些东西。另一方面，他们离开可能是因为他们不喜欢在那里工作。

为了进行一次气氛和谐的离职面谈，你需要做到以下几点：

- 在一个环境舒适的房间里开会，不要有任何干扰或分心。
- 倾听员工的意见。在一次好的离职面谈中，经理会问一些问题，让员工来做大部分的发言。
- 不要表现出防御性。如果员工对公司或其他人有批评意见，不要找理由或争论。面谈的目的是学习，而不是证明。
- 如果员工离职的原因是你无法控制的情况，比如毕业典礼或配偶调动，你仍然可以从中学习。问他们，如果他们可以改变任何他们想要改变的事情，他们会改变酒吧运营的哪些方面。
- 检查任何"内务"细节，比如他们希望什么时候能拿到最后一笔薪金、是否有任何的假期或者个人纪念日、他们的保险什么时候结束等等。

离职面谈结束后，立即分析调查结果。你学到了什么？是否有任何政策或程序需要改变？选拔过程是否有缺陷？团队中是否有麻烦制造者？培训是否足够？把需要改变的事项确定下来（如果有的话），并制定一个计划来实施。

员工管理中，非自愿离职也会发生。因为，作为管理者，尽管你在员工的选拔和培训方面做得很出色，偶尔也会有必要解雇一名员工。然而，在做出这个决定之前，问问自己是否已经尽了一切可能来挽救这个员工。在进行非自愿解聘时，最重要的是记录下一切事情，包括导致解聘的事件、对员工的警告、员工的绩效评估。在许多情况下，当员工被解雇时，他们会申请失业，你需要文件来向失业委员会申辩。在解聘会议上，不要忘记涵盖前面提到的内务细节。

本章小结

你的酒吧能否成功取决于很多因素，其中最重要的是你管理员工的能力。虽然酒吧的规模大小不一，从小型的街区酒吧到酒店、夜总会、竞技场的大型甚至超大型组织，但是管理原则基本保持不变。例外情况是，美国联邦法律对该业务在其管辖范围内的最低销售额有所要求。

管理的基本工具是工作描述。它规定了雇员的职责和业绩预期。它还规定了该工作的标准，并成为招聘新员工的基础。甄选过程同样重要，因为它为员工之间的互动设定了基调。顾客喜欢进入一个以团队合作和同事情谊为基调的酒吧。招聘过程中招聘、面试、背景调查和选拔等工作都需要时间。当选择了合适的候选人后，培训过程就开始了。

培训始于新员工的入职，并将一直持续下去。这是一个使用各种培训方法的持续过程。除了培训之外，成功的酒吧经理还应该具备领导力。精明的管理者会综合运用各种领导风格来指导团队。通过使用独裁式和参与式的管理方法，员工会感到自己是公司决策过程的一部分，但他们也要按照适当的程序履行职责。

管理的主要职能之一是控制成本。由于人工成本是所有酒吧的主要成本之一，管理层有责任确保这项成本符合公司标准。仔细规划是成功的关键，运用销售预测，并保证有正确数量的工作人员以达到你的销售目标。

习题

判断题

1. 大多数酒吧的组织结构是完全相同的。

2. 总经理对运营过程中发生的所有事情负最终负责。

3. 酒保和调酒师的职责差异很少或者没有。

4. 在招聘时，你应该聘请那些拥有优秀工作经验和最高学历的人。

5. 检查推荐信是浪费时间，因为以前的雇主可能会由于员工离职而给出一个差的评语，而如果推荐信来自应聘者的朋友，他们则会给出一个优秀的评价。

6. 在完成新员工入职培训和初步工作培训后，员工培训就基本结束了。

7. 专业发展最常指的是在经营场所之外或本企业外部进行的培训。

8. 在解决工会工作中的矛盾时，调解和仲裁在本质上是一样的。

9. 在一个经营良好的酒吧里，实际的人工成本是根据该作业的标准人工成本来衡量的。

讨论题

1. 开放式问题和封闭式问题的区别是什么？在面试中，你应该使用哪种类型的问题，为什么？什么时候你会使用另一种类型的问题？

2. 解释各种培训方法。阐述每种类型分别在什么场合使用，为什么要在这些场合使用它们。

3. 讨论 4 种基本的领导风格。你更喜欢哪种风格，或哪些风格的组合？为什么？

4. 假设你所管理的酒吧由于销售没有达到预期所以工资成本没法被覆盖。造成这个的原因是该地区正在施工，导致客人很难到达你的店。该施工预计将持续三个月。你将如何处理这种情况：裁员、缩短工时，还是共渡难关？向大家解释你的选择。

5. 你有一个新来的调酒师，他的工作效率没有达到公司的标准，也没有按照标准化的配方调制鸡尾酒。阐述你会如何处理这种情况。你会给他多长时间来达到标准？如果他在合理时间内没有达到标准，你将采取什么措施？

实践应用

采访你所在区域的酒吧经理，阐述他们主要使用什么类型的管理风格，为什么？同时观察员工对于经理所使用的管理风格的反应，分析这种管理风格是成功的还是失败的，为什么。

第 9 章　酒水调制

学习目标/Learning Objectives

1. 了解酒保工作站的组成要件，以及如何进行布置以实现高效工作。
2. 学会比较各种款式的玻璃杯，阐释玻璃杯选择的原理以及酒水饮料对应的杯具选择。
3. 学会比较不同的分量控制设备。
4. 学会识别酒保用来准备酒水和装饰品的工具。
5. 掌握特定酒水的各种调酒方法和使用场合。
6. 阐述正确的装饰品准备。
7. 阐释当前流行的鸡尾酒的准备过程，以及不同鸡尾酒所使用的杯子和装饰品。
8. 讨论正确的啤酒服务，包括清洁玻璃杯的重要性，形成完美泡沫的倒酒手法，以及温度对啤酒服务的影响。
9. 展示包括倒酒在内的瓶装葡萄酒的正确服务程序。
10. 阐述向顾客促销和营销非酒精饮料的重要性。
11. 分析各种类型的咖啡和茶，并找出一些受欢迎的特色咖啡饮料。

关键词汇

高脚杯（Stemware）

矮脚杯（Footed Ware）

平底杯（Tumbler）

子弹杯（Shot Glasses）

量杯（Jigger）

酒嘴（Pourer）

法式分刀（French Knife）

直饮（Straight Pour）

搅拌式饮品（Stirred Drink）

摇晃式饮品（Shaken Drinks）

混合式饮品（Blended Drinks）

悬浮式饮品（Floated Drinks）

火焰式饮品（Flaming Drinks）

醒酒（Decant）

非酒精饮料（Nonalcoholic Beverages）

维珍饮料（Virgin Drinks）

无酒精鸡尾酒（Mocktails）

本章概述

生产是酒吧成功的关键。无论是谁在打理酒吧，饮品都必须按照标准化的配方一次又一次地准备。产品的一致性是吸引顾客再次光顾的一个重要属性。顾客很清楚，在你的酒吧他们期待的产品是什么。如果每次出品都不同，他们将感到失望并转而光顾别的酒吧。因此，酒吧的当务之急是必须为菜单上的每种饮品制定一个标准配方。

一致性除了从顾客的角度来看很重要外，它对成本控制也很重要。销售价格和酒吧的盈利能力都是基于标准化的配方。如果不遵守，饮品的成本就会出现问题，从而无法实现盈利。

为了有效地制作鸡尾酒并将饮品送到顾客手中，酒吧的布局必须合理。虽然在第7章中已经详细讨论过这个问题，但在此再次提及的原因是因为一个低效率的布局会妨碍酒保和服务员顺利完成工作。在业务量大的企业中，速度和效率是最重要的。

调酒学被称为调酒的艺术，这是一个复杂的研究领域。要成为一名酒保或调酒师，需要进行长时间的学习和实践，更不用说多年的经验了。本章将为你介绍调酒学的研究概况。

本章还将讨论玻璃杯的结构，为你的酒吧选择什么风格的玻璃杯，以及用什么玻璃杯配什么酒。涵盖了酒保用来制作酒水的工具以及一些基本的调酒技巧。还包括正确的啤酒调配方法和正确的葡萄酒侍酒方法，最后还包括咖啡和茶等非酒精饮料的销售。

9.1 玻璃杯

如今市场上的玻璃杯琳琅满目，有很多款式、形状和尺寸可供选择。玻璃杯的类型是指它的构造。玻璃杯有三个部分：杯肚、杯梗和杯座（有时称为杯脚）。图9-1展示了玻璃杯的构造，但并非所有的玻璃杯都包含所有这些部分。

杯肚

杯梗

杯座

图9-1 酒杯的构造

9.1.1 玻璃杯的样式

高脚杯（stemware）可以用来调制鸡尾酒，如玛格丽特或得其利酒，也可以来装适合直饮的酒，它在葡萄酒服务中非常受欢迎。由于它有一个高而细的梗，所以很容易破碎。因此，在你决定是否供应这类型的鸡尾酒时要考虑到可能出现的过多酒杯的损耗将导致运营成本的增加。另一方面，高脚杯给人一种非常优雅的感觉，如果情调对你的经营氛围很重要，那么它将是一个很好的选择。图9-2中展示了一些高脚玻璃杯的例子。

图9-2 高脚玻璃杯的一些款式

矮脚杯（footed ware）指的是杯梗粗而短或根本没有杯梗的玻璃杯。这类玻璃杯也有一个优雅的形态，但由于没有细长的杯梗所以破损率会较低。它有各种尺寸，可以用于酒吧供应的大多数饮料。杯肚可以是直边，也可以是圆形的，如白兰地酒杯。除了用来盛装白兰地，白兰地酒杯在单一麦芽威士忌品鉴会上也非常受欢迎，因为可以在品鉴前进行旋转和嗅闻。矮脚杯的一个变种是比尔森杯，它是用来盛装啤酒的。它的边沿渐渐向下延伸到底座。图9-3展示了一些矮脚玻璃杯的例子。

图9-3 矮脚玻璃杯的一些款式

平底杯（tumbler）是一种既没有底座也没有杯梗的玻璃杯。它有各种形状，直身、喇叭形、碗形等。它是最受酒吧欢迎的玻璃杯，因为它最耐用且几乎可以用于所有品种的鸡尾酒。杯型的大小和风格是由杯中所装的饮品来决定的。一些更流行的名称包括：古典杯（rocks），高球杯（highball），柯林杯（collins），子弹杯（shot glasses）。平底杯的变种是马克杯（mug），这是一种有柄的平底杯。通常情况下，有柄杯会有一个弧形的底部，给人一种容量更大的错觉。这种杯子最常用来盛装啤酒，但也可以用来盛装咖啡、茶、热苹果酒或可可等热饮。图 9-4 展示了一些平底玻璃杯的例子。

图 9-4　平底玻璃杯的一些款式

9.1.2　玻璃杯样式和大小的选择

一个特定的酒吧所选择的玻璃杯风格和大小取决于以下因素：酒吧的菜单、酒吧的氛围和酒水份量的大小。首先，最重要的是酒吧的菜单。你要售卖的东西决定了你要购买哪些款式的玻璃杯。例如，一家专门经营葡萄酒的酒吧需要多种不同款式和大小的葡萄酒杯，而典型的酒吧只需要一种款式的玻璃酒杯。

酒吧的氛围和价位将有助于决定玻璃杯的风格。街区酒吧很可能会使用平底玻璃杯来装鸡尾酒，而高档的酒吧则会使用高脚杯。当然，高脚杯更贵也更容易破碎，但其优雅形象带来的效果远远超过了成本。当然有些酒吧完全摒弃了在酒吧里使用玻璃杯，选择了不同的路线。例如，一家农场主题或西部主题的餐厅或酒廊，会选择使用梅森罐来盛放鸡尾酒，以适应其经营的主题和装饰。

在决定购买什么尺寸的酒杯时，分量控制是另一个需要考虑的因素。例如，你要往一杯高球杯里倒多少酒，决定了需购买的高球杯的大小。此外还要考虑到，在某些情况下，玻璃杯是一种控制分量的装置。例如，你要对葡萄酒或啤酒收取的价格是以该商品的成本和供应量为前提的。因此，玻璃杯的大小应该与你的成本结构相一致。还要记住，玻璃杯的大小并不能代表商品的分量。例如，12 盎司比尔森啤酒杯并不会装满 12 盎司的啤酒。

9.1.3 玻璃杯的打理

玻璃器皿是非常脆弱的，因此很容易出现过度破损。玻璃杯的构造可以在一定程度上帮助控制破损。高脚杯最容易损坏，矮脚杯比较坚固，而平底杯最为坚固。在购买玻璃杯时，要检查受力点，也就是杯梗与杯肚的连接处。有一些制造商会使用额外的材料来使玻璃杯在这些受力点上更加坚固。

尽管玻璃杯的构造不同，但员工正确地使用玻璃杯可以在很大程度上减少破损。对员工进行适当的培训和监督至关重要。玻璃杯破碎的最常见原因之一是在混合饮品时把玻璃杯当作冰勺使用。是的，当你忙碌的时候，它可以省去一个步骤，但是当（不是如果，而是当）玻璃杯破碎的时候，这个操作实际上导致上酒终止了。为了恢复生产，你必须将冰块从冰仓中清空，将冰仓冲洗干净以确保所有玻璃碎片被清除，然后将冰仓重新装满。其他破裂的原因包括将玻璃杯堆叠在一起和试图用托盘搬运过多的玻璃杯。突然的温度变化也会导致玻璃杯破裂。在繁忙的时候，调酒师会直接从玻璃清洗机中取出一个玻璃杯，并在里面放上冰块降温，以便立即使用。如果玻璃杯有瑕疵，就会因为温度的快速变化而破裂甚至破碎。

在一个既有餐厅又有酒吧的企业，强烈建议酒吧的玻璃杯不要和餐厅的餐具一起在洗碗间清洗。较重的餐具和银器与易碎的玻璃杯不能放置在一起。如果把它们放在一起清洗，应该有单独的玻璃杯清洗槽，因为如果它们与碗碟和银器混在一起，就容易出现破损。另一个应该分开清洗的原因是，厨房洗碗机中使用的一些洗涤剂会在玻璃上留下一层薄膜，导致生啤不能正常发泡。在酒吧区清洗玻璃杯，则可以使用合适的洗涤剂。

9.2 分量控制

在酒保使用的所有设备和小器皿中，分量控制设备可能是最重要的。它们不仅能确保每次都能倒出一致的酒水，还保证了经营的盈利能力。当然，前提是酒保必须正确地使用它们，而管理层的责任就是进行监督。如前所述，玻璃杯可以成为控制分量的设备。毕竟，如果生啤酒的分量是 12 盎司，那么 12 盎司比尔森杯中最多可以倒入 10~11 盎司的啤酒。除了玻璃杯之外，还有其他的分量控制设备。

调配鸡尾酒时最常用的控制设备是量杯（jigger）。而最常见的量杯是一个双面（顶部和底部）的不锈钢容器，一面比另一面大。使用的量杯的大小取决于饮品所需的配酒的分量，而这个分量又是基于你的标准化配方和最终的销售价格而制定的。最常见的量杯尺寸如下：

- 小头½盎司、大头 1 盎司。
- 小头¾盎司、大头 1 盎司。
- 小头¾盎司、大头 1½盎司。
- 小头 1 盎司、大头 1½盎司。

另一种使用的量杯是玻璃制成的。这通常被称为子弹杯。它可以有一个普通的底部，也可以有一个抬高的假底部，让顾客产生一种错觉，以为自己拿到的东西比实际多。玻璃量杯有各种尺寸，从⅞盎司到 3 盎司不等。有些玻璃量杯有刻线来标记不同的容量，而有些则没有。刻度标示的分量都是计算好的。例如，如果一个 1½盎司的玻璃量杯在½、¾和 1 处划了线，而配方要求的是四分之三盎司，调酒师就会倒至¾线上。有些酒吧会使用刻有欺骗性线条的玻璃量杯。如果酒吧的配方要求倒入 1½盎司的蒸馏酒，那么玻璃量杯就会是 1½盎司，但在 1 盎司处会有一条欺骗性的线。当调酒师把酒倒到边缘时，顾客会认为他们得到了额外的酒，但实际上他们得到的是正确的量。

还有一个控制设备是酒嘴（pourer）。它安装于瓶子的顶部，并有一个管道，通过它倒入酒水。倒酒器可以由不锈钢或塑料制成。虽然不锈钢款比塑料款更耐用，但价格也相当昂贵。塑料款有一个优势，他们可以根据颜色编码，以配合不同类型的蒸馏酒。倒酒器给调酒师一个稳定的产品流速，更容易使用且可以测量得准确。有一种可调的倒酒器，它可以事先预设好倾倒时酒的份量，以满足酒吧的分量控制要求。它们是一种很好的控制设备，但也有点难以处理，可能使服务速度减慢。

最后一个控制设备是自动饮料控制系统，它是一个全电脑化的饮料分配系统，用于控制饮料的倾倒。它可以根据你的分量控制标准，控制倒出任何分量的酒水。它可以防止酒水流失，杜绝过度倾倒、破损、溢出，还能防盗。大多数系统可以与你的 POS 系统接口，以确保倒出的每一杯饮料被记录和付款。

一些更先进的系统可以制作多种成分的鸡尾酒，从而提高调酒师的速度以及准确性。根据你购买的系统，它可以处理 15 到 100 多种品牌的酒。酒水储存在一个上锁的储藏室里，可以被泵送到吧台每个酒保的工作区，如果是酒店等大型经营场所，则可以将酒水分配到多个吧台。

配酒的系统有两种。一种是手持式酒吧枪，最多可以配出 16 种品牌的酒。第二种是塔式，可以配出一百多种品牌的酒，在某些情况下还可以混合鸡尾酒。

虽然乍一看，自动化系统被视为解决酒吧所有控制问题的灵丹妙药，但它也有其缺点，最明显的是价格非常昂贵。因此，它仅用于工作量大和对分量控制要求精准的操作。此外，尽管它是一个非常难以击败的系统，却也不能百分百保证能防止盗窃。另一个缺点是，客户大多不喜欢它。他们更愿意看到酒保从他们认得的酒瓶里倒酒。由于从储藏室到酒吧的管线是塑料制成的，如果酒水停留时间过长，就会产生塑料味。

9.3 工具

除了上述用来制作酒水的分量控制设备外，酒保还有很多其他工具，比如：

削皮刀（paring knife） 一种用于切割小件物品的小刀。所有刀具的刀片都应采用餐具级不锈钢制成。刀柄可以用木头或塑料制成，出于卫生原因，最好用塑料。

实用刀（utility knife）　比削皮刀稍大，用于切小水果，如青柠、柠檬、橙子。它的刀片可以是实心的，也可以是锯齿的。锯齿形是首选，因为它在切割水果时效果更好。

法式分刀（French knife）　一种大刀，用于切割较大的物品，如西瓜或菠萝装饰品。

砧板（cutting board）　可以用木头或塑料制成，以塑料为佳。许多卫生部门不会批准使用木质砧板。塑料砧板可以在洗碗机中进行清洗和消毒。它们应始终放在平整的表面上，下面垫一块湿的条形毛巾，以防止板子滑落。

削皮器（zester）　这种器具是用来剥柠檬的外皮，用于制作需要加柠檬的饮品。柠檬皮中包含了油脂，并为饮品调味。重要的是不要使用柠檬肉的白色部分，因为它是苦的。

水果压榨机（fruit squeezer）　用来挤压柠檬或青柠片以榨取果汁的一种手持设备。

螺旋锥（corkscrew）　市场上有很多开瓶器。这里提到的开瓶器是最受调酒师欢迎的一种。服务员和酒保使用的其他一些开瓶器将在本章后面的葡萄酒服务中介绍。开瓶器应该足够长，并有足够的螺旋，使其完全穿过软木塞。开瓶器应该由不锈钢制成。

开瓶器（bottle opener）　也应该是不锈钢材质的。开瓶器是必要的工具，它可以让调酒师免于起水泡和老茧，尤其是在酒吧销售大量瓶装啤酒的情况下。

冰勺（ice scoops）　需要两种尺寸的冰勺：一种是大的，用于从制冰机中取出冰块，然后运到吧台的冰仓；另一种是小的（6~8盎司），用于将冰仓中的冰块放入玻璃杯中。千万不要用玻璃杯从冰仓中舀出冰块。

钳子（tongs）　在极少数情况下用于将冰块放入玻璃杯中，特别是当冰块较大时。它们更多的是用于摆放水果和装饰品。需要注意的是，许多调酒师和服务员都用手来做装饰品。正确的服务规定，绝对不能用手去拿冰块或装饰品。是的，使用钳子会减慢服务速度，但客人的安全应该优先于速度。

餐叉（fork）　又称长柄叉或调味叉；用于从罐子或调味品盘中拾取橄榄或鸡尾酒洋葱。

调酒杯（mixing glass）　顾名思义，是用于混合马提尼或曼哈顿等鸡尾酒的一种厚身杯。将冰块与鸡尾酒原料一起放入杯中，用酒吧勺混合。有些调酒杯不用玻璃制成，而是不锈钢的。

酒吧勺（bar spoon）　酒吧勺也叫搅拌勺，是一种长柄的不锈钢勺子，长约10英寸，上面通常有一个珠子。酒吧勺用于搅拌调酒杯或鸡尾酒杯中的鸡尾酒。

捣杵（muddler）　一种木制的棍，末端呈圆形。它用于粉碎原料，如薄荷酒或莫吉托的薄荷。

鸡尾酒摇酒器（cocktail shaker）　又称手摇器。它不像调酒杯那样通过搅拌，而是通过摇晃来混合鸡尾酒的。它由不锈钢制成，有一个过滤器，适合在罐子的顶部过滤冰块、果肉和种子，以防止杂质被导入玻璃杯中。如果冰块是饮品的一部分，则不使用滤网。或者在某些情况下，将调酒杯放在鸡尾酒摇杯上，摇晃饮品，然后将其倒入酒杯中。

搅拌器（blender）　一种底部带有刀片，能高速旋转的机械设备。它主要用于混合冷冻和冰淇淋饮品。器身可以由重型玻璃或不锈钢制成。设备的顶部有一个橡胶盖，以防止材料从顶部飞溅出来。类似的设备有主轴搅拌器，也被称为奶昔或麦芽搅拌器。它有一个主轴，末端有刀片，用于混合材料。大多数酒吧会有一个搅拌机或主轴混合器，一些酒吧两种都有。

玻璃杯蘸边器（glass rimmer） 用来给玻璃杯沿加盐或糖的塑料装置。它包含三个隔间。其中一个格子里有一块海绵，里面有柠檬汁或酸橙汁，另一个格子里有盐，最后一个格子里有糖。酒保将杯沿推到海绵上，然后放入盐或糖，使玻璃杯的边缘被覆盖。

调料盘（condiment tray） 可放置饮品的装饰品，如橙子、柠檬、青柠角或片、柠檬扭条、橄榄和鸡尾酒洋葱等。它可以内置在吧台组件中，也可以是一个便携式塑料托盘，放在吧台上。

果汁容器（juice containers） 通常是半加仑的塑料容器，用来盛放果汁和混合果汁，如橙汁、蔓越莓汁、血腥玛丽混合果汁、皮纳可乐混合果汁和玛格丽特混合果汁等。

漏斗（funnels） 用于灌装果汁容器。

服务托盘（serving trays） 通常的圆托盘上，内衬软木，以防止杯子滑动。通常直径14或16英寸。

鸡尾酒餐巾（cocktail napkins） 小纸餐巾（4～5英寸的正方形）。杯底都应该放上餐巾或者杯托。鸡尾酒餐巾是十分重要的宣传物，因为上面往往写有商业规划、建筑绘画、政府法规甚至一些歌曲。

装饰物 包括但不限于鸡尾酒挑子、吸管、吸管和小纸伞等商品。

酒吧毛巾 由布制成，用以擦拭溢出物和保持吧台整洁。

9.4　调酒

9.4.1　调制酒水类型

酒保用来混合和提供酒水的方法有几种：直饮、搅拌、摇晃、混合、悬浮和火焰。

直饮（straight pour） 这是最简单的饮法，酒水直接倒入子弹杯或古典杯中，可以和冰块、碎冰一起饮用，也可以无冰纯饮。波本威士忌、威士忌、苏格兰威士忌和爱尔兰威士忌都是直饮酒的例子。

搅拌式饮品（stirred drinks） 搅拌式饮品是将一种或多种成分添加到一种或多种蒸馏酒中。通常将原料一起倒入杯中，由调酒师搅拌；但有时也会在调酒杯中搅拌，然后倒入饮用杯中。含有碳酸饮料的鸡尾酒总是要搅拌的，因为摇晃会影响碳酸化作用。最常见的搅拌式鸡尾酒是高球鸡尾酒。其他搅拌式的饮品包括曼哈顿酒、杜松子酒和汤力酒、莫吉托酒和马提尼酒（尽管对于马提尼酒是应该搅拌还是摇晃有很大争议）。摇晃杜松子酒会使其质地浑浊，因此如果杜松子酒与其他清澈的原料混合，想要得出清澈的效果，则应该搅拌而不是摇晃。

摇晃式饮品（shaken drinks） 摇晃式饮品也是一种多成分饮品。冰块与其他成分一起

放入摇酒器中。然后酒保将摇酒器的盖子盖好，持续摇晃饮品，直到它完全冷却，通常约 10
秒左右。然后揭开盖子，将滤网放在摇酒器的顶部，将饮品倒入酒杯中。摇晃饮品的好处是，
当调酒师摇晃饮品时，它能给顾客提供一定的娱乐价值。摇晃式饮品的一些例子是得其利酒、
玛格丽特酒和马提尼酒。

混合式饮品（blended drinks） 混合法通常用于雪泥饮品。将冰块与饮品原料一起放入
搅拌罐或金属罐中，然后将罐子放在搅拌器或主轴搅拌器上。搅拌至成为泥状，然后倒入杯
中。混合式饮品的例子包括冻皮纳可乐、玛格丽塔及代基利酒。

悬浮式饮品（floated drinks） 悬浮式饮品又称分层饮品，只有调酒师或经验丰富的酒保
才能尝试。这是一种颜色非常丰富的饮品，各种酒类相互堆叠在一起。先把比重或密度最高
的酒类倒在玻璃杯的底部，再倒入另一种密度较小的酒类，再倒入密度更小的酒类⋯⋯重复
这一过程，直到达到所需的层数。分层时，酒液要倒在勺子的背面，以免穿透到下层。一个
优秀的调酒师可以分十来层，有些顶级调酒师甚至可以分更多层。坊间有传说，有人做到了
三十多层。

火焰式饮品（flaming drinks） 在一些餐厅里，火炙或桌边烹饪相当受欢迎。然而，火
焰式饮品却不那么流行。这些只能由调酒师或经验丰富的酒保来做。点燃饮品时，玻璃杯和
酒精都会被加热。所以，在进行这种操作时应非常小心。

9.4.2 装饰物

在闲暇的时候应该提早准备好足够数量的装饰物，以便度过下一个高峰期。没有什么比
酒保在应该倒酒的时候，到处跑来跑去切水果更糟糕的了。准备装饰物要有正确的方法。首
先，一把锋利的刀是必需的，因为它能切得更干净，也能减少意外。柠檬和青柠几乎都是切
成角状的，尽管有些酒吧会把它们切成圆形。橙子最常见的是切成圆形，但也可以切成角状。
水果一定要洗干净并晾干，以防止污染刀和砧板，最终污染切好的水果。如果砧板底部没有
吸盘，可以在下面放一块湿毛巾，防止滑动。

要将柑橘类水果切成角状块，请按照以下步骤操作：

1. 使用实用刀，用手按牢水果，切掉两端。

2. 将其中的一个切面放置在案板上，纵向切成两半。

3. 把纵向切口的面放在案板上，切成三角状。根据水果的大小，可以切成两块、三块或
四块。

4. 在每一块中间切开一个口子，这样就可以很容易地卡到玻璃杯沿上。

要把柑橘类水果切成圆片，请按照以下步骤操作：

1. 使用实用刀，用手按牢水果，切掉两端。

2. 如果是切成一个半圆，则将水果其中的一个切面放置在案板上，并将其纵向切成两
半。再把纵向切口的面放在案板上，切成片。

3. 如果是切成一个完整的圆，则要抓紧它并切成片。

4. 不管是全圆还是半圆，在每一片中间切一个口子，这样就可以很容易地卡到玻璃杯边上。

菠萝和西瓜一般都是先切成块，然后再切成片，步骤如下：

1. 用手按牢水果，使用用法刀，切去两端。

2. 将其中的一个切面放置在案板上，纵向切成两半。

3. 把纵向切口的面放在案板上，切成块。根据水果的大小，可以把它切成若干块。如果是菠萝，由于它内芯很硬，所以要去掉内芯。

4. 把块切成片。

5. 在每一片的中间切一个口子，这样就可以很容易地卡到玻璃杯边上。

柠檬扭条应该用削皮器来削，注意不要弄到柠檬皮的白色部分，因为它是苦的，会影响饮品的口感。

如果你需要调配血腥玛丽，那么另一种需要准备的装饰是芹菜。芹菜最好的部分是上面带叶子的杆，这可以成为一个非常引人注目的装饰。小心地将芹菜的杆从茎上除去，彻底清洗。然后将外部的杆送给到厨房以作他用，再将带叶子的内部根杆切成一定长度，以便让上半部分伸出玻璃杯外。

最后将预先准备好的装饰菜存放在佐料盘中。备用材料应单独放在有盖的容器中并存放于冰箱。另外还有一些不需要任何准备但需要储存的装饰物，包括带茎的樱桃、橄榄和鸡尾酒洋葱等。

9.5 鸡尾酒配方

根据资料目前有超过 9000 种鸡尾酒配方。我不知道是谁在统计这些东西，但这样的数字似乎是可信的，因为各地的调酒师和调酒师每天都在开发新组合，鸡尾酒配方的数量一直在增长。虽然在这里，我们不打算列出所有的鸡尾酒配方，但以下是一些比较受欢迎的组合。你熟悉它们以及它们的基本成分。请注意，这些成分是以份数而非盎司列出的，因为每个酒吧的标准分量不同。

9.5.1 朗姆酒为基酒

- 得其利（Daiquiri）
  冰块
  4 份朗姆酒
  1 份青柠汁

    1 茶匙糖或单糖浆

    杯型：马提尼杯

    装饰物：青柠角

- 莫吉托（Mojito）

    碎冰

    10 片薄荷叶

    0.25 份单糖浆

    1 份青柠汁

    2 份淡色朗姆酒

    苏打水

    杯型：高球杯

    装饰物：青柠角

- 自由古巴（Cuba Libre）

    碎冰

    2 份朗姆酒

    1 份青柠汁

    可口可乐（或其他可乐）

    杯型：高球杯

    装饰物：无

- 僵尸（Zombie）

    冰块

    2 份淡色朗姆酒

    1 份深色朗姆酒

    1 份杏仁白兰地

    0.5 份菠萝汁

    洒上单糖浆

    洒上 151 美制酒度的朗姆酒

    杯型：高球杯或飓风杯

9.5.2 杜松子酒为基酒

- 新加坡司令（Singapore Sling）

    冰块

    4 份杜松子酒

    1 份樱桃白兰地

1 份鲜榨柠檬汁

0.25 份单糖浆或一茶匙糖

苏打水根据口味选择

杯型：高球杯

装饰物：当季水果。出品时配上一根吸管。

- 金菲士（Gin Fizz）

冰块

2 份杜松子酒

1 份柠檬汁或酸橙汁

糖或单糖浆

苏打水根据口味选择

杯型：高球杯

装饰物：柠檬圈

- 占姆雷特（Gimlet）

冰块

2 份杜松子酒

1 份浓缩莱姆汁

苏打水

杯型：马提尼杯

装饰物：青柠扭条

- 约翰·柯林斯（John Collins）

冰块

2 份杜松子酒

鲜榨柠檬汁

单糖浆

苏打水

杯型：高球杯

装饰：柠檬圈

注意：如果你使用老汤姆金酒名字就改为"汤姆·柯林斯"。

- 干马提尼酒（Dry Martini）

冰块

1 份杜松子酒

1 份干型苦艾酒

杯型：冰镇马提尼杯

装饰：用鸡尾酒签串的绿橄榄

- 完美马提尼（Perfect Martini）
  冰块
  2 份杜松子酒
  1 份甜苦艾酒
  1 份红色苦艾酒
  杯型：冰镇马提尼杯
  装饰物：马拉斯加酸樱桃或柠檬扭条

9.5.3　伏特加为基酒

- 黑俄罗斯（Black Russian）
  冰块
  1 份伏特加
  1 份甘露酒或咖啡利口酒
  杯型：马提尼杯
  装饰物：无
- 血腥玛丽（Bloody Mary）
  冰块
  2 份伏特加
  6 份番茄汁
  少量伍斯特酱
  少量塔巴斯科辣椒酱
  盐和黑胡椒
  杯型：马提尼杯或飓风杯
  装饰物：芹菜杆
- 夏薇华饼屋（Harvey Wallbanger）
  冰块
  2 份伏特加
  5 份橙汁
  1 份加利安奴酒
  杯型：高球杯
  装饰：橙子切片、樱桃
- 螺丝起子（Screwdriver）
  冰块
  2 份伏特加

4 份橙汁

杯型：高球杯

装饰物：橙子切片

- 伏特加占姆雷特（Vodka Gimlet）

  冰块

  2 份伏特加

  1 份浓缩酸青柠汁

  一茶匙单糖浆

  杯型：马提尼杯

  装饰：橙子切片

- 伏特加马提尼（Vodka Martini）

  冰块

  1 份伏特加

  1 份干型苦艾酒

  杯型：冰镇马提尼杯

  装饰：用鸡尾酒签串的绿橄榄

- 白俄罗斯（White Russian）

  冰块

  1 份伏特加

  1 份甘露咖啡利口酒

  鲜奶油泡

  杯型：马提尼杯

  装饰：无

9.5.4　威士忌为基酒

- 曼哈顿（Manhattan）

  冰块

  2 份威士忌（加拿大或波本威士忌为佳）

  1 份干型苦艾酒

  4 滴奥古斯塔苦酒

  杯型：马提尼杯

  装饰：马拉斯加樱桃

- 纽约（New York）

  冰块

2 份威士忌（加拿大威士忌为佳）

1 份青柠汁

0.5 份单糖浆或一茶匙细砂糖

杯型：古典杯

- 古典（Old Fashioned）

  冰块

  2 份波本威士忌

  1 块糖或 0.25 份单糖浆

  2 滴奥古斯塔苦酒

  苏打水

  杯型：古典杯

  装饰：橙片或柠檬扭条及马拉斯加樱桃

- 狗毛（Hair of the Dog）

  冰块

  2 份威士忌（苏格兰威士忌为佳）

  2 份奶油

  3 茶匙蜂蜜

  杯型：马提尼杯

  装饰物：无

- 威士忌酸（Whiskey Sour）

  冰块

  4 份威士忌（波本威士忌为佳）

  3 份柠檬汁

  1.5 份糖浆

  杯型：古典杯

  装饰：橙子片和马拉西诺樱桃

- 罗布罗伊（Rob Roy）

  冰块

  2 份苏格兰威士忌

  2 份甜苦艾酒

  2 滴安高斯杜拉苦酒

  杯型：古典杯

  装饰：橙子扭条

- 小妖精（Leprechaun）

  冰块

2 或 3 份威士忌（爱尔兰威士忌为佳）

汤力水

杯型：高球杯

装饰：柠檬皮

- 教父（Godfather）

  冰块

  1 份威士忌

  1 份意大利苦杏酒

  一茶匙糖或糖浆

  杯型：古典杯

  装饰：无

- 爱尔兰咖啡（Irish Coffee）

  冰块

  2 子弹杯爱尔兰威士忌

  热咖啡

  1 子弹杯淡奶油

  杯型：马克杯

  装饰：无

9.5.5　龙舌兰酒为基酒

- 玛格丽特（Margarita）

  碎冰

  3 份龙舌兰酒

  1 份青柠汁

  1 份橙皮甜酒

  杯型：鸡尾酒杯

  装饰：杯口蘸盐，柠檬或青柠角

- 特基拉日出（Tequila Sunrise）

  冰块

  2 份龙舌兰酒

  5 份橙汁

  0.5 份石榴糖浆

  杯型：高球杯

  装饰：马拉西诺樱桃

9.5.6　白兰地为基酒

- 史汀格（Stinger）
  冰块
  2 份白兰地
  1 份白薄荷甜酒
  杯型：冰马提尼杯
  装饰：无

- 白兰地亚历山大（Brandy Alexander）
  冰块
  2 份白兰地
  1 份咖啡利口酒
  1 份鲜奶奶油混合物
  杯型：冰镇马提尼杯
  装饰：肉豆蔻洒于酒面上

- 双轮马车（Sidecar）
  冰块
  3 份白兰地或干邑白兰地
  3 份橙皮甜酒
  1 份柠檬汁或青柠汁
  杯型：冰马提尼杯
  装饰：无

9.5.7　其他鸡尾酒

- 斯普瑞兹（Spritzer）
  3 份葡萄酒
  苏打水
  杯型：笛型香槟杯
  装饰：柠檬皮或扭条

- 蚱蜢（Grasshopper）
  冰块
  1 份绿薄荷甜酒
  1 份白薄荷甜酒
  奶油

　　杯型：马提尼杯

　　装饰：薄荷叶

- 含羞草（Mimosa）

　　1 份香槟酒

　　1 份橙汁

　　杯型：笛型香槟杯

　　装饰：橙子扭条

- 桑格利亚（Sangria）

　　3 份红葡萄酒

　　2 份橙汁

　　1 份龙舌兰酒

　　0.5 份橙皮甜酒

　　苏打水

　　水果粒

　　杯型：水果宾治碗和杯子

　　装饰：切块的水果

- 长岛冰茶（Long Island Iced Tea）

　　冰块

　　1 份伏特加

　　1 份龙舌兰酒

　　1 份朗姆酒

　　1 份橙皮甜酒

　　1 份杜松子酒

　　2 份柠檬汁

　　3 份糖浆

　　少量的可乐

　　杯型：高球杯

　　装饰：柠檬圈或扭条

9.6　啤酒服务

　　除非啤酒或麦酒是鸡尾酒中的一种原料，否则不涉及混合饮用。事实上，直接饮用是最简单、直接的。尽管如此，还是有一些需要遵守的规则，以确保顾客得到一个良好的饮酒体验。

玻璃杯 我们在开始讨论玻璃杯之前，请记住，许多客人会喜欢直接用瓶子喝啤酒。尽管这样会使啤酒在饮用过程中由于摇晃而跑气，但他们声称这样能使气泡沸腾更久的时间。如果你的客人喜欢用杯子喝，有三种样式可供选择：

- 比尔森啤酒杯：一种形状像漏斗带有底座的高杯。有些款式的比尔森杯是底部凹槽形成的底座。
- 大啤酒杯：通常是带柄酒杯。啤酒杯通常很重，而且侧面有把手，有时还会带有盖子。它们通常是玻璃制的，但有时也会用陶瓷。
- 高脚杯：通常由厚玻璃制成，杯肚下有长杯梗。

清洁度 饮用酒水的玻璃杯应该是干净的。清洗啤酒杯时，要使用专门为啤酒杯设计的洗涤剂。很多用于清洗餐具和餐厅玻璃杯的洗涤剂都含有石油，会在玻璃上留下一层薄膜。这就会导致啤酒过度发泡，并迅速分解，从而导致啤酒口感平淡，并且难以起泡，使啤酒的卖相变差，令顾客不喜，同时也造成酒水成本的增加。用干净的玻璃杯盛装的啤酒不会有气泡附着在玻璃杯内壁上，且在啤酒的上部会有细腻的小泡。

倒酒 关于啤酒的正确倒酒方法存在一些争议。倒啤酒的专家最喜欢的方法是把龙头全部打开。将玻璃杯在龙头下1英寸处略微倾斜。不要让玻璃杯接触龙头。让啤酒撞击杯底，直到获得你想要的泡沫厚度，通常是3/4英寸到1英寸厚。当出现这种情况时，倾斜玻璃杯，使剩余的啤酒打在玻璃杯的侧壁。请记住，啤酒撞击玻璃杯底部会产生泡沫，而接触侧壁几乎不会产生泡沫。产生适当的泡沫的另一个手段是调节酒桶的压力，压力应在12～14PSI，压力过大会产生过多的泡沫，而压力过小泡沫则会很稀薄。

温度 这在倒啤酒时非常重要。拉格啤酒应在38～45℉（3.3～7.2℃）的温度下倾倒，而啤酒应在45～55℉（7.2～12.7℃）的温度下倾倒。大多数啤酒厂关于产品都有特定的服务温度，所以请咨询他们的推荐温度，因为在不适当的温度下饮用啤酒会降低其风味。关于温度的另一个考虑因素是，啤酒杯绝对不能冷冻。即使啤酒杯在放入冷冻室时是完全干燥的，但当它被取出来时，玻璃杯的内壁会形成冷凝水。这将会使啤酒的水分减少，同时也会在玻璃杯内形成一层冰块，造成过多的泡沫，增加你的酒水成本。

9.7 葡萄酒服务

当客人点的是一杯葡萄酒时，服务员会把订单交给酒保，酒保按照订单倒酒。如果酒吧的客流量很大，则会使用类似于生啤酒装置的龙头进行倒酒。酒保将葡萄酒倒好后，服务员再将酒送给客人——这是一个相当简单的程序。但当客人点的是一瓶葡萄酒时，这个程序会变得复杂一些。如前文所提到的，大多数高档餐饮场所都配有葡萄酒管家或侍酒师来处理这项工作。如果没有这些人员编制，服务员在进行瓶装葡萄酒服务时经常会出错。适当的培训可以帮助你达到顾客所期望的正确的葡萄酒服务，这也可以有助于促进你的生意。正确的瓶装葡萄酒服务如下：

温度 红葡萄酒应在 60～65 °F（15.6～18.3℃）的温度范围内进行饮用，白葡萄酒和桃红葡萄酒应在 45～55 °F（7～13℃）的温度范围内进行饮用，起泡葡萄酒应在稍低于 45 °F（7℃）的温度下进行饮用。

第一次示酒 把酒瓶带到桌上为客人展示，让客人看到酒标，并确认这是否为他们点的葡萄酒。

开瓶 首先切掉覆盖软木塞的锡纸。然后将螺旋锥轻轻地插进软木，转动开瓶器，直到最后一圈进入软木塞。将开瓶器抬起，轻轻地把弹簧向下压，这时软木塞会被往上拉，当升到差不多离开瓶口时，轻轻将软木塞拔出。

第二次示酒 将开瓶器拔出然后向主人展示软木塞。这是重要的传统，一些客人会去嗅软木塞，没有明确的理由，也无关葡萄酒的质量，这是仪式的一部分。

第三次示酒 用一张干净的餐巾擦拭瓶口，并在杯子中倒入一点酒（1～1.5 盎司）并向主人展示，主人也许会晃动酒杯让葡萄酒接触空气，将酒杯举起在灯光下检查其沉积物，闻一闻它的香味并品尝它的味道，如果这瓶葡萄酒通过了所有这些检查，它便得到了认可。

倒酒 接下来服务员为在座所有客人倒酒，女士优先，男士在后，最后再为主人倒酒。倒酒时瓶子会倾斜，当杯子半满（约 4 盎司）时，服务员将酒瓶向上提，轻轻转动酒瓶防止酒液滴下来。

香槟和起泡葡萄酒服务

和葡萄酒服务一样，先将酒瓶呈给主人，让其认可——服务的相似之处到此为止。在酒瓶的顶部有一些铝箔，覆盖着一个铁丝网套。揭开铝箔，将拇指放在软木塞的顶部。拧动铁丝扣件，这将使网套松动。将餐巾覆盖在酒瓶的顶部，以防止软木塞飞出伤到人或损坏任何玻璃杯或墙上的物件。一只手紧紧抓住软木塞，另一只手扭动瓶身，呈 45°角，使瓶内压力均衡。继续朝同一方向扭动瓶子，直到软木塞松动并开始出来。它应该轻轻地发出"kathunk"的声音。不应该是"砰"的一声，把香槟酒喷得满屋子都是。

将软木塞放在主人或女主人旁边，倒上少量酒，让他或她品尝。然后再以服务葡萄酒的方式为其他客人倒酒。有一个明显的例外是，香槟酒分两步上桌。第一次倒酒时，大部分是泡沫状的气泡。待其沉淀一秒钟后，再继续倒，这次将更多是酒而不是泡沫。

醒酒（decant）

偶尔，葡萄酒管家或侍酒师会需要给一些陈年的红葡萄酒醒酒。醒酒有两个原因：一是为了去除葡萄酒陈酿时形成的沉淀物，二是为了使葡萄酒氧化以释放其香气。让葡萄酒接触空气，可以让葡萄酒"呼吸"，从而增加香气的复杂性。醒酒是很重要的，因为人们对葡萄酒的大部分印象都是通过鼻子获得的。因为陈年红葡萄酒沉淀物往往最多，因此能从醒酒中获益最大。醒酒时，让酒瓶竖立几个小时，让沉淀物沉到底部。拔掉软木塞，在酒瓶后面放一根蜡烛或其他光源。轻轻地、慢慢地将酒倒入光源前的醒酒器中。当沉淀物开始沿着酒瓶颈部上行时，停止倒酒。在饮用前，让葡萄酒在醒酒器中停留一会儿。

9.8　饮料服务

虽然我们一直将重点放在酒精饮料上，但不要忘记，还有一个市场是面向无酒精人群的。造成这一现象的原因很多，可能是宗教和道德信仰、民族价值观、服用了处方药、驾驶机动车，以及有些人就是不喜欢喝酒。有些酒吧选择忽视这个市场，但这是错误的，因为这是一个应使用大量营销来迎合的群体，毕竟，这是在没有投资情况下的额外销售。

非酒精饮料（nonalcoholic beverages），通常被称为维珍饮料（virgin drinks）或无酒精鸡尾酒（mocktails），种类很多。菜单上的大多数混合饮料都可以不含酒精。制作一款成功的维珍饮料的关键是要像对待菜单上的其他饮料一样对待它，使用相同的基本成分和装饰，只是略去酒精。除了混合饮料，市场上也有不含酒精的啤酒和葡萄酒。再加上咖啡、茶和碳酸饮料，你就有了一个大菜单来迎合那些不喝酒的顾客。

9.8.1　咖啡

大多数酒吧至少会为顾客提供一杯咖啡。然而，许多酒吧已经将咖啡提升到一个新的水平，提供浓缩咖啡和它的许多变体以及其他咖啡饮料。要达到这个水平，你将需要额外的设备，也需要为你的酒保提供额外的培训。即使你只卖普通咖啡，你也需要选择顾客喜欢的咖啡品种。

咖啡的两个主要品种是阿拉比卡（Arabica）和罗布斯塔（Robusta）。由这两个物种还延伸出了丰富的亚变种。鉴于现在人们购买的大多数咖啡都是这些品种的混合，选择是无穷无尽的。最传统的咖啡品种是阿拉比卡，它被认为在味道上很优秀。另一种，罗布斯塔咖啡因含量较高，酸味更强，也有苦味。但是由于它可以在更多地区种植，所以比阿拉比卡要便宜得多。正因为如此，许多咖啡烘焙商会在咖啡中加入罗布斯塔以降低价格，从而获得更多利润。同时由于它的酸味和苦味，一些高质量的罗布斯塔咖啡豆经常被用于浓缩咖啡。

如果你选择售卖咖啡饮料和浓缩咖啡，这里有一些术语是你需要熟悉的。

黑咖啡（Black coffee）　现咖啡或不加牛奶的法式咖啡。

欧蕾咖啡（Cafe au lait）　类似是拿铁咖啡，除了它是用现煮咖啡代替意大利浓缩咖啡的。

布雷卫/半拿铁（Cafe breva）　用牛奶和奶油混合物代替牛奶做成的卡布奇诺咖啡

卡布奇诺（Cappuccino）　1/3 份浓缩咖啡，1/3 份蒸奶，1/3 份奶泡，通常在上面撒上肉桂或巧克力片。

干卡布奇诺（Cappuccino dry）　普通的卡布奇诺，泡沫较少，没有蒸奶。

双份浓缩（Double）　两杯浓缩咖啡混合了常规量的其他原料。

浓缩咖啡（Espresso）　将热水冲入研磨好的咖啡中制成的。它比一般的滴漏咖啡更浓稠，用小杯装着喝。

康宝蓝（Espresso con panna）　浓缩咖啡上面加鲜奶油。

福来必（Frappe）　加了糖、水、牛奶和冰块的浓缩咖啡。

冰咖啡（Iced coffee）　普通咖啡，加冰块，有时加牛奶和糖。

爱尔兰咖啡（Irish coffee）　在咖啡中加入爱尔兰威士忌和奶油。

拿铁（Latte）　在蒸牛奶中加入一杯浓缩咖啡，牛奶与咖啡的比例为 3 ∶ 1，常以咖啡糖浆调味。

伦哥（Lungod）　用比正常多 1 倍的水高冲泡咖啡粉做成的咖啡。

摩卡（Mocha）　卡布奇诺咖啡或者拿铁咖啡与巧克力糖浆混合而成。

土耳其咖啡（Turkish coffee）　也被称为希腊咖啡，把磨碎的咖啡和水一起煮成浑浊的浓咖啡。糖是可选的，可以在冲泡过程中添加。不加奶油和牛奶。它是用小咖啡杯供应的，包括优良的残渣。通常会加入香料饮用。

越式咖啡（Vietnamese style coffee）　把热水从装满咖啡粉的金属网中滴入，再浇上冰和甜炼乳制成的浓咖啡。

白咖啡（White coffee）　黑咖啡加牛奶。

9.8.2　茶

茶是世界上消费量仅次于水的第二大饮料，可以追溯到 5000 多年前。茶大约有 3000 个品种。它们生长在世界各地的山脉中。茶的品种取决于茶叶和花蕾的收获和加工程序。世界上大部分的茶叶都种植在大型种植园里。茶的主要品种有红茶、乌龙茶、绿茶和白茶。

红茶（Black tea）　是各种茶中最受欢迎的，在世界各地都很容易买到。它是深红色的，有着包括花、果、香料和坚果等多种风味。

乌龙茶（Oolong tea）　被认为是最难加工的茶品种。它是半发酵茶，拥有绿茶的清新和红茶的芳香。

绿茶（Green tea）　是各种茶中咖啡因含量最低的，并具有很强的抗氧化性。这是因为在绿茶加工过程中，茶叶中的氧化作用被阻止了。

白茶（White tea）　加工程度极低，口感像鲜叶或草料。白茶是由小芽及其上长出的小白毫获得的。

有很多混合茶饮，是由不同种类和不同地区的茶叶混合而成。另外一些则是由不同的花草组合的花草茶。这些花草茶中也有茶叶。红茶、绿茶和白茶都是商业花草茶的常见成分。还有一种是为茶叶赋予额外味道的调和茶。

冲泡茶叶，先把水煮到滚烫。水不要长时间沸腾，因为这也会减少氧气的含量。略凉之后，将热水倒在茶包或茶叶上，水温和时间如下：

绿茶	160℉（71℃）	1~3分钟
白茶	180℉（82℃）	4~8分钟
乌龙茶	190℉（88℃）	1~8分钟
红茶	沸水	3~5分钟
花草茶	沸水	5~8分钟

在没有温度计的情况下，测量水温的一个好方法是将水烧开，然后从火上移开，等待约30秒后，温度为180~190℉（82~87℃），60秒后则约为160℉（71℃）。

本章小结

作为一名未来的经理，运营核心的商品是酒吧管理的一个重要方面。客人是否满意自己花钱购买的服务和商品，关乎着酒吧的盈利或亏损。另外，标准化是关键，即标准化的配方和标准化的程序。一致性也同样重要，即玻璃杯的一致性，啤酒酒泡的一致性、鸡尾酒口感的一致性和服务方式的一致性。一致性可以留住客人并帮助酒吧确保盈利。

习题

判断题

1. 酒保是否能以最少的步骤来完成一个订单，是衡量一个工作台是否布置得当的关键标准。

2. 酒杯的样式最常指的是它的构造。

3. 为了控制人工成本，使用过的玻璃杯应该和其他碗碟在洗碗间内一起清洗。

4. 洗酒杯的三个步骤是洗涤、漂洗、烘干。

5. 子弹杯是量杯的一种。

6. 所有的酒嘴都是用来衡量制作酒水饮料的原料的。

7. 一个玻璃杯蘸边器有两格，一个用来放糖，另一个用来放盐。

8. 搅拌式饮品是指只使用了一种原料的饮料。

9. 咖啡的两个主要品种是阿拉比卡的和罗布斯塔。

10. 茶叶的主要品种有红茶、乌龙茶、绿茶和白茶。

讨论题

1. 你受雇管理某大城市上流住宅区的一家高档餐厅。这家餐厅的老板是该地区的一位知名厨师，餐厅将供应丰富的酒类，包括鸡尾酒和一些进口啤酒。餐厅将在一个月后开业，老板让你为酒吧挑选玻璃杯。请阐述你会购买什么类型的玻璃杯，以及为什么会选择这种特定的款式。

2. 假设你正在培训一个新的酒吧后勤如何倒生啤酒。请示范正确的程序，并给出倒出一杯完美啤酒的其他相关信息。

3. 详细阐述如何为客人进行葡萄酒服务。

4. 你是某大学城一个热门俱乐部管理团队的一员。在一次会议上，团队正在集思广益，为提高销售量出谋划策。你建议推销不含酒精的饮料来作为吸引新客人进入酒吧的方法，但是你的想法遭到了怀疑，请说服你的团队采纳你的建议。

实践应用

采访你附近一家大型酒店的酒水经理以及一家小型酒吧的老板或经理。比较这两种经营理念在标准化配方和分量控制装置方面的差异。了解他们是如何将控制的重要性与各自酒水经营的盈利能力联系起来的。

第 10 章　酒水销售成本与定价

学习目标/Learning Objectives

1. 掌握损益表的知识点。
2. 比较各种类型的成本以及它们之间的关系，并理解其对于企业盈利能力的影响。
3. 阐述销售价格对盈利的重要性。
4. 以能够实现每类商品的加价策略的角度来分析酒吧的商品组合。
5. 阐述标准成本的重要性。因为它不仅与销售价格的实施相关，并且是确保并衡量盈利能力的工具。
6. 计算单一成分产品、多成分产品以及瓶装葡萄酒的售价。

关键词汇

可控成本（Controllable Cost）

不可控成本（Noncontrollable Cost）

可变成本（Variable Cost）

固定成本（Fixed Cost）

半变动成本（Semi-Variable Cost）

损益表（Income Statement）

酒水销售成本（Cost of Beverage Sold）

毛利（Gross Profit）

商品组合（Product Mix）

标准酒水成本（Standard Beverage Cost）

标准化配方（Standardized Recipe）

系数法（Factor Method）

成本加价法（Markup on Cost Method）

捆绑销售（Bundling）

价格—价值关系（Price-Value Relationship）

心理定价（Psychological Pricing）

价格点（Price Point）

本章概述

在本章中，我们将讨论制定酒水的销售成本与盈利的关系，这是酒水商业管理中一个非常重要的内容。在讨论售价之前，有一点是明确的，即任何企业的目标都是盈利。对于这一点不应该有任何争论，但太多的酒吧管理人员忽视了这一点，而没有树立起盈利的观念。可以肯定的是，实现利润的因素很多，可成本与销售定价的关系是很重要的，因为在实现盈利之前，销售额必须超过成本。同时，管理控制措施也很重要，因为没有管理控制，浪费就会消除盈利的潜力。显然，酒水销售价格是获得利润的起点，也是赚取利润的关键因素。如果没有适当的售价，所有的促销和控制措施都不会产生收益，例如如果售价太低，就会失去利润。但是，如果售价太高，就会减少销量，赢得利润也就没有基础。

10.1　成本的分类

成本可以有几种不同的分类方式。在酒店业，最常见的分类是可控成本和不可控成本，以及固定成本、可变成本和半可变成本。对成本进行分类的原因是为了区分哪些成本是管理层可以控制的成本，哪些又是管理层几乎无法控制的成本。在编制预算和预测以及计算盈亏平衡点时，成本分类也很重要。

10.1.1　可控成本和不可控成本

对成本进行分类的一般方法是将其归为可控成本或不可控成本。这些术语并不神秘，因为它们基本上是不言自明的。可控成本是指管理层可以控制的成本，而非可控成本是指管理层无法控制的成本。

可控成本（controllable cost）　在酒水商业管理中是使用某类酒水的标准化配方、规范化的调配程序、分量控制和定价以及其他约束条件来决定的。例如，如果伏特加的价格上涨，其他不变，销售这类酒水的酒吧的运营成本就会增加。此时，管理层可能会提高所有使用伏特加作为原料的调制饮料的售价，或者会减少每种饮料中的伏特加含量来抵消伏特加价格上涨带来的成本增加。但需要指出的是，在实施这些方案时，管理层必须时刻注意不要疏远客人。如果售价提高了太多，或者某些原料含量减少明显，客人很快就会转向其他酒吧。

不可控成本（noncontrollable cost）　是管理层无法控制的成本。酒水商业管理中非可控成本的一个例子是保险。一旦保险单谈妥，管理层就无法控制该保险单的成本。它就是它。另一个例子是餐厅的租约。一旦签署，管理层就几乎无法控制其成本了。除了可控和不可控，成本还可以用可变、固定或半可变的方式来表示。

10.1.2   可变成本与固定成本

可变成本（variable cost）   是指那些随着销售额的增减而增减的成本，且成本的增减是受销售额直接影响的。酒水运营中的酒水采购成本就是可变成本的一个例子：当销售额上升时，可以购买更多的蒸馏酒、葡萄酒和啤酒来补充库存，而当销售额下降时，购买的酒水饮料就会减少。如果控制措施得当，没有浪费或盗窃现象，用于酒水运营的酒水购买量就会与销售额成正比。

固定成本（fixed cost）   是指那些无论销售量如何变化都保持不变的成本。它们始终存在，不会消失。如果酒吧开着，它们就在那里。如果酒吧关闭，它们也在那里。保险是固定成本的一个例子。如前所述，一旦保单谈妥，成本就会保持不变。例如，如果企业的保险成本是每月 1000 美元，那么它将保持每个月 1000 美元。如果 3 月份酒吧的销售额是 1 万美元，4 月份的销售额是 2 万美元，保险成本是保持不变的，一直是每月 1000 美元。固定成本与可变成本不同，它不会因为销售额的变化而变化。

半可变成本（semi-variable cost）   会随着销售额的上升和下降而上升和下降，但不成正比。半可变成本是由固定成本和可变成本组成的，其中一个例子是工资。无论经营的销售量如何，工资都是不变的。如酒吧经理的工资为 6500 美元，酒吧一年的销售额不管是 50 万还是 60 万，工资也保持不变。因此，管理层的工资是一种固定成本。换句话说，无论营业额多少，它都是不变的。注意：不要把工资和奖金混为一谈。无论数量多少，工资都保持不变，而奖金通常以成本控制、销售额或利润为前提，并在工资之外支付。

另一方面，根据酒水商业管理的特点，鸡尾酒服务员、酒保、吧台后勤等工作人员的工资是可以按小时计算的，由管理层根据销售预测来安排。因此，这些员工的成本会随着销售额的上升而上升，随着销售额的下降而下降。如果排班合理，工资成本会随着销售额的上升和下降而直接成比例地上升和下降。综合起来有固定成本（管理层的工资）和可变成本（员工的小时工资），两者组成了半可变成本（随着销售额的上升和下降而上升和下降，但不成正比）。

10.1.3   成本分类的重要性

如上所述，成本的分类中有一些可互换的术语。可变成本和半可变成本通常是可控成本。也就是说，管理层可以控制成本随着销售的上升和下降而上升和下降。他们可以调整计划、库存或采购。固定成本通常是不可控成本，管理层对它们的控制能力很小，甚至没有控制能力。虽然管理层控制或不控制成本的能力并不总是成立，但在大多数情况下是这样的。

另一个需要考虑的问题是，某项费用可以根据其结构的不同而以不同的方式进行分类。一个很好的例子是在谈判租约时。例如，如果一家酒吧的租赁合同是按每月 5000 美元谈判的，那么每月的租金将是一个固定的成本，它不会随着销售额的上升而上升，也不会随着销售额的下降而下降。它将永远是 5000 美元。另一方面，如果租约按销售额的 6% 谈判，租金将是一个可变成本。费用的金额会随着销售额的上升而上升，随着销售额的下降而下降，而且是成正比的。让我们来看看第三种情况：如果租约要求每月支付 1000 美元加上销售额的 3%，那么租金将是一个半可变的成本。无论销售量如何，1000 美元都要支付，是固定成本。销售额的 3% 将是一个可变成本，它将随着销售额的上升或下降而直接按比例上升或下降。因此，我们有 1000 美元的固定成本和 3% 的可变成本，当我们把它们放在一起时，就得到了一个半可变成本。

从这个例子可以看出，损益表上的一些成本，根据其结构，可以分为固定、可变及半可变成本，上面的例子则说明了前面所说的规则——可变和半可变成本通常是可控的。但这并不是绝对的，在一些情况下，它们是不可控的，因为租赁在到期前是不能改变的。因此，管理层并不能控制租约的金额。

让我们看看另一个例子，成本可以如何进行不同的分类。如果管理层将销售额的 2% 预算在广告上，这将是一个可变成本。花在广告上的金额将与销售额成正比。相反，如果广告预算为每月 3000 美元，那么它将是一个固定成本。它不会随着销售额的上升或下降而上升或下降。

10.2 损益表

为了充分理解酒水销售价格与利润之间的关系，有必要研究损益表（income statement）。本章的目的不是解释会计活动，而是通过学习掌握一些基本的商业核算知识，包括如何确定一个项目的收费标准，以及如何分析酒水经营在财务上的成功程度等。简单而言，损益表无非是报告一个企业赚了多少钱（通常是销售额），支出是多少。如果销售额超过支出，就会有利润；如果支出超过销售额，则为亏损。

10.2.1 损益表的结构

表 10-1 中的损益表第一行是酒水销售额。损益表上的销售额构成是由每件商品的售价乘以该商品的销售数量，然后将酒吧所有销售商品的销售额相加起来得到的。因此，如果一家酒吧以每瓶 7 美元的价格出售 100 瓶杜松子酒和汤力酒，那么它的杜松子酒和汤力酒的销售额就是 700 美元。如果以 4 美元的单价出售 100 瓶生啤酒，那么生啤酒销售额将为 400 美元。为简单起见，我们假设店里只卖这两种商品。则当期的销售额为 1100 美元（700 美元 + 400 美元）。虽然销售额的构成是售价乘以销售数量，但销售额也可以用另一种方法来表示，那就是当期酒吧所有账单的总和。而酒吧账单是客人购买的商品数量乘以售价，然后再合计的结果。

表 10 - 1 损益表示例

酒水销售额		$ 135600	
销售成本			
期初库存	$ 8190		
加：采购	$ 40240		
等于：可出售量	$ 48430		
减去：期末库存	$ 10980		
酒水销售成本		$ 37450	27.6%
减去：调整项		$ 763	0.6%
酒水销售净成本		$ 36687	27.1%
毛利		$ 98913	72.9%
人工		$ 40750	30.1%
音乐和娱乐		$ 10640	7.8%
耗材		$ 2850	2.1%
广告		$ 2900	2.1%
租金		$ 10000	7.4%
公共设施		$ 3440	2.5%
维修和保养		$ 1110	3.0%
法务和会计		$ 750	0.6%
杂项		$ 940	2.3%
总支出		$ 73380	54.1%
折旧和税前利润		$ 25533	18.8%

10.2.2 损益表计算

请注意，损益表上的数字是以金额和百分比表示的。这两种数字在分析损益表时都很重要。金额是指收入（销售）和支出（成本）以及剩余（利润），将其转化为比率百分比，可便于进行比较。例如，如果工资等支出项目增加了，销售额也相应地增加了，也是可以接受的。如果支出项目增加而销售额没有增加甚至减少，则不能接受。通过对比率的分析，可以将成本与销售的情况直接联系起来。因此，在损益表上，销售额总是100%，成本以百分比的形势与销售额进行比较。参照图10-1，以销售作为一个整体，将支出和利润作为整体的一部分。

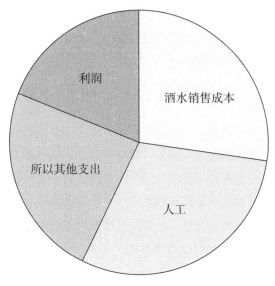

图 10 - 1　损益表饼状图

用成本除以销售额，结果就是该项目成本百分比。例如，如果租金为 500 美元，该期间的销售额为 5000 美元，则租金与销售额的成本率为 10% 。

$$成本 \div 销售 = 成本百分比$$
$$500 \text{ 美元} \div 5000 \text{ 美元} = 10\%$$

对于利润来说也是如此。只需将利润除以销售额，即可得到利润百分比。

酒水销售成本

损益表的第二行是酒水销售成本（cost of beverage sold）。它的计算方法是将期初库存加采购量减去期末库存，等于销售成本：

$$期初库存 + 采购量 = 可出售量$$
$$可出售量 - 期末库存 = 酒水销售成本$$

为了简化问题，让我们假设我们在棒球场经营一家啤酒特许经营店，只卖百威生啤酒。在本周开始时，我们有 2 桶啤酒的库存。我们采购了 10 桶。在本周结束时，我们还剩下 3 桶。假设每桶啤酒的采购价格是 100 美元，计算如下：

$$可出售量 - 期末库存 = （期初库存 + 采购量） - 期末库存 = 酒水销售成本$$
$$（100 \text{ 美元} \times 2 \text{ 桶}） + （100 \text{ 美元} \times 10 \text{ 桶}） - （100 \text{ 美元} \times 3 \text{ 桶}） = 900 \text{ 美元}$$

注："酒水销售成本"可能是一个错误的名称，这是一个所有的啤酒都卖出去了的假设，但事实上可能没有都卖出去。如果有些啤酒被打翻了，或者有人没有付钱就走了，那么我们损失了这些啤酒，但不会转化为销售额。

酒水销售成本的调整

另一个需要考虑的因素是销售酒水的成本是经常需要进行调整的。在有餐食供应的酒吧或在酒店中尤其如此。在这些情况下，很多时候食物会从厨房转移到酒吧，包括如青柠、柠檬、橙子、樱桃、橄榄等用于饮料的装饰。同样的道理，用于烹饪的酒类、啤酒或葡萄酒也需要从酒吧转移到厨房。当物品被转移到酒吧时，它们就成为酒水销售成本的一部分；当它们从酒吧转移到厨房时，则被减去。另一个调整是赠饮，指管理层为顾客购买一轮饮料或一瓶酒。这通常是为一个熟客所做的，也可能作为一种向顾客道歉的手段，为了错误的订单，或安抚他们在漫长等待中产生的不快。赠饮是不计算在酒水销售成本中的。鉴于这些调整，我们的公式现在是这样的：

$$期初库存 + 酒水采购 = 可出售量$$
$$可出售量 - 期末库存 = 酒水销售成本$$
$$酒水销售成本 + 转移至酒吧的 - 从酒吧转移走的 - 赠饮 = 酒水销售净成本$$

参照表 10 – 1 的损益表，酒水销售成本是一个典型酒吧中所有酒水用量的汇总。换句话说，所有的啤酒、葡萄酒、蒸馏酒、配料、调味品以及用于销售这些饮料的每一种成分都被包括在酒水销售成本中。

要计算百分比，就用酒水销售净成本除以销售额：

$$酒水销售净成本 \div 销售额 = 酒水成本百分比$$
$$36687 \text{ 美元} \div 135600 \text{ 美元} = 27.1\%$$

毛利

损益表的下一行是毛利（gross profit），指企业在原料产品上赚的钱。就酒水行业而言，它是指在酒水原料上所赚的钱，包括啤酒、葡萄酒、蒸馏酒、混合饮料和调味品。毛利是由销售额减去酒水销售成本后得到的。

$$销售额 - 酒水销售成本 = 毛利$$

计算毛利百分比，需以总利润除以销售额。参考表 10 – 1，毛利百分比就是：

$$毛利 \div 销售额 = 毛利百分比$$
$$98913\ 美元 \div 135600\ 美元 = 72.9\%$$

注：如果你从销售额百分比中减去饮料成本百分比，结果就是毛利百分比，与你用销售额除以毛利得到百分比相同：

$$销售额百分比 - 酒水成本百分比 = 毛利百分比$$
$$100\% - 27.1\% = 72.9\%$$

人工费用

毛利的下一部分为人工，是总的经营人工成本，包括固定成本（管理层的工资）和可变成本（按小时计算的工资），也包括税款，保险和额外福利费用。额外福利费用包括人寿保险、假期和休假工资，公司支付退休福利等。

主要成本

人工费用和酒水费用加在一起被称为主要成本，因为这两项加在一起是管理层控制的最大的经营成本。请注意，在餐厅经营中，主要成本是指食品和人工成本。在一个既有餐厅又有酒吧的经营中，主要成本是食品、饮料和人工成本的总和。

其他费用

下一行是耗材，包括纸餐巾、搅拌棒、小纸伞、洗碗机洗涤剂和清洁用品等。这些都是管理层可以控制的支出。再下一行是音乐和娱乐，也是管理部门可以控制的，包括分配给酒吧娱乐的费用。

以下各行大部分为不可控费用，但也可能有一些例外，这取决于费用的分配方式。所有的费用，可控的和不可控的，除了酒水之外，在"总费用"这一行进行总计。总支出从毛利中减去，得到酒吧的收入。注意，收入是在任何折旧之前，在支付所得税之前。

为了把这些都说清楚，我们来回顾一下。酒吧要想盈利，销售额必须超过成本。正如我们前面所看到的，销售额无非是售价乘以销售商品的数量。因此，产生利润的主要关键之一就是定制合理的售价。换句话说，我们需要收取的金额不仅要能覆盖商品成本（饮料成本），而且要能覆盖我们所有的其他费用，并产生利润。当然，我们必须推销我们的业务，让人们进来消费。我们还必须控制我们的成本，以免成本失控，超过销售额。如果我们制定了合理的售价，运用了正确的营销，控制成本，我们就能赚钱。

10.2.3　损益表分析

当我们看表 10 - 1 中损益表的百分比栏时，我们看到销售额是 100%。如果我们把所有的成本和折旧前利润和税前利润加起来，也是 100%（注意：相加时不包括毛利）。把销售看作一个饼，而费用和利润是饼的一部分。见图 10 - 1。

由于成本和利润加起来是 100%，如果其中一项增加，另一项就必须减少；或者换一种说法，我们的支出不能超过我们的收入。通常情况下，如果一项支出增加，利润就会减少。但结果不一定如此。例如，如果劳动力增加 1%，我们可以削减 1% 的广告费用，利润就会保持不变。这是在酒水行业最常见的做法。当一项费用增加时，再削减另一项费用。当企业不能再削减时，那么利润就会受到影响。当利润下降到投资回报率较低的时候，企业除了提高售价，别无选择。如果售价提高，销量增加，销售额就会更多，可以用来支付费用的资金池也就越大，也就能赚取利润了。这里要提醒大家注意的是。如果管理层把价格提得太高，会把客人赶走，销量也不会增加。

除了提高售价外，还有其他方法可以提高销量。这些方法包括开展营销活动，增加酒吧的客流量，以及推出新饮品，这些饮料的售价更高，成本结构更有利。然而，当到达某一个阶段，唯一的选择就是提高售价。管理层并不想看到这种情况出现，但一旦出现，应该非常小心地处理。

商品组合

在表 10 - 1 的损益表中，饮料成本为 27%，毛利为 73%，覆盖了所有的支出，给酒吧老板带来了丰厚的利润。比如说，酒吧希望酒水成本为 27%，并不是每件商品都要标出这个具体成本。27% 的酒水成本来自所有以不同成本出售的项目的总和。这就是所谓的商品组合（product mix）。正是商品组合，即以其不同的标价出售的物品的实际数量，构成了损益表上的酒水销售成本。

商品的分类

为了制定销售价格，根据成本将酒吧库存分成不同类别。这大大简化了制定销售价格的工作。根据成本将各种品牌和标签归类在一起，可以为该组中的所有品牌和标签确定一个销售价格。库存分类如下：

（一）蒸馏酒类

井槽酒　又称自家品牌酒，由低价酒组成。这是客人在没有表达喜好的情况下点酒时使用。例如苏格兰威士忌和苏打水。

指定酒　客人会按品牌指定的成本较高的酒水。例如百加得和可乐。

优质酒　价格高于指定酒的酒类，通常是单一麦芽苏格兰威士忌或爱尔兰威士忌和高端国产威士忌。这些也会被客人指定。

高级优质酒 价格非常高的酒类，同样是由客户指定要求的。

（二）啤酒类

瓶装啤酒 包括国产、进口、微酿。有些酒吧对所有瓶装啤酒都收取相同的费用，一些酒吧则将其分为这些类别，而另一些酒吧则将其按成本分类，就像酒类分类一样。

生啤酒 包括国产、进口、微酿。对生啤酒的策略与对瓶装啤酒的策略相同。

（三）葡萄酒类

杯装 玻璃杯上的葡萄酒不论是哪种类型，价格通常都是一样的，而指定的葡萄酒则是根据其成本定价。杯装的选择通常是有限的，因为很多酒只按瓶出售。

瓶装 瓶装酒一般都是按照单个成本来标价的。与酒吧里的其他商品不同，它们并没有被归类和组合在一起制定一个销售价格。

（四）非酒精饮料

这类饮料包括咖啡、茶和碳酸饮料，它们的售价大多相同。它还包括原生饮料，即不含酒精的饮料。它们的售价都是一样的，除非某一种饮料有大量的人工或原料成本。比如，用优质冰激凌制作的原味风铃草通常会比原味血腥玛丽的价格高。这类饮料还包括拿铁和卡布奇诺等特级咖啡饮料。每种饮料都将单独定价。

在确定了酒吧库存的类别后，我们现在可以确定与这些类别相关的成本范围。以下成本和毛利的比例是普遍认可的行业平均水平。

表 10 - 2 行业认可的不同酒水类型的成本百分比和毛利百分比平均水平

类型	成本百分比	毛利百分比
井槽酒	12%	88%
指定酒	16%	84%
优质酒	19%	81%
高级优质酒	18%	82%
瓶装啤酒	25%	75%
生啤酒	30%	70%
杯装红葡萄酒	20%	80%
瓶装红葡萄酒	50%	50%
非酒精饮料	30%	70%

请记住，这些百分比只是一个经验法则。确切的成本百分比会因酒吧而异，这取决于每个类别中销售的酒类组合。例如，如果一家酒吧销售的进口啤酒数量较多，成本高于国产啤酒，那么他们的成本百分比会更高。

总销售/成本组合

通过将上述类别合并为蒸馏酒类、啤酒类、葡萄酒类和非酒精饮料的销售，我们可以更清晰地了解酒吧的商品结构。假设表10-1中的酒吧的商品组合是这样的：

表10-3　假设的商品组合

类别	销售额	成本	成本百分比	商品组合百分比
蒸馏酒类	$50240	$8541	17%	37%
啤酒类	$38680	$10830	28%	29%
红葡萄酒类	$33120	$13248	40%	24%
非酒精饮料	$13560	$4068	30%	10%
汇总	$135600	$36687	27%	100%

正如我们所看到的，蒸馏酒类成本必须保持在17%，啤酒类在28%，葡萄酒类在40%，非酒精饮料在30%，以实现27%的整体成本率。这只是一个示例，并不是所有的酒吧都会做这样的酒水成本分解，更不是所有的酒吧都有27%的酒水成本。有许多因素影响酒水销售成本。有的州规定酒吧必须从零售商那里购买酒精饮料，有的州则必须从州政府购买，如果能从批发商那里购买，他们所在的州都会以不同的税率征收。

标准酒水成本

标准酒水成本（standard beverage cost）是指管理层确定的该业务盈利所必需的成本百分比。损益表上的实际成本是根据标准衡量的。如果酒吧要保持盈利，就必须纠正与标准的任何偏差。每家酒吧都必须根据维持该企业整体利润所需的加价来确定自己的标准酒水成本。每个酒吧都是不同的——他们都支付不同的租金，有不同的管理费用，并根据客人状况订制不同的价格。虽然酒水成本没有一个具体的行业标准，但专家们一致认为应该在18%~28%之间。举两个极端做例子。为什么大联盟体育场的啤酒比附近小酒馆的同款啤酒价格更高？撇开观众不谈，大多数体育场馆的特许经营商都要支付极高的租金。这笔高额的租金冲抵了体育场馆相当一部分的维护费用，因此他们的管理费用（固定成本）要高于那些街区酒吧。固定成本较低的街区酒吧可以制定较低的啤酒价格，但仍有利润。再次，售价必须足够高，才能覆盖所有成本并获得利润。

标准酒水成本确定，并计算出每个品类的明细后，就可以着手考虑售价了。第一步就是要算出我们要销售的每一个商品的成本。大家还记得，销售价格是基于商品成本的，必须高到足以覆盖酒吧的所有成本和利润。

10.3　酒水成本的控制

如何计算所售商品的成本取决于其类别。蒸馏酒和一些非酒精饮料使用配方成本卡计算，因为它们通常有多种成分。啤酒、葡萄酒和其他不含酒精的饮料则按单件计算，因为它们通常是单一成分的物品。当然也有例外。有些酒是直饮的，而葡萄酒和啤酒偶尔会用于和其他饮料混合饮用。

10.3.1　多成分产品的成本

多成分酒水饮料应该有一个标准化的配方。虽然第 9 章详细讨论了标准化配方，但这里必须指出，标准化配方是制定合理售价的重要组成部分。事实上，标准化配方（standardized recipe）是任何酒吧整体成本控制体系的重要组成部分。它们可以用于控制特定饮料的成分的数量和质量，也用于控制这些商品的销售量。它们也是计算成本时必不可少的工具。仅仅有标准化配方是不够的，还要每个人都严格遵循。任何偏离标准化配方的行为不仅会影响质量，而且会使该产品的成本计算不准确，从而导致制定的销售价格不适宜。表 10 - 4 是一个标准化配方的例子。

表 10 - 4　菠萝汽水配方表

		名称：朗姆酒	杯型：柯林斯杯
数量	单位	原料	制作方法
1.5	盎司	淡朗姆酒	
2	盎司	可可洛佩兹	
2	盎司	菠萝汁	
		碎冰	混合至软滑
1	个	菠萝片	
1	个	酒浸樱桃	装饰物

要根据标准化配方计算成本，最好使用成本卡。为了使整个成本控制体系有效，酒吧主要销售的每一种多成分饮料都应该有一张成本卡。成本卡的作用是为了明确每份饮料的准确成本，从而确定合适的售价。要正确填写成本卡，确定标准化成本，请按照以下步骤进行操作：

1. 把某一饮料的标准配方中所有成分复制到成本卡上。成本卡上列出的成分应与标准配方卡上列出的成分完全一致。

2. 在栏目中列出每种成分的用量和使用单位。

3. 根据货单，列出每种原料的成本要使用货单上所列的单位。请注意，配方中要求的单位往往与货单上列出的单位不同。例如，配方中的单位可能是盎司，而货单上使用了公制单位。表10-5列出了一些比较常见的单位换算。

4. 将货单单位复制到配方栏中配方的同一单位，并计算出每个配方的单位成本。

5. 在最后一列中，通过将配方所需的单位数量乘以每个单位的配方成本来计算每份饮料中每种原料的成本。

6. 把所有成分的成本累加起来。

7. 如果配方是大批量的，例如玛格丽特混合饮料，用总成本除以配方的份数，就得到每份的成本。

表10-5　一些酒吧常用的单位换算

（1）蒸馏酒

瓶装规格	等于液体盎司	瓶/箱	升/箱	美国加仑/箱
1.75 升	59.2	6	10.50	2.773806
1.00 升	33.8	12	12.00	3.170064
750 毫升	25.4	12	9.00	2.377548
375 毫升	12.7	24	9.00	2.377548
200 毫升	6.8	48	9.60	2.536051
100 毫升	3.4	60	6.00	1.585032
50 毫升	1.7	120	6.00	1.585032
官方的换算系数：1 升 = 0.26417 美国加仑				

（2）葡萄酒

瓶装规格	等于液体盎司	瓶/箱	升/箱	美国加仑/箱
3 升	101	4	12.00	3.17004
1.5 升	50.7	6	9.00	2.37753
1.00 升	33.8	12	12.00	3.17004
750 毫升	25.4	12	9.00	2.37753
500 毫升	16.9	24	12.00	3.17004
375 毫升	12.7	24	9.00	2.37753
187 毫升	6.3	48	8.976	2.37119
100 毫升	3.4	60	6.00	1.58502
50 毫升	1.7	120	6.00	1.58502
官方的换算系数：1 升 = 0.26417 美国加仑				

虽然这乍一看似乎很复杂、很混乱，但实际上很简单。让我们来制作一杯椰林飘香鸡尾酒的成本卡。

第 1 步。配方表上要求 1.5 盎司的淡朗姆酒，但朗姆酒是以 1.75 升每瓶为单位购买的。在表 10-5 中找到 1.75 升瓶装规格，等于 59.2 盎司的商品。以瓶装酒的成本来算，就是 20.00 美元除以 59.2 盎司，则每盎司成本约为 0.34 美元。标准配方要求 1.5 盎司，则用 0.34 美元乘以 1.5 盎司，得到每杯中淡朗姆酒的成本是 0.51 美元。

第 2 步。每瓶 1.75 升的可可洛佩斯成本为 6.00 美元。计算方法与朗姆酒相同，即用 6.00 元美元除以 59. 盎司 2，得到每盎司成本 0.10 美元。标准配方要求 2 盎司，则将 0.10 美元乘以 2，得到每杯中可可洛佩斯的成本是 0.20 美元。

第 3 步。5 罐菠萝汁共 46 盎司，成本为 3.50 美元，则将 3.50 美元除以 46 盎司，得到每盎司成本为 0.08 美元。0.08 美元乘以 2 盎司。

第 4 步。鲜菠萝价格为每个 4.60 美元。我们将菠萝切成 48 片。因此菠萝的成本是用 4.6 美元除以 48 片，得到每片成本为 0.09 元。注：把菠萝切得厚一点或薄一点，就得到不同的量。在对鲜果进行成本核算的时候，一定要进行分量测试，以确定具体操作的具体成本。

第 5 步。马拉西诺樱桃每罐 1/2 加仑，13.75 美元，有 173 颗樱桃。将 13.75 美元除以 173 颗，得到每颗樱桃的成本为 0.09 美元。注：樱桃有不同的大小，有带茎和不带茎的。请参考标签上的正确分量。

第 6 步。将每项成本加起来，得到配方总成本 1.04 美元。

第 7 步。用总成本除以配方份数，得到每份成本。因为这个配方是一份的，所以每份成本等于总成本。

市场上许多酒店业会计软件程序可以做到本节讨论的所有内容。用户输入有关配方和货单成本的数据。其余的工作由计算机来完成计算。一些比较复杂的程序，有一个完整的会计数据库，当录入货单数据时，成本卡就会相应发生变化。因此，随着成本的增加或减少，成本卡会自动调整。因此，每个部分的成本都会受到监控，当成本增加到超过预定水平时，管理层就会收到警报。

表 10-6　椰林飘香成本卡

（1）标准配方表

数量	单位	成分	制作方法
1.5	盎司	淡朗姆酒	
2	盎司	可可洛佩斯	
2	盎司	菠萝汁	
		碎冰	混合在一起
			倒入柯林杯
1	片	菠萝片	装饰物
1	颗	马拉西诺樱桃	

（2）成本卡

日期		名称：椰林飘香	份数：1		每份规格：5.5 盎司	
数量	配方单位	成分	货单成本	货单单位	配方成本	配方单位	总成本
1.5	盎司	淡朗姆酒	$20.00	1.75 毫升	$0.34	盎司	$0.51
2	盎司	可可洛佩斯	$6.00	1.75 毫升	$0.10	盎司	$0.20
2	盎司	菠萝汁	$3.50	46 盎司	$0.08	盎司	$0.16
		碎冰	无				$0.00
1	片	菠萝片	$4.60	每个	$0.09	每片	$0.09
1	颗	马拉西诺樱桃	$13.75	1/2 加仑	$0.09	每颗	$0.08
						总计	$1.04
						份数	1
						成本/份	$1.04

10.3.2　单一成分产品的成本

酒吧里出售的很多商品只有一种成分，但都是浓缩的，必须兑水才能制成可销售的产品。这类饮料包括碳酸饮料、一些混合饮料和咖啡。其费用计算如下：

碳酸饮料

在碳酸饮料的成本计算中，要考虑两种类型：预混料和后混料。预混料是指糖浆和碳酸水在工厂混合，然后装入 5 加仑的纸盒中。后混料是指糖浆和碳酸水在现场混合。糖浆装在 5 加仑的纸盒中，水经过碳酸化器产生气泡，然后在服务点的混合机中进行混合。

两者之间有一些主要的区别。后混料的价格比预混料低，因此每杯饮料的成本较低，毛利较高。但是，安装后混料系统需要水管、电力、排水管，需要较大的设备投资。所以一些公司会选择预混料，虽然利润率较低，但需要的投资却较少。另外，预混料和后混料的成本计算方式也不同。预混料相对来说比较简单，因为商品是现购现用的。

在计算冷饮成本时，如果酒吧有制冰机，冰的成本可以不计算在内。然而，冰块会占去一部分的杯中空间，冰块的体积就要体现在公式中。例如，如果一杯 12 盎司的可乐加入 6 盎司的冰块，那么可乐的净用量就是 6 盎司。注：在极少的情况下，一个公司从供应商那里购买冰块，冰块的成本会很高，足以作为任何使用冰块的饮料的原料成本。

预混料碳酸饮料的成本计算，参考表 10-7 并使用以下步骤：

第 1 步：将 128（1 加仑折合的盎司数）乘以 5（预混料盒中的加仑数）得到 640 盎司（每盒 5 加仑折合的盎司数）。

第 2 步：用每盒的成本除以 640，得到每盎司的成本。

第 3 步：从每杯饮料的总盎司数中减去冰块占去的体积，得到饮料的净盎司数。

第 4 步：用每盎司的成本乘以饮料的净盎司数，得到净成本。

表 10 – 7　预混料成本示例

预混料碳酸饮料

每盒 5 加仑的成本：30 美元

每杯规格：16 盎司

冰块占去的容积：8 盎司

冰块成本：忽略不计

第 1 步：每加仑盎司数 × 每箱加仑数 = 每箱盎司数

　　　　128 盎司 × 5 加仑 = 640 盎司

第 2 步：每箱成本 ÷ 每箱盎司数 = 每盎司成本

　　　　30 美元 ÷ 640 盎司 = 0.064 美元

第 3 步：每杯规格盎司数 – 冰块体积盎司数 = 每杯中商品净盎司数

　　　　16 盎司 – 8 盎司 = 8 盎司

第 4 步：每盎司成本 × 每杯中商品净盎司数 = 每杯净成本

　　　　0.046 美元 × 8 盎司 = 0.368 美元

后混料碳酸饮料和其他加水基料的成本计算。要计算后混料的成本，请使用以下公式，并假设水和糖浆以 5∶1 的比例混合（即 5 份水兑 1 份糖浆）。如果使用不同的比例，则应相应改变公式。参考表 10 – 8。

第 1 步：每加仑糖浆需要 5 加仑水，因此每盒 5 加仑的糖浆，将需要 5 加仑乘以 5 的水量，即 25 加仑。

第 2 步：将 5 加仑的糖浆加到 25 加仑的水中，得到 30 加仑的商品量。

第 3 步：将 30 加仑的商品乘以 128（每加仑的盎司数），得到商品的总盎司数，即每盒糖浆制成的饮料总量为 3840 盎司。注：如果比例没有改变，那么盎司的数量就不会改变，你可以开始计算步骤 4 的公式。

第 4 步：将每盒糖浆的成本除以 3840，得到每盎司产品的成本。

第 5 步：用每杯饮料的标准规格减去冰块的体积，即为所供应饮料的实际分量。

第 6 步：将供应饮料的实际分量乘以每单位（在本例中是单位是盎司）的成本，得到的是每杯饮料的净成本。

要计算其他需要加水的饮料的成本，如冷冻浓缩果汁或浓缩粉末，只需按照后混料碳酸饮料的公式计算。在步骤 1 中要注意，因为这些商品兑水的比例都是不同的。

表 10 - 8　后混料成本示例

后混料碳酸饮料

糖浆和水比例：1 加仑：5 加仑

每盒 5 加仑糖浆的费用：25.00 美元

每份规格：16 盎司

冰块体积：8 盎司

冰块成本：忽略不计

水成本：忽略不计

第 1 步：糖浆的加仑数 × 糖浆兑水比例 = 总水量加仑数

　　　　5 加仑 × 5 = 25 加仑

第 2 步：总水量加仑数 + 糖浆加仑数 = 商品总量加仑数

　　　　25 加仑 + 5 加仑 = 30 加仑

第 3 步：商品总量加仑数 × 每加仑盎司数 = 商品总量盎司数

　　　　30 加仑 × 128 盎司 = 3840 盎司

第 4 步：糖浆的成本 ÷ 商品的盎司数 = 每盎司商品成本

　　　　25.00 美元 ÷ 3840 盎司 = 0.007 美元

第 5 步：每杯规格盎司数 - 每杯中冰的体积盎司数 = 每杯中净商品盎司数

　　　　16 盎司 - 8 盎司 = 8 盎司

第 6 步：商品每盎司成本 × 每杯中净商品盎司数 = 每杯中商品净成本

　　　　0.007 美元 × 8 盎司 = 0.056 美元

咖啡

在许多酒吧里，咖啡的销售量很大，足以保证获得每杯咖啡的准确成本。以下是计算咖啡成本的步骤：

第 1 步：将水的加仑数（通常每磅咖啡粉需 3 加仑水）乘以 128（每加仑的盎司数），得到 384 盎司的咖啡总量。

第 2 步：咖啡的总盎司数乘以由咖啡渣所吸收掉的水的比例，一般是 10%。

第 3 步：从总盎司中减去损失，得到每杯咖啡的净商品量。

第 4 步：将净商品量除以每杯的盎司数，得到每磅咖啡粉可冲泡的杯数（注意：如果冲泡比例和杯子大小不改变，那么这个数字保持不变，可以从步骤 5 开始计算）。

第 5 步：将每磅的成本除以每磅的杯数，得出每杯咖啡的成本。

第 6 步：假设有 50% 的客人添加奶油和糖，那么每杯咖啡的奶油和糖总成本除以 2。

第 7 步：将奶油和糖的成本加到每杯咖啡的成本上，结果是每杯咖啡的净成本。

第 8 步：将每杯的净成本乘以客人的平均续杯次数，再加上第一杯。如果你按杯收费，而不是免费续杯，那么忽略这一步。

注：冲泡咖啡的浓度没有统一的标准，所以冲泡比例（第一步）可能会改变。要采用你所在地区的冲泡比例来进行计算。

表 10 - 9　咖啡成本示例

咖啡
咖啡粉和水的冲泡比例：1 磅∶3 加仑
咖啡粉费用：每磅 4.00 美元
奶油费用：每夸脱 1.80 美元（每杯提供 1 盎司）
糖费用：每磅 0.35 美元（每杯提供 0.5 盎司）
有 50% 的客人添加奶油和糖
每杯规格：6 盎司
续杯：1 次
第 1 步：每加仑盎司数 × 兑水比例 = 总盎司数
128 加仑 ×3 = 384 盎司
第 2 步：总盎司数 × 损耗率 = 总损失盎司数
384 盎司 ×10% = 38.4 盎司
第 3 步：总盎司数 − 总损失盎司数 = 净商品盎司数
384 盎司 −38.4 盎司 = 345.6 盎司
第 4 步：净商品盎司数 ÷ 每杯规格盎司数 = 每磅可冲泡杯数
345.6 盎司 ÷6 盎司 = 57.6 杯
第 5 步：每磅成本 ÷ 每磅可冲泡杯数 = 每杯咖啡的咖啡粉成本
4.00 美元 ÷57.6 杯 = 0.069 美元
第 6 步：每夸脱奶油成本 ÷ 每夸脱盎司数 × 每杯咖啡提供的盎司数 = 每份咖啡奶油成本
1.80 美元 ÷32 盎司 ×1 盎司 = 0.056 美元
每磅糖成本 ÷ 每磅盎司数 × 每杯咖啡提供盎司数 = 每份咖啡糖成本
0.35 美元 ÷16 盎司 ×0.5 盎司 = 0.011 美元
每杯咖啡奶油成本 + 每杯咖啡糖成本 = 每杯咖啡的奶油和糖成本
0.056 美元 +0.011 美元 = 0.067 美元
每杯咖啡的奶油和糖成本 × 使用奶油和糖的客人比例 = 每个客人的奶油和糖成本
0.067 美元 ×50% = 0.034 美元
第 7 步：每杯咖啡的咖啡粉成本 + 每杯咖啡的奶油和糖成本 = 每杯咖啡的总成本
0.069 美元 +0.034 美元 = 0.103 美元
第 8 步：每杯咖啡的总成本 × 每个客人的杯数 = 净成本
0.103 美元 ×2 杯 = 0.206 美元

即饮产品

（一）生啤酒

一桶啤酒有 15.5 加仑，相当于 1984 盎司。如果一个酒吧使用 14 盎司的啤酒杯，理论上一桶啤酒可以抽取 141 杯。在实际上并不是这样。对生啤酒来说，浪费是常见的，行业平均损失约为 20%，包括过量倾倒、泡沫过多和赠饮等。虽然这个数字可以通过拥有清洁的生产线、适宜的压力以及严格的控制系统来大幅减少，但仍然会有一些损失。事实上，从酒桶到分配器的管路距离会增加浪费量，管路越长，浪费量越大，因为清洗和抽取的成本随着距离的增加而增加。用行业平均水平来计算成本，公式是这样的：

每桶盎司数 ×（1 − 损耗率）＝每桶净商品量
1984 盎司 ×（1 − 20%）＝1587 盎司

每桶净商品量 ÷ 每杯规格 ＝每桶杯数
1587 盎司 ÷ 14 盎司 ＝113 杯

每桶成本 ÷ 每桶杯数 ＝每杯成本
100 美元 ÷ 113 杯 ＝0.88 美元

（二）葡萄酒

直饮的酒水，如葡萄酒或瓶装啤酒，相对容易计算（我们把最简单的留到最后）。如果你从一个较大的容器中倒出饮料，例如葡萄酒，只需将每个容器的成本除以供应的每杯商品的数量，然后将得出的数字（每盎司成本）乘以供应的杯数。

以 750 毫升瓶的红葡萄酒为例（750 毫升约等于 25.4 盎司）：
每瓶成本 ÷ 每瓶盎司数 × 每杯盎司数 ＝每杯成本
10 美元 ÷ 25.4 盎司 × 5 盎司 ＝1.95 美元

（三）瓶装啤酒

每箱成本 ÷ 每箱瓶数 ＝每瓶成本
16 美元 ÷ 24 瓶 ＝0.67 美元

10.4　酒水销售定价

在了解了利润的来源，费用与销售的相互关系，以及售价是以待售商品的成本为前提的事实后，我们可以探讨确定售价的各种方法了。有许多公式可以帮助酒吧经理确定一个商品应该收取多少费用。有些是简单的，有些是复杂的，有些是完全没有意义的。然而，有一些公式已经通过了时间的考验，并在行业中经常使用。其中两种方法是系数法（factor method）和成本加价法（markup on cost method）。我们将用这些方法来说明如何确定鸡尾酒和啤酒的售价。瓶装酒有其单独的定价系统，我们也会讲到。请记住，你可能会看到同行使用的其他方法，但是，它们得出的售价应该是大致相同的，因为决定经营是否盈利的是最终的售价。

10.4.1　*系数法*

也许最简单的公式是系数法（factor method）。在这种方法中，需要确定饮料成本应该是多少。请记住，当我们把酒吧里正在销售的商品分门别类时，这些饮料成本百分比是不同的。以表 10－1 为例，假设瓶装啤酒的目标饮料成本是 28%。当使用系数法对瓶装啤酒进行定价时，28% 就是要使用的百分比。

为了得到销售价格，把 100% 除以所需的饮料成本百分比，结果就是系数。接着，将系数乘以商品的成本。系数确定后，每次需要制定售价时就不必重复第 1 步。只需将商品成本乘以系数，即可确定该物品的售价标准。如果所有的控制都是有效的，成本保持不变，那么所需的饮料成本百分比就会很准确。如果该项目成本增加或减少，则将新成本乘以系数，以确定反映成本变化的新售价。

第 1 步：确定所需的饮料成本百分比。

第 2 步：用 100% 除以所需饮料成本百分比，得出系数。

第 3 步：将系数乘以商品的成本，就可以得出适宜的售价。

例如，一瓶成本为 0.90 美元的啤酒，其售价如下：

$$所需成本百分比 = 28\%$$
$$100\% \div 28\% \approx 3.6 （系数）$$
$$0.90 美元 \times 3.6 = 3.24 美元$$

让我们再举一个例子，椰林飘香鸡尾酒，使用表 10－6 中的成本，在商品组合中占 17% 的价值，则计算过程将是：

$$所需的成本百分比 = 17\%$$

$$100\% \div 17\% \approx 5.8 \ （系数）$$
$$1.04 \ 美元 \times 5.8 = 6.03 \ 美元$$

10.4.2 成本加价法

另一个本质上非常相似的简单方法是成本加价法（markup on cost）。将该项目的饮料成本除以所需的饮料成本百分比，结果就是该商品的售价。而在系数法中，管理人员必须知道所期望的饮料成本足以获得令人满意的毛利，以覆盖所有其他费用，并实现净利润。

第1步：确定所需饮料的成本百分比。

第2步：将该项目的成本除以所需饮料的成本百分比。

第3步：结果就是该商品的销售价格。

以一瓶瓶装啤酒的例子，它的成本为0.90美元，公式如下：

$$0.90 \ 美元 \div 28\% = 3.21 \ 美元$$

椰林飘香的费用如下：

$$1.04 \ 美元 \div 17\% = 6.12 \ 美元$$

10.4.3 葡萄酒的销售价格

确定瓶装葡萄酒的销售价格，目前业界广泛使用的方法有两种。一种是系数法，较低价格的瓶装酒的系数是4（饮料成本25%），中等价位的瓶装酒的系数是2.5（饮料成本40%），高价的瓶装酒为2（饮料成本50%）。

第二种方法是把一瓶酒的价格提高一倍，并在这个数字上加上一个常数。这种方法通常用在铺着白色桌布、有侍酒师的餐厅里。这个常数是建立在额外劳动力（侍酒师）的成本和葡萄酒大量备货的开销等因素上的。因此，一瓶成本20美元、常数为7美元的葡萄酒在这样的场所的售价将是47美元。

$$成本 \times 2 + 常数 = 销售价格$$
$$20 \ 美元 \times 2 + 7 \ 美元 = 47 \ 美元$$

10.4.4 酒水定价的因素

现在，我们已经确定了销售价格。既然我们已经计算出了要在损益表上达到预期的饮料成本，销售价格应该是多少。现在是确定最终销售价格的时候了。这里需要考虑几件事：商品组合、捆绑销售、价格—价值关系、心理定价、企业、市场和竞争。

（一）商品组合

回想一下，前面已经讨论过这个问题。酒吧的库存被划分为 4 类——蒸馏酒、啤酒、葡萄酒和非酒精饮料——并为每种类别分配了一个百分比，以使汇总得到我们想要的酒水成本百分比。记住，以上只是一个例子，每个酒吧必须自己决定其酒水成本百分比应该是什么，以满足所有的成本和实现利润。因此，重要的是，当销售价格确定时，它不能偏离类别百分比太远。例如，混合饮料应该非常接近蒸馏酒的标准配方饮料成本（在给出的例子中为 17%）。

（二）捆绑销售（bundling）

指将各种饮料的销售价格组合在一起。例如，所有用好酒酿造的饮料都有相同的售价，尽管每种酒的成本不同（比如苏格兰威士忌的价格与伏特加不同）。所有用蒸馏酒酿造的饮料都有相同的售价，尽管比优质饮料的售价要高。所有国产的 12 盎司瓶装啤酒的售价都是一样的，等等。计算捆绑价格有三种不同的方法：最坏情况、平均和加权平均。

最坏的情况是选择最高的费用项，并据此计算该组中的所有饮料。例如，如果苏格兰威士忌是优质酒中价格最高的一项，那么所有的饮料都将根据苏格兰威士忌的价格进行制定。价格最高的国产瓶装啤酒将用于所有国产瓶装啤酒。

平均成本是指组合中所有种类的成本的平均值。因此，苏格兰威士忌、波本威士忌、伏特加和杜松子酒的价格是平均得出的，这个平均值被用来计算所有优质饮料的价格。

加权平均是指根据每一项商品的销售情况来计算整体的成本。例如，如果在优质酒中使用伏特加比杜松子酒更多，那么在计算优质酒的成本时，伏特加的成本权重会更高。这种方法虽然最精确，但也最耗费时间。然而，随着 POS 系统的出现，它变得更加普遍，因为系统能帮你加权平均。

（三）价格 - 价值关系（price-value relationship）

在客人购买任何东西之前，他必须承认它是一种价值。在客人的眼里，一杯鸡尾酒或一杯啤酒必须有与之相关的价值，要和标价一样高，甚至更高。在酒水业这有时被称为价格点（price point），超过这个价格点，客人将不再购买该产品。换句话说，这是阻力所在。请记住，客人不是在所有场合都愿意支付一样的价格。考虑到客人会在机场为啤酒支付高价，因为他们想要这种啤酒，而没有其他地方可以买到。然而，他们不会在街区酒吧按这个价格支付，因为他们可以到其他地方以更优惠的价格消费。

另一个客人经常抱怨的例子是一瓶葡萄酒的售价。大多数葡萄酒鉴赏家都很清楚自己喜欢的葡萄酒在零售店的价格。虽然他们愿意在高级餐厅花更多的钱，那里的侍酒师会为葡萄酒醒酒并端上来给他们，但他们也只会付这么多钱，因为他们知道这瓶酒并不值他们付出更多。

　　酒吧经理在决定销售价格时，必须时刻意识到客人的价格点是什么，以及他们认为什么是价格—价值关系。请记住，顾客可以很容易地买到一箱六瓶装的啤酒，然后带回家品尝，花的钱比在你的酒吧里购买要少。然而，他们不会拥有那种氛围。记住，人们只有在感知到某物的价值时才会购买。

（四）心理定价（psychological pricing）

　　心理定价理论考虑了顾客对某些定价结构的反应。心理定价在零售业有着悠久的历史；然而，直到最近它才被纳入酒水行业的定价结构。心理定价背后的一个主要理论是"零头价格"。这种定价方法减少了客人的购买阻力，因为它给人一种打折的错觉。一件商品的价格不是1.5美元，而是1.49美元，这样客人就会认为这是一种更实惠的价值关系。原因在于，人们觉得酒吧收取的是所需的准确金额，而不是四舍五入到最接近的整数金额。当使用零头价格定价时，最好的结尾数字是9。

　　另一个因素是零头最末的数字和两个价格之间的差距的重要性。例如，客人认为69和71之间的距离比67和69之间的差距大，即使实际上相同。

　　价格的长度或价格中的位数是心理定价的另一个因素。就像最末零头的数字理论一样，客人在这里也能感知到距离。换句话说，9.99美元和10.25美元之间的差距比9.55美元和9.99美元之间的距离更大，尽管第一组数字之间有0.26美元的差距，第二组数字之间有0.44美元的差距。在竞争激烈的情况下，这种策略尤为重要。2美元优惠的促销活动，可以定价为1.99美元，影响更大；在"快乐时光"中，3美元的饮料可以定价为2.99美元。

　　心理定价不是每个人都能接受的。当然，当一个酒吧的客人非常注重价格时，它是非常重要的。如果一个酒吧或酒廊即使不运用它也生意兴隆，或者业务里包括娱乐的话，就没有必要运用它。在最极端的情况下，铺着白桌布的 高级餐厅会走到另一个极端，将酒水和酒单的价格以偶数整数计算，以营造出高档昂贵的用餐氛围。

（五）商业、市场和竞争

　　菜单定价的最后考虑因素是酒吧本身和它所针对的市场。定价必须与目标消费者统计数据保持一致，并在目标消费者的能力范围内。为菜单定价，使顾客能够感受到所购买产品的价格的价值，在适用的情况下使用心理定价都是重要的考虑要素。最重要的是，销售价格应该给经营带来盈利空间。

本章小结

　　在酒店行业，老板们经常会走到街上，看看竞争对手的酒水价格是多少，然后回到自己的酒吧，以同样的价格出售。这将是一个灾难性的操作。没有两个酒吧是相同的。它们的固定成本不同，营销策略、产品组合、投资都不同，总之，除了都售卖酒水，它们并没有什么必定相同的地方。虽然知道你的竞争对手是什么以及你需要有竞争力是很重要的，但一味复制对手的销售价格是愚蠢的。

　　精明的酒吧经理会分析他们的损益表，看看他们的投资是否产生了足够的利润作为回报。他们将以酒水销售成本为支点，克服消耗，实现盈利。他们将建立一个产品组合，这样他们就能知道他们菜单上每种饮品的毛利是多少。他们将根据这些数据制定销售价格。那时，也只有那时，他们才会成功。

习题

判断题

1. 不可控成本可以归类为固定成本。

2. 根据最低工资法和某些情况下的工会合同，劳动力成本被归类为不可控成本。

3. 为了获得利润，销售必须超过成本。

4. 销售额是销售数量乘以单位销售价格。

5. 毛利是销售额减去酒水成本。

6. 酒水的售价是基于酒的成本加上酒中所有其他成分。

7. 价格－价值关系指的是酒水的成本和可以收取的销售价格。

8. 机场酒吧经常采用心理定价。

实践应用

你受雇于一家高档酒吧的连锁店，被选为一个管理培训生班的导师。请阐述你将如何解释下列各项内容：

1. 成本的分类以及它们对酒吧盈利能力的影响。

2. "毛利"一词的含义。

3. "商品组合"这个术语，在不同酒吧的变化，以及它在计算不同种类产品的销售价格中的重要性。

4. 在制定酒水的销售价格时，价格－价值关系是如何成为一个重要的考虑因素。

5. 如何在竞争激烈的情况下有效地使用心理定价。

第 11 章 管理控制

学习目标/Learning Objectives

1. 学会撰写酒精饮料和非酒精饮料的产品规格书。
2. 为库存中的每种酒水饮料制定标准库存。
3. 阐述使用采购单的重要性。
4. 描述控制状态及其对于酒水饮料采购的影响。
5. 采用适当的程序接收货物。
6. 阐述库房发放酒水饮料的两种方式。
7. 建立一套控制措施，确保所有酒水销售的收款。
8. 制定计划，确保收到的现金存入银行。

关键词汇

商品规格（Product Specification）　　换瓶（Bottle Exchange）

标准库存（Par Stock）　　申领单（Requisition）

仓卡（Bin Card）　　实物盘存（Physical Inventory）

永续盘存（Perpetual Inventory）　　信用卡（Credit Card）

采购单（Purchase Order）　　借记卡（Debit Card）

本章概述

如第 10 章所述，销售在盈利中起着不可或缺的作用。控制成本对利润同样重要。为了让酒吧盈利，销售必须超过成本。需要控制的最重要的成本之一是酒水的销售成本。请记住，酒精饮料大部分是非常昂贵的，当它们被放在储藏室里时，它们代表的是你投入的现金。直到存货售出，你的投资才会得到回报。因此，库存在货架上停留的时间越短越好。它越快地通过购买、收货、存储、供给和销售的循环，你就越快地收到投资回报。

酒精饮料很容易被偷。因此，从购买到出售的整个过程都必须实行严格的控制。在这一章中，我们将研究酒精饮料进行采购、收获、储存、供给、销售和兑现的控制。这是一个重要的章节，因为它将讲解实现利润的必要步骤。跳过其中任何一个环节，你都可能会失去你的工作或酒吧。

采购方面的控制主要依靠产品规格书。它会给出你想购买的东西的细节。规格说明书的副本应交给承办商、收货员、酒吧经理和会计。除了购买正确的产品，数量也要正确。

另一项控制是采购单。它是一份书面文件，显示已订购的物品和该物品的报价。采购订单是很重要的，因为它们留下了订购、接收、储存和批准付款的文件线索。使采购更简单的一个因素是，许多州控制着酒精饮料的批发分销。这些州被称为控制州，并因此控制了商品的价格。

产品购买后，要进行送货和收货。收货员应检查订单是否准确，并尽快入库，避免被盗。储存区应安全、有序、清洁、控温。货物应存放在库房内，直到吧台需要为止。吧台的库存应保持在最低限度，有足够的商品满足当天的业务即可。为了保持严格的控制，离开储藏室的存货应以换瓶或申领的方式发出。

控制销售是一个重要的环节。吧台生产的一切商品都必须支付。因此，为了确保现金、信用卡或借记卡反映销售情况，必须有一套控制措施。在收取这些款项后，必须保证它们存入银行。

为了计算出酒水的销售成本，必须进行准确的盘点。一旦知道了酒水成本，就可以根据公司标准来衡量。这样很快就能告诉管理层他们的控制措施是否有效。

11.1　酒水采购

酒水采购是一个相对简单的过程，比采购杂货、肉类和其他商品的餐厅要简单得多。原因在于，酒水采购主要是以品牌为单位，不像食品。比如在采购农产品时，需要将种植区、产品的大小、品种、成熟程度等属性写进说明书。但如果你订购的是百威啤酒，你会简单地注明品牌，而不会去详细说明水源、酒花类型、陈酿时间等酿造过程中的因素。

11.1.1　商品规格

在购买任何东西之前，应该为每件要购买的商品确定一个商品规格（product specifica-tion）。规格一定要以书面形式写出来，并将副本交给销售商，让他们知道你到底想要什么。对于某些商品，规格必须非常详细，而对于另一些商品，一个品牌名称就足够了。

酒精饮料的规格是使用品牌名称进行规范的一个典型例子。例如，银子弹（Coors Light）与美乐啤酒（Miller Lite）不同。在使用的成分和这些成分的量上也有细微的差别。酿造工艺不同，水也不同。其结果是，这两种啤酒的味道不同。谨慎的经营者不会写一份冗长的说明书，概述原料、酿造工艺等，而是简单地说明品牌名称

除品牌名称外，规格应包括产品名称、预期用途、等级（在本例中为品牌名称）、产品尺寸、容器类型、容器的包装方式、产品特性（如有）、可接受的替代品以及对投标人的一般说明（可接受的交货时间、何时付款等）。例如：

产品名称：淡啤酒

预期用途：瓶装啤酒销售

等级：银子弹啤酒

产品规格：12 盎司

容器类型：瓶装

容器包装：每箱 24 瓶

产品特点：冷冻送达

可接受的替代品：无

一般说明：货单净额 30 美元，下午 2:00 后在我们的码头收货。

国产啤酒按美国盎司销售，而进口啤酒、拉格啤酒和艾尔啤酒通常以公制销售。葡萄酒和蒸馏酒都以公制销售。酒吧和鸡尾酒廊中比较常见的一些容器及其尺寸如下：

啤酒　在美国，啤酒、拉格啤酒和艾尔啤酒的规格都很普通。但请注意，总有例外，尤其是进口啤酒。在酒吧里供应的国产啤酒通常采用 12 盎司的容器，可以是瓶装，也可以是罐装。瓶装是最受欢迎的；然而不讲究饮用氛围的地方，也会使用罐装。加拿大的规格与美国的罐装相同，但瓶子是 12 英制盎司，相当于 11.5 美制盎司。从欧洲进口的一般是 330 毫升或 11.2 美国盎司。同样，进口啤酒也有许多例外的规格。对于生啤酒来说，酒吧使用的最受欢迎的酒桶尺寸是半桶（15.5 加仑）和 1/4 桶（7.75 加仑）。

葡萄酒　在美国销售的葡萄酒的公制计量始于 1979 年。葡萄酒瓶的标准尺寸是 750 毫升或 25.4 盎司，十分接近于所谓的"五分一"，这曾经是购买蒸馏酒时常见的尺寸。这种尺寸的瓶装葡萄酒在餐厅和酒吧最受欢迎。其他可供选择的尺寸包括 50 毫升、10 毫升、187 毫

升——通常被称为分装，375 毫升（半瓶）和 500 毫升。更大尺寸的"壶装"或"自酿"葡萄酒包括 1 升、1.5 升（称为大瓶）和 3 升容器。分装、半瓶和大瓶是提到香槟酒时常用的命名方式。

蒸馏酒　最常见的规格是 750 毫升，接近过去所说的"五分一"，还有 1 升，稍大一点，接近 1 夸脱。

11.1.2　采购什么

虽然酒精饮料的构成在其他章节中有所涉及，但这里的重点是为特定的酒吧购买其中的某些品类。影响这些决定的因素有很多，首先是当地和州的法律，它决定了你是否可以销售啤酒、葡萄酒或蒸馏酒，或者三者都可以。其他因素则包括商品的可获取性，你的销售区域的人口结构，酒吧风格和客户的类型。

另一个需要考虑的因素是，尽管有当地法律规定，但酒吧必须是应有尽有的。也就是说，当客人点一款酒水时，他们是默认酒吧有的。酒的品牌是考虑因素，但什么类型的酒不是考虑因素。"人无我有"和库存紧缺的矛盾是经常发生的。精明的经营者会仔细跟踪销售情况，以确定哪些酒水是畅销的，哪些已经不受顾客青睐。

啤酒采购　在从前，储存啤酒是很简单的。带上半打瓶装品牌和一两瓶生啤酒，你就可以做生意了。后来，随着地方啤酒、微型啤酒厂和家酿啤酒的出现，更不用说对进口啤酒和拉格啤酒兴趣的增加，购买啤酒变得复杂起来。啤酒单，以及随之而来的库存应该有多广泛，取决于酒吧的类型和顾客的需求。一个蓝领地区的小型街区酒吧可能只需要上述六种左右的瓶装啤酒和一两款生啤就可以了，而一个面向二十多岁富裕人群的高档酒吧则需要一个种类多样的啤酒单，包括瓶装啤酒和生啤。这是另一个考虑因素。酒吧应该供应瓶装啤酒还是生啤酒抑或两者都有？毫无疑问，瓶装啤酒更容易储存和控制，但有些顾客就是喜欢生啤酒的风味。此外，如果处理得当，生啤酒可以产生更高的利润，这是一个很大的变数。你也许见过酒保从校准不当的水龙头中拉出生啤酒，并不断地将啤酒倒入下水道，试图获得一个完美的龙头。供应什么，生啤酒和/或瓶装啤酒，最终将由顾客决定。

葡萄酒采购　一份优秀的酒单上最基本的是品种和价格。可以供应的葡萄酒种类有红葡萄酒、白葡萄酒、桃红葡萄酒、起泡葡萄酒和餐后甜酒。所有这些类别的酒都可以供应给顾客，也可以只供应几款。起泡葡萄酒和餐后甜酒通常在酒吧酒单中被省略，但在餐厅的酒单上却有供应。应该供应的种类及其数量取决于客户、酒单和你试图打造的风格。一般餐厅的经验法则是白葡萄酒占 35%，红葡萄酒占 65%。

蒸馏酒采购　蒸馏酒可按四类采购：井槽酒（well），有时指自家品牌酒（house）；指定酒（call）、优质酒（premium）和高级优质酒（super premium）。井槽酒是蒸馏酒中最便宜的一种，通常用于混合饮料，或者当客人没有偏好或不想花很多钱时。井槽酒通常用于促销活动，如"快乐时光"，饮料打折等。指定酒比井槽酒贵，用于顾客要求特定品牌时。指定酒的售价通常比井槽酒高。优质酒比指定酒品质更好，价格也相应更高，高级优质酒实际上是非常昂贵的指定酒。进货品种的选择取决于你的目标受众。

11.1.3　采购数量

由于酒水成本高，被盗可能性大，所以必须严格控制库存。库存量越大，被盗的可能性越大。过多的库存也会导致现金流减少。每个企业都希望自己的资产是现金而不是库存。

用于控制库存的方法称为标准库存（par stock）。库存中的每一件商品都有一个安全系数。这个使用系数基于两点：从收到产品到再次采购时，该商品的正常消耗量，加上安全系数。请记住，随着商品的推广或大众口味的变化，应该对标准库存进行调整。

按库存中的每件物品在库房中贴出标准库存。这就是所谓的仓卡（bin card）。它列出了商品的名称、容器的大小和标准库存。当需要订货时，管理层会检查仓库，查看仓卡，计算现有的库存量，并从标准库存量中减去现有库存量。得出该商品的采购金额。

举个例子，我们假设酒类每周都有订单。灰雁伏特加的正常用量是每周10瓶。管理层已经确定安全系数为2瓶。因此，灰雁伏特加的标准库存是12瓶。当到了下酒单的时候，管理层就会去库房查看，并在订单表上记录下每件商品的订单。到了灰雁伏特加货架上，他们会注意到现时还有3瓶。就是说需要采购9瓶。表11-1给出了一个仓卡的例子。

表11-1　仓卡表示例

商品：灰雁伏特加
规格：750毫升
标准库存：12瓶

仓卡不能与仓号混淆。仓号指的是葡萄酒库存控制号。在业务量大的酒水服务企业中，每种酒都有一个酒仓号。当顾客指定一款酒时，侍酒师、酒管家或服务员就会查看主酒单，获得酒仓号，然后到相应的酒仓取酒。这个系统大大加快了葡萄酒服务的速度，因为服务员不必在酒架上翻来覆去地寻找某一瓶酒。巧合的是，每个酒仓号都有一张酒仓卡，上面标明了该酒的名称、容量大小及其标准库存。

在大型企业中，仓库由仓库管理员管理，有时使用永续盘存法来补货。永续盘存（perpetual inventory）记录在纸上。它列出了期初仓库中每个商品的库存数量以及该商品的标准库存。当瓶装酒从库房送到吧台时，要从这个数量中减去，得出一个新的现存数量。当服务员下单时，订单数量就会从标准库存中减去。因此，管理员不需要走进储藏室和冷库，就可以知道架子上有什么，并从在办公桌上执行订单。请参阅表11-2以了解其工作原理。

表 11-2 永续盘存示例

品种：灰雁伏特加				
标准库存：12 瓶				
日期	现存	采购	发放	余量
年/月/日	12		3	9
	9		6	3
	3	9		12

采购时，应严格执行标准库存制度。不过，也有例外的情况。例如，当圣帕特里克节来临的时候，大多数酒吧都可以预计到进口啤酒、爱尔兰威士忌和绿色啤酒的销售量会大增。此时，应忽略标准库存，根据这些商品的销售预估进行采购。活动结束后，再恢复执行这些商品的标准库存。

11.1.4 采购单

多部门的大型饮料店或酒店等，在订货时使用采购单。采购单（purchase order）包含以下信息：

- 供应商的名称、地址和电话号码。
- 购买者的姓名、地址和电话号码。
- 订购的日期。
- 商品描述、订购金额、单价和扩展。
- 订单的总金额。
- 其他相关信息，如交货日期和时间，付款方式，及是否接受缺货替换。

表 11-3 是一个采购单的示例。

一旦填写了采购单，采购单的副本就会送到以下人员手中：

- 承办商
- 收货员
- 应付账款部门
- 采购订单的授权人

表 11 - 3 采购单示例

	采购单	
	#0000	
	所有发票和包裹上必须有邮政号码	

华莱士酒吧及烧烤吧

堪萨斯州

贝弗利中路 1234 号

寄送至

日期：

供应商：

发送单据至：	华莱士酒吧及烧烤吧 经办人：应付账款 堪萨斯州贝弗利中路 1234 号
同	

数量	单位	目录	说明	单价	总数

总数：

签名：

日期：

采购订单很重要，因为它们会留下订购、收货、入库和批准付款的书面记录。在不使用采购订单的小规模业务中，订单表就足够了。在任何情况下，对每一个已订购的商品都应该有一份书面文件，显示订购的数量和该商品的报价。由于一般酒吧有众多项目需要记录，订购的人很可能会忘记每件的订购金额或报价，因此而做出错误的操作，或者一个无良的供应商可能会利用这一点。不管是哪种情况，你都可能最终为一个项目支付太多而收到太少。任何一种情况都会影响到盈利。

11.2 酒水储藏与发放

11.2.1 收货流程

如前所述，酒精饮料很容易被盗。因此，必须尽快准确地接收酒类并将其放入安全的储藏室。当货物到达码头后，收货员要根据货单和采购单进行核对。注意，这两份文件中订购的商品、容量大小、数量、价格应一致。收到的产品应与货单和采购单上的内容一致。收货员还要检查是否有渗漏，这意味容器已经损坏。如果订单有差异或有损坏，应在货单上注明，并由收货员和司机签名。

当确认货物正确无误或已记录好全部差异后，单据应签名并交给司机。然后货物应立即放入储藏室或冷库并上锁。收货员在收到货物后应在采购单上签字，并将这些文件与单据一起送至会计办公室。

11.2.2　酒水储藏

酒类饮料主要有三个存储区域，一个蒸馏酒储藏室，一个葡萄酒储藏室，一个用于存放啤酒、艾尔啤酒和拉格啤酒的步入式冷库。如前所述，这些区域应该上锁，只有管理人员才能拿到钥匙。由于偷盗是饮料成本溢出的主要原因，所以这些房间必须保证安全。

储藏室要井井有条，物尽其用，物尽其位。蒸馏酒储藏室应该把同类产品放在一起。例如，应该有一个放置苏格兰威士忌的区域，同样也应该有放置爱尔兰威士忌、波本威士忌、国产威士忌、杜松子酒、伏特加和利口酒的区域。葡萄酒储藏区也是如此。每一类酒都应该有自己的区域。啤酒冷库也应该以同样的方式组织，啤酒桶和箱子应独立放置在架子上并远离地面，以方便清洁。储藏区应该一直保持清洁。

每件物品都应该有一张仓卡，显示名称、品牌、容量大小和标准库存。收到货物后，应将其存放在适当的地方。这样可以方便盘点和补充吧台用品。

储藏酒精饮料的另一个重要考虑因素是温度。烈酒和利口酒应存放在 65～70℉（18～21℃）的温度下。葡萄酒应存放在 56～58℉（13～14℃）的温度下。请注意，一个经验法则是，大多数红葡萄酒可以在储藏温度下饮用，而大多数白葡萄酒应在饮用前冷藏。啤酒储藏的温度不应超过 70℉（21℃），因为高温会使啤酒的风味迅速消失。啤酒的最佳冷藏范围是 36～38℉（2～3℃）。需要注意的是，所有桶装啤酒和一些瓶装或罐装啤酒都没有经过巴氏杀菌，这些产品需要冷藏。

11.2.3　酒水发放

由于酒精饮料的储藏室是上锁的，所以酒吧所需的酒类都是发放的。发放方法有两种：一种是用于小型经营的换瓶，另一种是用于大型经营的申领。

换瓶（bottle exchange），就是用一个满瓶换一个空瓶。在当班期间，当酒保用完一瓶酒时，会把它放在一个纸盒里，然后从吧台架子上拿出一瓶用以替换。当班结束时，空瓶的纸盒会交给一名管理人员，由他去储藏室将空瓶换成满瓶。然后，酒保将满瓶酒重新摆放在吧台的架子上，而空瓶则由管理人员销毁，以避免被无良酒保二次使用。换瓶只用于蒸馏酒和自酿葡萄酒。瓶装或罐装啤酒和艾尔啤酒在吧台用箱装的方式替换，采用的是标准库存法。

另一种发放酒精饮料的方法是使用申领单（requisition）。申领单是要求从储藏室向酒吧发放商品的单据。申领单用于有多个单位的大型企业，通常由贮藏室管理员处理。申领单看起来很像采购单，因为在很多方面都有相同的功能。实际上，酒吧是从储藏室"购买"商品。表11-4是一个申领单的示例。

表11-4　申领单示例

位置：	申请者：			
日期：	批准者：			

序号	说明	数量	单价	总数
1				
2				
3				
4				
			总价	

申领单由当班酒保填写，经酒吧经理批准并签字。然后交给仓库管理员，由他填写订单发放商品并送到吧台。酒保在申请单上签字，表示已经收到商品，然后重新上架。这里发生的情况是，商品的责任已经从储藏室管理员转移到吧台。现在酒保的责任是确保产品的安全，正确分配，并确保顾客支付，以实现管理层预期的酒吧成本水平。仓管员发出商品后，再对请购单进行计价、延时，并送至会计室。

由于从储藏室发出商品是由储藏室管理员而非管理层完成的，因此必须有一套强有力的控制措施，以确保商品在储藏室时不丢失。核对储藏室库存和问题的公式如下：

$$期初库存 + 进货额 - 期末库存 = 发放额$$

再细致分解这一公式：

期初库存（等于上一时期的期末库存）

+进货额（所有入库货单的总和）

-期末库存（本期结束后盘点的结果）

=发放额（申领单上的总数应和这个数字一致）

假设上期期末库存为12000美元，货单总额为18000美元，期末库存为10000美元，公式是这样的：

$$期初库存 + 进货额 - 期末库存 = 发放额$$
$$12000 \text{ 美元} + 18000 \text{ 美元} - 10000 \text{ 美元} = 20000 \text{ 美元}$$

发给各酒吧的所有申领单总额应等于 20000 美元。如果不足，要么是记账不严谨，要么是发生了盗窃，这两种情况都很糟糕。在大多数业务中，库存核对是以周为单位进行的。

11.3　库存盘点

进行库存的实物盘存（physical inventory）是控制过程中的一个重要环节。盘点时，要对所有的产品进行清点、定价、扩展、总计。

11.3.1　商品清点

准确清点所有商品的数量是很重要的，因为不准确的数字会使管理层得到关于控制系统或销售饮料成本的不准确信息。在清点时，应包括所有酒吧库存、蒸馏酒储藏室、葡萄酒储藏室和啤酒冷库。除了所有酒精饮料外，还应该包括马拉西诺樱桃、青柠、柠檬、橄榄和混合饮料等原料。有些企业将餐巾纸、吸管、搅拌棒等非食品类物品列入饮料库存，而另一些则将其归为用品。

盘点一般由两个人进行：一个人清点，一个人记录。如果不是两个人，至少有一个人应该是管理层的成员。两人小组有两个好处。首先，两个人的过程更快，其次，它降低了填充库存以获得有利的但不准确的饮料成本的可能性。

清点时，从后吧的一端开始，清点完毕后再做前吧。清点酒吧是很困难的，因为大部分（如果不是全部的话）瓶子都是半满的，必须估计其余量。最好以十分之一为单位，这样便于对库存进行计价（如：一瓶的 3/10，一瓶的 8/10）。在清点储藏室和冷库时，从一个货架开始，清点整个货架，然后再到下一个货架。虽然这是一个耗时的过程，但对于得到正确的数字十分重要。

11.3.2　计价与扩展

盘点完毕后，应该进行计价。所有物品的金额都来自货单。偶尔，仓库中的单位会与货单上的单位不同。当发生这种情况时，就需要将货单单位转换为库存单位。例如，酒吧使用的一种酒，货单是按箱开具的，按瓶入库，就必须将箱价转换为瓶价。假设一箱有 12 瓶，一箱价格为 100 美元。每瓶的价格是：

$$100 \text{ 美元} \div 12 \text{ 瓶} = 8.33 \text{ 美元}$$

那么一瓶余量为 4/10 的酒在清点时，其价值就是：

$$8.33 \text{ 美元} \times 0.4 \text{ 瓶} = 3.33 \text{ 美元}$$

要扩展库存的成本，只需将单价乘以数量，就可以得到扩展的成本。例如，以上面所说的酒类为例，假设我们有 8 加 4/10 瓶，每瓶成本为 8.33 美元。扩展的结果是这样的：

$$8.33 \text{ 美元} \times 8.4 \text{ 瓶} = 69.97 \text{ 美元}$$

11.3.3 总计

然后对扩展列进行合计，以给出该页的总数。然后对所有页面进行汇总，以获得该期间的饮料库存总额。虽然盘点可以在任何时间进行，但通常是按月进行。参见表 11 – 5 中的一个库存盘点表示例。

表 11 –5　库存盘点表示例

华莱士酒吧及烧烤吧 堪萨斯州贝弗利中路 1234 号				
盘点报告				
日期：			盘点员：	
数量	说明	归类	单价	总计
总计				

可以看到，如果是手工操作，统计库存需要花费大量的时间。这是一个如此重要的数字，想要获得准确的酒水成本，就必须花时间去获得一个准确的数字。在规模较大的业务中，很多烦琐的工作都是通过电子方式完成的。

比较先进的系统有一个扫描器，通过扫描容器上的条形码。然后，盘点人员对商品进行清点，并在一个便携式键盘上输入数量。由于商品的成本在收到商品时就已输入系统，所以程序会将产品的成本乘以数量，再加以扩展，并持续地统计。这样当团队清点完后，期末库存数就生成了。虽然有一些不太复杂的程序，但它们并没有那么快。任何能够减少人工盘点所花费时间的系统都是一个加分项。

11.4　销售成本控制

我们已经看到，盘点是如何用于核对储藏室的发放的。除了这一程序外，盘点也是计算销售成本的一个组成部分，这里指的是酒水销售成本。有些人认为，酒水成本是指在一个时期内采购的酒水的成本。并非如此。虽然采购是酒水成本的一个关键组成部分，但它们不是等式的全部。我们不会以一个空酒吧或空储藏室开始营业，也不会以一个空酒吧或空储藏室结束营业。正如我们在前面所学到的，销售酒水的成本是这样的：

$$期初库存 + 采购量 - 期末库存 = 酒水销售成本$$

知道了酒水的销售成本后，再将其除以该期的销售额，就可以得到酒水的销售成本百分比：

$$酒水销售成本 \div 销售额 = 酒水销售成本百分比$$

这一点很重要，因为它给管理层提供了一个有意义的数字进行比较。例如，如果 8 月份销售饮料的成本是 10000 美元，9 月份是 11000 美元，那么管理层是否可以说 9 月份是一个糟糕的月份，因为饮料成本比 8 月份提高了 1000 美元？不能，因为销售额是未知数。如果 8 月份的销售额是 5 万美元，9 月份的销售额是 5.5 万美元，那么这两个月的酒水销售成本百分比都是 20%。

$$8 月：10000 美元 \div 50000 美元 = 20\%$$
$$9 月：11000 美元 \div 55000 美元 = 20\%$$

我们在第 11 章还了解到，酒水的销售成本要进行调整。现在公式是这样的：

$$期初库存 + 采购量 - 期末库存 + 转移到酒吧的 - 从酒吧转移走的 - 赠饮$$
$$= 酒水销售净成本$$

通过酒水成本百分比，管理部门可以将一个时期与其他时期进行比较，也可以将成本与标准进行比较。标准是指成本应该是什么，它是由管理层制定的，以确保经营实现盈利。

例如，如果确定一家酒吧必须达到25%的酒水成本才能盈利，管理层就会将标准酒水成本设定为25%。如果酒吧产生的酒水成本为27%，则说明它没有达到标准，需要采取纠正措施使其恢复到标准。大多数可以控制的成本——食品、人工、用品和饮料——都有标准。很多时候，经理的奖金是与经营是否达到标准成本所挂钩的。

11.5　生产制作与销售控制

11.5.1　酒水生产制作与控制

在第9章中详细介绍了调酒艺术和打理酒吧，这里只限于简单地提到调酒中使用的控制措施及其对控制成本的重要性。酒水生产制作中使用的控制主要有两种，分别是标准化配方和分量控制。

标准化配方　它是任何酒吧成本控制体系的重要组成部分。它们可以控制用于制作特定饮料的原料的数量和质量。仅仅在经营中制定标准化配方是不够的，每个人都必须遵循这些配方。任何偏离标准化配方的行为不仅可能会导致质量低劣，而且会导致该项目成本计算不准确，从而导致销售价格不正确。

分量控制　这类控制同样重要。众所周知，酒保可能会为了增加小费而超量配送。有许多设备用于打理酒吧，以控制分量，包括但不限于玻璃杯、子弹杯、量杯、控制倒酒器和自动分配系统。

这是管理层需要时刻保持警惕的地方。当酒保为坐在吧台的顾客超量倒酒时，他们给服务员的酒就会不足量，最后演变成事故。虽然这可能会增加他们的小费，但会导致一些客人的不满，客人得到的和他们支付的并不对等。这样会导致客人流失而损害销售。不管怎么样，不按照标准化的配方或不按标准的分量倒酒，都会造成利润流失。

11.5.2　销售控制

经过采购、收货、储存、发放，商品已到了吧台，控制还在继续。作为这个关口，销售控制是最重要的，因为这是最容易发生损失的地方。分装啤酒和葡萄酒或生产鸡尾酒的操作是相当复杂的，在第9章的调酒和生产中有所涉及。这里的重点是确保配出的产品能收到正确的款项。有四种方法在行业中使用，然而，只有三种方法应该用来确保正常运营：

客人票单　这种制度在较小的酒吧使用。采用序列号票单。服务员在当班开始时，会收到一套票单，其序列号由管理层记录。当客人点酒时，服务员将订单记录在票单上。票单交给酒保，酒保按订单制作，用笔在订单下面画一条线。这样就可以防止服务员在没有下单的情况下，重复使用订单接收第二轮酒水。另一种方法是酒保拿着票单，把酒水的金额输入收银机，并将金额打印在客人的票单上，然后和酒水一起还给服务员。请注意，收银机必须具有打印票单的功能。当客人用餐完毕后，他们会收到票单，并以现金、信用卡或借记卡支付。当班结束时，服务员用现金、信用卡或借记卡收据向管理层支付所有客人票单的总额。如果有票单丢失，大多数业务会向服务员收取丢失支票的罚款（注意：罚款不能使服务员的工资低于州或联邦最低工资）。

服务员支付　在这个系统中，服务员在当班开始时就会收到一个钱袋。服务员在取酒时向酒保支付酒水费用。当班结束时，钱袋会返还给管理层。虽然这个系统是一个很好的控制系统，但它有些烦琐，因为酒保必须对照每一个订单把款项记入现金进出记录机，在某些情况下还要给服务员找零。另外，它的使用仅限于那些现金量大的业务。在以信用卡或借记卡为首选支付方式的酒吧，使用它将导致交给服务员的银行金额非常大。

销售点系统（POS）　POS 系统是行业中应用最广泛的系统。虽然最初只用于大型业务，但它的成本已经下降，所以今天许多小型业务都在使用。它之所以是应用最广泛的系统，是因为它有一套非常强大的控制功能。服务员将客人的订单输入到系统中；订单在吧台打印出来；酒保按订单制作；服务员将其送到客人手中。这是快速和高效的，所有的订单都在系统中。POS 系统的一项延伸是自动酒吧配送系统。在商品被录入 POS 系统之前，它不会被分配。

口头下单　许多小酒吧都采用这种制度。服务员记下客人的点单，并告知酒保，酒保制作饮料后服务员送给客人。没有任何纸质凭据。服务员向客人收钱，然后把钱交给酒保，有时统一在下班时上交。这个系统并不安全，应在调酒师和老板是同一个人的情况下使用。

在选择销售控制系统时，请记住，没有一个系统是万能的。任何一个具有最低限度常识的人都可以找出一种方法来击败一个系统。我们的目的是设置尽可能多的威慑措施，以阻止盗窃。口头下单系统没有威慑力。酒保或服务员很容易偷窃。当使用客人票单、服务员支付或 POS 系统时，服务员和酒保之间必须有协作。这是一种强大的威慑力。在控制方面，POS 与自动配送系统的配合是最强的。

管理层应时刻保持警惕，经常到吧台后面去，以确保现金没有被遗漏，所有的酒瓶都在自己的位置上。这也是拜访顾客的上佳机会，让他们感到宾至如归。如果酒保和服务员知道你会经常进出，他们就不会那么容易偷窃。

损益表也应该进行审查，看酒水成本是否达到公司的标准。这是发现经营中是否有问题的最可靠的方法。如果酒水成本高于标准，从采购到服务的整个系统，都要检查是否有不妥。

11.6　收入控制

控制系统中最关键的功能之一是收入控制，无论是现金、支票，还是信用卡或借记卡或移动支付控制。虽然这些控制都很重要，但现金可能是其中最重要的，因为它最容易被盗。

11.6.1　现金控制

在开始讨论现金控制之前,管理层需要决定如何处理现金。酒水行业主要采用两种方法:一是每个服务员都有一个钱袋,负责处理自己的现金;二是服务员在取得饮料时向酒保支付费用,然后由调酒师负责处理所有现金。无论哪种情况,程序如下:

1. 当班开始时,负责人发放装有硬币和钞票的钱袋。

2. 当班结束时,通过从 POS 系统或收银机上获取总数,或通过总计客人的票单,对该员工(服务员或酒保)的销售额进行汇总。把这个数额加上在当班开始时收到的数额,就是应上交的金额。上交的金额可以由现金、支票(如果接受)、信用卡或借记卡一种或多种支付。

随着移动支付的普及,鼓励客人使用移动支付付款是一个很好的选择,这可以避免找零的麻烦,还可以自动生成记录和小计。现阶段,支付宝和微信对小微创业者都十分友好,提供零手续费和零账期的服务。

如使用收银机,需要在当班结束时,对收银机进行合计,合计只能由管理层进行。有些业务在当班结束时对收银机进行小计,这个小计减去前一期的小计,就得到该班次的销售额。

表 11 - 6 是现金核对表的一个例子,该表在当班结束时用于确定所有收入都已入账。

表 11 - 6　现金核对表示例

日期:＿＿＿＿＿＿＿＿＿	班次:＿＿＿＿＿＿＿＿＿＿	
经理:＿＿＿＿＿＿＿＿＿＿		
收银员:＿＿＿＿＿＿＿＿＿		
审核者:＿＿＿＿＿＿＿＿＿		
读数	$＿＿＿＿＿＿＿＿＿＿	
减去上期读数	$＿＿＿＿＿＿＿＿＿＿	
销售额	$＿＿＿＿＿＿＿＿＿＿	
减去核定的超额部分	$＿＿＿＿＿＿＿＿＿＿	
净销售额		$＿＿＿＿＿＿＿＿＿＿
现金	$＿＿＿＿＿＿＿＿＿＿	
支票	$＿＿＿＿＿＿＿＿＿＿	
信用卡	$＿＿＿＿＿＿＿＿＿＿	
其他	$＿＿＿＿＿＿＿＿＿＿	
总收入		$＿＿＿＿＿＿＿＿＿＿
减去授权支付的外购	$＿＿＿＿＿＿＿＿＿＿	
减去授权赠饮	$＿＿＿＿＿＿＿＿＿＿	
净收入		$＿＿＿＿＿＿＿＿＿＿
超出(缺少)		$＿＿＿＿＿＿＿＿＿＿

11.6.2　支票控制

首先，必须确定业务是否接受支票。随着大量"坏票"的流动，不接受支票可能是一个明智的决定。

但是，有时为了留住客人，有必要兑现支票。这一点对于街区酒吧来说尤其如此。如果接受支票，就应该有一个明确的政策来解析这一程序。许多酒吧因为兑现了一些支票而没有兑现其他的支票而惹上了法律麻烦，因为某个人看起来不值得信任。酒吧只接受购买金额的支票（包括小费）。支票应在当地银行开具。支票看起来应该是正常的，即有一个打孔的边缘，有编号，并有签支票的人或企业的名称地址和电话号码。兑现支票时，要让对方出示身份证照片，并确保票面上的金额是对的，支票上要有签名，收款人一行要写上酒吧的名称。

11.6.3　信用卡和借记卡控制

从酒吧老板/经理的角度来看，信用卡和借记卡的处理方式是一样的。主要的区别在于客人。使用信用卡（credit card），客人消费和实际给付之间有一段时间。他们也可以在这段时间之后才给付。如果他们在到还款日或之前全额支付费用，就不会有额外的财务费用。如果他们在这段时间后付清，则会在已收取的金额上加收财务费用。而借记卡（debit card）则和开支票差不多。当使用借记卡时，该金额会立即从账户中扣除。

处理信用卡和借记卡有两种方式。一种是人工办理，这种方式已经完全过时了。当向客人收费时，将卡号和金额打入处理中心，并进行审批。然后，吧台手动写上交易金额和批准号，并打印出来。客人在单据上签字，酒吧将单据与现金一起送至银行。

第二种也是最常见的处理信用卡和借记卡的方法是以电子方式传送。客人在收到消费小票后，将信用卡或借记卡交给服务员。服务员通过终端机进行操作。另一种处理方式是给客人一个手持设备，客人通过终端机运行卡片。由客人自己完成交易的优点如下：

- 无良服务员不能复制顾客的信用卡号和密码号，并使用这些号码进行网上购物。
- 服务员或酒保不能增加小费或改变小费的金额，比如把 6 美元的小费变成 16 美元。
- 员工不能在卡上制造第二笔假消费，在下班时从收银台或银行取出该金额的现金后，将收据与现金一起上交。

在这两种情况下，卡的磁条上都有卡号，卡号与收费金额一起被送到处理中心。消费金额将从客人的账户上被划走，酒吧的银行账户将被记入该金额。然后客人在收费单上签字。在一些收费极少的情况，例如 20 美元以下，则不需要签字。

在这两种情况下，消费小票与现金非常相似。如果与信用卡公司出现差异，它也是酒吧拥有的唯一证据，证明交易已经发生。

很多人对信用卡和借记卡有一种错误的安全感。在传输过程中，信用卡信息可能会被黑客入侵，客户的个人信息会被泄露，然后将这些信息卖给第三方。

本章小结

在本章中，我们了解到酒水商业管理中管理控制非常重要，从酒水采购到收货、储藏、发放、生产、制作、销售，最后到收入的整个过程都要进行控制。酒水采购环节的控制涉及商品规格和采购单，收货时，应与货单和采购单核对，并将货物收进上锁的储藏室。货物应由管理人员从安全的储藏室中发出。应采用标准化配方和分量控制装置，严格控制酒水饮料的生产制作。还应应密切监控销售和现金。

习题

讨论题

1. 阐述规格书和采购单的区别，以及它们在酒水饮料的控制中分别扮演什么样的角色？

2. 请给出下列每一种酒水生产和销售的计量单位：国产葡萄酒、波本威士忌、进口葡萄酒、国产啤酒、杜松子酒、伏特加、进口艾尔啤酒。

3. 假设喜力啤酒的标准库存是 6 箱，平均每天用 1 箱，你的订单 2 天后交货，现存 3 箱。你要订购多少箱？

4. 永续盘存和实物盘存的区别在哪里？哪个更精确？为什？哪一个可以用来进行库存采购？哪一个可以用来计算酒水销售成本？

5. 假设你是一家俱乐部的总经理。你刚刚雇佣了一个收银员，请向他解释其职责。

6. 酒水企业期末库存的计算步骤是什么？

7. 计算出酒水销售成本后，如何调整才能得出酒水销售净成本？

8. 定义"标准"一词，并举例说明它是如何帮助管理层控制酒水成本的。

9. 分析酒水管理中使用的 4 种现金控制方法，哪种方法最好，哪种方法不可接受？为什么？

 实践应用

假如你刚从国内最好的酒店管理专业毕业。在权衡之后，你决定接受一家剧院餐厅的建议，成为他们的酒水经理。他们给你开出了丰厚的薪水，如果在你的管理下酒水成本和人工成本符合标准，你还会有非常丰厚的奖金。

这家剧院餐厅坐落中西部的一个大城市，可容纳 1000 名左右的顾客。演出剧目多为喜剧和音乐剧，一般由知名明星主演。该餐厅所有座位都面对舞台，顾客需提前预约。晚宴在演出前以自助餐的方式供应。大多数顾客在晚餐前和中场休息时都会点鸡尾酒、葡萄酒或啤酒。同时，大厅外还有一个小酒吧，在客人到达时供应鸡尾酒。

剧院餐厅每周开放 6 个晚上，你通常在下午 4:00 开始上班进行餐厅的布置，在晚上 10:00 离开。每周你会有一天需要提前到办公室订购物资，制定班表，参加员工会议，以及执行其他行政职责。

当你适应工作后，你开始注意到有几件事情困扰着你。比如总经理让你从一个经销商那里订购所有的酒，而这个经销商恰好是他姐夫；厨师私自拿酒水来做菜；蒸馏酒或葡萄酒会整瓶被送到明星的化妆间，作为管理层给的赠饮，而这些都没有知会你；酒水点单是通过三个服务员口头下单的，没有做任何记录；大堂吧台的酒保则免费供应所有酒水……

由于这些问题，你没有达到标准饮料成本，因此没有得到任何奖金。请阐述你将如何着手使成本符合标准，以使你获得奖金。

第 12 章　市场营销管理

学习目标/Learning Objectives

1. 学会设计一个酒水服务设施的营销计划。
2. 比较人口统计学方法对于现有和潜在客户的重要性。
3. 应用可行性研究、人口统计调查、心理学研究和个人知识来制定营销计划。
4. 通过 SWOT 分析来确定现有酒水商业经营的优势、劣势、机会和威胁。
5. 阐述如何将渠道、产品、价格和促销策略融入酒水商业的营销策略中。
6. 实施一个能提高销售额和顾客满意度的定价策略。
7. 比较"快乐时光"促销活动的优缺点
8. 阐述向潜在顾客传达营销信息的促销方法。
9. 运用个人交际和公共宣传策划一次公关活动。
10. 分析和衡量营销计划结果的投资回报。

关键词汇

市场营销（Marketing）

销售（Sales）

公共关系（Public Relations）

公共宣传（Publicity）

个人交际（Personal Contact）

人口统计学（Demographics）

可行性研究（Feasibility Study）

人口统计调查（Demographic Survey）

心理研究（Psychographic Study）

SWOT分析（SWOT Analysis）

产品（Product）

渠道（Place）

价格（Price）

促销（Promotion）

目标市场（Target Market）

营销策略（Marketing Strategy）

投资回报率（Return on Investment，ROI）

描述性语句（Descriptive Terminology）

黄金位置（Prime Space）

本章概述

在我们展开对市场营销的讨论时，讨论一下所使用的两个关键术语和定义是有帮助的。首先，"营销"一词的含义是什么？也许最基本的定义是，市场营销（marketing）是创造一种需求或欲望，并提供满足这种需求或欲望的产品或服务。这个定义与"销售"（sales）的定义形成对比，后者可以定义为以金钱或资产换取实际交易的实现手段。例如，你正在看电视，在广告休息期间，你看到一个广告是关于比利表哥烧烤酒吧的新菜单的。商业广告告诉你，供应是有时间限制的。你不想错过这个新的菜单，所以你去尝试。这则广告成功地创造了一种需求，并为你提供了一种满足它的手段。当你到达比利表哥烧烤酒吧时，你会得到他们的常规菜单，强调了特别的产品，甚至还有一个餐桌帐篷卡加强宣传。这些都是为了提醒你，你来餐厅是为了满足"需求"的。当你点了商品，营销周期就完成了，与此同时销售周期也开始了。

市场营销管理首先要研究店铺的位置，确定谁是潜在客户。这就是所谓的人口统计。为了了解一个业务的客源情况，调查、心理学研究与管理层对该地区的个人知识将共同起作用。

除了参考该地区的人口统计资料外，最好进行内部分析，以找出企业的优势和劣势，以及寻找业务的机会和威胁。这就是所谓的 SWOT 分析。

营销的四个关键策略是渠道（place）、产品（product）、价格（price）和促销（promotion）。这四个方面被称为营销的"四个 P"。顾客去酒吧，而不是酒吧去顾客那里。对地点而言，重要的营销概念是酒吧必须吸引顾客前往。产品指的是酒吧卖什么，以什么闻名。产品必须符合酒吧所在地区的人口结构。价格不仅是指饮料的收费金额，还要考虑到折扣，如在"快乐时光"或特定的促销活动中给予的折扣。促销也叫广告，是用来鼓励顾客进入酒吧的。促销就是进行各种活动，如品酒会。

接待服务业市场营销中还有一些其他的营销策略：公共关系（public relations）、公共宣传（publicity）和个人交际（personal contact）。公共关系包括建立企业的形象，它所代表的东西，以及它与社区的关系。宣传是免费的广告，比如调酒师出现在当地的电视节目中，演示如何调制马提尼。宣传在大多数情况下对酒吧是有好处的，但也可能是负面的，比如酒吧外的打架事件会在当地新闻中出现。交际是指酒吧老板或经理参与社区俱乐部等组织，与可能成为企业潜在客户的人建立联系。

在实施了群体统计，进行了 SWOT 分析，并探索了可用于促进业务的工具之后，现在是时候制定一个计划了。该计划应包括管理层想要实现的具体目标。这些目标应该是可量化的。应该建立一个预算，并分析在现有资源的情况下是否能实现目标。营销活动结束后，应根据预测结果进行衡量，并进行投资回报率（ROI）分析，以确定结果。

在整个市场营销管理过程中，应征求员工的意见，并在进程中不断调整。毕竟，任何营销活动的成功都取决于员工的认同。如果他们不参与，企业就不会成功。

12.1　市场需求细分

对地点和潜在客户的研究被称为人口统计学（demographics）。更具体地说，它是一个地区的统计数据及其人口特征，包括但不限于平均年龄、收入、教育、种族、租赁房屋与自有房产、每户汽车数量等。为了在营销中正确使用人口统计学，必须对两个因素进行评估：一是人口统计学本身——换句话说，确定市场上的顾客；另一个是将这些顾客，连同他们的需求和喜好，与适当的饮料产品匹配起来，对餐厅来说就是菜单的设置。首先，让我们来看看人口统计本身。它是如何发展的呢？这些信息有四个来源：

可行性研究（feasibility study）　可行性研究是一个创造性的、客观的、合理的过程，据此收集和分析营销和财务数据。它是一项深入的研究，试图以合理的准确性预测一个潜在的业务成功还是失败。可行性研究报告的篇幅相当大，有时长达几百页，涵盖了一个企业是否具有盈利潜力的每一个变量。

人口统计调查（demographic survey）　针对那些认为不需要进行完整的可行性研究的饮料店和餐馆，一些公司会以合理的费用提供人口调查服务。这些公司将整个美国的人口统计资料用计算机处理，其中许多公司甚至在互联网上提供这些信息。为了对营销策略的规划有所帮助，人口统计学研究必须集中在特定的地点，如特定的邮政编码地段或街道交汇处。幸运的是，这些研究可以细分到客户想要的任何区域的任何范围。人口学研究按年龄段、年龄中位数、民族血统、家庭类型、婚姻状况、职业、教育、住房、收入、车辆数量和其他相关数据列出。还可以详细列出该地区消费者在餐厅和酒吧的支出情况，并进一步给出细分的数据。

消费心理研究（psychographic study）　除了人口统计调查外，心理学研究对营销事业也有帮助。这种数据有时被称为 VALS 研究，因为它集中在有关被研究人群的价值观（values）、态度（attitudes）和生活方式（lifestyle）偏好的信息上。例如，心理学研究可能会揭示一个社区的人们外出就餐的频率，他们平均花费多少钱，以及他们在娱乐、教育和文化活动方面的习惯。这些研究还可以揭示一个群体是保守还是富于冒险精神。在设计营销策略时，这些信息可以提供显著的帮助。在规划酒吧概念和制定酒吧菜单时，这些信息也非常有用。就像人口统计调查的情况一样，互联网可以成为初步心理学信息的极好来源。

个人知识　最后，在制定营销计划时，不要忽视自己对某一领域的了解，甚至是一种感觉。毕竟，你了解你的顾客：他们的产品偏好，他们的价位承受能力，以及他们对服务的喜好。如果运用得当，个人感觉是一个重要的工具，因为人口统计调查是用冷冰冰的事实来陈述一个地区。对这些事实背后情况的了解是非常重要的。例如，如果一个地区的人口研究表明，该地区的平均收入处于中上水平，而且市场上很大一部分人拥有自己的住房，这在一开始就表明你的客户愿意花钱。但是，如果目标区域的大部分人的房屋都有严重的抵押贷款，他们的可支配收入较低，消费倾向较低。他们可能更多的是冲着 50% 折扣的"快乐时光"促销活动，而不是购买高档饮料。

另一方面，即使你了解你的客户，在你的市场区域还有很多人不会经常光顾你的店。通过对你的市场区域进行人口统计调查，你很可能会发现潜在的客户。通过对这些人进行营销，你将开发新的客户，从而增加销售和利润。

12.2　经营环境分析（SWOT 分析）

在研究了外部市场领域，确定了顾客的需求之后，就应该把焦点转向企业本身。为了使营销策略取得成功，必须将外部力量与内部信息结合起来，制定一个成功的方案。这一点最好通过进行 SWOT 分析（SWOT analysis）来实现。这种研究可以帮助管理层确定经营的优势（strengths）、劣势（weaknesses）、机会（opportunities）和威胁（threats）。前两部分，优势和劣势，主要是内部的，也就是说，你的酒吧的强项是什么，弱项是什么？后两部分，即机会和威胁，主要是外部的，不过有些也可以是内部的。例如，如果你发现停车场路面上的洞造成你经营上的劣势，重新铺设就可以把它变成优势，同时也是一个营销机会。进行 SWOT 分析和人口统计调查后，现在可以制定一个全面的营销计划了。

在进行 SWOT 分析时，极其重要的一点是，进行评估的人在观察时要完全中立。因此，最好外聘一位顾问来进行。如果这在经济上不可行，那么可以在内部进行。如果在内部进行，最好使用多人，以便最大可能地避免偏袒。

12.2.1　优　势

首先，经营的优势是什么？它比市场区域的其他企业做得更好的是什么？看看你的酒吧所有的经营方面：服务、酒水质量、酒单、啤酒、拉格啤酒和艾尔啤酒的选择、价位、气氛、装饰、清洁、位置以及停车等。它是否是区内唯一的经营类型，如啤酒酒吧、运动酒吧或舞厅？你的店是否有其他店所没有的特点。你是否是市场上唯一的一家，或者你做的任何事情都比市场上的其他人做得更好？

12.2.2　劣　势

在评价你的企业的优势时，如果在经营方面的答案都是否定的，那么这些很可能就是劣势。如果服务不令人满意，那么就是劣势。劣势并不都是坏处，因为管理层可以消除劣势，把劣势变成优势。就服务而言，可能需要额外的培训，严重的话可能需要更换一些人员。如果人员流动率高而导致服务不足，则需要找到原因——是工作条件差，小费少，还是管理层态度不好，都需要找到原因并改正。

　　并不是每一个对优势的负面反应都一定是弱点。如果你经营的是一家啤酒馆，顾客不会期望你拥有市场区域内最丰富的酒单。但是，如果你经营的是高级餐厅，酒单应该是广泛的。如果没有，那就是一个劣势。

　　评估劣势时，要看企业外部。是否有影响它的因素？缺乏停车位、火车轨道阻挡交通，或者建筑本身都可能是劣势。有些可以纠正，有些则不能。营销计划应该解决那些可以纠正的劣势，改善那些不能纠正的劣势。

12.2.3　机会

　　一些劣势，特别是业务分析方面的弱点，可以转化为机会。如前文所述，提升和培训员工可以改善服务。当经营上的劣势得到纠正和改善后，应该将这些方面向市场宣传，可以说服那些因服务不好、酒水质量差、经营脏乱差或其他什么原因而被吓跑的以前的顾客再次光临。

　　此外，还应该寻求外部机会。这可能是竞争格局的变化，也可能是在市场区域新建一栋办公楼，或者是街区的改善，等等。这些也应该进行市场推广。如果一个竞争对手倒闭了，那要了解其客户的人口构成，并针对他们的需求进行营销。

12.2.4　威胁

　　威胁通常来自外部。认识到即将出现的威胁，抵御然后反击是非常重要的。它可能是一个新的竞争对手进入你的市场，也可能是在你的店铺外面的道路建设。在这种情况下，提前与市政部门合作，制定一个到达你的营业地点的备选路线，并竖立标识，引导顾客走备选路线。这会成为你的营销计划的一部分。你也可以推出一些新款饮品，延长"快乐时光"，并赠送免费开胃菜，以弥补施工期间的业务损失。

　　其他形式的威胁包括但不限于与竞争对手的价格战、经济衰退、在停车场打架导致的坏名声，以及影响你业务的法令的颁布等等。不能轻视或忽视这些威胁，因为它们会影响你的销售。相反，通过积极地面对威胁，就能正面解决问题。

12.3　市场营销策略

　　产品、渠道、价格和促销——是营销的关键策略。它们是一个企业制定营销计划的框架，并确保其经营的特色都被考虑进去。很多时候，以上 4 项营销（4P）被称为营销策略组合。在酒水经营中，还有别的营销策略也被管理层加以运用，包括公共关系、公共宣传和个人交际。

12.3.1　产品策略

产品（product）是与企业的理念和主题一起销售的东西。以酒吧为例，我们有有形的产品（啤酒、葡萄酒、蒸馏酒）和无形的产品（服务、氛围）。因此，一个成功的营销方案要注重经营的特色，包括有形的和无形的。在客人还未踏入经营场所或看到菜单之前，产品就可以在广告中呈现。记住，虽然你是在推销产品，但在潜在顾客的心目中已经形成了一种期望，当顾客光临酒吧时，这种期望必须得到满足。

让顾客进入你的店，向他们介绍你的产品、服务和氛围，有两种方法：品酒会和配酒会。

品酒会是这种营销方法中最受欢迎的例子。啤酒品鉴会以及单一麦芽威士忌品鉴会也很时髦。店家通常会邀请一位专家，如酿酒师或蒸馏师来进行。如果酒吧可以合法地按瓶或按箱销售饮料，这是一个特别好的促销活动。顾客，特别是如果他们第一次品尝某样东西，会想购买更多带回家。很多时候，品酒会也会供应与所品尝的酒水相适应的食物。如果酒吧与餐厅合作，这样做既可以展示经营的烹饪产品，也有助于让顾客保持合理的饮酒量。

配酒会非常类似于为餐食服务提供的品鉴会，但在配酒中，强调的是饮料和食物之间的兼容性。通常情况下，这种搭配是由厨师和饮料专家共同主持的，由厨师讲解食物，饮料专家介绍饮料。

12.3.2　渠道策略

渠道（place）是指饮料的实际销售网点、位置和销售方式。对于酒吧来说，位置是最重要的因素，因为他们通常只在店内来销售产品和服务。一个例外是进行备餐的餐饮公司，他们也供应酒精饮料。这意味着顾客必须决定前往酒吧，而不是让酒吧来找他们。

鉴于此，其他因素如市场区域的人口统计和当地的竞争对于经营的成功也是很重要的。例如，一个主要销售生啤酒和瓶装啤酒以及井槽酒或自酿酒的蓝领酒吧在一个高档、高收入的社区不会做得很好。相反，一家使用高档酒的马提尼酒吧在收入较低的街区也不会做得好。

12.3.3　价格策略

价格（price）是对酒吧供应的产品和服务的收费。价格必须定在顾客认为物美价廉的水平上，并与市场区域的其他业务相比具有竞争力。同时，销售价格必须使酒吧能够实现其利润目标。有时作为一种特殊的促销活动，以吸引更多的顾客进入酒吧，会以优惠的价格，甚至低于盈利水平的价格供应一种或多种商品。需要提醒的是。有几个州不允许以任何方式引诱顾客喝酒，而其他一些州则不允许用定价来吸引顾客进入酒馆。在尝试任何这些引诱手段之前，请确保你了解你所在州的法律。如果法律没有阻碍，有几种方法可以提高饮料经营的知名度。以下是一些例子：

折扣　即从商品的正常零售价中减去一定的百分比。折扣可以是正常价格的 10%，25%，甚至 50%（半价）。这可以成为吸引老顾客进行交易的有效方式。折扣可以是一个持续的促销活动，也可以是一次性的。例如，一个经常光顾你的酒吧的顾客喜欢喝你们酒吧威士忌加冰。通过对其中一款单一麦芽威士忌进行打折，她被说服购订购这款单一麦芽威士忌。又或者，通过在一个晚上对单一麦芽威士忌进行打折，常客就会转而在以后的几个晚上以正常价格购买它。

买一送一　在这种促销方式下，顾客购买管理层确定的特定饮料或啤酒，第二杯免费。这种促销方式的一个变种是，在出售食品的地方，顾客从菜单中选择任何一个三明治或主菜，就可以免费获得第二个（价值相同或较低的）。由于这种促销活动的折扣非常高，所以往往有一些限制，比如只在淡季的晚上或者淡季的时候才有。打折和买一送一往往在经营的"快乐时光"中使用。许多经营者不喜欢"快乐时光"，原因有几个。其中一个是，已经过度醉酒的顾客被"引诱"购买额外的饮料，企业有可能被国家起诉。另一个是，"快乐时光"通常是在酒水需求量最大的时段举行的，也就是顾客下班后立即举行。但很少有行业会在需求量大的时期给自己的产品打折。许多酒吧开展"快乐时光"的原因是，别人都在做，如果他们停止举行，他们就会败给竞争对手。美国一些州为了减少酒驾和与酒精有关的事故，已经取缔了"快乐时光"和打折活动。这样做无意中解决了酒吧经理所纠结的问题，也在不知不觉中增加了酒吧的利润。

捆绑法　这种方法是将两三个项目捆绑在一起，创造更好的价值。通常一家周日早午餐的餐厅会向客人供应免费的香槟、血腥玛丽酒或含羞草。

优惠券　许多饮品店在使用优惠券时，都会配合前面讨论的其他促销活动。客人必须出示优惠券才能参加。使用优惠券有助于控制促销活动的范围。关于优惠券有两个倾向。一种是少用，因为你不希望你的老顾客等到有优惠券的时候才来光临你的酒吧。另一种是定期出示优惠券。拉斯维加斯和里诺等度假区反复使用这种促销方法，赠送免费的血腥玛丽或免费抽奖，吸引顾客进入赌场赌博。很少有人为这些项目支付正常的费用。

联合营销　这在饮料行业相当流行。联合营销是指饮料制造商或批发商与酒吧合作，推广其产品。这就成了双赢，因为饮料公司增加了产品的曝光率，而酒吧也增加了销售额。

应谨慎管理促销价格，确保折扣不会击破经营的底线而造成反效果。

12.3.4　促销策略

促销（promotion）是指所有用于向潜在顾客传达营销信息的方法。如果成功的话，促销活动可以为经营带来更多的顾客，从而带来更高的收入。毫无疑问，菜单是最重要的促销工具之一，是整个营销工作的基础。菜单必须与餐厅的顾客人口结构相适应。推广也是如此，必须迎合目标顾客的偏好。赞助一档体育脱口秀节目，对于体育酒吧来说非常有意义，但对于高级餐厅的顾客来说，却很难值回票价。促销的方法是无限的。有些方法成本很高，而另一些成本则可以忽略不计。酒吧经理有很多机会推广自己的经营，其中比较受欢迎的方法有以下几种：

电视宣传

毫无疑问，电视宣传是所有大众媒体宣传机会中成本最高的。首先，必须制作广告片，这是昂贵的，因为它通常涉及演员或动画，声音和视觉。其次，必须购买播放时间。全国性的网络电视广告通常只限于大型连锁经营，除了销售酒水饮料外，还销售食品。

虽然电视宣传非常昂贵，但定好策略，较小的业务也可以使用，比如在目标群体喜欢看的频道上投放广告。有线电视频道的广告比广播频道的广告费用低得多。体育酒吧可以在体育频道做广告，而高档酒吧可以在食品频道做广告。在美国，在网络电视上，全国联合播出的节目的地方休息时间，播放的广告有时也会便宜一些。当然，即使是小型业务，必须确保制作的商业视频质量是好的。电视广告的主要优点是，由于声音和视觉，观众往往会保留更长的信息。它还具有快速到达大量潜在客户的优势。

广播电台

广播电台的成本比电视低，因此，大型连锁店和独立经营的小型酒吧都能负担得起，因为只涉及声音，广播时间的费率较低，所以制作成本较低。通过精心选择能吸引目标顾客群体的节目，酒吧可以将其经营的信息：主题、装饰、氛围、饮料和食品菜单以及促销活动等向市场宣传。虽然留存率比电视广告要低，但较低的成本可以更频繁地重复播放广告。如果当地的广播电台有一个特别的节目，专注于食品和娱乐，在该节目中播放广告将是非常有效的。

报纸广告

报纸广告是另一种低成本的营销形式。虽然发行量最近一直在下降，它仍然是一个可行的选择。同样，涉及两个成本。首先，版式必须专业，第二，必须购买广告空间。报纸广告是非常灵活的，它可以迅速改变。它具有直接性。它是新闻，它是现在正在发生的事情。事实上，报纸阅读量大既是优势也是劣势。覆盖群众有可能带来一些新的客户；但是，很多读者并不在目标客户的群体范畴内。报纸的阅读速度通常很快，有时读者只是扫一眼，这意味着广告必须吸引眼球，并快速、简洁地陈述其信息。

杂志

虽然对许多企业来说杂志是一种有效的营销手段，但对饮料行业来说可能没有那么有用，因为与报纸广告相比，杂志的成本相对较高，而且需要更长的制作时间。因此，它们的即时性不强，不能用于短期的促销活动。与报纸相比，报纸的阅读速度快，然后循环使用，而杂志则往往在一定时期内被多次阅读。正因为如此，杂志广告应该被用于一个更长期的推广和并以宣传餐厅的主题，气氛，氛围，装饰，或服务为主，而不是用来广而告之一个短期的促销活动。杂志广告的优势是，你可以针对特定的人口统计受众。杂志广告也可以用来展示酒吧的菜式或装潢。许多酒吧和俱乐部利用地方杂志来宣传他们的业务。

户外广告

主要指的是广告牌，而不是酒吧在建筑物上的外墙招牌。由于其价格相对较高，所以一般只限于大型连锁店使用。户外招牌的费用有以下几个方面。一是招牌的设计，二是制作费用，三是广告牌本身的租赁费用。如果选址得当，可以接触到大量的潜在客户。但是，并不是所有的路人都是目标客户。因为大多数观众都会比较快地经过它，所以信息必须是有限的、简洁的、吸引眼球的，才能对观众产生持久的影响。

直邮

和几乎所有形式的广告一样，直邮涉及几个成本，包括设计、生产以及交付成本，无论是通过上门投放或通过邮寄。直邮对目标群体更有针对性。正因为如此，它可以有直接和个性化的信息。虽然可以以相对较低的成本接触到许多潜在客户，但许多人认为它们是垃圾邮件，不屑于阅读。

互联网

互联网可以是一个非常具有成本效益的推广工具。社会化媒体已经成为营销过程中非常重要的一部分，它包括电子通信形式，如社交网站，用户通过这些网站创建在线社区，分享信息、想法、个人信息和其他内容。

网站

一个酒吧的网站可以以最低成本建立。完整菜单、照片、奖项、特色、客户推荐和员工简介都可以呈现。关键是，网站外观和功能应该尽可能专业。一个设计不佳的网站会给人留下不好的印象。在为你的企业设计一个网站之前，你或许应该看看其他专业网站。

虽然你可能会选择自己做，但请记住，有许多公司可以有偿协助你创建和维护一个专业的网站。他们中的许多人提供一站式服务，包括购买域名和建立网站，以及网站创建和维护过程中的各种额外服务。你可以使用他们的所有服务，也可以根据你的参与程度和专业知识使用其中的几项服务。

你可能要考察和利用第三方供应商。一个专业开发的网站有能力让客户采取虚拟视频参观的形式，看到的企业的第一手资料，仿佛他们就在现场。也可以考虑在其他相关网站上建立链接。在将你的酒吧网站链接添加到其他相关网站时要谨慎，确保涵盖目标受众，并且你添加链接的网站适合你的业务。

除了网站，还有其他的互联网选择。运用微博、微信、脸书（Facebook）、推特（Twitter）、LivingSocial、高朋（Groupon）等社交媒体资源已经成为营销领域的常见手段。

12.3.5　其他市场营销策略

公共关系（public relations）可以成为推销酒吧的有效工具。它涉及为经营创造和推广一个公众形象。这种公众形象不是通过广告来宣传的，而是通过参与社区事件和活动来宣传的。一些具体的例子包括参加食品募捐活动，当地的比赛，如辣椒烹饪比赛，赞助一个小联盟或青年足球队，以及街区清洁等。这些努力可以帮助你的客人将酒吧视为关心社区并为社区做出贡献的好邻居，从而建立起公众的好感。此外，在这些活动中，你的酒吧的名字经常出现在最前面，从而加强公众对品牌的认知。

与公共关系密切相关的是公共宣传（publicity），或免费广告。很多时候，这种免费广告的形式是新闻报道。酒吧可以通过向媒体发送新闻稿来帮助对自己的宣传。新闻稿应该宣布有新闻价值的事件，如给予酒吧或工作人员的奖项，新的菜单，即将到来的娱乐活动或促销活动。

另一个策略是成为专家。媒体总是在寻找可以引用的人。例如，当地媒体可能会选择引用你的调酒师关于市场上热销的新饮料的说法，他可以给大家演示如何调制。品酒或配酒可以在平面媒体或广播中讨论。克制地饮酒总是一个很好的话题，还有谁比当地的调酒师或经理更适合做这个话题呢？关键是要让当地的媒体人认识你自己，这样当有新闻专题时，他们就会想到你这个联系人。

宣传可以是受控的也可以是不受控制的。关于控制宣传一个例子就是上述专家的例子。在你作为专家时，你可以控制报道的内容。但如你没有控制局势，就会发生不受控制的宣传。通常这可以消极地看待这一行为，例如在报道当地一家有负面新闻的餐厅时，或如果有关于酒吧的客人陷入争吵时。所有经常光顾这个餐厅的客人和当地名人会不断跟着新看事态发展，狗仔队也会夸大这些事件损害你建立的声誉。

个人交际（personal contact）是另一种以最小的成本（如果有的话）创造业务的方式。交际可以是对内或对外的。对内，就是与客人进行交流，了解顾客和他们的需求。例如，当约翰走进酒吧时，他会得到一个问候，问他是否要喝平常的东西，并就他感兴趣的话题进行交谈。约翰喜欢这种待遇。他把这一点告诉了他的朋友，他们也开始到酒吧来。这也就是所谓的口碑宣传，也许是最有效的营销方法了。然而，请记住，也可以发生另一种情况：约翰走进酒吧，基本上被忽视了，当他在等待服务时，注意到这个地方是相当肮脏的。蟑螂走过酒吧，约翰起身离开。他告诉他的朋友，朋友又告诉他们的朋友。在你意识到之前，酒吧已经倒闭了。

对外交际是指老板或经理在社区内结识新的朋友，如加入商会和俱乐部等。

更好的做法是在这些组织的董事会任职或担任官员。这表明了老板和经理对社区事务和福利的关心和参与。另外，借此还可建立成一个很好的交际网。

12.4 营销计划

12.4.1 营销计划的制定程序

在采用本章所述的任何一种方法之前，重要的是管理层要确定他们希望达到的具体目标，以及仔细研究他们的目标市场、竞争者和自己的内部经营资源。通常情况下，管理层可能会开展营销工作来增加销售量，但重要的是要确定他们期望的增长幅度和方法。例如，他们是希望增加光临酒吧的客人数量，还是希望增加顾客来酒吧后的平均消费额。

市场调查

管理层应具体确定他们努力的目标是什么，并认真跟踪营销工作的结果。重要的是研究经营的目标市场（target market），以便设计出能直接吸引他们的营销方式。正如本章前面所讨论的那样，心理学研究在这方面是相当有帮助的，因为它们可以提供对特定群体所利用的媒体以及他们的娱乐习惯的深入了解。例如，如果你试图通过你的营销行为争取大学生顾客，在电台投放广告将是一个糟糕的选择。相反，如果你正在经营一家体育酒吧，在当地球队的比赛中场投放广告或主持一个体育谈话节目将是理想的选择。

建立预算

归根结底，经营的内部资源决定了营销计划的覆盖面是广是窄。当有充足的资金时，斥巨资投放广告，如电视广告和全彩印刷广告是可能的。然而，大多数商家资源是有限的，特别是对于小规模的业务。这给管理层带来了挑战，确定如何为他们的投资争取最大的影响。这里的关键是获得投资回报率（ROI）。无论你在营销上花了多少钱，不管是大额还是小额，都应该有回报，要么是进入你的店铺的客户数量，要么是他们在那里消费的金额，或者两者兼而有之。换句话说，这次活动应该在实际应得的金额上再增加一些。

促销措施

你想做什么。增加客户数量？增加销售额？让公众了解你的经营情况？推广产品？攻击竞争对手？其中部分还是所有这些？由于所有这些都是令人向往的目标，请记住，你的潜在客户每天都有数以百计的广告轰炸。一个通用的什么都囊括的宣传，不如有针对性地集中在一个主题上更容易成功。通过推动一个话题，一个成功的活动会有附加效果。例如，一家烧烤酒吧店主与一家龙舌兰酒制造商合作推广玛格丽特酒。该烧烤酒吧店主的目标是为该店带来新的顾客。龙舌兰酒公司的目标是让消费者了解其品牌。该营销计划集中在高级玛格丽特酒上，并将其装在只在该店提供的纪念瓶中带回家。促销活动在公司的网站上进行。电台和报纸广告也被使用。此外，店主还出现在当地的一个电视节目中，演示如何调制完美的玛格丽特酒。该活动很成功，并赢得了新的顾客。尽管这个活动只集中在一个想法上，即带来新的顾客，但有一个附加效果，即一旦新顾客到了那里，他们也会点菜，从而提高整体销售。

还请注意，活动中使用了不止一种宣传方式。电台和报纸广告也构成了成本。在电视上露面的形式的宣传没有花费运营，而且很可能比付费媒体产生更大的影响。此外，可以通过使用网站来宣传，以极低的、几乎是零的成本传播出去。

竞争对手

竞争对手是谁，他们在干什么？广义上的竞争对手，是指任何销售酒水饮料的企业。因此，销售啤酒和葡萄酒的酒类商店或超市可以被认为是酒吧的竞争者。狭义而言，竞争对手包括任何具有类似主题和氛围的酒吧，以及以与你店铺差不多的价格销售类似产品的店铺。

许多人和公司都害怕竞争，但竞争是健康的。它能产生良好的价格价值关系、优秀的服务和优质的产品。在竞争激烈的市场中，企业要想成功，就必须精益求精。在规划企业时必须谨慎，因为一个市场只能支持一定数量的同类业务。当场上竞争企业的数量达到最大时，这种情况被称为市场饱和。而市场饱和并不是一种健康的情况。在竞争中，与其抄袭竞争对手，不如用不同的主题、装潢和氛围来攻击竞争对手，从而把问题变成机遇。例如，一个运动酒吧过多的地区可能会欢迎一家以独特的自酿酒为特色的啤酒屋。另一个策略是提高服务质量和氛围。仅仅和竞争对手一样好是不够的，你必须提供一些不同的东西，并且做得更好。

在规划营销策略（marketing strategy）时，要研究竞争对手在做什么，是采用类似的方法还是走完全不同的道路。以快餐店为例，它们以"一元菜"互相比拼，每家都试图以一美元的价格供应比对方更多的品种。他们在价格上针锋相对之后，其中一家会供应新的品种。很快，他们都供应了新的品种。然后他们互相攻击，循环往复。相反，一些店家采取完全不同的方法，在质量、服务和独特的菜单品种上取胜，并通过提供不同的东西来吸引顾客进入他们的店铺。

重要的是看别人是如何对付竞争对手的，向他们学习。然后再看看自己的竞争对手。他们的强项是什么，弱项是什么？你能做什么来超越他们？得到这些认知，你就可以规划你的战略。

员工参与

让你的关键员工参与到整个规划过程中。毕竟，他们是与客人进行第一线接触的人。他们知道客人的愿望和需求，喜好和厌恶。如果他们是策划过程的一部分，那么当计划执行时，他们就已经接受了这个计划。当计划完全制定好并准备启动时，他们将带动其他员工，使每个人各在其位，各司其职。

向员工解释促销活动的具体内容，你为什么要这样做，告知预期的结果。告诉他们如何才能实现成功。可能给他们一些激励措施。例如，远望酒吧的老板注意到该地区的其他酒吧在周五的销售量有所增加，而他的销售量却和其他任何一天一样。他与员工讨论了这个问题。

酒保建议周五为当地的职业足球队举行一次鼓舞人心的集会。其中一个服务员建议他们都穿上球队的球衣。另一个服务员想用球队的标志和代表色来装饰酒吧。老板打电话给广播电台，电台同意让一个体育脱口秀节目在那几天和酒吧做一个连线，如果他在电台买一些广告。老板同意了，还在当地报纸上刊登广告。网站管理员把活动放在酒吧的网页上，并给所有的顾客发一封广播邮件。在橄榄球赛季的星期五，销售额增加了60%。

12.4.2　营销效果的衡量

为了评价营销工作的效果，应制定一种跟踪结果的方法。结果可以用各种方法来衡量。也许最简单的方法是客人人数和人均消费，因为大多数经营活动都会定期跟踪这些信息。另外，管理层还可以通过意见卡收集信息，询问客人是如何听说这家餐厅的。如果使用了优惠券，则可以按来源收集和跟踪。所有这些方法都有助于管理者确定某项营销工作的投资回报率（return on investment，ROI）。换句话说，管理者应该仔细考虑投资后看到的回报率（如增加的客人、增加的人均消费），并将其乘以营销活动各方面的资金量。

例如，小鹿斑比爵士酒廊有一个三重奏乐团，每周五和周六晚上都会演出。这两个天，平均每晚能给酒廊带来7000美元的收入。老板想把这个数字提高15%，也就是多赚1050美元。他在《杰克逊维尔爵士周刊》上做了一个月的广告，费用为2000美元。他认为这则广告会增加他当月的销售额，并在接下来的两周内继续产生影响。结果显示，每周的增长情况如下：

第1周：100美元

第2周：450美元

第3周：500美元

第4周：550美元

第5周：450美元

第6周：300美元

计算投资回报率时，用回报金额除以投资金额，再减去1。

$$回报金额 \div 投资金额 - 1 = 投资回报率$$

小鹿斑比爵士酒廊6周共增加了2350美元的销售额，投资额是2000美元。他的投资回报率是：

$$2350 美元 \div 2000 美元 - 1 = 17.5\%$$

投资回报率应与货币市场账户或存单等投资率进行比较。在这种情况下，爵士酒廊的老板做了更好的投资，在广告上投资比他不做广告而把钱存下来更好。一个花费数千美元的营销工作，但客人数量或平均消费额没有增加或只增加了很少，将被认为是一个很差的投资回报率。

最后，我们应该考虑到这样一个事实，即让人继续一种行为比让人改变一种行为更容易。换句话说，留住一个现有客户比创造一个新客户更容易，成本也更低。出于这个原因，许多经营者将营销工作的大部分精力放在了旧客户身上，解决他们的需求。简单且不花钱的操作，比如叫出顾客的名字或记住他们喝的东西，就是吸引回头客的例子，可以成为餐厅营销计划的一部分。

12.4.3　菜单规划

整体营销计划的关键组成部分之一是经营的菜单规划。广告让潜在客户进入酒吧后，食品和饮料产品便通过菜单进行营销。但要记住，许多酒吧的顾客都是习惯性动物，在他们进入大楼之前就知道自己想要什么。菜单是为那些还没有决定的人准备的。虽然有些酒保和服务员的销售工作做得很好，但不要依赖他们，尤其是在酒吧非常繁忙的时候。把菜单当作你的无声推销员，因为不确定的客人是通过菜单来决定点什么的。这也是为什么酒吧的菜单内容及其布局要精心策划。它不是胡乱罗列的，而是精心设计的营销手段，它的目的是诱使顾客购买那些高利润的项目，并起到提高酒吧声誉的作用。

所有的菜单，无论其类型如何，都被分成不同的类别。菜单的类型以及因此而制定的类别、数量由酒吧的需求决定。这些类别，也就是食物或饮料的组别，在菜单上以标题的形式列出，而在这些标题之下的是项目本身。餐厅菜单的传统类别有开胃菜、汤、沙拉、冷盘、热盘、三明治、蔬菜、配菜、淀粉质食品、甜点、奶酪、水果和饮料。大部分铺着白桌布的高级餐厅都会有这些分类，而在主题餐厅、家庭式餐厅中，菜单往往只有其中一部分。

酒吧的酒水类别有生啤酒、瓶装啤酒、蒸馏酒、鸡尾酒、杯装葡萄酒、瓶装葡萄酒。同样，不是每个酒吧都会有所有这些分类。

一旦决定了类别以及在这些类别中销售的食品或饮料项目，就可以编写酒吧菜单了。编写菜单是一项有挑战性的任务。分类作为菜单上的大标题，而食物或饮料的项目则列在它们下面。除非项目是不言自明的，否则应使用描述性语句（descriptive terminology）。编写菜单时，所使用的语言和词汇必须要达到一个目的：以诚实和直率的方式向顾客推销产品。描述要向顾客解释饮料或菜品，特别是当顾客不熟悉时。例如，如果你为促销活动开发了一种特色饮料，就应列出原料和制作方法，确保顾客购买到的是他预想中的东西。

下一步是设计布局。这应该以逻辑和科学的方式进行。分类应该用较大的字体，而分类标题下的项目应该用较小的字体。请记住，由于大多数酒吧的照明水平较低，请务必确定文字容易辨认。安排菜单版面时，必须考虑一个因素：顾客打开菜单时，首先注意到的地方被称为"黄金位置"（prime space）。研究表明，顾客更愿意点最先看到的东西。因此，菜单上的黄金位置就成了一个极其重要的商品展示区域。很多人都不知道这个事实，因为很少有菜单能将其发挥到极致。黄金位置是由菜单的类型决定的。在两页菜单上，它位于右侧页面的中间。在三页或单页菜单上，它位于菜单上三分之一的中心位置。图 12-1 显示了不同类型菜单的"黄金位置"。

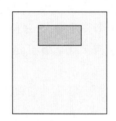

单页菜单的主要空间

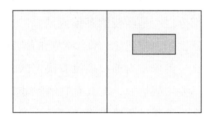

两页菜单的主要空间

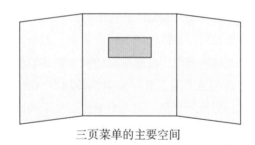

三页菜单的主要空间

图 12-1 不同类型菜单的"黄金位置"

因为这里是黄金位置，所以管理层理所当然要把最想卖的商品放在这个位置。很自然的，这个商品应该是受欢迎的，给酒吧带来的毛利应该比正常的要高。

饮料店使用的菜单有三种。它们是食品菜单、酒吧菜单和酒单。不卖食品的酒吧显然不会有食品菜单，而酒类选择有限的酒吧也不会有酒单。有的酒吧会将三者合为一体，有的酒吧则会为每个群体分别制定菜单。

食品菜单

它是卖食物的酒吧还是卖酒水的餐厅？在设计饮料连锁店的食品菜单时，这两者是有区别的。卖食物的酒吧比不卖食物的酒吧更有优势，因为它可以让顾客在酒吧待得更久，他们不必离开酒吧去买东西吃。它还通过附加销售为利润做出贡献。

如果经营一家可出售食物的酒吧，编写菜单必须考虑到厨房的负荷能力，因为大多数的酒吧厨房只有有限的生产和储存设施。小型酒吧厨房应该配有油炸锅、烤盘或烤架、冷藏沙拉和制作三明治的设备、一个洗碗机，充足的制冷和储存设备以及一个洗手池。这也是最起码的。有了这些设备，酒吧菜单可以供应以下分类：开胃菜、冷热三明治、沙拉、汤和少量的主菜。

开胃菜分量应该根据人数的多少决定，单人用餐时提供小份，多人用餐时则提供大份。许多菜单中菜品的分量是固定的，有些菜品的分量太多，不适合单人点餐。虽然客人会在酒吧用餐，但当他们饮用鸡尾酒、啤酒或葡萄酒时他们只想点一些配酒的餐点，所以编写菜单时应该供应常见的并受欢迎的餐点，最好可以设计一至两道本店特色菜。这些招牌菜对客人很有吸引力。

如果经营可出售酒水的餐厅，餐厅就要考虑是采用普通餐厅的菜单还是单独制定本店的菜单。典型的餐厅里，菜单有丰富的菜品和酒水的分类，而分类数量取决于餐厅的装饰风格、服务类型、价格范围和当地人口结构等因素。

如果在酒吧使用单独的菜单，则应遵循与酒吧食品菜单相同的原则，即有限的选择和较小的分类，而酒吧食品菜单可以包含许多餐厅的常规菜品，可以小份供应，并作为小吃、小菜或开胃菜而销售。虽然酒吧菜单上使用的分类较少，但也可以增加一些普通餐厅菜单上没有的品种，如水果和奶酪，它们与一些葡萄酒可以形成非常有吸引力的搭配。

酒水菜单

所有酒吧都做不到满足每一个客人的要求，酒吧可仔细研究当地的人口统计数据，制定出满足绝大多数客人要求的菜单。如果菜单上列出销售率极低的饮料，酒吧会出现服务速度缓慢、库存过剩现象从而导致现金流的减慢。你去酒吧时就会看见酒保浪费时间在找一种难得用到的食材，后面的货架有许多高端品牌已落满灰尘。实际上只需要供应少数几种高档产品就能满足99%的顾客。酒吧菜单分类如下：

葡萄酒：红葡萄酒、白葡萄酒、桃红葡萄酒、起泡葡萄酒、餐后甜酒。注意：如果供应的葡萄酒种类较少，可以直接写在菜单上，反之，则应制定一份单独的酒单。

啤酒：国产啤酒、进口啤酒、拉格啤酒、艾尔啤酒、瓶装啤酒、桶装啤酒。

蒸馏酒：井槽酒，指定酒，优质酒，按品牌按价格分开；波本威士忌、国产威士忌、苏格兰威士忌、爱尔兰威士忌、杜松子酒、龙舌兰酒、朗姆酒、伏特加。

标准混合饮料：高球酒、岩石酒、加冰烈性酒。

特色饮品：马提尼、玛格丽特、混合饮品。

非酒精性饮料：果汁、碳酸饮料、调味茶、原味饮料。

葡萄酒单

与酒吧酒水菜单同样重要的是葡萄酒单，尤其是如果这家店有些精致的餐饮要素的话。

如前所述，如果业务提供了一个最小的杯装葡萄酒的选择，可以列在常规的酒吧菜单内。但是，如果供应大量的瓶装和杯装葡萄酒，就应该制作一份专门的酒单。一份好酒单的关键是品种和价格。品种的多少以及价格的高低将由餐馆的人口统计数据以及经营类型和供应的菜式决定。例如，一家位于中产阶级社区的德国餐馆，其菜单上的价格适中，就会在葡萄酒单上列出许多价格适中的德国葡萄酒，再来一些美国的或法国的进口葡萄酒，就能给顾客更多选择。

另一个必须做出的决定是应该供应哪些种类的杯装和瓶装葡萄酒，且分量应该是多少。显然，所有这些都是瓶装的。杯装的数量应该根据葡萄酒的流行程度和价格来决定。一旦瓶子被打开，它应该在较短的时间内被消费。例如，一款售价高的稀有葡萄酒不会像一款价格适中的葡萄酒那样经常被购买，因此也就不会用玻璃杯出售了。瓶装葡萄酒的销售通常仅限于中低价位，并用于价格中等的餐厅和酒吧。

就像酒吧菜单一样，葡萄酒单也应该被分类。葡萄酒的种类有红葡萄酒、白葡萄酒、桃红葡萄酒，起泡葡萄酒和餐后甜酒。所有这些类别都可以供应给客户，也可以只供应一部分。起泡葡萄酒和餐后甜酒通常被省略。下一级分类是原产国或地区。另一种排列葡萄酒列表的方法是将上面的方法颠倒过来，以国家或地区作为一级分类，葡萄酒类型作为二级分类。

同样，每种葡萄酒的数量取决于顾客、菜单和你想要展示的形象。一般餐馆的经验法则是35%的白葡萄酒和65%的红葡萄酒。不过，根据菜单的不同，情况可能会有所不同，牛排餐馆会供应更多的红葡萄酒，海鲜餐馆会供应更多的白葡萄酒。一份最基础的酒单总共会有约20种选择，但大多数酒单更多。记住，选择越多，对库存的投资就越多。存放的葡萄酒会降低经营的现金流。

一旦确定葡萄酒类别，就可以将其编写在菜单上。正如前面所说的，描述性术语是很重要的，详细描述产品比销售产品更重要。许多商家在编写酒单时都忽略这一点，错失帮助客人的好机会。正如所有勃艮第葡萄酒是不一样的，用一至两句的详细描述帮客人区别酒的不同，客人才能更好地做出自己满意的选择。

虽然菜单很好地向顾客解释了葡萄酒的各种细微差别，但没有什么能取代服务员的个人知识。如果没有一个侍酒师来实现这个职能，就由管理部门来给每个服务员进行培训。一个好方法是让员工品酒。这应该包括所有的服务员和一些烹饪人员。让你的经销商带一些对葡萄酒有了解的人来进行介绍。通过这样做，服务员将能够向顾客解释葡萄酒，告诉他们每种葡萄酒的独特属性。此外，烹饪人员将能够创造与特定的葡萄酒搭配的菜肴。

本章小结

经营多个饮料销售网点的大公司大部分都有正确的营销策略。在这方面有问题的是小企业。没有计划或可衡量的目标，他们以一种随意的方式推销自己的酒吧。如果一个不可预见的事件发生，威胁到他们的酒吧，没有预案，他们很容易会倒闭。

对于老板或经理来说，市场营销是一个重要的课题，因为如果做得好，它可以通过吸引顾客进入酒吧并留住那些顾客来实现销售的最大化。市场营销从人口统计调查开始，即对位置的研究，并确定潜在客户群体。可行性研究、人口统计调查、心理学研究以及管理人员对该地区的了解都可以用上。此外还应该进行 SWOT 分析。这是面向企业内部的，调查其优势和劣势，并着眼于机会和威胁。

市场营销策略的四个关键方面是产品、渠道、价格和促销。这些被称为市场营销的 4 个 P。酒吧提供的产品必须符合其市场区域的人口构成。嗯，蒸馏酒在蓝领酒吧卖得最好，而高档酒在高收入地区卖得最好。渠道关注的是如何把顾客吸引到酒吧。什么是让潜在客户尝试的最好方法？价格包括酒水的费用和折扣。促销，也叫广告，用来鼓励顾客到酒吧来。推广活动还包括举办品酒会等活动。

营销中还有一些其他的营销策略：公共关系、公共宣传和个人交际。公共关系包括建立企业形象，它所代表的东西，以及它与社区的关系。比如赞助一个小联盟队或承担慈善活动，表明酒吧参与其社区。宣传是免费的广告，如被报纸引用。在大多数情况下，宣传对酒吧是有利的，但也可能是负面的。交际是指酒吧老板或经理参与社区俱乐部和组织，与可能成为企业潜在客户的人建立联系。

在完成所有这些工作后，应写出一份计划。它应该包括管理层想要实现的具体目标。这些目标应该是可以量化的。应制定预算，并分析在现有资源的情况下是否能实现目标。营销活动结束后，应根据预测结果进行衡量，并进行投资回报率分析，从而确定结果。

在整个过程中，应征求员工的意见，并随着过程的发展持续性地评估。毕竟，任何营销活动的成功都取决于员工的认同。如果他们不同心协力，便不会取得成功。

习题

讨论题

1. 用自己的话给人口统计调查下定义，并举例说明人口信息的四个来源。

2. 人口学统计调查应如何与 SWOT 分析一起合理使用，以帮助制定营销计划。

3. 讨论各种媒体，包括每种媒体的优缺点，每种媒体的相关成本，以及哪种媒体对酒吧最有利。

4. 区分公共宣传和公共关系。

5. 说出并定义酒吧菜单上可以找到的所有分类。

 实践应用

以你所在的学校为背景，假设你参与了由你的学院牵头的校园项目。学院董事会决定建立一个面向全体教职员和校友的俱乐部。俱乐部选址在校园观景最优的建筑中。俱乐部将配有会议室、图书馆、大型查阅室、餐厅和休息室。室内多用木材为墙，选用舒适的家具，装饰风格以轻松为主。你被安排为休息室制定菜单。根据人口统计数据制定简洁的三份菜单，分别为：休息室食物菜单、酒吧菜单和酒水单。

第 13 章　酒水商业的创业

学习目标/Learning Objectives

1. 能够设计与撰写一份酒水服务设施的商业计划书。
2. 阐述位置对酒水商业成功的重要性。
3. 学会撰写体现公司战术目标和战略目标的使命宣言。
4. 制定人员配置表，包括岗位需求、岗位数量和员工素质要求。
5. 学会计算与分析预计损益表和盈亏平衡点。
6. 了解酒吧日常运营计划的相关内容。

 关键词汇

商业计划书（Business Plan）　　　　战略目标和战术目标（Company Goals and Objectives）

市场饱和度（Market Saturation）　　预计损益表（Pro Forma Statement）

使命宣言（Mission Statement）　　　盈亏平衡分析（Break-even Analysis）

本章概述

　　本章将深入探讨学生毕业后自己打造一个酒水商业企业的复杂性。即使你不打算开自己独立运营的酒吧或餐馆，本章对你也很重要，因为它将把你所学到的关于管理企业的所有知识联系起来。

　　任何成功的新业务的核心都是商业计划。完成一个项目需要大量的工作和前期研究，但它也会带来回报，因为它迫使潜在的企业所有者对他们可能没有想到的事情进行全面思考，以在开业之前找出潜在的风险并解决。接待服务业是最难取得成功的产业之一，但一旦成功就会有巨大的回报。一份完善的商业计划书会让你走上成功的道路。

　　任何一个人做生意都应该有一个计划，而且应该是书面的。制定商业计划书（business plan）的重要性在于对你所提议的业务进行系统的研究和思考。这种规划可以帮助你全面地思考你的建议。在这个过程中，如果你不确定的话，有必要对事实进行研究和调查。你也有必要批判性地看待你的想法。在商业计划书上花费的时间将在未来得到回报，因为它将避免你误入代价高昂的歧途。

13.1　位置选择

　　正如我们在第二章中了解到的，对位置和潜在客户的研究通常会采用人口统计学的方法。更具体地说，该方法是"参照人口的规模、密度、分布和生命统计以及（市场）扩张或衰退的能力，对人口进行的统计研究"。为了正确使用人口统计学方法确定酒吧选址，必须考虑两个因素。一个是人口统计学研究本身，换句话说，市场区域的顾客到底是谁，第二个因素是这些顾客以及他们的需求、喜好与酒吧的主题和氛围的匹配度。

　　例如，如果人口学研究显示这是一个蓝领阶层、工薪阶层、中等收入的社区，有家庭，那么你可以选择开一家运动酒吧，选择好的啤酒，以基本的混合饮料为特色。另一个选择是开一家面向家庭的餐厅，提供价格合理的食品和饮料。相反，如果人口研究显示，群体为二十多岁的年轻人，中上收入阶层，有单身人士和没有孩子的已婚夫妇，你可以选择开一家酒吧，提供小吃，也可以是一家供应马提尼酒或有现场娱乐的时尚俱乐部。

　　在充分了解酒水运营所在地的市场人口结构信息的基础上，我们通常结合以下方法，做企业建立前期的调研，特别是酒水企业建立的位置选择：

　　可行性研究　它对目标选址进行全面分析，以确定计划中的业务是否有机会成功。

　　人口统计调查　它是一份研究报告，通常从一家公司购买，其中有关于特定地区的统计资料，包括该地区按年龄组、年龄中位数、民族、家庭类型、婚姻状况、职业、教育、住房、收入、车辆数量和其他相关数据分列的一般人口。还可以购买专门的数据，详细说明该地区消费者的餐饮支出情况，并可以按酒吧、带酒吧的餐厅、俱乐部或高级餐厅等进行分类，进一步细化这一统计。人口调查不如可行性研究那样全面，因为它不能预测成功或失败的可能性。

心理学研究　其数据有时被称为 VALS，因为它包含了被研究人群的价值观、态度和生活方式偏好的信息。它告诉人们选址地点的居民的生活方式是否符合酒吧、餐厅或俱乐部的市场目标。

个人知识　如果使用得当，这对市场的个人感觉是一个重要的工具。人口学研究是用冷冰冰的事实来观察一个地区。对这些事实背后的情况的了解相当重要。一个人开店不应该仅凭个人的知识，而应该结合前面提到的数据。

我们还讨论了竞争，竞争有利有弊，"利"体现在竞争能集中吸引喜欢酒吧的人进入该地区到酒吧消费。"弊"体现在如果市场已经达到或超出市场饱和度（market saturation）容易导致新客源的稀薄。

13.2　商业计划书的主要内容

任何一个人去做生意都应该有一个计划，而且应该是书面的。制定商业计划书（business plan）的重要性在于对你所提议的业务进行系统的研究和思考。这种规划可以帮助你全面地思考你的建议。在这个过程中，如果你不确定的话，有必要对事实进行研究和调查。你也有必要批判性地看待你的想法。在商业计划书上花费的时间将在未来得到回报，因为它将避免你误入代价高昂的歧途。

在研究的过程中，仔细记录你的信息来源，你在哪里读到的，或者你和谁交谈过。你花在商业计划书上的大部分时间将花在研究上。随着计划的发展，你会根据你所了解到的情况调整想法，并做出修改。这是好的。当计划还在纸上的时候改变，比以后在实际经营中改变所付出的代价要小。通常需要几个星期的全职工作才能完成一个好的计划。

没有两份商业计划书是相同的，但大多数计划书都遵循一定的格式，并包含以下信息：

- 目录
- 摘要
- 企业概况
- 产品和服务
- 运营计划
- 营销计划
- 管理和组织
- 附录

在上述结构中，除了正文部分，目录和摘要是商业计划书体例要求的前置部分，可以了解计划书的基本内容。

目录基本上是不言自明的，因为你将把计划按上面所说的信息划分章节。并标注每一章开始的页码，这样读者就可以快速地找到他们感兴趣的信息。

虽然摘要出现在计划书的开头，但应在最后才撰写，且篇幅不应超过两页。它包含报告中所有内容的摘要。进行摘要的目的是让读者了解项目的概况，包括谁是客户，该地区的人口统计数据，酒吧的模样，组织结构，管理团队的专长，企业和整个饮品行业的未来发展前景，项目需要多少资金，如何偿还，等等。如果你要向一家银行的行长做一个关于项目的报告，你要在 5 分钟内告诉那位行长的所有内容都应该写在摘要中，要写得简洁、专业，最重要的是要对你的项目充满热情。

另外，商业计划书的附录尽管也是正文之外的内容，但它不仅能评判你的商业想法，而且计划书的内容和版式也会向读者传达你的个人形象，一定要给对方留下良好的印象。回头再看一遍，修改一下词语和句子结构，确保它正确流畅。

附录将包括详细介绍或说明你在计划正文中提出的内容的项目。附录应包括以下项目：

- 行业研究
- 蓝图和计划
- 地图和地点的照片
- 行业期刊、研究报告或其他文章
- 设备详细清单
- 租约和合同副本
- 市场研究
- 可用作贷款抵押品的资产清单
- 支持计划中的假设所需的任何其他材料

13.2.1　企业概况介绍

在这里，你将对业务做一个大致的描述。让我们假设你正计划为年轻的单身男女和情侣开设一家俱乐部。俱乐部将在周末有现场娱乐活动，其他时候将作为人们可以交友的聚会场所。它供应调酒师特制的高档饮料，并以当地种植的食物为特色菜单。关于市场区域的简要声明可以放在这里，尽管这将在营销部分做更详细的介绍。你可以说俱乐部将位于一个由年轻专业人士居住的公寓区，靠近一所大学。

接下来会对整个酒水行业进行描述。说明它是一个增长中的行业，并用统计数据来支持它。这些数据可以从各种行业协会进行的统计研究中获得。然后解释你将如何利用这些趋势。

所有成功企业的商业核心就是使命宣言（mission statement）。它是一个证明企业存在的简要宣言，也是企业实现目标的指导原则。它应该是明确的和简洁的，只由一两个句子构成，不超过三十个字。它为企业商业计划的读者描述企业的总体概况。你的使命宣言可以是：

"在对环境负责和可持续发展的氛围中，成为年轻人食品和饮料的主要供应商。"

除了使命宣言外，企业也需要战略目标和战术目标（company goals and objectives）。战略目标是企业长期奋斗下实现的最终期望，战术目标是企业短期如何实现的阶段性目的。例如，一个战略目标可能是成为俱乐部行业市场的领导者，战术目标是指需要实现的年度销售额或每月客人数。一个企业可以有多个战略目标和实现战略目标的战术目标。

企业如何履行其使命、战略目标和战术目标主要取决于该企业的领导力。假设你将成为一家公司的领导者，你将需要简短介绍你的背景和专业知识。例如，你可以叙述你毕业于一所顶级院校的酒水管理专业，在以优秀的酒吧和餐厅为主导的全国连锁企业中担任了十年的经理，然后你应继续阐述在此背景下你是如何帮助企业成功的，你是如何磨练你的领导技能的，等等。不要详细说明你要请谁来帮助你完成这项工作，因为这将在后面的计划组织章节中详细说明。

最后，你的公司所有权的法律形式是什么？是独资、合伙还是有限责任公司（LLC）？这些形式各有优缺点，在法律和税务方面也有区别。在做出这个决定时，应该寻求律师和注册会计师的建议和意见。你所选择的形式和原因应包括在商业计划中。

13.2.2 产品开发与服务

既然你要开一家酒吧/餐厅/俱乐部，那么你的产品显然包含了食品、酒水以及服务。那么，你就需要介绍你的产品与服务，并请附上一份你建议的菜单。

如果你强调一个可持续的环境，在你的商业计划的叙述中，可以强调餐厅特点是采用当地村民有机种植的农产品以及无激素养殖的禽类作为原料。此外还可提及，你将打造供应啤酒、葡萄酒等酒水以及配备经验丰富的调酒师的典型酒吧。你将聘请经验丰富的酿酒师在当地的啤酒厂制作特色啤酒，也会选用在当地生产的啤酒和在当地葡萄园酿造的葡萄酒。你强调服务人员将会进行良好的培训以便提供卓越的服务。总的来说，如今的年轻一代关心的是消费环境和他们消费的酒水和食物的来源。同时你要说明你的菜单和运营理念体现了现在年轻人的哲学理念。这些想法会让你的格调远远高于竞争者。

在这一部分你应该表明你的定价策略，因为采购当地种植的产品往往花费更多。你对这些产品独特的处理将允许你比仅靠装饰性产品为特色的竞争对手以略高的价格出售。读者应从中感受到你在分析项目可行性上所花的心思。在这里的叙述不应包括大量细节，因为它们出现在附录里更恰当。

13.2.3 营销计划

第12章我们详细阐述了如何制定营销计划。以下是一篇简要的回顾。

(一) 位 置

关于位置的很多讨论都将包含在营销计划中。为使这个计划尽可能的具体，应提供统计数据及其来源。不要让读者困于细枝末节。只需陈述相关事实。把支持你对该地点的评估的细节放在附录中。如果有任何关于你的项目的消极因素，不要忽略它们，而是要列出它们，并给出克服它们的计划。营销计划将是以后销售预测的基础。

(二) 竞 争

我们在第 12 章也谈到了竞争。回想一下，我们谈到了直接竞争（任何在你的价格范围内销售食品和饮料的人，且氛围相似）和间接竞争（任何销售食品和/或饮料的人）。你应该列出你的直接竞争对手，以及你与他们的竞争情况。如表 13-1 所示的图表将是一个很好的说明方式。在填写完竞争图表后，你应该对你在市场上的形势有一个清晰的想法。市场定位是你在市场中的独特位置。

表 13-1　竞争力分析工作表

要素	你的业务	优势	弱势	竞争对手 A	竞争对手 B	对客户的重要性
产品						
价格						
质量						
精选						
服务						
可靠性						
稳定性						
特长						
信誉						
地点						
外观						

(三) 计 划

你将如何向客户宣传？记住 4 个 P：促销、宣传、公共关系和交际。促销包括广告。在商业计划书中，告诉你将使用什么类型的广告，其预计成本和预期收益。说明你将开展哪些促销活动。宣传可以包括你的一位调酒师出现在一个中午的节目中，演示如何调制一杯完美的马提尼。加入商会可以让你与社区的商业领袖建立交际关系。宣传是企业成功的关键。

除了 4 个 P 之外，在商业计划书的这一部分还包括你的图形图像的例子，如标志设计、招牌草图、菜单设计、名片和小册子等。

（四）促销预算

促销预算将分成两个部分：启动预算和运营预算。启动预算将包括设计元素和标牌等项目。运营预算将包括持续的宣传费用。包括印刷成本、媒体成本、标牌维护等项目。促销费用的行业平均水平是销售额的 2%。

（五）目标选址

在本章前面我们谈到了地点，你应该已经做好了选择。你还应该有一个后备计划，以防万一。任何事情都有可能发生，例如无法获得该地点的酒水销售许可或房东租给了别人。在计划书的这一部分，需要对地点的客观条件做出描述，分析该地点将如何影响你的顾客，涵盖诸如对你的潜在客户的便利性、可用的停车位，同时也要讨论竞争情况。以俱乐部为例，很多人喜欢续摊。如果你与其他几家酒吧和俱乐部聚集在一起，这将增加你的酒吧的吸引力。

13.2.4　运营计划

一个酒水企业的运营计划的内容首先也与位置有关，它也与企业的物理性质、业务人员配置、质量控制、供应商、库存、信用政策以及控制你的应付帐款有关。

（一）位置

上一节讨论了与顾客有关的位置问题，本节讨论与经营餐饮店所需的物理属性有关的位置问题。首先，最重要的是企业盈利所需的空间。后部的厨房和储藏室占据大约 1/3 的空间，前部的酒吧、用餐区、音响舞台、舞池、等候区和休息室占据另外 2/3，必须有足够的面积来容纳座位，使经营有利可图。这一点将在"财务计划"部分进一步详细讨论。

你所选择的建筑类型应该在这里讨论。它是独立的，是购物中心的一部分，还是位于一条商业街上？幸运的是，酒吧几乎可以进入任何类型的建筑。许多成功的酒吧都是在旧仓库里经营的。

正如我们在第 6 章关于设备的内容中所了解到的，可用的电源是位置的一个重要组成部分。如果你在厨房使用燃气设备，该地点是否有可用的燃气服务？或是否有符合你的电器使用的电压？

接下来应该讨论建筑物的类型。是自有还是租赁？如果是新成立的企业，一般不建议修建，因为修建成本很高，这将大大增加启动成本。如果你选择建造，那么建造策略应该包括在这一部分。建筑物的成本将包括在启动成本内。你可能会支付昂贵的租金，但这将在租赁期内分摊成本。另外，在你准备开张的同时，还可以协商一段免租期，因为这也会降低你的启动成本。

　　无论是建造还是租赁，都应包括一张布局图。它应该是按比例尺绘制的，最好是由专业建筑师绘制。它应该显示入口、等候区、洗手间、用餐区、酒吧、舞池或舞台、厨房和储藏区的位置。如果建筑师有装饰草图，也应包括在内。

　　这一部分还应该解决前往该地点的交通问题。例如，我们选择在该地区开设一家面向年轻人的酒吧。对于那些自驾的人，停车位是否足够？它与公寓之间的步行距离是否很近？是否有公交车、出租车等公共交通工具？

　　最后，讨论一下企业的营业时间。由于我们要开的是酒吧，营业时间会比较晚，而且要考虑当地法律对酒类服务的规定。进行可行性研究，我们是否会在午餐时间营业？由于时间上的差异，午餐营业将需要额外的员工和管理。这些问题应该在这部分解决。

（二）人员

　　应确定所需的员工人数。明智的做法是，开始时的员工人数要比预测的人数多，因为有些人无法胜任，有些人会辞职。应该根据销售预测制定一个模拟时间表。从这个时间表中，你可以确定你需要雇佣多少专职和兼职员工。

　　一旦计算出雇员人数，就应决定每个职位的工资。这将取决于最低工资法以及该地区的现行工资标准。传统的智慧说，你应该达到或超过你的竞争对手支付的工资，以吸引最好的员工。除了工资标准外，还应该决定附带福利，带薪假期和社会保险等。本节将包括你需要如何招聘员工——招聘会、报纸、在线服务、口碑相传或其他方式。应该为每个职位准备一份书面的工作描述，包括员工的职责和他们向谁汇报。本节还包括如何对他们进行培训以及由谁来培训他们。

　　最后，如果有任何职位要外包，应在此列出。这些服务包括保安和清洁。请注意，传统上由内部提供的服务如会计或法律等专业服务不包括在内。这些服务将在随后的一节中讨论。

（三）产品

　　你的产品如何制作应该包括在这一部分。你应该把你将为所有食品和酒吧饮料制定标准化配方的事实纳入其中。标准化的分量以及如何监控它们也应该在这里提到。这里不应该给出标准化的食品和饮料配方以及标准化的分量，只需提及。如果你觉得有必要向投资者介绍，应该放在附录中。

　　你应强调产品将由训练有素、身着制服的服务人员以餐桌服务（而不是自助服务）的方式呈送给顾客。

　　本节还包括新产品的开发。解释烹饪人员将不断探索新的想法和创意，以保持酒吧的领先地位。同时也要说明吧台工作人员将是调酒师而不是酒保，并将不断研发新的鸡尾酒。

（四）库存

在本节中，详细介绍你将准备的库存种类。强调其中有些是易腐烂的，有些是不易腐烂的。描述你打算如何轮换易变质的库存，以减少或消除变质。向你的投资者解释，餐饮业是一个制造厂，也是一个零售店。你把原材料带进来，生产出成品，然后卖给顾客，这一切都在一个屋檐下。

你的期初库存的价值是多少，以及一旦你开业并建立起来，评价库存会是多少。陈述你的库存周转率将是多少，以及与全国酒店业的平均水平相比如何。由于某些原因，投资者，尤其是银行，对这个数字非常重视。

你们对库存的控制措施是什么？告诉大家如何保证储藏区，特别是酒类存储区的安全。每月的食品和酒水成本百分比将是控制系统运行情况的一个指标。

（五）供应商

确定谁是你的主要供应商，以及他们将为你提供什么商品。你可能会想要一个全线供应商来供应你的杂货和用品。此外，由于我们强调的是当地生产的无除草剂和无激素的肉类和农产品，所以应该制定一份当地农民和牧场主的名单。还应该制定一个备用计划，以确定当地产品无法获得时怎么办，可以是位于该国其他地区的环保型农场和牧场。

还应该为饮料制定类似的清单。你可能会从全线分销商处购买，从当地的葡萄酒厂和小型啤酒厂的产品也应包括在内。同时应包括每个供应商的信用政策和他们的交货期。

（六）现金管理

酒店业的惯例是通过成熟的信用卡公司向客户提供信贷。你应该确定与哪些公司开展业务。客户通常会将他们的信用卡限制在一两家公司，所以你应该接受几家比较主要的公司。仔细研究信用卡公司为接受他们的信用卡服务而向你收取多少费用。

在过去许多酒吧总是让客人，特别是好的客人可以透支消费，并定期支付。这不是一个好主意。由于大多数客人至少有一张信用卡，这样会让信用卡公司承担付款的风险。

还应制定关于个人支票、旅行支票和汇票的政策，并列入本节。

管理你的现金流是一项重要任务。过早支付发票会耗尽你的现金；而延迟支付会使你失去宝贵的折扣，并损害你的信用。此外，请利用及时付款折扣。当你与供应商谈判价格时，及时向他们付款会有很大的帮助。如果他们不得不容许你赊账，就会向你收取更高的货物价格以抵消他们的信用成本。

13.2.5　管理与组织

管理与组织作为商业计划书的这一部分，你将向潜在投资者介绍你的管理团队，制定组织结构图，并确定你的专业和顾问支持。

（一）管理团队

假设你将成为业务总经理，你应该给自己做一个简单的个人简历，包括你在餐饮管理方面的经验，你的组织和分析能力，以及你的创业精神等。由于整个组织都是围绕着你展开的，所以应该准备一个在你可能丧失工作能力，无法经营的情况下的交接方案。

在项目的这个阶段，你的管理人员，即总经理助理、酒吧经理、服务经理和行政总厨，应该被确定下来。并应附上他们的简历。

（二）组织

既然你已经知道了你的营业时间、座位数和你希望提供的服务水平，现在是时候确定需要多少员工和什么类型的员工来操作了。例如，如果你确定每个服务员将处理 20 个座位，而你有 300 个座位，每个班次将需要 15 个服务员。他们需要什么样的技能，每人每小时工资是多少？这应该针对运营中的每个岗位来制定。这个任务完成后，你就可以确定一个预计的工资单，我们将用这个工资单来计算人工成本。

为了使业务顺利进行，应制作组织结构图，并将其放在本部分。首先，确定你的管理团队将如何分工。其次，确定哪些员工将向哪些管理层成员报告。表 13 - 2 给出了建议的组织结构图。在初创企业中，员工最常见的抱怨之一是"有太多的老板，他们给出了不同的指示"。这种混乱导致了高辞职率，管理层不断培训新员工，而企业却还在挣扎求存。

组织中的每个人都需要知道对他的期望是什么。为此，应制定职务说明。将管理团队的职务说明列入本节，将员工的职务说明列入附录。

表 13 - 2　建议的组织结构图

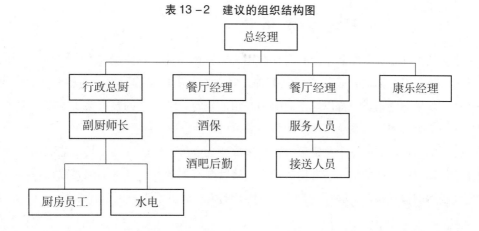

（三）专业和咨询支持

如果正在筹备的是一个公司，它将需要一个董事会。董事的人数应包括在公司章程中。你应该有足够的人数就公司的政策和方向向你提供适当的建议，但不要太多，以免造成人事臃肿。董事会中最好有一名会计师和一名律师，以及一些投资者或银行家。还应有熟悉酒店业的人，但不能是竞争对手。商业计划书中应包括董事会成员的姓名、地址和职业背景。

如果筹办的是独资企业、合伙企业或封闭式有限责任公司，那么最好成立一个由类似于董事会成员的个人组成的咨询委员会。

除了董事会或咨询委员会之外，你还可以依靠其他专业人士提供建议。这些人包括银行家、会计师、律师、保险代理人、行业顾问等。

13.3　个人财务状况与投资

广义上说，财务计划也是商业计划书的一部分，但从一个酒水服务设施或项目的开发创业来看，首先个人财务状况的介绍与评估是一个相对独立和重要的过程，在国外一般个人开设企业的必备的背景资料。同时，还需要有完备投资与财务计划。

13.3.1　个人财务报表

这里应显示你的个人财务报表的副本。如果项目中还有其他投资者，也应包括他们的财务报表。请参考表13-3中的个人财务报表示例。虽然你的房屋、养老保险或储蓄基金包含在你的个人财务报表中，但它们不应该作为企业的抵押品。如果生意失败，你不希望失去这些资产。在签署任何贷款协议之前，请咨询你的咨询律师。

13.3.2　启动费用与资本总额

在企业还没开始运营之前，会有启动费用，要看情况而定。假设你有一块空地，你将在上面建造一栋建筑；你进行装修并添加装饰，竖立停车等标志牌，你会期望有很大的投资。另一方面，如果你要租赁一栋以前是酒吧和餐馆的建筑，那么你的投资会小得多。你将省下修建诸如抽油烟机和排气系统、洗手间和为餐馆设计的空调系统等费用。

这是你的商业计划的一个关键部分。大多数新企业落入的陷阱之一是不能准确地估计启动成本。他们忽略了或低估一些费用。例如：接管现有的餐厅，老板决定要添加一些燃气灶和烤箱，餐厅的输气管道不够长，为了引进更长的输气通道不得不通过停车场；卫生部需要

表 13-3　个人财务报表示例

个人财务报表

个人财务情况声明：

你的公司名称

日期（年月日）

资产	金额
现金—支票账户	$ -
现金—储蓄账户	-
存款单	
证券—股票/债券/共同基金	-
应收票据和合同	-
人寿保险（现金退保价值）	-
个人财产（汽车、珠宝等）	-
退休基金	-
不动产（市值）	-
其他资产（请注明）	
总资产	$ -

负债	金额
当前债务（信用卡，账户）	$ -
应付票据（如下所述）	
应付税款	-
不动产抵押贷款（说明）	-
其他负债（请注明）	
	-
负债总额	$ -
净资产	$ -

签名：　　　　　　　　　　　　　　　　日期：

个人财产声明：

截至日期（年月日）

详细内容

1. 资产详情

（续上表）

持有的票据和合同

债权人名称	所欠余额	原始金额	原定日期	月付款	到期日	历史/用途
	$ -	$ -		$ -		

证券：股票/债券/共同基金

证券	股数	成本	市值	购入日期
		$ -	$ -	

私人持有公司股票

公司名称	股数	投资额	市值
		$ -	$ -

不动产

描述/位置	市值	欠款额	原始成本	购买日期
	$ -	$ -	$ -	

（续上表）

2. 负债详情

信用卡和消费卡债务

卡名/债权人名称	应付金额
	$　　　　　　　　-

应付票据（不包括月度账单）

债权人名称	欠款额	原始金额	每月支付	利率	担保人
	$　　-	$　　-	$　　-		

应付抵押贷款/房地产贷款

债权人名称	欠款额	原始金额	每月支付	利率	担保人
	$　　-	$　　-	$　　-		

严格检查你的厨房；一个社区组织抗议你的酒吧在附近开放……在你开放酒吧之前有太多的琐事消耗资金，每个被忽视的费用都会削减你的营运资金。

再好的研究也不能涵盖每一笔意外的开支。因此，你应该在你的启动费用报表上有一行名为应急费用的项目。这将涵盖任何可能被忽略的东西。应急费用的经验法则是占创业费用总额的 20%。

在本节中，请解释你是如何得出估计启动费用的。请提供你的信息来源。如果需要的话，还包括银行贷款和其他人的贷款。如果筹备的企业是合伙企业或公司，请列出每个人的投资额以及他们的所有权比例。表 13-4 是启动和资本化报表的一个例子。

表 13-4 启动和资本化报表示例

启动费用		
你的公司名称		
资金来源		
业主的投资（姓名和拥有的百分比）		
你的姓名和所有权百分比	$	-
其他投资者 1		-
其他投资者 2		-
其他投资者 3		-
投资总额	$	-
银行贷款		
银行 1	$	-
银行 2		-
银行 3		-
银行 4		-
银行贷款总额	$	-
其他贷款		
来源 1	$	-
来源 2		-
其他贷款总额	$	-
启动费用		
建筑物/房地产		
购买	$	-
建造		-
改造		-
其他		-
建筑物/房地产总额	$	-
租赁物改良		
项目 1	$	-
项目 2		-
项目 3		-
项目 4		-
租赁物改良共计	$	-

（续上表）

资本设备		
家具	$	-
设备		-
固定装置		-
机器		-
其他		-
资本设备总额	$	-
地点和行政开支		
租金	$	-
公用设备押金		-
法律和会计费用		-
预付保险		-
开业前薪金		-
其他		-
地点和行政开支总额	$	-
期初库存		
种类 1	$	-
种类 2		-
种类 3		-
种类 4		-
种类 5		-
库存总额	$	-
广告和促销		
广告	$	-
广告牌		-
印刷品		-
旅游/娱乐		-
其他项目		-
广告和促销费用总额	$	-
其他费用		
其他费用 1	$	-
其他费用 2		-
其他费用共计	$	-
应急准备金	$	-

（续上表）

周转资金	$	-	
简要说明			
资金来源			
业主投资和其他投资	$	-	
银行贷款		-	
其他贷款		-	
资金来源总额	$	-	
启动费用			
建筑物/房地产	$	-	
租赁物改良		-	
资本设备		-	
地点和行政开支		-	
期初库存		-	
广告和促销		-	
其他费用		-	
应急准备金		-	
周转资金		-	
启动资金总额	$	-	
贷款建议的担保和抵押品			
		价值	说明
贷款抵押品			
不动产	$	-	
其他抵押品 1		-	
其他抵押品 2		-	
其他抵押品 3		-	
业主			
你的名字			
其他业主 1			
其他业主 2			
贷款担保人（业主除外）			
贷款担保人 1			
贷款担保人 2			
贷款担保人 3			

13.4　财务计划

　　财务计划由预计损益表和现金流预测组成。预计损益表（pro forma statement）显示了你对你的业务未来财务状况的预测。与此同时，你还需要进行盈亏平衡分析。

13.4.1　预计损益表

（一）预计损益表

　　预计损益表显示了你的预计销售额、支出，及预期利润。它很像预算，预算是建立在业务数据上的。而在制作预计损益表时，因为尚没有业务数据，所以涉及更多的猜测。有些费用比较能控制得很好，比如租金（假设你已经选好了地点）或保险。其他则会比较难以捉摸，比如销售额。无论数字是多少，都要尽可能地现实。当有疑问时，要谨慎行事，尽可能多地做研究，咨询行业专家，并采用全国性餐饮协会和其他行业组织公布的行业数字。下面是一个整理预计损益表的步骤说明，参考表 13 - 5 一步步来进行。

　　我们假设：餐厅有 160 个座位，俱乐部或休息室有 70 个座位（包括酒吧的 20 个座位）。餐厅每周 7 天上午 11 点至晚上 10 点营业，俱乐部 7 天上午 11 点至凌晨 1 点营业。餐厅平均每人结账：午餐 10 元，晚餐 25 元，酒吧午餐 5 元，酒吧"快乐时光"和晚上 20 元。酒吧的数据只包括饮料，不包括酒吧提供的食物，这些食物将包含在食品销售中。

（二）食品销售

　　和酒吧销售一样，是预计损益表中最重要的数字，因为所有的可变成本都将以销售为前提。不幸的是，这也是最难预测的数字。但我们确实有一些线索可循——我们知道有多少个座位。我们需要做的是预测有多少顾客会占去这些座位。行业协会会按地区给出你们同类业务的数据，你就可以利用这些数据来获得一个大致的预期。利用你的 SWOT 分析来进一步确定这个数字。例如，有研究表明，一家和你在你所在地区的餐厅平均结账次数相约的餐厅在午餐期间会翻座一次半。通过查阅你的 SWOT 分析，你得知你所在的地区交通不是很方便。因此，你估计你的餐厅午餐时只能达到一半的翻座率。同样的程序也适用于晚餐业务。

　　计算出数量或翻座率后，乘以座位数，得到每餐期的顾客人数。然后将这个数字乘以估计的平均消费额，得到该餐期的销售额。然后将每餐期的销售额乘以该月营业的天数。同样的公式用于晚餐，两者相加后得到每月销售额。因此我们的公式是这样的：

表13－5　预计损益表示例（单位：美元）

	1月	2月	3月	4月	5月	6月	7月	8月	9月	10月	11月	12月	总数
食品销售额	175000	150000	215000	228000	235600	228000	240000	235600	237500	250000	225000	295000	2714700
酒水销售额	95000	91000	140000	164500	189000	189000	204500	200000	175500	219000	195000	220000	2082500
总销售额	270000	241000	355000	392500	424600	417000	444500	435600	413000	469000	420000	515000	4797200
食物成本	70000	60000	86000	91200	94240	91200	96000	94240	95000	100000	90000	118000	1085880
酒水成本	23750	22750	35000	41125	47250	47250	51125	50000	43875	54750	48750	55000	520625
商品总成本	93750	82750	121000	132325	141490	138450	147125	144240	138875	154750	138750	173000	1606505
净利润	176250	158250	234000	260175	283110	278550	297375	291360	274125	314250	281250	342000	3190695
支出													
薪资													
工资	38333	38333	38333	38333	38333	38333	38333	38333	38333	38333	38333	38333	459996
工钱	54000	48200	71000	78500	84920	83400	88900	87120	82600	93800	84000	103000	959440
薪资税	7063	6620	8364	8938	9429	9313	9733	9597	9251	10108	9358	10812	108587
总薪资	92333	86533	109333	116833	123253	121733	127233	125453	120933	132133	122333	141333	1419436
员工福利	10000	10000	10000	10000	10000	10000	10000	10000	10000	10000	10000	10000	120000
租金	28000	28000	28000	28000	28000	28000	28000	28000	28000	28000	28000	28000	336000
公共设施押金	8000	8000	8000	8000	8000	8000	8000	8000	8000	8000	8000	8000	96000
通信	1000	1000	1000	1000	1000	1000	1000	1000	1000	1000	1000	1000	12000
耗材	5400	4820	7100	7850	8492	8340	8890	8712	8260	9380	8400	10300	95944
广告	8000	8000	8000	8000	8000	8000	8000	8000	8000	8000	8000	8000	96000
音乐和娱乐	25500	25500	25500	25500	25500	25500	25500	25500	25500	25500	25500	25500	306000
法务及会计	2000	2000	2000	2000	2000	2000	2000	2000	2000	2000	2000	2000	24000
保险	4500	4500	4500	4500	4500	4500	4500	4500	4500	4500	4500	4500	54000
维修和保养	2500	2500	2500	2500	2500	2500	2500	2500	2500	2500	2500	2500	30000
杂项	4000	4000	4000	4000	4000	4000	4000	4000	4000	4000	4000	4000	48000
折旧	5500	5500	5500	5500	5500	5500	5500	5500	5500	5500	5500	5500	66000
总支出	196733	190353	215433	223683	230745	229073	235123	233165	228193	240513	229733	250633	2703380
税前利润/亏损	(20483)	32103	18567	36492	52365	49477	62252	58195	45932	73737	51517	91367	487315

$$座位数 \times 翻座率 = 每餐期的客人$$
$$平均消费 \times 每餐期的客人 = 每餐期的销售额$$
$$每餐期的销售额 \times 每月营业天数 = 餐期月销售额$$
$$午餐月销售额 + 晚餐月销售额 = 餐食月销售额$$

例如，除了上面给出的假设外，我们还假设餐厅在午餐期间翻座率为 0.5，晚餐翻座率为 1.5。现在我们的公式是这样的：

$$座位数 \times 翻座率 = 每餐期的客人$$
$$午餐：160 \text{ 个} \times 0.5 = 80 \text{ 人}$$
$$晚餐：160 \text{ 个} \times 1.5 = 240 \text{ 人}$$

$$平均消费 \times 每餐期的客人 = 每餐期的销售额$$
$$午餐：10 \text{ 美元} \times 80 \text{ 人} = 800 \text{ 美元}$$
$$晚餐：25 \text{ 美元} \times 240 \text{ 人} = 6000 \text{ 美元}$$

$$每餐期的销售额 \times 每月营业天数 = 餐期月销售额$$
$$午餐：800 \text{ 美元} \times 30 \text{ 天} = 24000 \text{ 美元}$$
$$晚餐：6000 \text{ 美元} \times 30 \text{ 天} = 180000 \text{ 美元}$$

$$午餐月销售额 + 晚餐月销售额 = 餐食月销售额$$
$$24000 \text{ 美元} + 180000 \text{ 美元} = 204400 \text{ 美元}$$

这使你对食品销售的预期有一个粗略的了解。请参考表 13-5，看看这个例子中销售额是如何分配的。请记住，这是一个平均值。周一的销售额可能会低于周六的销售额。同一个月的销售额也会因地点不同而有所不同。例如，在北达科他州法戈市的餐厅和俱乐部经营，可能会在 1 月和 2 月销售不佳，而在佛罗里达州迈阿密海滩的同理餐饮场所，在这些月份会有高销售额。如前所述，这是一个非常重要的数字。你应花时间让它尽可能地接近现实。

（三）酒水销售

酒水的销售与食品销售的计算方式相同。就是说，你知道经营的座位数。估算出某一时期的翻座率后，然后乘以座位数，再乘以平均消费，就得到该餐期的销售额。将该数字乘以当月的营业天数，得到该时段当月的销售额。将各时间段的月销售额相加，得到当月的酒水总销售额。例如，我们估计午餐时酒吧的翻座率为 0.5，平均消费为 5 美元，"快乐时光"的翻座率为 2.5，平均消费为 20 美元，晚上其他时段的翻座率也为 2.0，平均消费为 20 美元。

$$座位数 \times 翻座率 = 每餐期的客人$$
$$午餐：70 个 \times 0.5 = 35 人$$
$$快乐时光：70 个 \times 2.5 = 175 人$$
$$晚上其他时段：70 个 \times 2.0 = 140 人$$

$$平均酒水消费 \times 每餐期的客人 = 每餐期的酒水销售额$$
$$午餐：5 美元 \times 35 人 = 175 美元$$
$$晚餐：20 美元 \times 175 人 = 3500 美元$$
$$晚上其他时段：20 美元 \times 140 人 = 2800 美元$$

$$每餐期的酒水销售额 \times 每月营业天数 = 餐期酒水月销售额$$
$$午餐：175 美元 \times 30 天 = 5250 美元$$
$$晚餐：3500 美元 \times 30 天 = 105000 美元$$
$$晚上其他时段：2800 美元 \times 30 天 = 105000 美元$$

$$午餐酒水月销售额 + “快乐时光”酒水月销售额 + 晚上其他时段酒水月销售额 = 酒水月销售总额$$
$$5250 美元 + 105000 美元 + 105000 美元 = 194250 美元$$

再次强调，这是一个平均数，应根据你的预计销售周期按月分配。请参阅表 13 - 5，查看该业务的酒水销售额是如何分配的。

(四) 商品销售成本

这是一个可变成本。也就是说，它随着销售额的上升或下降而上升或下降。在计划好酒吧和食品的菜单后，你应该对你的食品或酒水总成本（产品组合）百分比有一个很好的想法。把这些百分比乘以各自的销售额。例如，假设我们已经计算出我们的食品销售成本百分比为 40%。在表 13 - 5 中，1 月份的食品销售额为 175000 美元，将其乘以 40%，得到食品销售成本为 70000 美元。

应该指出的是，销售成本的计算方法是将期初库存加上采购量减去期末库存，得出销售成本。由于我们不知道这些数字会是多少，我们将使用我们的标准销售成本百分比，在这种情况下，食品为 40%，然后乘以食品销售额。

酒水销售成本也是如此。假设我们的酒水销售成本百分比是 25%。在表 13 - 5 中，1 月份的酒水销售额为 95000 美元。将 95000 美元乘以 25%，得到酒水销售成本为 23750 美元。然后将销售食品销售成本与酒水销售成本相加，得到商品的销售总成本，再除以总销售额，得到销售商品的成本（包括食品和酒水）百分比。例如，1 月份的食品销售成本为 70000 美元，酒水销售成本为 23750 美元，两者相加等于 93750 美元。1 月份的销售额是 270000 美元

（包括食品和饮料）。成本除以销售额得出成本百分比。

$$93750\ 美元 \div 270000\ 美元 = 34.7\%$$

（五）毛利

毛利是指销售成本所赚的钱。要计算毛利，就要从销售额中减去销售成本。例如，我们1月份食品和酒水的销售成本是93750美元，食品和饮料的销售额是270000美元。从270000美元中减去93750美元，得到的毛利为176250美元。要计算毛利率百分比，用176250美元除以270000美元，得到结果为65.3%。

（六）薪资

薪资将分为两部分：工资，属于固定成本，工钱，属于变动成本。工资是支付给管理层的，不会随着销售量的变化而变化。支付给小时工的工钱会随着销售额的增减而增减，因此属于可变成本。

在管理方面，假设我们有一名总经理、一名总经理助理、一名餐厅经理、一名酒吧经理、一名替补经理、一名主厨和两名副主厨。他们的工资合计为每年46万美元，或每月38333美元，约占销售总额的10%。将销售额的30%预算为工资，这样就可以将销售额的20%留给可变成本的工钱。因为是可变成本，所以会随着每个月销售额的增减而增减。除了工资外，任何企业都必须支付一定的社会保险费用。请参考表13－6，看看每个月的薪资是如何分配的。

（七）主要成本

虽然这个数字不是预计损益表的一部分，但它是一个重要的检查和平衡数字。主要成本是食品、酒水和薪资成本的总和。酒店业的经验法则是，主要成本不应超过65%，以保证经营盈利。在我们的例子中，主要成本是63.1%，是在可接受的范围内。

主要成本 ÷ 销售总额 =（食品成本 + 酒水成本 + 薪资成本）÷ 销售总额 = 主要成本百分百

（1085880美元 + 520625美元 + 1419436美元）÷ 4797200美元 = 63.1%

（八）员工福利

职务不同，员工福利可能有很大的差别。有些福利可以只给受薪员工，也可以只给小时工，或者给所有员工。虽然员工福利可以很好地吸引优秀的员工，但必须谨慎，因为这可能是一个非常昂贵的投入，这取决于你选择给予哪种福利。在我们的例子中，我们已经确定，我们给予员工的福利将平均每月花费 10000 美元。请注意,许多企业选择将员工福利作为工资的一部分,而不是将其作为一项单独的费用列出。

(九) 租金

这是比较容易预测的数字之一。在这个阶段,你应该已经选好了位置,已经和房东谈好了。在我们的例子中,我们已经确定租金将是每月 28000 美元。

(十) 水电费

这个数字可以由你的水电公司提供给你。如果你向他们提供你的经营布局和设备清单,他们可以给你一个合理的估算。在我们的例子中,我们将水电费平均分摊到 12 个月内。它可能在冬季或夏季上升或下降,这取决于你的位置。请注意,这个成本不会随着销售额上升或下降,而是随着温度上升或下降。因此,它不被认为是一个可变成本,而是一个固定成本。

(十一) 通信

包括座机、手机、宽带以及有线电视或卫星电视连线。

(十二) 耗材

这包括所有的清洗和清洁用品、办公用品。某些企业包括餐饮相关用品,如外卖容器,铝箔,纸餐巾,搅拌棒等等。在这一类中,其他企业则选择包括这些项目成本的商品出售。

(十三) 广告

这一数字是在与该地区的各种媒体咨询后获得的,由于它是预先确定的,而且每个月都基本相同,所以属于固定成本。有些企业是根据销售额来制定广告预算的,在这种情况下,它就属于可变成本。

(十四) 音乐和娱乐

酒吧将在一周的某几个晚上提供娱乐。你应确定举办的频率和乐队或 DJ 的平均成本,然后将两者相乘得出这项成本。

(十五) 法务和会计

这两项费用通常被混为一谈。会计是一个相当容易预测的数字,而法务是另一回事。餐厅和休息室通常没有会计部门,除非他们是一家连锁店。他们宁愿雇一个记账员,或者把这项工作交给一个办公室助理。这个人将记录存款，准备工资单，并支付账单。他们是员工的一部分，他们的费用将归入工资项下。这一行的会计费用是支付给注册会计师的费用。专业人员会根据记账员提供的数字，制作财务报表，准备各种税务表格。他们还会就折旧、购买与租赁等财务问题向你提供建议。

法务费用比较难预测，因为你不知道你需要律师的频率。有些企业会以预付费用的方式聘请律师来审查合同、许可证和租约，这样可以将这笔费用拉平一些。然而，你不知道何时或多久会被客户起诉，或成为涉及法律责任的诉讼方。虽然责任保险将支付诉讼费用的很大一部分，你仍然会有一些支出。不幸的是，酒吧业务有超过其份额的诉讼，这笔费用必须计算出来。

（十六）保险

本项目涉及与业务有关的保险。包括责任保险以及设备、家具和固定装置等建筑物内的物品和租赁物改良等项目。如果保险涉及员工的福利，如健康、人寿或收入损失，它将被列入附带福利项目。一个例外是对企业的一个或多个合伙人或总经理的人寿保险，其受益人是企业而不是个人。

（十七）维修和保养

在营业的第一年，维修和保养费用主要取决于你购买的设备类型。如果购买的是二手设备，这笔费用会比购买新设备的费用高。因为新设备很少发生故障，如果发生了故障，也可能在保修期内。此外，这一类别还包括维护，如油烟机和管道系统、制冷系统的清洁等。

（十八）杂项

这是一个"其他"项目。如果花了钱，但不属于任何其他类别，则归入杂项。

（十九）折旧

这是指理论上预留的资金，用于更换已经破旧的设备、家具和固定装置，或者已经超过使用年限的设备。折旧有几种形式，各有优劣。你的会计师为你给出最适合的折旧方式，并为你准备好折旧表。

（二十）总支出

这是所有支出的总和，包括薪资，但不包括食品和酒水成本。

（二十一）税前利润/亏损

从毛利润中减去总费用，得到税前损益线。这代表了在支付了所有费用后剩余的资金。

参看表 13-6 的例子，我们的业务在 1 月和 2 月亏损，但随后连续几个月都在赚钱。这是因为这两个月的销售量不够高，不足以支付开支，而在随后的几个月里，销售量大于开支，从而使我们获得了利润。

正如你所看到的，如果正确地做一个预计损益表是一个非常耗时的过程。然而，这可能是你为确保业务成功所做的最重要的事情。预计损益表附有一份说明，解释在制作文件时所做的主要假设。无论如何，都要保留关于你的信息来源和研究资源的文件，因为你会需要它们，以备必要的修改或某些材料需要更新。

13.4.2　现金流量预测

现金流量预测。在这一点上，商业计划书已经做了大量的努力工作、研究和计算。然而，如果你没有现金，这一切都毫无意义。现金流量预测表将指出需要多少现金来开店，并保持长期运营。

正如你在表 13-6 上看到的，在第一栏标题为"启动"的地方，我们对企业的投资是 15 万美元，同时我们已经获得了一笔金额为 45 万美元的贷款。这代表了我们开业时的现金数额。

在这之前，我们需要购买厨房设备、酒吧设备、家具，并进行一些租赁物的改良，如管道和电气、装饰和标志牌等。这些都会进入"购置"项目。开业库存，与雇用和培训员工相关的费用，开业前的广告以及与开业相关的任何其他费用都会进入"其他启动成本"项目。在支付这些费用后，我们在开业当天将有 5 万美元的剩余。

这 5 万元放在下一栏，即 1 月份的库存现金项下。1 月份的销售额为 270000 美元。这个数字来自上面的预计损益表。因此，在 1 月份，我们有 320000 美元的经营资金。我们在 1 月份的支出总额为 292046 美元。请注意，折旧是没有的，这是因为我们不开具折旧支票，它不影响我们的现金流。除了总支出外，我们还必须还贷。还贷款项不包括在预计损益表上，但是，它代表了现金的扣除，因此要体现在现金流量预测表上。在所有的事情都完成后，我们在 1 月底有 23954 美元的现金余额。这个数字又会出现在 2 月份的库存现金项上。

2 月份的销售额为 241000 美元，加上手头的现金，等于 2 月份可用现金 264954 美元。我们 2 月份的支出为 274223 美元，加上还贷 4000 美元，共计 278223 美元。但是，我们手头的现金只有 264954 美元，还差 13269 美元。在这种情况下，有两种选择：投资更多的钱或借钱。第三种选择是进行一些赊账，但这不是一个合理的商业做法。我们决定以 60 天的短期贷款向银行借 15000 美元，这笔钱将在 3 月份的贷款项下显示出来，这将使我们正常的每月还贷 4000 美元增加到 19000 美元。

6 月，业主认为企业财务稳定，并决定在今年余下的时间里每月提取 25000 美元。这记录在业主取款项目上

开业以来，二手购买的音响系统一直不能正常使用。9 月，业主决定安装一套全新的系统，费用为 4 万美元。这笔费用在 9 月份的资本采购项目中列支。

表13-6　现金流量预测表（单位：美元）

	启动	1月	2月	3月	4月	5月	6月	7月	8月	9月	10月	11月	12月
库存现金	0	50000	23954	-13269	13434	42488	71924	88588	117607	42705	15886	56015	74674
销售额		270000	241000	355000	392500	424600	417000	444500	435600	413000	469000	420000	515000
投资	150000			15000									
贷款	450000												
可用现金	600000	320000	264954	356731	405934	467088	488924	533088	553207	455705	484886	476015	589674
可支付现金													
食品成本		70000	60000	86000	91200	94240	91200	96000	94240	95000	100000	90000	118000
酒水成本		23750	22750	35000	41125	47250	47250	51125	50000	43875	54750	48750	55000
工资		38333	38333	38333	38333	38333	38333	38333	38333	38333	38333	38333	38333
工钱		54000	48200	71000	78500	84920	83400	88900	87120	82600	93800	84000	103000
薪资税		7063	6620	8364	8938	9429	9313	9733	9597	9251	10108	9358	10812
员工福利		10000	10000	10000	10000	10000	10000	10000	10000	10000	10000	10000	10000
租金		28000	28000	28000	28000	28000	28000	28000	28000	28000	28000	28000	28000
水电		8000	8000	8000	8000	8000	8000	8000	8000	8000	8000	8000	8000
通讯		1000	1000	1000	1000	1000	1000	1000	1000	1000	1000	1000	1000
耗材		5400	4820	7100	7850	8492	8340	8890	8712	8260	9380	8400	10300
广告		8000	8000	8000	8000	8000	8000	8000	8000	8000	8000	8000	8000
音乐和娱乐		25500	25500	25500	25500	25500	25500	25500	25500	25500	25500	25500	25500
法务和会计		2000	2000	2000	2000	2000	2000	2000	2000	2000	2000	2000	2000
保险		4500	4500	4500	4500	4500	4500	4500	4500	4500	4500	4500	4500
维修和保养		2500	2500	2500	2500	2500	2500	2500	2500	2500	2500	2500	2500
杂项		4000	4000	4000	4000	4000	4000	4000	4000	4000	4000	4000	4000
小计		292046	274223	339297	359446	376164	371336	386481	381502	370819	399871	372341	428945
还贷		4000	4000	4000	4000	4000	4000	4000	4000	4000	4000	4000	4000
资本采购	450000					19000				40000			
其他启动费用	100000												
业主支取款							25000	25000	25000	25000	25000	25000	25000
现金总支出	550000	296046	278223	343297	363446	395164	400336	415481	410502	439819	428871	401341	457945
现金状况	50000	23954	-13269	13434	42488	71924	88588	117607	42705	15886	56015	74674	131729

正如你所看到的，除了 2 月份，企业刚起步的时候，现金流一直是正数。在一个新的企业刚开始的时候，现金不足甚至没有现金是很正常的。因此，在银行或愿意追加投资以维持业务运转直到它能够正常循环的投资者那里建立一个信用额度是非常重要的。

13.4.3   盈亏平衡分析

盈亏平衡分析。盈亏平衡分析（break-even analysis）预测的是收回总成本所需的销售量。换句话说，它是销售水平，是亏损和盈利的分界线。这是一个很重要的数据，因为当它被分解到每天上时，就给了管理层一个目标。如果它实现的销售额超过盈亏平衡点，当天就是赚钱的。这也是银行和投资者感兴趣的一个数字。盈亏平衡分析的公式如下：

$$盈亏平衡点 = 固定成本 \div 边际收益百分比$$

也就是说，盈亏平衡点等于以固定成本除以百分比表示的边际收益。边际收益百分比的计算方法是将所有可变成本加在一起，再从销售额中减去（销售额用 100% 表示）。边际收益百分比的计算方法如下：

$$边际收益百分比 = 100\%（销售额）－ 总可变成本百分比$$

为了说明这一点，请参考表 13 - 5 预计损益表。首先要把可变成本和固定成本分开。回顾一下，可变成本是指随着销售额的上升或下降而上升或下降的成本，而且是成正比的。固定成本是指无论销售额如何变化，都保持不变的成本。你会记得，我们还有半可变成本。虽然这些不是盈亏平衡公式的一部分，但它们必须被计算在内。要做到这一点，将半可变成本的可变部分与固定部分分开。例如，工资是由受薪人员组成的，而受薪人员是固定的。也就是说，他们的工资不会因为销售而变化。工钱是由按小时计酬的可变费率人员组成的，数额数量将随着销售额的上升或下降而上升或下降。

表 13 - 7 显示了这些费用的细目以及 1 月份的盈亏平衡点（数据取自表 13 - 5）。可变成本包括销售成本（包括食品和饮料）、工钱、小时工的税款和员工福利（薪资总额的 58% 是工钱，因此 10000 美元中有 58% 分配给小时工）和耗材。变动成本合计为 163081 元，除以 1 月份的销售额 270000 元，得到变动成本比例为 58%。

其余费用为固定费用。一个例外是折旧，它没有被列出，因为没有款项用于折旧。另一个例外是贷款付款，这不是损益表上的支出，但的确花出去了。1 月份固定成本合计是 91700 元。

边际成本百分比的计算方法是：用 100%（销售额）减去可变成本百分比，得到 42%。固定成本 91700 美元除以 42% 的边际成本百分百，得到 218333 美元的盈亏平衡点。然后用这个数字除以 31，即 1 月份的营业天数，得到每天的盈亏平衡点为 7043 元。

应该指出的是，我们在上述说明中对固定成本和可变成本作了某些假设。最值得注意的是广告和租金。例如，我们将广告归为固定成本，因为合伙人同意每月在广告上花费 8000 美元。如果他们同意将销售额的 2% 用于广告，那么就会被归为可变成本，因为花费的金额会随着销售额的增加或减少而增加或减少。租金也是如此。我们签订的租约要求每月的租金为 28000 元。如果我们与房东约定支付销售额的 8%，那么租金就属于可变成本。如果我们同意每月支付 10000 元，加上 4% 的销售额，那么就属于半可变成本，10000 元是固定成本，4% 是可变成本。

表 13 - 7　1 月份的费用和盈亏平衡点情况

1 月销售额		$270000
可变成本		
商品销售成本	$91750	
工钱	$54000	
计税工钱	$4131	
员工福利	$5800	
耗材	$5400	
总可变成本	$163081	
可变成本百分百		58%
固定成本		
工资	$38333	
FICA 薪俸税	$2932	
员工福利	$4200	
租金	$28000	
水电	$8000	
通讯	$1000	
音乐和娱乐	$25500	
法务与会计	$2000	
保险	$4500	
维修和保养	$2500	
杂项	$4000	
贷款支付	$4000	
总固定成本	$91700	
1 月盈亏平衡点		$218333
1 月每日盈亏平衡点		$7043

除了附录之外，商业计划现在已经完成。不仅你的商业想法会被评判，而且计划书的质量和版式也会向读者传达你的个人形象，一定要给对方留下良好的印象。回头再看一遍，修改一下词语和句子结构，确保它正确流畅。

这些附录将包括详细介绍或说明你在计划正文中提出的内容的项目。附录应包括以下项目：

- 行业研究
- 蓝图和计划
- 地图和地点的照片
- 行业期刊、研究报告或其他文章
- 设备详细清单
- 租约和合同副本
- 市场研究
- 可用作贷款抵押品的资产清单
- 支持计划中的假设所需的任何其他材料

本章小结

经营酒店企业涉及很多小细节，每一个小细节都会影响到整体的经营业绩。"期待意外"是开张新店的口号。当你执行一个周密的商业计划时，你就会在开业前面对许多这样的问题。这将使你有时间和资源来克服你没有预料到的意外问题。正如你所看到的，开办或管理一家企业是一项艰巨的工作。然而，它确实有它的回报。酒店业就是为顾客提供好吃的、好喝的，让他们享受美好时光的行业。看到朋友和家人聚集在你的店中享受人生是相当令人满意的。

祝你好运，请继续在酒店业务领域学习。

习题

判断题

1. 我们会对有志于从事酒吧行业的人进行心理调查，以确定其心理的稳定性。

2. 在研究酒吧选址时，对于某一地区的个人知识并不能作为一个很好的判断手段，因为它不够科学，会有偏差。

3. 使命宣言是企业创立原因和经营指导原则的简要宣言。

4. 企业的战术目标是对企业实现战略目标情况的评估。

5. 大多数新企业陷入的陷阱之一是没有准确估计启动成本。

6. 对筹办中企业的销售和费用的估计称为预计损益表。

7. 在制作预计损益表时，编制者主要依靠历史数据。

8. 盈亏平衡分析是预测收回总成本所需的销售量。

实践应用

1. 选择你所在地区的一家酒吧。假设它没有使命宣言，而管理层已经聘请你为它撰写。用不多于 30 字，为该酒吧写一份使命宣言。

2. 酒吧选址要考虑哪些因素？请在你的论述中包括市场因素和法律因素。

3. 假设你要开一家有 300 个座位的带酒吧的餐厅。列出所有必要的职位清单，然后制定一个组织结构图（不需包含员工人数，只需包含职位）。

4. 假设一家酒吧每周营业六天，从下午 4:00 到晚上 7:00 为"快乐时光"，酒水买一送一。它有 75 个座位，预计在此期间每晚翻座 2 次，平均每人结账 5.5 元。计算每周"快乐时光"的销售额。

5. 如果一家酒吧的销售额为 12.5 万美元，可变成本为 6.5 万美元，固定成本为 4.9 万美元，利润为 1.1 万美元，每周营业 6 天，请计算其盈亏平衡点。

附表

英美制到公制单位换算表（部分）

类别	英美制单位	英文名称（简写）		公制单位	英文名称（简写）
长度单位	1英寸	Inch（in）	=	25.4毫米	millimetres（mm）
	1英尺	Foot（ft）	=	0.3048米	metre（m）
	1英里	(statute) mile（mi）	=	1.609千米	kilometres（km）
面积单位	1英亩	acre（ac）	=	4046.8564平方米	square metre（sq.m.）
容积单位（美制液量）	1盎司	ounce（oz）	=	0.02957升	litre（L）
	1品脱	pint（pt）	=	0.473升	litre（L）
	1夸脱	quart（qt）	=	0.946升	litre（L）
	1加仑	gallon（gal）	=	3.785升	litres（L）
重量单位	1磅	pound（lb）	=	0.4536千克	kilogram（kg）
压强单位	1磅力/平方英寸	pounds per square inch（psi）	=	6.895千帕	kilopascal（kPa）

图书在版编目（ＣＩＰ）数据

酒水商业管理 /（美）约翰·德赖斯代尔（John A. Drysdale）著；周媛媛等译 . — 广州 ：广东旅游出版社，2020.10

ISBN 978-7-5570-2220-4

Ⅰ . ①酒… Ⅱ . ①约… ②周… Ⅲ . ①酒－饮食业－经营管理②饮料－饮食业－经营管理 Ⅳ . ① F719.3

中国版本图书馆 CIP 数据核字（2020）第 064993 号

出 版 人：刘志松
策划编辑：官　顺
责任编辑：官　顺　林保翠
封面设计：王燕梅
责任校对：李瑞苑
责任技编：冼志良

酒水商业管理
JIUSHUI SHANGYE GUANLI

广东旅游出版社出版发行

（广东省广州市荔湾区沙面北街 71 号首、二层）

邮编：510130
电话：020-87348243
印刷：深圳市希望印务有限公司
　　　（深圳市坂田吉华路 505 号大丹工业园二楼）
开本：787 毫米 ×1092 毫米　16 开
字数：471 千字
印张：21
版次：2020 年 10 月第 1 版第 1 次印刷
定价：58.00 元